분단시대의 앎의 체제

The Knowledge System in the Divided Era

Kim Seongbo & Kim Yerim ed.

이 저서는 2008년도 정부(교육과학기술부)의 재원으로
한국연구재단의 지원을 받아 수행된 연구임(NRF-2008-361-A00003)

연세국학총서 109

분단시대의 앎의 체제

김성보 · 김예림 편

혜안

간행사

　낯선 것이지만 오래되어 익숙해지면 선뜻 인식하기 어렵게 되는 경우가 종종 있다. 낯설었던 것이 당연하게 받아들여져 그것을 주목해서 보지 않기 때문이다. '등잔 밑이 어두운 자'라는 핀잔을 좋게 받아들이는 사람은 없으면서도, 우리가 발 디디고 사는 이 땅의 현실을 익숙하고 당연하게 받아들인다면 그것은 일종의 아이러니가 아닐 수 없다.

　우리 민족이 분단된 땅에 나뉘어 살게 된 지 벌써 70년이 된다. 새롭게 태어난 세대들의 자식들 세대까지 분단된 상황이 자연스럽게 받아들여질 만큼의 시간이 흘렀다. 분단이니 통일이니 하는 말들이 생경하게 들리고 때로는 불온하게 여겨지는 이유가 시간의 퇴적이 주는 무게 때문일 수 있다. 하지만 그것을 핑계 대는 것으로 외면하는 것은 이 땅을 사는 지식인의 소임을 망각하는 것이라고 해도 과언은 아니다.

　국학연구원에서는 오래 전부터 우리가 처한 분단의 상황에 대해 고민하고 토론하며 그 대안을 모색하는 연구자들의 모임과 연구가 이어져 왔다. 학술적 지식의 논의를 넘어 진지하게 성찰하는 자리였고, 소재적 차원으로 흘러가는 논의가 아닌 전면적으로 맞부딪혀 함께 겪는 치열한 자기반성이었다.

　지식인의 정체성과 분단의 문제, 월경(越境)적 움직임과 현실적 고민, 냉전과 지식의 비판적 성찰 등에 대한 연구로부터 시작하여, 국민(國民) 또는 인민(人民)이 어떻게 형성되었는지를 탐색하고, 성장이데올로기에 빠진 국가 기획과 그로 인한 제반 문제들의 양상이 어떠한지를 분석하는 것까지 지속적으로 이어졌다. 궁극적으로 한반도의 분단 상황을 동아시아적 관점에서 어떻게 바라보고 어떻게 발전적인 대안을 모색할지에 대해 고민해 온 역정이었다.

열정을 갖고 10여 년이 넘게 공부하고 토론하고 연구한 결과가 이렇게 모여 연세국학총서로 간행하게 된 것이 무엇보다 뜻 깊은 일이다. 앞으로도 분단 문제에 대한 이런 연구와 성찰, 그리고 발전적 대안의 모색이 지속적으로 이루어지기를 바란다. 그런 우직한 걸음걸음이 향후 우리 민족의 통합과 화합의 장에 밑거름이 될 것이라 믿어 의심치 않는다.

2016년 2월
국학연구원장　도 현 철

6

책을 펴내며

　지난 70년간 한반도에서 '분단'의 체제와 구조, 그 시대를 분석하고 대안을 제시해온 많은 지식인과 학자들이 있었다. 그러나 막상 지식인·학자들이 분단문제의 관점에서 스스로의 지식과 학문의 성격을 진지하게 성찰해본 자리는 의외로 드물었다. 한국(남한)에서 지식과 학문 일반은 마치 분단과 아무 상관없는 듯, 미국을 중심으로 한 거대한 지식의 국제정치 속에서 생산되고 유통되고 소비된다. 그 지식의 장에서 분단문제는 기껏해야 하나의 소재에 지나지 않는다. 지식의 보편 기준이 외부에 있는 한, 분단문제조차도 한반도 밖의 시선에서 보편의 이름으로 해석될 때에만 의미를 찾는다. 현장성·장소성을 상실한 채 외부의 시선으로 사고함이 익숙해진 지식의 국제화 시대에 분단의 문제를 어떻게 주체적으로 사고할 수 있을 것인가?

　이 문제에 답하기 위해서는, 먼저 한반도에서 전개되어온 지식과 학문의 역사를 분단문제와의 연관 속에서 성찰해볼 필요가 있겠다. 이런 문제의식을 안고 연세대학교 국학연구원은 분단시대의 학술사에 관심을 가진 12명의 학자를 모아 공동연구진을 구성하여 2014년 6월에 「분단시대의 앎의 체제, 그 너머」라는 주제로 학술대회를 개최했다. 학술대회에서는 남북한에 지식과 학문의 장이 형성되는 과정에서 분단이 어떤 영향을 미쳤는지 그리고 지식인과 학자들은 분단의 질곡 아래 남북이 처한 문제들을 각각 어떻게 사고해왔는지 비교해보았다. 열띤 발표와 토론을 통해, 남북에 형성된 지식과 학문의 장은 별개의 것이 아니라 때로는 차별화하고 때로는 닮아가며 서로 영향을 주고받아온 하나이면서 둘인 앎의 체제를 구성해왔음을 확인할 수 있었다.

『분단시대의 앎의 체제』는 이 공동연구의 성과를 묶은 것이다. 이 책은 크게 4장으로 구성되어 있다. 1장 <지식인의 이동과 학계의 분단>은 남북 분단과 함께 진행된 지식인 집단의 이동과 지식장의 재편 양상을 살펴보는 논문들로 묶었다. 분단 경계선은 '월북 지식인'과 '월남 지식인'이라는 정체성을 생산했다. 북한과 남한에서 이들이 생산한 지식이 각자의 정치적 이념과 분리될 수 없었다는 점에서 지식인 집단의 월경적 움직임은 중요하게 분석되어야 할 지점이다. 필자들은 월북 또는 월남이라는 '선택'의 현실적, 이념적, 지적 경위를 규명하면서 분단-학계의 형성과 냉전-지식의 양산을 비판적으로 성찰하고 있다.

2장 <남북의 '민족' 전유와 국민/인민 만들기>는 해방과 더불어 뜨겁게 달궈진 이념어인 '민족', '인민', '국민'이 지적으로 어떻게 입론화되는지를 탐색한다. 세 개의 핵심 개념을 둘러싸고 좌우에서 격렬한 경합을 벌였음은 주지의 사실이다. 이 과정을 거치면서 어떤 용어(이념)는 공유되거나 또 어떤 용어(이념)는 다른 한 편의 것이 되어버리는, 비균질적이고 갈등적인 의미론적 배치가 일어나고 공고화되었다. 세 편의 논문은 이같은 당시의 정황을 고려하면서, 학술적 언어로 진행된 민족론, 인민론, 국민론의 추이를 분석하고 있다.

3장 <남북의 성장이데올로기와 국가 기획>은 1~2장에서 제기된 논제를 공유하면서 이를 특히 정치적 분단이 경제론의 층위로 어떻게 번역되었는지에 주목하여 규명하고자 했다. 국가 체제 및 이를 지탱하는 논리와 제도가 서로 상이했음에도 불구하고, 경제적 측면에서 남북의 지향은 일치하는 바가 있었다. 이 장의 논문들은 남북이 '공유'했던 개발주의나 발전주의 원리에 주목하면서 이것이 구체적으로 어떠한 지식체계나 이론적 전망으로 파생되어 갔는지를 고찰한다. 이 작업을 위해 과학기술, 노동관리, 사회문제 관련 언설에 접근하였다.

4장 <동아시아 지식 연쇄와 남북공생의 전망>은 한반도의 분단과 지식장의 변동이라는 문제를 동아시아적 관점에서 다시 보려는 시도를 담고 있다. 남북 분단이 한반도의 사건인 동시에 동아시아를 포괄하는 국제 냉전지정학의 사건이었음은 두말할 것이 없다. 그런 만큼 분단시대의 앎의 체제 역시 좀 더 넓은 시야에서 논고될 필요가 있다. 이러한 요구에 부응하는 4장의 논의들은 남과 북 그리고 일본을 아우르면서 식민지반봉건론과 (일본의) 중립론이 갖는 의미를 지역적 차원에서 파악하고자 했다. '연쇄'라는 말은 국가 경계를 넘어 직간접적으로 만나거나 영향을 미친 지식 구성체들의 상호성과 대화성을 적절하게 형용해 줄 것이다.

『분단시대의 앎의 체제』의 출간을 준비하면서 돌이켜보건대, 국학연구원이 분단문제에 관심을 갖고 다양한 학술 기획 및 사업을 시작한 지도 10여 년이 넘었다. 일제하 조선학연구의 전통을 계승한 국학연구원은 남과 북, 그리고 연변 등 해외 한인 학자들과의 학술교류를 통해 민족적 한국학의 정립을 위해 꾸준히 노력해 왔다. 2005년부터 2007년까지 3년간 '분단체제하 남북한 사회변동과 민족통일의 전망'이라는 주제의 연구사업을 진행하기도 했다. 이 책은 본 연구원이 추구해온 남북통합을 위한 학술적 탐구의 연장선에 있다 하겠다.

남과 북이 '분단'된 채 서로 대립, 경쟁하며 살아온 지 70년이 지났다. 세월의 흐름 속에 이제 분단문제는 특별한 사건이 일어나지 않는 한 느껴지지 않는, 자신의 삶과는 무관한 저편의 일로 망각되고 있다. 그러나 분단의 외형적 억압성이 멀어지는 것과는 별개로, 사람들의 삶과 앎에 미치는 보이지 않는 영향력은 여전히 거대하다. 한국사회는 스스로 긍정적, 적극적인 가치관을 세워 자신의 정체성을 만들기보다는 자신과 다른 타자를 세워두고 그에 대한 적대감 속에 자신을 찾는 이분법의 세계에 살고 있다. 분단을 넘어서는 삶과 앎의 양식을 오늘 이 자리에서 새롭게 만들어가는 노력들이 쌓일 때에야 비로소 통일의 길은 준비될 수 있을 터이다.

공동연구를 시작하고 성과를 내기까지 국학연구원 백영서 전 원장과 도현철 원장의 적극적인 지원이 있었다. 이 책에 글로 기록되어 남지는 않았지만 연구를 진행하는 과정에서 자극과 도움을 준 많은 분들이 있었다. 이 모든 분에게, 그리고 알차게 책을 만들어준 도서출판 혜안에 감사의 뜻을 밝힌다.

2016년 2월
김성보, 김예림

목 차

제3장 남북의 성장 이데올로기와 국가 기획 273

김예림 | 해방기 한치진의 빈곤론과 경제민주주의론 275

제4장 동아시아 지식 연쇄와 남북공생의 전망

제1장
지식인의 이동과 학계의 분단

지식인의 월북과 남북 국어학계의 재편
－언어정책을 중심으로－

이 준 식

1. 머리말

1997년부터 2007년까지의 이른바 민주정부 10년 동안 남한과 북한의 민간교류가 활발하게 이루어졌다. 학문분야도 예외는 아니었다. 학문분과별로 남북 학계는 활발한 접촉을 벌였고 그 결과 적지 않은 성과가 도출되기도 했다. 그 가운데서도 대표적인 것이 2005년 2월 출범한 '겨레말 큰사전' 공동편찬위원회이다. 남한의 국어학자들과 북한의 조선어학자들이 함께 사전을 펴내기로 한 것은 오랫동안 지속된 지리적, 정치적 분단에도 불구하고 언어에서는 아직 분단 극복의 여지가 강하게 남아 있음을 보여준 상징적인 사건이었다.

이 글의 문제의식은 여기에서 출발한다. 분단 60년도 훌쩍 넘겨 70년이 얼마 남지 않은 시점에서 아직도 우리가 분단 극복과 통일을 이야기할 수 있는 이유를 언어문제, 앎의 체제 문제를 중심으로 살펴보려는 것이다.

마시코 히데노리라는 일본 교육사회학자가 있다. 이름의 한자 표기는 益子英雅이지만 본인은 ましこ ひでのり라는 가나 표기를 고집하는 별난 학자이다. 마시코는 주로 메이지유신 이후 국가에 의해 의도적으로 만들어진 국어와 국사가 어떻게 차별과 배제를 정당화하는 이데올로기의 역할을 했는가를 밝히는 데 관심을 갖고 있다. 그가 쓴 글 가운데서도 특히 나를 놀라게 한 것은 2001년에 발표한 「가나 그리고 내셔날리즘(かな, そして ナショナリズム)」이라는 논문이다.[1] 놀란 이유는 논문의 형식에 있었다. 논문은 인용을 제외하고는 처음부터 끝까지 가나로 쓰여 있다. 마시코의 의도는 분명했다. 현재 모든 일본인이 쓰는 한자 위주의 일본어는 국가가 민중을 통제하기 위해 강요한 데 지나지 않으며 민중의 진짜 일본어는 가나라는 것이다. 따라서 가나만으로도 얼마든지 의사소통이 가능하다는 것을 보여주겠다는 것이 마시코의 속내였다. 마시코의 가나만으로 논문쓰기라는 실험은 이른바 한자 문화권이라고 불리는 한국, 중국, 일본에서의 언어생활의 과거와 현재에 대해 되돌아보는 계기가 되었다.

중국이야 당연히 한자만 쓰고 있지만 한국과 일본은 한글과 가나라는 독자적인 문자를 갖고 있다. 그리고 한 세기 전만 해도 한국과 일본 모두 한자에 한글 또는 가나를 섞어 쓰는 이중표기체제를 채택하고 있었다. 그런데 21세기 현재 한국에서는 1948년에 법률 제6호로 공포된 한글전용법에 따라 한글전용이라는 원칙이 공문서, 교과서, 신문·잡지에서 관철되고 있다. 한자는 필요할 때만 병기하는 정도이다. 연구자가 한자 없이 논문을 쓰고 책을 내는 것도 원칙적으로는 얼마든지 가능하다. 한글전용 반대세력에서 '한글전용=종북좌파'라는 억지 주장까지 내세우면서 한글전용을 없었던 일로 하려고 한글전용법의 폐지를 계속 시도하지만 한 번도 성공하지 못하고 있다. 그러나 일본에서는 가나만으로 글을 쓰는 것이 파격적인 실험이라고 여겨질 정도로 한자(주)와 가나(종)를 섞어 쓰는 일이 지금도 유지되고 있다. 한국에서는 20세기에 들어서 한글의 세계로의 언어혁명이 일어났다면 일본에서는 언어혁명이 일어나지 않은

---

1) ましこ ひでのり, 「かな, そして ナショナリズム」, 『ことばと社會』 3, 2001.

셈이다. 그리고 한자의 세계에서 한글의 세계로의 언어혁명은 단지 한반도의 남쪽에서만 일어난 것이 아니었다는 사실도 중요하다. 실제로 1948년 남북에서 각각 분단정부가 수립되기도 전에 한자폐기와 한글전용이라는, 언어생활의 중요한 원칙이 남북 모두에서 이미 확립된 바 있었다.

지금 우리에게 익숙한 한글체제가 제대로 정리된 것은 기껏해야 100년 정도이다. 주시경을 중심으로 한글을 정리하고 보급하려는 움직임이 처음으로 나타난 것을 기준으로 한다면 100년이 조금 넘고 조선어학회에서 현재 맞춤법의 기반이 된 '한글마춤법통일안'(1933)을 만든 것을 기준으로 한다면 채 100년이 되지 않는다. 그런데 남북이 분단된 지는 벌써 70여 년이다. 100년의 역사 가운데 2/3 정도의 기간을 남북이 떨어져 왕래도 없이 살았고 중간에는 동족상잔의 전쟁도 치른 데다 지금도 끊임없이 긴장관계를 유지하고 있으니 남북의 언어가 달라져도 한참 달라졌을 것이라고 생각하기 쉽다. 한때 언론을 통해 남북 언어의 이질화라는 이야기가 널리 퍼진 적도 있다. 그렇지만 실제를 들여다보면 남북의 언어생활에는 큰 차이가 없다. 맞춤법(북한은 철자법)에서는 형태주의 원칙을 따르고 있고 표기에서도 세로쓰기가 아니라 가로쓰기를 채택하고 있다. 한자는 원칙적으로 쓰지 않으며 한글전용을 따르고 있는 것도 한가지이다.

이 글은 분단체제에도 불구하고 남북에서 이처럼 거의 동일한 언어생활이 이루어지게 된 원인을 찾는 것이 분단과 통일을 이해할 때 무엇보다 중요한 문제가 된다는 문제의식 아래 내가 기왕에 해 오던 작업2)의 연장선에서 지식인의 월북이 초래한 학계의 분단과 그러한 분단에도 불구하고

---

2) 이준식, 「일제 침략기 한글 운동 연구」, 『한국사회사연구회논문집』 49집, 1996 ; 이준식, 「최현배와 김두봉-언어의 분단을 막은 두 한글학자」, 『역사비평』 82, 2008 ; 이준식, 「히못(白淵) 김두봉의 삶과 활동」, 『나라사랑』 116, 2010 등의 글은 모두 이 문제에 대한 답을 찾는 과정에서 나온 것이다.

면면히 이어진 통일지향의 움직임을 월북 국어학자들이 이끈 북한 조선어
학계의 언어정책을 중심으로 살펴보려고 한다. 그렇게 함으로써 언어의
분단과 통일, 그리고 더 나아가서는 앎의 체제에서의 분단과 통합이라는
문제에 대한 하나의 실마리를 찾아볼 것이다. 글은 크게 두 부분으로
나뉜다. 하나는 지식인의 월북이 학계의 분단과 통합에 대해 갖는 의미를
전체적으로 살펴보는 것이다. 다른 하나는 여러 분야 가운데서도 한글에
초점을 맞추어 국어학자들의 월북이 북한의 언어정책에 어떠한 영향을
미쳤는지, 그리고 결과적으로는 언어의 분단을 막는 데 어떻게 이바지했는
지를 살펴보는 것이다.

2. 해방 이후 지식인의 월북

1) 월북의 의미

　월북이란 말은 분단체제에서 특별한 이념적 의미를 갖는 용어이다.
우선 월북의 상대어인 월남이 반공을 의미하는 것으로 쓰여 왔다. 이는
역으로 월북이 북한 공산주의에의 동조를 의미하는 것으로 쓰여 왔음을
단적으로 보여준다. 월북은 처음부터 남한과 북한 또는 반공과 공산주의
사이에서 특정 체제 내지는 이념의 선택을 의미하는 것으로 받아들여졌다.
그리고 분단체제에서 오랫동안 지속된 반공이데올로기의 영향으로 월북
자는 빨갱이이자 국가·민족반역자로 치부되었다. 월북자가 남한에 남긴
가족들이 겪은 수난이 이를 단적으로 보여준다.[3] 한국전쟁 기간에 북으로
간 사람들의 경우에는 자발적인 월북인지 아니면 강제에 의한 납북인지가
또한 논란이 된다.

---

3) 조은, 「분단의 그림자 : 월북 가족 이야기」, 『구술사로 읽는 한국전쟁』, 휴머니스
　트, 2011.

　상대적으로 일찍부터 월북문인에 대해 관심을 보인 국문학계에서는 "이념적 지향과 그 선택"[4]이 월북에 내재한 것으로 보았다. 이는 역설적으로 '월북=공산주의'로 보는 정부의 입장과도 일맥상통하는 것이었다. 그러나 한국사회의 민주화와 병행해 북한에 대한 학문적 관심이 고조되는 가운데 월북을 단순히 이념적·정치적 선택이 아니라 학문의 장으로서의 대학에서의 주도권 문제[5] 또는 학자로서 연구성과를 낳기에 더 유리한 곳이 어디인지를 따지는 합리적 선택의 문제[6]로 보는 경향도 나타났다. 그러면서 월북을 분명하게 규정하는 것은 더 어려워졌다.

　이런 문제를 해결하기 위해 다양한 경우를 상정한 뒤 월북과 납북에 대한 개념 정의를 시도하는 경우도 있다.[7] 곧 "해방 이후부터 현재까지 이남 출신이면서 자발적인 동기에 의해 이북 지역으로 거주지와 활동무대를 옮긴 행위(사람)"가 월북이며 "남북분단의 상황이 발생한 때부터 지금까지 이남 출신의 민간인이 북측 당국의 부당한 개입으로 인하여 자신의 의사에 반함에도 불구하고 거주지를 북으로 옮기게 된 것"이 납북이라고 규정한 것이다. 한편으로는 자발성을 기준으로 하면서 다른 한편으로는 정치적·이념적 이유뿐만 아니라 비정치적·비이념적 동기까지도 아우르려는 이러한 정의 내리기는 원칙적으로 월북과 납북을 이해하

---

4) 권영민 편저, 『월북문인연구』, 문학사상사, 1989, 38쪽.
5) 대표적인 보기로 김기석, 『일란성 쌍생아의 탄생, 1946 : 국립서울대학교와 김일성종합대학의 창설』, 교육과학사, 2001 볼 것.
6) 대표적인 보기로 이공계 지식인의 월북 문제를 다룬 김근배, 「월북 과학기술자와 흥남공업대학의 설립」, 『아세아연구』 40권 2호, 1997 ; 김근배, 「이승기의 과학과 북한사회」, 『한국과학사학회지』 20권 1호, 1998 ; 김근배, 「김일성종합대학의 창립과 분화 : 과학기술계 학부를 중심으로」, 『한국과학사학회지』 22권 2호, 2000 ; 김근배, 「남북의 두 과학자 이태규와 리승기」, 『역사비평』 82, 2008 ; 김근배, 「'조선과학'의 자랑 이태규와 이승기」, 『과학과 기술』 41, 2008 등을 볼 것.
7) 이신철, 「월북과 납북」, 『역사비평』 75, 2006, 298쪽, 302쪽.

는 데 유용한 시도임이 분명하다.

그렇지만 아쉬움은 여전히 남는다. 남한에서 북한으로 활동무대를 옮긴 행위만을 월북이라고 규정할 때 빠지는 문제가 있기 때문이다. 남한 출신이지만 여러 가지 이유로 북한에서 활동하다가 분단이 기정사실이 된 상황에서도 월남하지 않고 계속 북한에 남은 사람들은 어떻게 규정할 것인가? 아울러 역시 남한 출신이거나 남한에 연고(출신학교 등)가 있음에도 불구하고 해외에서 활동하다가 귀국할 때 북한을 선택한 사람들은 또 어떻게 규정할 것인가?

일부 논자들은 이러한 경우에 해당하는 사람들은 좁은 의미의 월북과 구분해 재북으로 규정하기도 한다. 그렇다고 하더라도 문제는 여전히 남는다. 처음부터 북한 출신과 구분하는 것이 힘들기 때문이다. 특히 남한과 북한에서의 학계의 분단과 통합 문제를 이해할 때 중요한 것이 좁은 의미의 월북자뿐만 아니라 북한이나 해외에서 활동하다가 남한으로 오지 않고 북한에 남거나 북한으로 가는 길을 선택한 사람들이다. 전자의 보기로 남한 출신이지만 일제강점기에 평양에서 교수로 재직하다가 해방 이후에도 평양에 남아 김일성종합대학이 출범할 때 그리고 나중에 흥남공업대학이 출범할 때 남한의 과학기술자를 유치하는 데 주도적인 역할을 한 신건희를 들 수 있다. 후자의 보기로는 중국 화북의 조선독립동맹 주석으로 활동하다가 1945년 말 귀국할 때 남한 출신임에도 불구하고 평양으로 가는 길을 선택했고 김일성종합대학의 초대 총장이 된 뒤 북한의 언어정책에서 결정적인 역할을 했을 뿐만 아니라 남한의 국어학자들을 유치하는 데 중요한 역할을 한 김두봉을 들 수 있다. 결국 신건희와 김두봉을 단순히 '재북'으로만 보아서는 해방공간에서의 지식인의 월북과 그에 따른 학계의 분단 및 통합을 이해하는 데 한계가 생길 수밖에 없는 것이다.

따라서 남북에서의 앎의 체제의 재편이라는 문제와 관련해 월북에 관한 개념규정을 확대할 필요가 있다. 지리적 분단의 상징인 물리적 3·8선뿐만 아니라 정치적, 이념적 분단을 상징하는 또 하나의 경계선, 눈에 보이지 않는 경계선까지 포함해 남한에서 북한으로의 이동을 월북으로 볼 필요가 있는 것이다. 이 글도 넓은 의미에서 남한 출신(또는 연고자)으로서 북한으로 활동무대를 옮긴 사람들뿐만 아니라 북한이나 해외에서 활동하다가 북한에 남거나 북한으로 귀국하는 것을 선택한 사람들도 월북자의 범주에 포함시키려고 한다.

2) 월북에 따른 학문(지식)장의 재편

최근 들어 학문(지식)의 역사에 대한 관심이 높아지고 있다. 이는 기본적으로 학문의 이식성을 극복하려는 노력의 일환이라는 의미를 갖는다. 특히 분단이라는 현실적 제약 때문에 북한을 배제한 반국(半國)의 시각에서 벗어나기 어려웠던 현실을 반성하면서 북한까지도 포괄하는 일국(一國)의 시각으로 학문(지식)의 역사에 접근하려는 시도가 활발하게 이루어지고 있음은 주목할 만하다.8) 이와 관련해 남한과 북한에 별개로 존재하는 학술원·과학원이 일제강점기에 추진되던 중앙아카데미의 결실로 해방 직후 서울에서 출범한 조선학술원에 같은 뿌리를 두고 있었다는 사실9)은

---

8) 1980년대 중반 국문학, 국어학, 한국사에서 시작된 이러한 움직임은 이후 예술을 포함한 다른 학문 분야로도 확산되었다. 대표적인 보기로 김광운,『북한의 역사 만들기』, 푸른역사, 2003 ; 김기석, 앞의 책 ; 안병우·도진순 엮음,『북한의 한국사 인식 1, 2』, 한길사, 1990 등과 각주 6에 나와 있는 김근배의 일련의 글을 들 수 있다. 특히 국어학에서의 시도와 관련해서는 고영근,『통일시대의 어문문제』, 길벗, 1994 ; 김민수,『북한의 국어연구』, 일조각, 1985 등의 이른 연구를 비롯해 최근 남북을 아우르는 국어학사 정립을 더 강하게 주장하고 있는 이상혁, 「북한 조선어학 특징에 대하여」,『어문논집』64, 2011 ; 이상혁, 「남북통합한국어학사 서술의 필요성과 과제」,『아시아문화연구』26, 2012 ; 최경봉, 「김수경의 국어학 연구와 그 의의」,『한국어학』45, 2009 ; 「국어학사의 서술방법론에 대한 비판적 고찰－근대국어학사의 서술 문제를 중심으로」,『국어학』59, 2010 ; 「국어학사에서 유응호의 위상과 계보」,『한국어학』54, 2012 등을 볼 것.

남북을 아우르는 앎의 체제를 이해하는 데 하나의 출발점이 될 수 있을 것이다.

그렇지만 분단시대 학문(지식)의 역사를 복원하려는 노력은 대체로 개별 분과학문 중심이거나 학설사 내지는 좁은 의미의 학문연구사 위주라는 한계를 벗어나지 못하고 있다. 해방 이후 월북에 따른 학문(지식)장의 재편은 특정 개별 분과학문에 국한된 것이 아니었다. 물론 인문학·사회과학·자연과학·예술 등 각 분야마다 차이가 존재했고 거기에다가 각 분야의 개별 분과학문 사이에도 미묘한 차이가 존재했다. 그러한 차별성을 밝히는 것도 중요한 과제임에 틀림없다. 그렇지만 여기서는 차별성보다는 공통성에 더 주목하려고 한다. 두 가지 측면에서 그러하다.

하나는 지식인이 북한을 선택한 중요한 이유 가운데 하나가 좁은 의미의 학문적 동기가 아니라 더 큰 실천적 동기에 있었기 때문에 월북지식인의 학문활동은 처음부터 강력한 실천성을 띠었다는 것이다. 실제로 적지 않은 월북지식인이 월북 이전에 남에서 진보적 학술운동에 적극 나선 바 있었다. 백남운이 중심이 된 조선학술원도 좌우를 망라한 통일전선적 학술단체라고 하지만 핵심을 이룬 것은 진보적 지식인이었다. 해방공간에서 고등·중등·초등 교육기관의 교원을 망라해 민주적이고 평등한 교육이념의 실현을 내걸고 다양한 활동을 벌인 조선교육자협회(1946년 2월 결성)[10]의 중심을 이룬 것도 이만규(배화여고 교장), 김택원(경성대학·서울대학교 교수) 등 진보적 지식인이었다.[11] 조선학술원, 조선교육자협회

---

9) 방기중, 『한국근현대사상사연구―1930·40년대 백남운의 학문과 정치경제사상』, 역사비평사, 1992 ; 김용섭, 『남북 학술원과 과학원의 발달』, 지식산업사, 2006.
10) 박종무, 「미군정기 조선교육자협회의 교육이념과 활동」, 『역사교육연구』 13, 2011.
11) 현재 조선교육자협회 주요 회원 가운데 월북이 확인되는 것은 이만규·박준영(국어학), 김택원·이준하(교육학), 신남철(철학), 김석형·박시형(역사학), 박극채·윤행중(경제학), 이종식(법학), 도상록(물리학), 이승기(화학), 김지정·김재을·최종환(수학), 한세환(광산야금학) 등이다.

등을 통해 새로운 국가를 건설하는 데 학문이 어떻게 이바지할 수 있는지에 대해 고민하던 많은 진보적 지식인이 국대안 파동을 거치면서 진보적 학술운동에 대한 탄압이 가시화되는 1946년 이후 차례로 월북했다. 따라서 이들이 월북한 이후 벌인 일련의 학문활동은 결국 월북 이전의 진보적 학술운동과의 관련 속에서 이해할 필요가 있다.

다른 하나는 지식인의 대거 월북이 해방 전까지만 해도 남한에 편중되어 있던 학문체제를 근본적으로 뒤흔들어 서울과 평양이라는 두 중심으로 학문체제가 재편되는 결과를 가져왔다는 것이다. 김일성종합대학과 국립 서울대학교가 거의 동시에 출범했다는 사실이 이를 단적으로 보여준다. 처음에는 공학부와 의학부까지 포괄하던 김일성종합대학이 곧 평양공업 대학과 평양의학대학 등을 분리시키면서 인문·사회과학과 순수 자연과학 중심으로 재편된 것도 빠른 기간에 북한의 학문체제가 남한의 그것과 견줄만한 역량을 갖추게 되었음을 의미한다.

공간적으로 볼 때 해방 이전 학문(지식)장은 극도의 불균형성을 보이고 있었다. 일제강점기 유일의 대학이던 경성제국대학도 서울에 있었고 각종 전문학교도 대부분 서울에 집중되어 있었다. 지방에서는 평양에 세 개의 전문학교와 한 개의 사범학교가 설립되었지만 서울과 비교할 정도는 아니었다. 당연히 대부분의 지식인도 서울을 기반으로 지적 활동을 벌였다.

해방 직후에도 이러한 상황은 그대로 유지되었다. 고등 교육기관의 서울 집중현상에 변화가 나타난 것은 1946년 북한에서 김일성종합대학 설립이 추진되고 남한에서는 국립종합대학으로 서울대학교 설립이 추진 되면서부터였다. 김일성종합대학의 설립을 계기로 이제 북한의 평양도 남한의 서울과 더불어 학문(지식)장으로서의 경쟁을 할 수 있는 기반을 마련하게 되었다. 김일성종합대학의 설립은 많은 지식인이 월북이라는 선택을 하는 데 중요한 요인으로 작용했다.

실제로 김일성종합대학 설립 움직임이 가시화되기 이전에는 지식인 특히 고등 교육기관에 있던 교수가 남한에서 북한으로 활동 무대를 옮기는 경우는 거의 나타나지 않았다. 말하자면 평양에 새로 출범하는 종합대학이 진보적인 지식인을 끌어당기는 요인으로 작용한 것이다. 더욱이 김일성종합대학의 설립은 북한체제의 특징과도 관련해 일사불란하게 진행되었다. 기존의 평양공업전문학교와 평양의학전문학교를 기반으로 학교를 세운다는 계획이 입안되었고 필요한 예산과 공간을 확보하는 데도 별 문제가 없었다. 더욱이 북한 인민들로부터의 성미도 답지했다.12)

반면에 서울에서의 국립종합대학 설치 계획(이하 국대안)은 처음부터 난관에 부딪혔다. 경성제국대학이 경성대학으로 전환하는 과정에서 학교의 교수와 학생이 보인 자치 움직임이 미군정의 반대로 좌절한 것은 국대안이 겪을 운명을 예고하는 것이었다. 남한의 진보적 지식인과 학생은 미군정의 국대안을 처음부터 반대했다.13) 반대에는 여러 가지 이유가 있었지만 두 가지가 특히 중요하다. 하나는 처음에는 미군장교를 총장으로 내정한 데서 단적으로 드러나듯이 해방된 한국의 고등교육에 미군정이 노골적으로 개입하는 데 대한 반발이었다. 이는 결국 미군정과 결합된 친미지식인(백낙준, 유억겸 등)이 국대안을 주도하는 데 대한 반대로 이어졌다.

다른 하나는 국대안이 결국에는 대학에 대한 미군정의 통제 더 나아가서는 정부수립 이후에는 정부의 통제를 강화함으로써 대학 안의 진보적 학술운동의 싹을 제거하려는 음모일지도 모른다는 의구심이었다. 결국 국대안을 둘러싼 대립은 1년을 끌었다. 그 사이에 실제로 서울대학교의

---

12) 김일성종합대학, 『김일성종합대학 10년사』, 김일성종합대학, 1956.
13) 국대안 반대 운동에 대해서는 최혜월, 「미군정기 국대안반대운동의 성격」, 『역사비평』 3, 1988 ; 이길상, 『미군정하에서의 진보적 민주주의 교육운동』, 교육과학사, 1999 ; 강명숙, 「미군정기 고등교육 개혁」, 서울대학교 박사학위논문, 2002 ; 김기석, 앞의 책 등을 볼 것.

진보적 교수가 해직되거나 스스로 교수직에서 물러났다. 국대안 파동은 서울의 진보적 지식인이 남한에 실망하고 진보적 학문이 가능한 대안적 공간으로 북한을 선택하는 결정적 계기가 되었다. 북한에서는 김일성종합대학 그리고 뒤이은 흥남공업대학 등의 설립을 통해 남한 지식인에 대한 유치공작을 강화하는 가운데 남에서는 국대안 파동에서 드러났듯이 진보적 지식인을 학문장에서 축출하는 사태가 벌어지면서 많은 지식인이 북한으로 가는 길을 선택한 것이다.

그렇다면 월북지식인의 규모는 어느 정도였을까? 김일성종합대학 등 고등 교육기관에서 일한 초기 월북지식인에 대해서는 한국전쟁 당시 노획문서에 들어 있던 '이력서, 자서전' 등을 통해 대체적인 윤곽을 파악할 수 있다. 그렇지만 고등 교육기관에서 자리를 얻은 경우는 월북지식인의 일부에 지나지 않는다. 실제로 이공계 지식인 가운데는 대학이 아니라 생산현장에서 일한 경우도 많았다. 대학이 아니라 정부에서 일한 인문·사회과학 지식인도 여럿 있다.[14] 더욱이 월북의 마지막 시기라고 할 수 있는 한국전쟁 당시 지식인의 월북에 대해서는 실상이 거의 밝혀져 있지 않다. 따라서 현재의 자료여건으로는 월북 지식인의 정확한 숫자를 파악하는 것은 불가능하다.

전체 규모는 알 수 없지만 그런 가운데서도 실체가 비교적 잘 파악된 이공계 월북지식인을 보면[15] 상당수가 당시로서는 최고의 엘리트라고 할 수 있는 '제국'대학(도쿄제대, 교토제대, 도호쿠제대, 규슈제대, 경성제대 등) 출신이라는 사실을 확인할 수 있다. 그런데 여기서 해방 당시만

---

14) 보기를 들어 해방 공간에서 진보적 학술 운동의 기치를 처음 올렸던 백남운은 월북 이후 북한 정부의 고위 관료(교육상)를 지냈고 나중에는 과학원 원장이 되었다. 이밖에도 이만규는 교육성의 보통교육국장으로 일했고 박문규는 농림상과 내무상을 지냈다.

15) 강호제, 「과학기술 중요성 인식한 북 월북 과학자들 힘으로 빠른 경제성장 이뤄」, 『민족 21』 123, 2011, 48쪽.

해도 학자라고 불릴 만한 지식인이 절대적으로 부족했다는 사실을 다시 한 번 강조할 필요가 있다.

일제의 교육정책 때문에 대학에서 학문다운 학문을 접하고 학자의 길을 걸어간 조선인은 그 숫자가 절대적으로 적었다. 지식인이라고 해야 분야별로 손꼽을 정도였다. 경성제대 법문학부 졸업생 가운데 교수가 된 사람이 단 한 명도 없었다는 사실이야말로 일제강점기에 조선의 학문장이 민족이라는 요인에 의해 어느 정도 비틀려져 있었는지를 잘 보여준다. 국내 고등 교육기관 전체 교수진 민족별 구성을 보면 해방 당시 전문학교를 포함한 고등 교육기관에 재직 중인 교원은 일본인이 647명인데 비해 조선인은 261명에 지나지 않았다.[16] 그리고 조선인 교원도 대체로 의학 등 특정 분야에 집중되어 있었다.

이러한 상황에서 해방이 되자 고등교육에 대한 열망이 남북 모두에서 강하게 나타났다. 그 결과가 국립서울대학교와 김일성종합대학의 설립이었다. 남한에서는 일제강점기의 전문학교가 사립대학으로 대거 승격되었다. 새로 출범하는 사립대학도 여럿이었다. 북한에서도 김일성종합대학 출범 직후 평양공업대학과 평양의학대학 등이 단과대학으로 분리되고 지방에도 흥남공업대학 등 여러 대학이 설립되었다. 바야흐로 남북에서 공히 대학의 시대가 열린 것이다. 그러나 정작 대학에서 가르칠 만한 자격과 능력을 갖춘 교수요원은 부족했다. 따라서 남북 모두에서 교수요원을 확보하는 것이 중요한 문제가 되었다. 특히 일제강점기에 전문학교조차 절대적으로 부족하던 북한이 더 심각하게 이 문제를 인식하고 있었다.

그리하여 북한에서는 김일성의 이름으로 남한의 진보적 지식인을 초치하는 데 온힘을 기울였다. 아무래도 정치와 이념의 영향을 강하게 받는 인문·사회과학 분야보다는 상대적으로 정치와 이념의 영향이 강하지

---

16) 유억겸, 「남조선교육개황」, 이길상·오만석 편, 『한국교육사료집성 : 미군정기편 Ⅱ』, 한국정신문화연구원, 1997, 349쪽.

않은 이공계의 경우 남북이 제한된 교수 요원을 확보하기 위해 치열한
경합을 벌이는 경우도 있었다. 보기를 들어 도호쿠제대 출신으로 하얼빈공
대에서 6년 동안 물리학을 가르치던 임극제는 김일성종합대학 교수로
초빙되는 과정에서 서울대학교로부터도 초청을 받았는데 귀국한 뒤 고민
끝에 평양행을 선택했다고 한다.[17]

지식인의 대거 월북은 한반도 전체로 보았을 때는 불균형 상태에 있던
학문(지식)장을 일거에 균형 상태로 만드는 결과를 낳았다. 일부 학문분과
를 제외하고는 거의 모든 부문에서 학문장의 균형화가 이루어진 것이다.
일부 학문분과에서는 오히려 북한이 남한을 앞서는 역전 현상도 나타났다.
이공계에서 대표적인 보기가 물리학과 화학이었다. 해방 당시 대학에서
물리학을 전공한 사람은 22명이었고 그 가운데 학술잡지에 논문을 발표한
적이 있는 사람은 미국 미시간 주립대학에서 박사학위를 취득한 최규남,
교토제대에서 박사학위를 취득한 박철재, 도호쿠제대를 졸업한 임극제,
그리고 도쿄제대를 졸업한 도상록의 4명뿐이었다.[18] 그런데 학자로 인정
받던 4명 가운데 임극제와 도상록이 월북했다. 특히 서울대학교 물리학과
교수로 있던 도상록은 국대안 파동에서 해직 당한 뒤 서울대학교 물리학과
의 동료교수와 제자를 대거 이끌고 월북했다. 도상록의 월북은 서울대학교
에 남아 있는 사람들에게는 "너무나도 실망적인 현실"[19]을 낳았다. 화학에
서도 해방 이전부터 같은 교토제대 출신의 이태규와 쌍벽을 이루던 이승기
가 비록 다소 뒤늦은 시기이기는 하지만 한국전쟁 당시 북한을 선택했다.
그리고 북한 정권의 전폭적인 지원 아래 비날론 생산에 성공했다. 화학
및 화학공학 분야의 월북자를 보면 도쿄제대 출신 이세훈, 교토제대

---

17) 임극제, 「이력서 및 자서전」, 『평양공업대학이력서』.

18) 임정혁, 「식민지시기 물리학자 도상록의 연구활동에 대하여」, 『한국과학사학회
    지』 27권 1호, 2005.

19) 김종철, 「경성제국대학과 경성대학, 서울대학교 물리학과의 변천을 회고함」,
    『한국과학사학회지』 23권 2호, 2001, 202쪽.

출신 이승기, 이재업, 오동욱, 이계수, 송법섭, 이창직, 김태열, 도호쿠제대
출신 최삼열, 김용호 등 유난히 일본 제국대학 출신이 많다는 것을 알
수 있다. 특히 교토제대 출신이 많은 것은 이승기의 영향 때문이었다.
이름 있는 학자를 유치하는 것은 결국 그를 따르는 더 젊은 연구자들까지도
유치하는 계기로 작용했다. 이승기가 자신을 따르던 후배와 제자들을
이끌고 월북함으로써 북한에서는 화학과 화학공학이 비약적으로 발전할
수 있었던 것이다.

  지식인의 대규모 월북을 통해 남한과 북한에 두 개의 학문중심이 출현하
게 되었다. 이러한 학문(지식)장의 재편을 체제대립 또는 체제 간의 헤게모
니 다툼으로 보는 시각에서 벗어날 필요가 있다. '분단시대'라는 말 자체가
지금까지 자족적이고 완결된 하나의 체계라고 여겨지던 것이 사실은
'통일'된 상태로서의 더 완결된 그 무엇에 하나가 결여되었음을 뜻하는
것이라고 한다면 남한과 북한에 출현한 두 학문(지식)장을 결국에는 빠진
부분을 채워나가는 통합의 과정으로 보아야 한다는 것이다. 실제로 최근
들어 남북을 아우르는 학문사를 정리하려는 일련의 움직임은 월북을
포함한 남북 지식인들의 움직임을 대립보다는 통합이라는 관점에서 보려
는 인식의 변화를 잘 보여준다.

3. 국어학자의 월북과 북한 조선어학계

1) 국어학자들의 월북동기와 북한 언어정책에의 영향력

  북한을 선택한 첫 국어학자는 김두봉이었다.[20] 김두봉은 주시경학파의
수제자격인 인물이었다. 1930년대 중반 이후에는 한글연구를 떠나 민족해

---

20) 김두봉의 삶과 활동에 대해서는 심지연, 『김두봉 연구 : 잊혀진 혁명가의 초상』,
    인간사랑, 1993 ; 이준식, 앞의 글, 2008 ; 이준식, 앞의 글, 2010 등을 볼 것.

방운동의 일선에서 활동했고 나중에 연안파라고 불리는 화북조선독립동맹의 최고 지도자가 되었다. 김두봉은 경남 출신이었지만 해방 뒤 남이 아니라 북으로 가는 길을 선택했다. 그리고 연안파의 지도자로서 김일성에 이은 북한정권의 2인자가 되었다. 주시경의 후계자, 독립동맹 주석 출신, 여기에 북한정권의 2인자라는 위상이 더해지면서 김두봉은 자연스럽게 북한 언어정책의 중심이 되었다. 김두봉이 2인자로 있을 때까지 김일성은 언어정책과 관련해 독자적인 교시를 제시하지 않았다. 김두봉 때문이었을 것이다. 1946년에 설립된 김일성종합대학의 초대 총장이 됨으로써 북한의 학술계를 실질적으로 이끄는 역할도 맡았다. 이 대학이 개설한 조선어학 강좌는 물론이고 1947년 8월 같은 대학 안에 설치된 조선어문연구회에 큰 영향력을 행사할 수 있었을 것이다.

　김두봉의 북행을 통해 주시경에서 김두봉으로 이어지는 흐름이 북한의 언어학과 언어정책의 주류가 되었다. 조선어문연구회가 중심이 되어 1948년에 '조선어 신철자법'을 제정했는데 이는 주시경 학파의 성원들이 중심이 된 조선어학회의 한글마춤법통일안을 바탕으로 한 것이었다. 실제로 다음 해에 조선어문연구회가 펴낸 신철자법의 해설서에는 "1947년 북조선 인민위원회의 결정에 의하여 조직된 조선어문연구회는 민족 공통어의 최후적 완성, 즉 조선어문의 진정한 통일과 발전을 위하여 한자철폐와 문자개혁을 예견하는 철자법의 새로운 제정을 자기의 당면 과업의 하나로 내세웠다. 이것을 위하여는 무엇보다도 주시경 선생의 사상 속에 배태되고 조선어학회에 의하여 계승된 철자법 상의 형태주의 원칙을 더 한층 발전시킬 것이 요구되었다. 이 요구에 부합한 것이 수십 년간의 학적 연구에서 완성된 김두봉 선생의 문법 내지 철자법 상의 새로운 견해였으며, 이 새로운 견해를 토대로 하여 조선어문연구회는 1948년 1월 15일 조선어 신철자법을 발표하여 어문운동사 상에 또 하나의 비약의 발자국을 남기게 되었다"21)고 적혀 있다. 남쪽의 조선어학회가 만든 맞춤법에 김두봉의 견해를 더해 '더 한층 발전'시킨 것이 신철자법이라는 이야기이다. 이미 남북에 분단정부가 수립된 뒤이지만 남쪽의 맞춤법을 기본적으로 인정한 배후에는 김두봉이라는 존재가 자리를 잡고 있었을 것이다.

실제로 김두봉이 북한의 언어정책의 입안과 실행 과정에서 어떤 역할을 했는지를 보여주는 자료는 거의 없다. 그렇지만 김두봉이 실각하기 이전에 나온 북한의 조선어학 관련 글에는 김두봉의 '지도'를 지적하는 것이 많다. 김두봉이 일제강점기에 펴낸『조선말본』(1916)과『깁더 조선말본』(1922)이 북의 언어연구·정책에서 강령의 역할을 했음을 미루어 짐작할 수 있다.

조선어학 강좌와 조선어문연구회가 중점적으로 추진한, 한자폐지와 글자개혁을 전제로 하는 신철자법의 제정은 김일성의 노선에 따라 김두봉의 '지도' 아래 진행되었다는 것이 당시 북한의 공식적인 입장이었다.[22] 북한정권 수립 직전인 1948년 7월 15일 북한 최초의 어학박사 학위와 교수직을 받은 것,[23] 조선어문연구회의 기관지인『조선어연구』창간호 (1949년)에 "이국 땅에서 풍찬노숙의 생활을 하시면서도 오히려 해방의 조국의 문화 건설을 앞내 보시고 조선어문에 대한 연구를 꾸준히 계속하여 오신 공화국의 오직 한 분이신 언어학박사 김두봉 선생"이라고 적혀 있는 것, 1949년에 발표된 김두봉 탄생 60주년 기념 논문에서 신철자법에 나타나는 김두봉의 철자법 이론을 마르크스·레닌의 사상과 관련시켜 그 당위성을 평가한 것[24] 등은 북한 언어정책에서 김두봉이 차지하고 있던 위상을 단적으로 보여준다.

---

21) 조선어문연구회,『조선어문법』, 조선어문연구회, 1949, 86쪽.

22) 신구현, 「조선어문의 통일과 발전 사업에 있어서 우리들 조선어문 학자의 당면과 업」,『조선어연구』1949년 12월호.

23) 유문화,『해방 후 4년간의 국내외 중요일지』, 민주조선사, 1949, 183~184쪽.

24) 김수경, 「조선 어학자로서의 김두봉 선생 : 선생의 탄생 60주년을 맞이하여」, 『조선어연구』1권 3호, 1949.

　　그런 김두봉이 처음부터 북한의 언어정책에 조선어학회의 방침을 받아
들인다는 생각을 갖고 있었기 때문에 신철자법에도 남쪽의 맞춤법이
적용될 수 있었을 것이다. 실제로 김두봉은 1947년에 조선어학회 사건으로
옥중에서 죽은 이윤재[25]의 사위이자 연희전문학교를 나와 조선어학회
회원으로 활동하던 김병제를 김일성종합대학 교수로 초청하려고 했고,[26]
1947년 12월에는 이윤재의 유고를 김병제가 엮어 서울에서『표준 조선어
사전』을 간행할 때 직접 쓴 서문을 보냈다. 그뿐만이 아니다. 같은 해
북한에서 자신의『깁더 조선말본』을 학교 말본으로 채택하려고 했을
때 최현배의『중등 조선말본』을 대신 추천했다.[27] 늘 남쪽의 한글운동
동지들을 의식하고 있었던 것이다. 실제로 1947년 초까지도 김두봉은
조선어학회의 맞춤법 통일안을 높게 평가했다.[28] 큰 흐름에서는 그것이
자신의 생각과 별로 다른 점이 없다고 보았다. 다만 조선어학회의 맞춤법
통일안이 좀 더 철저한 형태주의 원칙을 지키지 않은 데 대한 아쉬움을
드러냈다.

　　김두봉은 1948년 10월 최고인민회의 상임위원장으로 취임했다. 그러면
서 김일성종합대학 총장 자리를 허헌에게 물려주었다.[29] 총장 자리는
그렇다고 하더라도 김두봉을 대신해 북한의 조선어학계를 이끌 인물이

---

25) 일제강점기에 한글 사전 편찬 작업을 벌이던 이윤재는 1929년 상하이에 체류
　　중이던 김두봉을 찾아가 도움을 청한 적이 있었다.
26) 「초빙교원일람표」,『김일성대학발령건』, 1947. 그러나 무슨 이유에서인지 김병제
　　는 이때 초청에 응하지 않고 나중에 월북했다.
27) 박지홍, 「김두봉의 발자취」,『한힌샘 주시경 연구』5·6, 1993, 8쪽.
28) 거꾸로 남한에서도 김두봉의 업적을 높게 평가하고 있었다. 보기를 들어 1946년에
　　나온『한얼』창간호에는 이극로와 유열의 대담이 실려 있는데 이 대담에서
　　유열이 말본과 관련해 "지금 대개 최현배 스승님의『우리말본』과 김두봉 스승님의
　　『깁더 조선말본』이 가장 지침이 되고 있습니다"라고 하자 이극로도 "그 둘이
　　가장 체계적으로 이루어졌지"라고 답했다.
29) 김일성종합대학, 앞의 책, 44쪽.

필요했다. 이때 김두봉의 제자라고 세간에 알려진 이극로가 월북했다. 1948년 4월 평양에서 열린 남북연석회의에 참석했다가 그대로 북에 남은 것이다.

이극로는 일제강점기에 이미 최현배와 더불어 조선어학회의 한글운동에서 쌍벽을 이루고 있었다.[30] 한글운동을 조직화하고 필요한 경비를 마련하는 일을 주도한 것은 이극로였다. 최현배는 한글운동의 이론적 토대를 마련하는 일을 주도했다. 두 사람이 해방 뒤 일시적으로 갈등하는 일도 있었다. 최현배는 미군정과 협력하는 길을 선택한 반면에 상대적으로 진보적이던 이극로는 미군정을 믿지 않았고 중도파의 길을 걸으면서 좌우합작운동과 통일운동을 벌였다. 서로 정치노선에 대해 불만이 있었을 것이다. 그러한 불만이 조선어학회 이사회에서 언쟁으로 번지는 일도 있었다고 한다.[31] 그렇지만 이극로도 최현배도 한글운동에 대한 상대방의 진정성에 대해서만은 인정하고 있었다.

1947년 조선어학회가 마련한『조선말 큰사전 1권』의 발간을 앞두고 사전에 올릴 말본의 용어를 한글로 할 것이냐 한자로 할 것이냐 하는 문제를 조선어학회 안에서 논란이 벌어졌다. 이미 한자어를 한글로 바꾸는 데 대해 격렬하게 반대하던 경성제대 조선어문학과 출신(이숭녕 등)이 해방공간에서 조선어학회 회원으로 새로 가입했기 때문에 벌어진 일이었을 것이다. 이 때 이극로가 나섰다. 이극로도 개인적으로는 '명사, 대명사'를 지지하지만 조선어학회의 사전편찬이 최현배의 문법에 기초하고 있는 이상 최현배의 주장을 받아들여야 한다는 것이었다. 그러면서 "명사, 대명사로 해야 한다고 우기는 것은, 흡사 남이 다 지어 놓은 집에 가서

---

30) 이극로에 대해서는 이극로,『고투 40년』, 범우, 2008 ; 박용규,『북으로 간 한글운동가 이극로 평전』, 차송, 2005 ; 이극로박사 기념사업회 편,『이극로의 우리말글 연구와 민족운동』, 선인, 2010 등을 볼 것.

31) 최호연,『조선어학회, 청진동 시절 상』, 진명문화사, 1992, 34~35쪽.

벽지는 무슨 색깔로 하라, 못은 어디에 치라 하는 것과 마찬가지입니다. 최현배 선생은 왜정 때 생명을 걸고 우리말의 문법을 집대성하셨습니다. 우리가 이제 와서 무슨 염치로 선생이 배운 체계를 두고 용어만은 우리 생각에 맞게 고치겠다고 하겠습니까?"32)라고 주장했다. 새로운 나라를 세우는 데 기초가 될 언어생활의 정리에 주시경에서 최현배로 이어지는 조선어학회의 입장이 주된 흐름이어야 한다고 선언한 셈이다.

이처럼 당시 남쪽에서의 한글운동과 언어정책을 주도하는 최현배를 전폭적으로 지지하던 이극로가 최현배가 있는데도 서울을 떠나 북한에 간 이유는 무엇이었을까?33) 이극로가 이유를 밝히지 않았기 때문에 논자에 따라 다양한 추론을 한다. 이극로 등과 같은 중도우파 계열의 인사들이 북한을 선택한 이유가 남쪽과는 달리 친일파 처리를 비롯해 여러 분야의 개혁이 이루어졌기 때문이라고 보는 논자도 있다.34) 이에 비해 언어정책론에 집중된 국어학적 관심을 펼치기에 사회주의사회가 더 적당하다고 판단했을 가능성을 제시하는 경우도 있다.35) 그리고 어떤 논자는 좌우합작운동에 정열을 바친 만큼 남한만의 단정 수립을 추진하는 이승만세력과 미군정에 환멸을 느끼고 있던 가운데 김두봉이 북한에 남으라고 권유했기 때문에 월북했다고 보기도 한다.36)

그런데 이 문제와 관련해 한글운동가 박지홍37)이 흥미로운 증언을 남겼다. 해방공간에 부산에서 출판사를 하고 있던 정재표라는 사람이

---

32) 박지홍, 「고루 이극로 박사의 교훈」, 『한글문학』 22, 1994, 20~21쪽.
33) 여기에 대해 자세히 따지고 있는 정재환, 『한글의 시대를 열다』, 경인문화사, 2013 볼 것.
34) 서중석, 『남북협상-김규식의 길, 김구의 길』, 한울, 2000, 257쪽.
35) 한겨레신문 문화부, 『발굴 한국현대사 인물 1』, 한겨레신문사, 1991, 78쪽.
36) 이종룡, 「이극로 연구」, 이극로박사 기념사업회 편, 앞의 책, 79쪽.
37) 박지홍은 해방 직후부터 부산에서 한글 운동을 벌였고 1949년 11월에는 한글전용촉진회 부산지부 상임운영위원, 그리고 1952년 4월부터는 한글학회 회원이 되었다.

이극로의 월북 직전에 "내가 북으로 가야 되겠습니다. 그 이유는 김두봉 선생이 편지를 했는데 나라가 두 쪼가리 나더라도 말이 두 쪼가리 나서는 안 된다. 그러니 사전 편찬이 중요한데 북에 사람이 없다. 남쪽에는 최현배 선생만 있어도 안 되나? 그러니 당신은 북으로 와 달라. 그래서 내가 응락을 했습니다"[38]라는 말을 들었다는 것이다. 만약 이 증언이 맞다면 이극로는 남북연석회의에 참석하려 평양에 가기 전에 이미 김두봉의 권유를 받아들여 월북을 결심하고 있었던 셈이다. 실제로 이극로가 북한에 남기로 결정한 뒤 얼마 지나지 않아 김두봉에 이어 북한 언어정책의 실질적 책임을 맡는 것으로 보아 이러한 증언은 사실에 부합하는 것으로 여겨진다.

  이극로는 일제강점기부터 언어를 민족문제의 중심으로 보고 한글운동을 민족혁명의 기초로 판단하고 있었다.[39] 거기에 이극로가 처음으로 한글운동에 관심을 갖게 된 것도 유럽으로 유학을 가던 도중에 들린 상하이에서 김두봉과 만난 데서 비롯되었다. 당시 김두봉은 사전편찬을 위해 온힘을 쏟고 있었다. 그리고 김두봉과의 만남을 통해 이극로도 한글운동의 최종 목표가 사전편찬에 있다는 것을 알게 되었다. 독일유학을 마치고 귀국하던 이극로가 조선에 돌아가면 무엇을 할 것이냐는 장덕수의 질문에 사전을 만들 거라고 즉답했다는 일화가 사전에 대한 이극로의 관심을 잘 보여준다.[40] 그런 이극로이기에 김두봉이 사전편찬을 포함한 북한의 언어문제 해결을 위해 북한으로 와달라고 권유했다면 북행을 결심하는 것은 그렇게 어려운 문제가 아니었을 것이다. 특히 1948년이라는 시점은 남북에서 분단정부가 들어서는 것이 이미 기정사실이 되고 있던

---

38) 한글학회, 「박지홍 구술」, 『한글 문화 인물 녹취 자료』(2005. 12~2006. 3), 정재환, 앞의 책, 59~60쪽에서 재인용.
39) 이극로, 앞의 책, 111쪽.
40) 『조선일보』 1937. 1. 1.

상황이었다. 좌우합작과 남북통일을 위해 동분서주하던 이극로로서는 체제가 나뉘고 국토가 나뉘어도 언어의 분단만은 막아야 한다는 절박한 심정이 되었을 것이다.

이극로의 월북 이후 조선어학계의 중심은 김두봉에서 이극로로 이전했다. 물론 이극로 뒤에는 김두봉이라는 존재가 자리를 잡고 있었다. 1948년 10월 2일 내각 제4차 각의에서는 김일성종합대학 안에 설치되어 있던 조선어문연구회를 폐지하고 교육성 안에 새로 설치할 것을 결정했다. 그리고 새 연구회의 책임자로 이극로를 결정했다. 그에 앞서 이극로는 9월 9일자로 무임소상에 임명된 바 있었다. 언어정책을 총괄하라는 의미가 담긴 직책이었다. 실제로 10월 2일의 결정으로 이극로는 북한 언어정책의 책임자가 되었다. 정치인으로서의 역할이 더 커진 김두봉을 대신하는 자리였다.

이극로의 월북은 북한의 언어정책 집행에 큰 힘이 되었다. 실제로 조선어문연구회의 기관지인 『조선어 연구』에는 "새로 발족한 조선어문연구회에는 남북 조선의 어학계의 권위가 집결되어 있다. (중략) 공화국에 오직 한 분이신 언어학 박사 김두봉 선생을 비롯하여 공화국 북반부의 여러 학자들이 모여 있다. 여기에 공화국 남반부에서 (중략) 조선어학회를 끝끝내 영도하시다가 드디어 6년의 혹형을 받고 영어의 생활을 하신 이극로 선생을 비롯하여 어문학계의 권위자가 다수 참가하여 있다"[41]라는 글이 실리기도 했다. 여기에는 조선어문연구회야말로 이제 남북을 아울러 한글운동의 적통이 모인 통일적 조직체이고 따라서 언어문제와 관련된 한 북한이 민족적 정통성, 학문적 전문성, 언어 통일에서의 정당성을 두루 갖추게 되었다는 자부심이 넘쳐난다.

이극로의 경우에서 잘 드러났듯이 국어학자들이 월북이라는 길을 선택

---

41) 조선어문연구회, 「조선어문연구회의 사업전망」, 『조선어 연구』 창간호, 1949, 134쪽.

한 데는 이미 정치적 분단이 기정사실이 되고 있던 상황에서 어떻게
해서든지 언어의 분단만을 막아야 한다는 고뇌가 크게 작용하고 있었다.
이러한 맥락에서 월북지식인인 이만규가 언어의 통일문제에 대해 "(조선)
어문연구회가 연구 실천하는 국문학상 과업도 이것이 남북을 통일하는
기초와 전형이 될 것"[42]이라고 밝힘으로써 연구회의 목적이 남북언어의
통일에 있음을 분명히 한 데 특별히 주목할 필요가 있을 것이다.

2) 조선어문연구회와 월북 국어학자들

이극로가 위원장을 맡은 조선어문연구회는 "조선어 문법의 편수간행,
조선어 사전의 편찬간행, 조선어문 연구 잡지의 발행, 조선어문 연구
논문집의 간행, 조선어문에 대한 특별 강연회의 개최"라는 다섯 개의
당면 사업과제를 설정했다. 그런데 뒤의 세 사업은 학회 내지 연구회라면
일상적으로 하는 것이었다. 따라서 조선어문연구회에서 특징적인 사업이
라면 앞의 둘을 들 수밖에 없다.

실제로 조직을 보더라도 문법편수부, 사전편찬부, 편집출판부로 짜여
있어서 문법편수와 사전편찬이 조선어문연구회의 핵심 과제였음을 알
수 있다. 출범한 지 얼마 지나지 않은 1948년 11월 1일 회의에서 문법편수와
사전편찬에 대한 보고가 있었는데 보고자는 각각 전몽수와 김병제였다,
그리고 두 사람 모두 월북지식인이었다.

조선어문연구회는 사전편찬분과위원회, 문법편찬분과위원회와 같은
전문위원회를 두고 있었다.[43] 초창기의 전문위원은 모두 23명이었다고
하는데 전체 명단은 알려져 있지 않다. 다만 이극로(위원장), 김경신(서기
장), 김두봉, 김병제, 전몽수, 박상준, 김수경, 유창선, 신구현, 한수암이
포함된 것은 확실하다. 이 가운데 김경신에 대해서는 알려진 바가 없고

---

42) 조선어문연구회, 「국문 연구 단체의 연혁」, 『조선어 연구』 창간호, 1949, 10쪽.
43) 조선중앙통신사, 『조선중앙연감』, 조선중앙통신사, 1950, 351쪽.

한수암도 일제강점기부터 문필활동을 벌였다는 것 외에는 인적 사항이 알려진 것이 없다. 그리고 김경신과 한수암을 제외한 나머지 8명은 모두 넓은 의미의 월북지식인이다.

조선어문연구회 산하의 조선어문법 편찬위원회에 속한 허익, 명월봉, 김용성, 홍기문, 박종식, 박준영도 전문위원이었을 가능성이 크다.[44] 그런데 앞의 세 사람은 모두 소련에서 초빙된 러시아어 전문가[45]인데 비해 홍기문과 박종식은 월북 지식인이다.

전문위원 가운데 남은 7명은 조선어문연구회의 기관지인『조선어 연구』의 필자 가운데 있을 것으로 보이는데 확인된 사람들을 뺀 주요 필진은 이익환, 박경출, 김종오, 이만규, 송창일, 김해진, 박종주, 김영철, 이규현, 황부영이다. 이 가운데 이만규는 한글 전공자가 아니었지만 조선어학회 회원으로 적극 활동했고 월북 이후 교육성 보통교육국장을 맡았기 때문에 전문위원이었을 가능성이 크다. 나머지 9명의 인적 사항은 알 수 없다.

이상에서 알 수 있듯이 23명의 전문위원 가운데 적어도 10명 남짓이 월북 지식인이었던 것으로 보인다. 그리고 이 가운데 이극로, 김병제, 이만규, 김수경은 조선어학회 회원이었고 김두봉, 신구현은 조선어학회 회원은 아니지만 적어도 지지자였다. 따라서 조선어문연구회가 조선어학회 회원 내지는 월북지식인에 의해 주도되었다고 보아도 무방할 것이다.

실제로 이극로의 월북은 조선어학회의 다른 회원들에게도 적지 않은 영향을 미쳤다. 1948년부터 한국전쟁을 전후한 시기에 회원 가운데 김병

---

44) 조선어문연구회, 「머리말」, 『조선어문법』, 조선어문연구회, 1949, 1쪽.

45) 명월봉은 카자흐스탄 고려사범대학 출신으로 소련에서 교수 요원으로 초빙되었고 당시 김일성종합대학 노문학과 강좌장이었다. 이명재, 『소련지역의 한글문학』, 국학자료원, 2002, 49~50쪽. 김용성은 소련의 크슬오르다교원대학을 졸업하고 현지의 중학교 노어 교원으로 있다가 김일성종합대학의 노문학과 교원으로 초빙되었고, 허익은 소련의 레닌그라드대학을 졸업하고 침켄트교원대학 교원으로 있다가 역시 김일성종합대학 노문학과 교원으로 초빙되었다.

제, 유열, 정열모가 월북했다. 특히 1947년에는 김일성종합대학의 초청에 응하지 않았던 김병제가 이극로의 월북 이후 이극로를 따라 월북한 것이 주목된다.

김병제는 조선어학회에서 사전 편찬원으로 활동했지만 1948년 4월 이후 학회 사무실에 출근하지 않았다. 조선어학회에서는 김병제가 병환으로 8월 2일부로 휴직한 것으로 처리했지만[46] 한 북한 인명록에 따르면 김병제는 "1948년 7월 월북한 후 김일성종합대학에서 후진 양성에 힘썼는 가 하면 사회과학원 언어연구소 소장으로 일했"으며 1948년 8월에는 김일성대학 언어학 교수로 재직 중이었다고 한다.[47] 따라서 이극로가 북한에서 함께 일할 사람으로 사전편찬의 실무에 능한 김병제를 불러들였을 가능성이 크다.

한편 해방 직후 밀양에서 한글을 연구하고 있던 유열은 조선어학회의 후원으로 부산에서 한얼몯음이라는 단체를 만들고 잡지『한얼』을 발행했다.[48] 그런데『한얼』창간호에 이극로와 유열의 대담이 실려 있는 것이 눈길을 끈다. 유열이 월북 이전의 이극로와 긴밀한 관계를 맺고 있었음을 보여주기 때문이다. 유열은 1946년 9월 이후 조선어학회의 정식 회원이 되어 김병제와 함께 사전 편찬에 종사했다.[49]

유열이 월북한 것은 한국전쟁 때였다.[50] 월북 후 유열은 조선어문연구회 연구부장으로 잠시 있다가 1952년부터 1957년까지 베이징대학 동방어문학부 조선어강좌 초빙교수를 지냈다.[51] 유열이 적지 않은 나이에 의용군에

---

46)『한글』105, 1949, 69쪽.

47) 연합뉴스,『북한인명록』, http://100.daum.net/yearbook/view.do?id=56547.

48) 한글학회,『한글학회 100년사』, 한글학회, 2009, 786~787쪽 ; 이응호,『미군정기의 한글운동사』, 성청사, 1974, 99쪽.

49)『한글』99, 1947, 72쪽.

50)『조선신보』1999년 12월 20일.

51) 북한자료센터,『디지털북한인명사전』.

입대했다가 월북하게 된 동기는 무엇일까? 다시 박지홍의 회고를 빌리면 유열은 이극로를 "아버지 같은 존재로, 아버지보다 더 높은 존재로 생각"하고 있었기 때문에 "나는 이극로 박사를 찾아가야겠다. 나는 이극로 박사 안 계시면 나는 못산다. 그러면 뭐 남북통일이야 쉽게 안 되겠나?"라는 말을 남기고 월북했다고 한다.

일제강점기부터 이극로와 함께 조선어학회에서 활동하던 정열모는 독자적인 문법서를 낼 정도로 한글 연구에 일가견이 있었다. 해방 공간에서 교육운동을 벌이던 정열모도 한국전쟁 때 월북했다.[52]

한편 조선어문연구회의 전문위원 가운데는 경성제대 출신이 3명 있었다. 그 가운데서도 2명이 눈에 띈다. 신구현과 김수경이 바로 그들이다. 경성제대 조선어문학과 출신으로는 고정옥도 월북했지만 전공이 고전문학(특히 민요)이었기 때문에 언어정책에는 관여하지 않은 것으로 보인다. 신구현도 고정옥과 마찬가지로 고전문학 전공이었지만 1940년 3월부터 조선어학회 사전편찬에 관여한 적이 있었다. 신구현은 일제강점기부터 실천운동에도 관여해 중앙중학교 교사로 있다가 조선공산당 재건운동 혐의자로 경찰에 검거된 뒤 학교에서도 파면되었다. 해방 뒤에 중앙중학교에 잠깐 복직했다가 바로 월북[53]한 신구현은 월북지식인 가운데 두 번째로 빠른 1946년 8월 16일 김일성종합대학 교수로 임명되었고[54] 조선어문학부 책임자가 되어 서울에서 교수요원을 초치하는 데 중요한 역할을 했다.[55]

---

52) 정열모의 월북에 대해서는 납북으로 보는 시각도 있다. 최기영, 「백수 정열모의 생애와 어문민족주의」, 『한국근현대사연구』 25, 2003.
53) 「신구현 이력서」, 『김일성종합대학 이력서』.
54) 서울에서 평양으로 간 김석형, 박석채, 김수경은 8월 20일, 박극채는 8월 28일, 도상록은 9월 1일 날짜로 각각 김일성종합대학 교수로 임명되었다.
55) 김수경을 모델로 북한에서 나온 한 소설에서는 경성제대 법문학부 동문인 박시형과 김석형을 통해 김일성종합대학으로부터의 초청 의사를 전해들은 뒤 신구현으로부터도 위촉장을 받은 것으로 쓰고 있다. 리규춘, 『장편실화 삶의 메부리』, 금성청년출판사, 1996, 31~32쪽.

신구현은 구체적인 한글 연구에 관여한 흔적이 보이지 않는다. 대신에
초기 김일성종합대학 조선어문학부 책임자이자 조선어문연구회 위원장
이었기 때문에 언어정책의 방향에 관련된 글을 발표했다. 애초에 어문정
리, 철자법 교정 등을 목표로 민간단체로 출범한 조선어문연구회는 1947년
2월 북조선인민위원회 결정에 따라 김일성종합대학 안의 한 기구로 위상
이 바뀌었다. 신구현은 조직체를 변경한 조선어문연구회의 첫 위원장이었
다. 조선어문연구회는 철자법, 문법, 가로쓰기, 한자폐지 등에 관련된
연구를 조직화했는데 그 첫 성과가 1948년에 공포된 신철자법이었다.
신구현은 김일성종합대학에 설치된 조선어문학 강좌에 대해 다음과 같이
설명했다. "1946년 9월에, 김일성종합대학 창건과 더불어 역사문학부내에
조선어문학 강좌가 신생되자, 이 강좌는 우선 진보적 어학자를 망라하는
데 적잖은 성과를 올리었다. 이 강좌는 통일적인 조선어의 발전을 위한
인재양성의 유일한 기관일뿐더러 실질적으로, 조선어학 영역에서 있어서
과학적 이론과 체계를 연마하는 곳으로 되었다. 이 강좌는 첫 출발부터
김일성 장군이 명시한 노선과 지시에 입각하여 직접으로 총장이시던
김두봉 선생의 엄격한 지도 하에 자기 사업을 전개하였다."[56] 신구현에
따르면 강좌의 방향과 내용을 지도하고 통제한 것은 김두봉이었다. 신구현
의 설명은 언어문제에 관한 실질적 권한은 국어학자로서 실무를 책임진
김두봉에게 있었다는 사실을 분명히 보여준다.

김수경은 경성제대에서 철학을 전공했다. 그러면서도 당시 경성제대에
서 일반언어학을 가르치던 고바야시(小林英夫)[57]에게 따로 사사를 받은
데서도 알 수 있듯이 한글 자체보다는 언어학에 대한 관심이 학자로서의

---

56) 조선어문연구회, 「조선 어문의 통일과 발전 사업에 있어서 우리들 조선 어문
학자들의 당면과업」, 『조선어 연구』 1권 8호, 1949, 9~10쪽.
57) 고바야시에 대해서는 이준식, 「일제강점기의 대학제도와 학문체계 : 경성제대의
'조선어문학과'를 중심으로」, 『사회와 역사』 61, 2002 볼 것.

김수경의 출발점이었다. 실제로 김수경은 도쿄제대 대학원에 진학하면서
언어학을 전공했다. 김수경은 각종 외국어에 능숙했던 것으로 알려져
있다. 김수경의 조선공산당 입당을 보증했고 김일성종합대학 교원으로서
의 조사서를 쓴 박시형은 김수경에 대해 "어학방면에서 가장 우수한
소질이 있고 선진 각국어에 능통 언어학에 독보적 존재"라고 평가했다.[58]

　해방 공간에서 김수경은 경성경제전문학교 교수이자 경성대학 강사로
재직하면서 조선공산당의 고등교육부 프랙션으로도 활동했다. 경성대학
자치위원회가 만들어질 때 경성대학 언어학 교수로 내정되기도 했다.
그러나 국대안 파동이 일어나면서 김수경은 월북의 길을 택했다. 1946년
8월 이전의 일이다. 김수경은 1946년 10월부터 1968년 10월까지 김일성종
합대학 조선어문학부 조선어강좌 교원, 강좌장으로 재직했다.[59]

　월북 이후 김수경의 활동 가운데 가장 눈길을 끄는 것은 신철자법을
이론화하는 데 주도적인 역할을 했다는 사실이다. 실제로 김수경은 김두봉
의 탄생 60주년을 기념하는 논문을 쓰면서 언어정책의 배경에 김두봉
이론이 있음을 분명하게 제시했다. 그리고 1949년에는 신철자법의 해설서
라고도 할 수 있는 『조선어 문법』을 내기도 했다. 따라서 김두봉의 형태주
의 문법을 신철자법으로 정리하는 데 핵심적인 역할을 한 것은 김수경이었
던 것으로 보인다.[60] 실제로 김두봉 숙청 이후 북한에서는 김두봉 어학에
대한 비판 움직임이 일었는데 그런 가운데 "김두봉은 1948년 1월에 자기
개인의 황당무계한 이론이 주로 반영된 조선어 신철자법을 조선어문연구

58)「김수경 이력서」,『김일성종합대학 이력서』.
59) 김수경에 대해서는 최경봉, 앞의 글, 2009 볼 것. 아울러 2013년 일본에서 열린
　　김수경 관련 학술회의에서 발표된 여러 글도 김수경의 행적을 이해하는 데
　　도움이 된다. 그 가운데서도 특히 板垣龍太,「金壽卿の朝鮮語研究と日本−植民地,
　　解放, 越北」,『北に渡った金壽卿(1918~2000)の再照明』, 同志社大學人文科學研究所,
　　2013 볼 것.
60) 안병희,「북한의 맞춤법과 학설」,『정신문화연구』24권 1호, 2001.

회의 이름으로 강압적으로 출판했고, 1949년 조선어문연구회에서 집체적으로 편찬하기로 되어 있던 조선어문법을 강압적 방법으로써 자기에게 충실한 김수경 동무로 하여금 집필케 하고 이 문법서를 악명 높은 신철자법으로 출판케 하였다"라는 글이 발표되기도 했다.[61] 김두봉 일파로 몰려 숙청되지는 않았지만 초기 북한의 언어정책과 관련해 김수경이 중요한 역할을 한 것만은 분명한 사실로 보인다.

경성제대 출신의 제3의 인물은 박종식이다. 전남 고흥 출신으로 연희전문학교를 거쳐 경성제대에서 공부했다. 평양 숭인공업학교 교원으로 있다가 해방 이후 평양에 남는 길을 선택했다. 평남인민위원회 교육과장, 북조선임시인민위원회 문화부장 등을 지낸 데서도 알 수 있듯이 관료의 길을 걸었지만 그런 가운데 김일성종합대학 조선어문학부에서 가르치기도 했다.[62] 한글 연구나 언어정책과 관련된 구체적인 행적은 확인되지 않는다.

앞에서 거론한 조선어학회 회원, 경성제대 출신 이외에도 월북한 몇몇 한글 관련 지식인이 있다. 이 가운데 조선어문연구회에서 문법편수부장을 맡은 전몽수는 일제강점기에 신의주중학교 학생으로 재학하면서 신의주고보 학생들과 마르크스주의 비밀결사를 만든 적이 있고[63] 그 뒤 한글과 관련된 여러 편의 글을 신문과 『한글』에 발표했다는 사실이 확인된다. 1940년대 초에는 만주의 『만선일보』에 한글 관련 글을 자주 실었고 1947년 평양에서 『조선어원지』라는 책[64]을 출간한 것으로 보아 만주에 있다가 해방을 전후해 북한에 갔을 것이다.

홍명희의 아들로 특별한 학력을 갖지 않은 홍기문[65]은 독학으로 한글에

---

61) 조선민주주의인민공화국 언어문학연구소, 『조선어문』 1958년 3월호, 9쪽.
62) 「박종식 이력서」, 『김일성종합대학 이력서』.
63) 『동아일보』 1932년 10월 1일, 6일, 10일.
64) 전몽수, 『朝鮮語源志』, 적성사, 1947.

관련된 글을 일제강점기에 이미 발표한 적이 있다. 홍명희가 남북연석회의에 참석했다가 북한에 남은 때를 전후해 홍기문도 월북했다. 한글에 대해 홍기문은 주시경 학파와는 다른 생각을 갖고 있었기 때문에 김일성종합대학 교수였음에도 불구하고 월북 이후 언어정책과 관련해 이렇다 할 활동을 보여주지는 못했다. 대신에 자신의 특장인 훈민정음 연구에서 탁월한 업적을 남겼다.

유응호66)는 도쿄제대에서 언어학을 전공한 최초의 조선인 연구자였다. 서울대학교 언어학과 교수를 지내다 북쪽을 선택한 탁월한 언어학자였지만 일제강점기부터 조선어학회와 대립하고 있던 '정음파'와 가까웠기 때문에 월북 이후 언어정책에 관한 한 소수파로 지냈으며 어음 연구와 외국어 교육 중심의 활동을 벌였다.

박상준은 경남 사천 출신으로 경남사범학교와 평양사범학교 교원을 지냈다.67) 독학으로 한글을 연구했다고 한다. 1932년에는 최현배의 영향을 받은『조선어법』을 펴냈다. 특이하게도 해방 이후 조선신민당에 입당했고 1948년 사망할 때까지 평양사범대학 교수로 재직했다.68)

김두봉을 중심으로 한 월북 국어학자들의 노력에 의해 북한에서의 언어혁명은 성공리에 진행되었다. 그러나 1950년대 이후 상황이 바뀌기 시작했다. 1956년 3월의 종파사건 곧 연안파의 최창익 등이 김일성을 공격한 사건으로 연안파는 몰락하기 시작했다. 연안파 최고 지도자이던 김두봉도 예외는 아니었다. 1957년 9월 최고인민회의 상임위원장에서 쫓겨났으며 다음 해 3월 김일성에 의해 '반당 종파분자'로 지목됨으로써

<hr>

65) 홍기문에 대해서는 강영주, 「국학자 홍기문 연구 4 : 해방 직후 홍기문의 활동」,『역사비평』102, 2013 ; 서민정, 「홍기문의 언어관을 통해 보는 20C전반기의 언어에 대한 또 다른 시각」,『우리말글』61, 2014 등을 볼 것.
66) 유응호에 대해서는 최경봉, 앞의 글, 2012 볼 것.
67) 「박상준 이력서」『김일성종합대학 이력서』.
68) 북한자료센터,『디지털북한인명사전』.

완전히 몰락했다.

　김두봉이 숙청되자 북한의 언어학계는 일제히 김두봉 이론을 바탕으로
한 문자개혁에 대해 비판의 포문을 열었다. 그런데 비판의 초점은 이른바
'6자모 이론'[69]에만 국한되었다. "개인우상화가 존속하는 조건하에서
김두봉이 '만능'의 사람이라 인정되어 언어학 부문에서는 김두봉만이
유일과학적이며 그 개인적 학설은 움직일 수 없는 진리와 같이 인정하라는
기풍이 일부에 형성되었다"[70]라는 비판은 역설적으로 김두봉이 언어정책
에 절대적인 영향을 미쳤음을 반증하는 것이었다. 북한의 언어생활 자체가
김두봉 이론에 바탕을 두고 꾸려진 상황에서 언어정책의 특성상 김두봉
이론을 모두 부정할 수는 없었기에 그 가운데서도 가장 이질적인 부분에
비판이 집중된 것으로 보인다. 실제로 철자법 대신에 1966년 '조선말
규범집'이 나왔으나 김두봉 이론의 나머지 중요한 측면(가로쓰기, 한글쓰
기, 한자어의 경우 두음법칙을 인정하지 않는 것 등)은 그대로 지속되었다.

　1950년대 후반 김두봉의 실각 이후 월북 국어학자들은 자신들의 지주이
던 김두봉을 비판하는 데 앞장섰다. 1세대 월북학자들 가운데 한때 김두봉
을 상찬하는 글을 썼던 김수경은 잠시 실권했다가 복권되기도 했다.
인문·사회과학 분야의 월북학자들 가운데 일부가 종파투쟁의 와중에
남로당 계열로 몰려 숙청된 데 비해 김두봉을 제외하면 국어학자들은
대부분 숙청 바람을 피해갈 수 있었다. 그만큼 북한이 국어학자들의
공적을 인정한 것이라고 여겨진다.

　이와 관련해 동국대학교에 재학 중 한국전쟁이 일어나자 월북한 김영황
이 1996년에 펴낸『조선언어학사연구』[71]에서 어학사 서술의 범위를 일제

---

69) 불규칙 활용에 나타나는 음운교체를 표시하기 위해 북한에서 김두봉의 이론에
　　따라 새로 만든 자모 6자를 가리킨다.
70)『조선어문』1958년 3호.
71) 김영황,『조선언어학사연구』, 김일성종합대학 출판사, 1996. 이 책은 서울에서도
　　1999년에 같은 제목으로 출간되었다.

강점기의 조선어학회 활동으로까지 확대한 것이 주목된다. 단순히 조선어
학회 활동을 서술하는 데 그치지 않고 남한의 최현배 등이 일구어낸
1945년 이전의 업적을 의미 있게 다룬 것은 1세대 월북학자들이 하나둘
사라지는 상황 아래 북한에서도 분단을 뛰어넘어 남북을 아우르는 어학사
정리를 시도한 것으로 평가할 수 있기 때문이다.

4. 맺음말

한 세기도 더 전에 주시경은 한자의 세계에서 한글의 세계로의 언어혁명
을 꿈꾸었다. 그러나 일제강점 아래 한글의 세계로의 전환은 벽에 부딪힐
수밖에 없었다. 주시경이 꿈꾼 언어혁명은 해방 이후에야 비로소 실현에
옮겨지게 되었다. 남한에서도 북한에서도 한자의 세계가 한글의 세계로
바뀌었다. 한자사용이 폐지되고 한글전용이 실시되었다. 이와 관련해
세로쓰기도 가로쓰기로 바뀌었다. 물론 가로풀어쓰기라는 언어혁명의
최종 목표는 남북 모두에서 좌절되었다. 그렇지만 한글전용과 가로쓰기만
해도 언어혁명이라고 부르기에 충분하다. 남북 모두에서 한자가 글자의
사용에서 폐기된 것은 역사에 남을 일이었다. 남북 모두 대한제국 시기나
일제강점기에는 상상도 할 수 없었던 언어혁명에 성공했다. 남한이든
북한이든 어느 한 쪽을 선택한 국어학자의 결정이 분단된 한반도에서
언어의 분단만은 막는 결과를 낳은 것이다.

얼마 전까지만 해도 분단 상황에서 북한으로 가는 길을 선택한 월북지식
인을 주변적인 존재 내지 일탈적인 존재로 보는 시각이 분명히 존재했다.
단지 존재한 것이 아니라 학계를 지배하고 있었다. 그러나 세상은 바뀌었
다. 여러 학문분과에서 남북을 아우르는 통합적 시각에서 자기 역사를
다시 정리하려는 시도가 나타나고 있다. 지식인의 월북은 현상적으로

학계의 분단을 낳은 것으로 여겨질 수 있다. 그러나 분단의 이면에는 통합을 지향하는 흐름이 존재하고 있었다. 남한의 국어학계에서도 최근 그러한 흐름의 의미를 인정하려는 움직임이 가시화되고 있다.

단적인 보기로 동숭학술재단에서 2002년 올해의 언어학자로 홍기문을 선정한 데 이어 2006년에는 김수경, 2010년에는 유응호, 2011년에는 정열모를 차례로 선정한 것을 들 수 있다. 이 재단의 누리집에는 "김수경(1918~1999)은 (중략) 1946년 월북하였고, 김일성대학 조선어문학부 조선어학 강좌장을 역임하면서 북한 국어학 연구의 초석을 놓았다"는 자료가 올라와 있다. 또한 유응호에 대해서도 "1950년 5월 30일 실시된 제2대 국회의원 선거에 충남 공주를 지역구로 하여 출마했으나 당시 혼란스러웠던 정치상황 속에서 남로당 통첩 사건에 연루되어 선거 사흘 전 체포되었다. 한국전쟁 중 월북하여 김일성대학 어문학부 교수를 지냈다. 1950년대 말 숙청되었지만 60년대 말 복권되어 평양 김형직사범대에서 영어과 교수를 지냈다. 이처럼 파란만장한 삶을 산 그였기에 그에겐 언어학연구에 집중할 시간이 그리 많이 주어지지 않았다. 그러나 그의 연구가 1930년대와 해방 직후의 국어학계에 끼친 영향을 고려한다면 그가 국어학사에서 차지하는 비중이 작다고 할 수 없다"는 자료를 올려놓았다.

'북한 국어학 연구의 초석'을 놓은 사람과 한때 북한의 간첩으로까지 몰렸던 사람을 국어학 단체에서 올해의 언어학자로 선정한 것이 갖는 의미는 무엇일까? 동숭학술재단은 현재 한국 국어학의 주류를 이루는 서울대학교 학파의 핵심이던 이희승의 제자이자 사위로 고려대학교 교수를 지낸 국어학자 김민수가 사재를 출연해 만든 것이다. 이런 단체에서 월북지식인을 거듭 올해의 언어학자로 선정했다는 것은 분단이라는 상황에도 불구하고 한국 국어학계 주류 집단이 이제 월북 국어학자의 공적을 인정하게 되었음을 의미한다. 비록 최근 남북관계의 악화로 잘 마무리가 되지 않고 있기는 하지만 남북의 국어학자들이 모여 겨레말큰사전 공동편

찬 작업을 계속하고 있는 것도 분단 70년을 앞두고 지식인의 월북과
학계의 분단이라는 문제와 관련해 의미 있는 일이다.

참고문헌

『김일성대학발령건』
『김일성종합대학 이력서』
『평양공업대학이력서』
강명숙, 「미군정기 고등교육 개혁」, 서울대학교 박사학위논문, 2002.
강영주, 「국학자 홍기문 연구 4 : 해방 직후 홍기문의 활동」, 『역사비평』 102,
      2013.
강호제, 「과학기술 중요성 인식한 북 월북 과학자들 힘으로 빠른 경제성장 이뤄」,
      『민족 21』 123, 2011.
권영민 편저, 『월북문인연구』, 문학사상사, 1989.
최기영, 「백수 정열모의 생애와 어문민족주의」, 『한국근현대사연구』 25, 2003.
김근배, 「'조선과학'의 자랑 이태규와 이승기」, 『과학과 기술』 41, 2008.
김근배, 「김일성종합대학의 창립과 분화 : 과학기술계 학부를 중심으로」, 『한국과
      학사학회지』 22권 2호, 2000.
김근배, 「남북의 두 과학자 이태규와 리승기」, 『역사비평』 82, 2008.
김근배, 「월북 과학기술자와 홍남공업대학의 설립」, 『아세아연구』 40권 2호, 1997.
김기석, 『일란성 쌍생아의 탄생, 1946 : 국립서울대학교와 김일성종합대학의 창설』,
      교육과학사, 2001.
김수경, 「조선 어학자로서의 김두봉 선생 : 선생의 탄생 60주년을 맞이하여」,
      『조선어연구』 1권 3호, 1949.
김영황, 『조선언어학사연구』, 김일성종합대학 출판사, 1996.
김용섭, 『남북 학술원과 과학원의 발달』, 지식산업사, 2006.
김일성종합대학, 『김일성종합대학 10년사』, 김일성종합대학, 1956.
김종철, 「경성제국대학과 경성대학, 서울대학교 물리학과의 변천을 회고함」, 『한
      국과학사학회지』 23권 2호, 2001.

박용규, 『북으로 간 한글운동가 이극로 평전』, 차송, 2005.
박종무, 「미군정기 조선교육자협회의 교육이념과 활동」, 『역사교육연구』 13, 2011.
박지홍, 「고루 이극로 박사의 교훈」, 『한글문학』 22, 1994.
박지홍, 「김두봉의 발자취」, 『한힌샘 주시경 연구』 5·6, 1993.
방기중, 『한국근현대사상사연구-1930·40년대 백남운의 학문과 정치경제사상』,
　　　　역사비평사, 1992.
서중석, 『남북협상-김규식의 길, 김구의 길』 한울, 2000.
신구현, 「조선어문의 통일과 발전 사업에 있어서 우리들 조선어문 학자의 당면과업」,
　　　　『조선어연구』 1949년 12월호.
심지연, 『김두봉 연구 : 잊혀진 혁명가의 초상』, 인간사랑, 1993.
안병희, 「북한의 맞춤법과 학설」, 『정신문화연구』 24권 1호, 2001.
유문화, 『해방 후 4년간의 국내외 중요일지』, 민주조선사, 1949.
이극로, 『고투 40년』, 범우, 2008.
이극로박사 기념사업회 편, 『이극로의 우리말글 연구와 민족운동』, 선인, 2010.
이명재, 『소련지역의 한글문학』, 국학자료원, 2002.
이상혁, 「남북통합합국어학사 서술의 필요성과 과제」, 『아시아문화연구』 26, 2012.
이상혁, 「북한 조선어학 특징에 대하여」, 『어문논집』 64, 2011.
이신철, 「월북과 납북」, 『역사비평』 75, 2006.
이응호, 『미군정기의 한글운동사』, 성청사, 1974.
이준식, 「일제 침략기 한글 운동 연구」, 『한국사회사연구회논문집』 49집, 1996.
이준식, 「일제강점기의 대학제도와 학문체계 : 경성제대의 '조선어문학과'를 중
　　　　심으로」, 『사회와 역사』 61, 2002.
이준식, 「최현배와 김두봉-언어의 분단을 막은 두 한글학자」, 『역사비평』 82,
　　　　2008.
이준식, 「히못(白淵) 김두봉의 삶과 활동」, 『나라사랑』 116, 2010.
임정혁, 「식민지시기 물리학자 도상록의 연구활동에 대하여」, 『한국과학사학회지』
　　　　27권 1호, 2005.
정재환, 『한글의 시대를 열다』, 경인문화사, 2013.
조선어문연구회, 「국문 연구 단체의 연혁」, 『조선어 연구』 창간호, 1949.
조선어문연구회, 「조선 어문의 통일과 발전 사업에 있어서 우리들 조선 어문
　　　　학자들의 당면과업」, 『조선어 연구』 1권 8호, 1949.
조선어문연구회, 「조선어문연구회의 사업전망」, 『조선어 연구』 창간호, 1949.

조선어문연구회, 『조선어문법』, 조선어문연구회, 1949.
조선중앙통신사, 『조선중앙연감』, 조선중앙통신사, 1950.
조은, 「분단의 그림자 : 월북 가족 이야기」, 『구술사로 읽는 한국전쟁』, 휴머니스트, 2011.
최경봉, 「국어학사에서 유응호의 위상과 계보」, 『한국어학』 54, 2012.
최경봉, 「국어학사의 서술방법론에 대한 비판적 고찰－근대국어학사의 서술 문제를 중심으로」, 『국어학』 59, 2010.
최경봉, 「김수경의 국어학 연구와 그 의의」, 『한국어학』 45, 2009.
최호연, 『조선어학회, 청진동 시절 상』, 진명문화사, 1992.
한글학회, 『한글학회 100년사』, 한글학회, 2009.
ましこ ひでのり, 「かな, そして ナショナリズム」, 『ことばと社會』 3, 2001.
板垣龍太, 「金壽卿の朝鮮語研究と日本－植民地, 解放, 越北」, 『北に渡った金壽卿(1918~2000)の再照明』, 同志社大學人文科學研究所, 2013.

'사상계' 월남 지식인의 분단인식과
민족주의론의 궤적

장 규 식

1. 머리말

『사상계(思想界)』(1953~1970)는 반공·반독재·자유·민주주의의 깃발
을 높이 들고 출범한[1] 당대 재야 자유주의 지식인의 문화적 공론장이었다.
발행인 장준하를 비롯해 '사상계'에 편집위원과 주요 필진으로 참여한
지식인들은 평안도 출신의 기독교인이 주류를 이루었다.[2] 그들은 평안북
도 의주에서 태어나 평양 숭실중학교·선천 신성중학교·일본신학교·한국
신학대학으로 이어진 장준하의 학력과 학병 참전 경력이 말해주듯이,
평안도 지연, 숭실·신성·오산중학교 학맥, 기독교 특히 한국신학대학('한
신') 인맥, 학병 세대 등의 공통분모를 매개로 '사상계 동인(同人)'이라는

---

1) 신상초, 「'사상계' 십년의 발자취를 더듬어」, 『사상계』 120, 1963. 4, 277~280쪽.
2) 김상태의 연구에 따르면, 『思想界』 발행인 張俊河와 역대 편집주간 5명 가운데
   金聲翰(함남 풍산)을 제외한 安秉煜·金俊燁·梁好民·池明觀이 모두 평안도 출신이
   었고, 역대 편집위원 50명 중 20명이 평안도 출신으로 확인된다. 뿐만 아니라
   주요 필진으로 활약한 白樂濬·咸錫憲·申相楚·金成植 등도 평안도 출신이었다.
   김상태, 「1950년대~1960년대 초반 평안도 출신 '사상계' 지식인층의 사상」,
   『한국사상과 문화』 45, 2008, 206쪽.

지식인 집단을 형성하였다.

이처럼 사상계 그룹의 주축을 이룬 것은 장준하·양호민·신상초 등 1920년 전후에 태어난 학병 세대의 월남 지식인이었다. 그들은 연희대학교 총장 백낙준, 한국신학대학 교수 김재준, 오산고등보통학교 교사 출신의 함석헌 등 1900년 전후에 태어난 서북 출신 기독교계 지도자들을 멘토로 삼아[3] 끈끈한 유대관계를 맺었다. 그리고 안창호를 정점으로 하는 평안도 지역의 자유주의적 민족주의와 문화운동의 자장 안에서[4] 앞선 세대의 흥사단계 지식인과 '애증' 관계를 형성하면서, 자유주의적 가치에 입각해 한국사회의 진로를 모색하였다.[5]

분단과 전쟁을 거치며 한국의 자유민주주의는 냉전 질서 하에서 공산주의에 맞서는 남한 우익 세력 일반의 이념적 정당성의 근거로 받아들여졌다. 그러나 체제 이데올로기 내지 냉전 이데올로기로서 자유민주주의는 실상 국가주의 내지 극우 반공주의에 자유주의의 껍데기를 씌운 것에 불과하였다.[6] 물론 자유주의적 가치를 앞세운 사상계 지식인들 또한 '월남 동포'라는 그들의 특수한 처지와도 관련해 반공 선전의 전면에 나서 목소리를

3) 백낙준은 1895년 평북 정주, 김재준은 1901년 함북 경흥, 함석헌은 1901년 평북 용천 출생이다.
4) 島山 安昌浩는 민족운동 과정에서 문화운동과 교육·식산흥업, 정치운동의 3자를 병행하는 전략을 구사하였다. 이를 하버마스(Jürgen Habermas)의 공론장(public sphere) 이론에 근거해 체계화하면, ① 흥사단 등의 문화적 공론장을 통해 시민 주체를 양성하고, ② 교육과 식산흥업을 통해 시민사회의 인프라를 구축함과 아울러, ③ 국민대표회의 등의 정치적 공론장을 활성화하여 공론에 기초한 민족적 대합동을 이룸으로써 독립국가의 건설로 나아가자는 것이었다. 그러한 틀에서 볼 때 『사상계』는 안창호가 모든 운동의 기본 운동으로 설정한, 문화운동의 공론장에 해당하였다. 장규식, 「20세기 전반 한국 사상계의 궤적과 민족주의 담론」, 『한국사연구』 150, 2010, 284~285쪽.
5) 김건우, 『'사상계'와 1950년대 문학』, 소명, 2003, 72~88쪽 ; 장규식, 「미군정하 흥사단 계열 지식인의 냉전 인식과 국가건설 구상」, 『한국사상사학』 38, 2011, 279~280쪽.
6) 김동춘, 「한국의 우익, 한국의 '자유주의자'」, 『사회비평』 30, 2001, 15~16쪽.

높였다. 그러나 국가보안법 파동에서 그대로 드러났듯이, '국가 안보를 위해서'라는 미명하에 자의적으로 개인의 자유를 제한하는 것에는 동의하지 않았다.[7)]

이렇게 사상계 지식인들은 냉전 질서라는 국제 정세와 시민사회의 미성숙이라는 사회적 조건, 그리고 가부장적 권위주의와 식민주의의 그늘이 드리워진 속에서 '반공'과 '자유' 사이를 오락가락하였다. 그런데 그것은 다른 한편으로 반공과 자유·민주주의의 틈새가 벌어질 때 그들의 행보가 달라질 수도 있음을 의미하는 것이었다. 실제로 그들의 냉전인식, 분단인식은 1960년대에 들어 5·16 군사정변과 대일 굴욕외교 반대투쟁을 거치며 점차 균열의 조짐을 보였다. 그리고 7·4 남북공동성명의 발표를 전후해 반공에서 민족의 화해와 통일로 방향을 선회한 그룹과 종래의 냉전적 입장을 고수하는 그룹으로 확연하게 나뉘어졌다.

이에 본 논문에서는 장준하·양호민·신상초 등『사상계』주요 지식인과 그 주변에 있으면서 장준하의 의문사 이후 벗의 길을 대신해 걸어간 문익환을 중심으로,[8)] 한국 자유주의 지성의 분단인식과 그 변화의 궤적을 추적해 보려 한다. 먼저 자유세계 연대론에 바탕한 그들의 반공 자유주의의 얼개를 극우 반공주의, 통일 민족주의와의 구획짓기를 통해 그려보고, 그 내부의 갈등요소가 이승만 정권의 독재화와 엮여 어떻게 표출되고

---

7) 장준하, 「권두언 : 무엇을 말하랴 – 민권을 짓밟는 횡포를 보고」,『사상계』67, 1959. 2, 14~15쪽.(백지 논설)

8) 장준하(1918~1975)는 평북 의주, 양호민(1919~2010)은 평남 평양, 신상초(1922~1989)는 평북 정주 출신으로 '사상계'지를 이끌어간 핵심 주역들이었다. 문익환(1918~1994, 북간도 용정)은 이들처럼 적극적으로『사상계』에 가담하지는 않았다. 하지만 동갑내기 장준하와는 일본신학교 동문으로, 한신 인맥으로 끈끈히 엮여 있었다. 그리하여 장준하가 의문사로 세상을 뜨자, 그의 못 다 한 뜻을 살리기 위해 상아탑에서 나와 1976년 3월 1일 「민주구국선언문」을 기초하고, 민주화와 민족통일을 아우르는 평화운동의 최전선에 나섰다. 문익환, 「장준하 선생 사망 8주기 추도사」(1983. 8),『문익환 전집 6』, 사계절, 1999, 87~88쪽.

봉합되었는지를 정리해보려 한다. 다음으로 그들의 민족주의론이 1960년대 5·16 군사정변과 대일 굴욕외교 반대투쟁을 거치며 어떻게 변모해 갔는지를 관주도 민족주의 캠페인과 민간 대항 담론의 맞물림과 엇물림 속에서 살펴보려 한다. 그리고 7·4 남북공동성명을 전후해 그들의 분단 인식이 분화하는 양상과 그 요인을 규명하면서, 분단체제하 한국 자유주의 지식인의 민낯에 다가가 보려 한다.

2. 반공과 자유의 틈새

분단과 전쟁을 거치며『사상계』를 공론장으로 해서 모인 월남 지식인들은 자유와 민주주의의 확립을 주장하는 한편, 자유진영 대 공산진영이라는 진영 논리로 냉전 상황과 대면하였다.

사상계 지식인들의 멘토 역할을 하였던 백낙준은 오늘의 세계는 자유진영과 비자유진영으로 나뉘어져 있다고 하면서 미국을 비롯한 서방 자유진영과의 강력한 동맹 구축을 주장하였다. 그리고 대한민국은 자유진영의 일원으로 공산 전제주의를 타파하기 위하여 전선에서 싸우고 있다고 전제하면서, 한국전쟁을 세계평화를 위한 집단적 행동, 공산독재 하에 신음하는 비자유민의 자유를 위한 집단적 전쟁으로 규정하였다. 동족상잔의 민족적 비극을 공산진영의 세계침략에 맞서 민주주의를 지키기 위한 정의의 싸움으로 치장한 것이다. 더불어 그는 유엔의 집단적 안전보장 원칙에 대한 도전을 의미하는 정의와 불의의 싸움에서 중립은 있을 수 없음을 분명히 하였다.[9]

---

9) 백낙준, 「삼일정신론」,『사상계』1, 1953. 4, 118~122쪽 ; 백낙준, 「한국의 교육·과
　학·문화-1952년 파리 유네스코 총회 개회연설」,『사상계』2, 1953. 5, 8쪽 ; 백낙
　준, 「한국전쟁과 세계평화」,『사상계』3, 1953. 6, 7~8쪽.

한편 김재준은 스위스의 신학자 에밀 브루너의 전체주의 비판론에 입각해, 개인의 인격의 신성함과 자유를 무시하는 전체주의로서 유물론과 공산주의를 비판하였다. 그리고 한국은 세계 자유 민주진영과 연대하여 독립을 얻었고, 국제연합의 지원을 받아 자유옹호의 투쟁을 계속하느니만큼, 세계적인 조화 속에서 내 나라, 내 민족의 일을 정해야 할 것이라고 하여, 과도한 민족주의와 국가지상주의에 대해서도 경종을 울렸다. 전체주의 비판론의 맥락에서 공산주의와 국가지상주의 모두를 타깃으로 삼은 것이다. 그러면서 그는 자본주의가 민주주의의 유일한 경제 형태는 아니라고 하여 둘 사이에 거리를 두었다.10)

이처럼 사상계 지식인의 멘토들은 전체주의의 하나로 공산주의를 비판하고, 전체주의 대 자유·민주주의의 맥락에서 진영 논리의 정당성을 이끌어냈다. 그러한 면에서 그들의 주장은 한국전쟁 발발과 함께 출범한 세계문화자유회의 지식인들의 문제의식과 맞닿아 있었다. 세계문화자유회의는 '전체주의에 맞서'라는 구호 하에 미국과 유럽 등 '자유세계' 지식인들의 연대를 표방하며 1950년 6월 베를린에서 창립되었다.

세계문화자유회의는 미국 대 소련, 자본주의 대 공산주의의 대립 지형을 자유세계 대 독재·전체주의 국가의 대립 구도로 치환해 '전 세계적인 자유 신장'을 화두로 냉전기 사상전을 수행하였다. 아울러 탈냉전의 독자 노선 모색과 극우 반공주의 모두를 경계하며, '미국 중심의 자유 서방' 노선을 관철시키려 하였다. 그런데 그것은 백낙준이 제창한 '미국 영도하의 자유 아시아' 노선,11) 김재준의 공산주의와 국가지상주의를 포괄하는 전체주의 비판과 짝을 이루는 것이었다. 실제로 『사상계』가 세계문화자유

---

10) 김재준, 「민주주의론」, 『사상계』 2, 1953. 5, 29~38쪽 ; 김재준, 「공산주의론」, 『사상계』 5, 1953. 8, 155쪽 ; 이철호, 「'사상계' 초기 서북계 기독교 엘리트의 자유민주주의 구상」, 『한국문학연구』 45, 2013, 56쪽.

11) 백낙준, 「한국전쟁과 세계평화」, 『사상계』 3, 1953. 6, 9~10쪽.

회의의 지부처럼 자발적으로 움직인 정황은 여러 곳에서 발견된다.[12]
사상계 지식인의 반공 자유주의를 극우 반공주의와 구별하여, '문화 자
유'(cultural freedom)의 확립을 목표로 한 사상전의 전개라는 맥락에서
새롭게 조명해야 할 필요성을 느끼게 하는 대목이다.[13]

자유세계 노선에 입각한 공산·전체주의 비판은 발행인 장준하에 의해
서도 되풀이되었다. 그는 전 아시아인의 자유수호운동의 필요성에 대해
거론하며, 백낙준의 '자유 아시아' 노선에 호응하였다. 그리고 정전 이후
재건 과정에서 한국이 반공 국토통일이란 일관된 주장 아래 이승만 대통령
을 중심으로 단결하고 있음을 세계 만방에 자랑하는 바라고 기꺼워하였다.
더불어 그는 자신이 한때 몸담았던 족청계(민족청년단)를 불공대천의
원수인 공산당까지 짝해 가며 모략과 중상으로 분열과 작당을 일삼아
국가 민족의 체면을 손상시킨 집단이라고 규정하면서, 자유당 내에서
보인 그들의 패권주의적 행태를 공산당에 견주어 비판하였다. '전제(專制)
를 꿈꾸는 돈키호테', 그것은 그가 휴전 결사 반대와 계급적 보수세력
분쇄를 외친 이범석·양우정·안호상 등의 국가사회주의자 내지 국가지상
주의자에게 내린 철퇴였다.[14]

한편 사상계 지식인들은 냉전적 진영 논리에서 벗어나 독자 노선을

---

12) 권보드래, 「'사상계'와 세계문화자유회의」, 『아세아연구』 54-2, 2011, 264~270쪽.
　　세계문화자유회의에는 칼 야스퍼스(Karl Yaspers), 라인홀드 니버(Reinhold Niebuhr),
　　버트런드 러셀(Bertrand Russell), 자크 마리땡(Jacques Maritain) 등이 명예회장단으
　　로 이름을 올렸고, 레이몽 아롱, 니콜라스 나보코프, 멜빈 라스키와 갈브레이스,
　　다니엘 벨 등이 활동가로 참여하였다.

13) 그와 관련해 백낙준은 오늘날의 전쟁은 '인종적 전쟁'이 아니라, 국제연합의
　　지지를 받는 자유민주세력과 공산세력 사이의 '사상적 전쟁'이라고 그 성격을
　　규정하였다. 백낙준, 「한국을 圍繞한 국제정세의 今昔」, 『사상계』 6, 1953. 9,
　　112쪽.

14) 장준하, 「권두언 : 이념과 방향」, 『사상계』 6, 1953. 9, 7~8쪽 ; 「편집후기」, 『사상
　　계』 11, 1954. 3 ; 후지이 다케시, 「제1공화국의 지배 이데올로기 : 반공주의와
　　그 변용들」, 『역사비평』 83, 2008, 137~138쪽.

모색하려는 움직임에 대해서도 경계를 늦추지 않았다. 대표적으로 신상초
는 서방과 볼셰비즘에 대한 동등한 불신이 과연 정당한 것인지 의문을
제기하면서, 아시아가 서방의 세력권 하에 들어간다는 것은 아시아와
서방의 제국이 자유의 이념 아래 공동 번영을 추구하는 것을 의미한다고
하여, 앞서의 '자유 아시아' 노선을 재확인하였다. 그리고 아시아 제국에
동·서 양 진영 가운데서 양자택일할 것을 요구하며, 경제적으로 서방에
의존하면서도 정치·군사적 중립을 주장하는 아시아 중립론은 성립할
수 없음을 역설하였다. 아시아 제3세력론은 스탈린의 평화공세에 영합하
는 이론에 불과하다는 것이었다.[15)

더불어 사상계 지식인들은 복지사회의 이상을 내세워 자유주의와 자유
방임 자본주의를 구분하고,[16) 볼셰비즘과 사회민주주의를 구분하면서,
의회주의가 부패한 금권정치에 불과하다는 공산주의자들의 비판에 맞서
려 하였다. 스스로를 사회민주주의자라고 자처한[17) 양호민은 마르크스,
엥겔스가 말년에 이르러 사회주의의 민주적 실현이 영국·미국은 물론
유럽 대륙에서 가능하다는 것을 시인했다고 하여, 의회민주주의에 기반한
자유주의와 사회주의의 공존 가능성에 대해 언급하였다.[18) 그리고 소비에

---

15) 신상초, 「'아시아적 제3세력론' 비판」, 『사상계』 10, 1954. 2, 46~49쪽.
16) 신상초, 「정당과 계급」, 『사상계』 5, 1953. 8, 46~48쪽 ; 장준하, 「이념과 방향」,
『사상계』 6, 1953. 9, 8쪽 ; 안병욱, 「기성질서에 대한 레지스탕스의 구조」, 『사상
계』 69, 1959. 4, 40쪽. 안병욱은 자유 민주와 복지의 관련성을 강조하며 "자유
민주주의 체제는 국민 전체의 복지를 위해 존재해야 한다"고 주장하였다.
17) 실제로 양호민은 4·19 이후 치러진 7·29 총선에서 혁신계 사회대중당 후보로
최석채와 함께 대구에서 출마하여 낙선한 일이 있었다. 양호민, 『격랑에 휩쓸려간
나날들』, 효형출판, 1995, 13쪽.
18) 신상초 또한 '자유주의적 사회주의'의 성립 가능성에 대해 논하였다. 다만 그
실천과 관련해 아직 반봉건 투쟁의 과정에 있는 우리 사회에서 민주주의와
사회주의의 결합을 거론하는 것은 시기상조라고 하여, 민주사회주의가 한국사회
의 후진성을 빠르게 극복하는 데 보다 유용하다는 양호민의 주장과 결을 달리하였
다. 신상초, 「자유주의의 현대적 고찰」, 『사상계』 25, 1955. 8, 108~119쪽 ; 양호민,

트 민주주의론에 대해 독선과 편견에 기초한 이론으로, 인간의 자유에 대한 욕구를 무시할 수 없어 취하는 소비에트 독재주의의 무리한 위장술에 불과하다고 논박하였다.[19]

그런데 자유세계 노선에 기초한 사상계 지식인의 냉전적 진영 논리에는 자주적 민족주의가 들어설 여지가 거의 없었다.『사상계』는 1955년 1월에 비로소 편집위원회를 구성하고, ① 민족의 통일 문제, ② 민주사상의 함양, ③ 경제 발전, ④ 새로운 문화의 창조, ⑤ 민족적 자존심의 양성을 편집 방침으로 내세웠다. 이를 통해 편집위원들은 우리 민족의 지상과제로 통일을 내세우고, 자유민주주의에 바탕한 민족의 통일과 생존 번영을 주창하였다. 그리고 경제 발전을 통한 복지국가의 건설과 근대적 민족문화의 창조, 후진성의 극복과 민족성의 개조를 '사상계' 운동의 목표로 설정하였다.[20]

여기서 사상계 지식인의 민족 담론과 관련해 주목할 것은 그들에게 민족의 통일은 반공 국토통일이었고, 민족문화는 후진성을 떨쳐내고 새롭게 창조해야 할 미완의 존재였으며, 기존의 민족성과 전통은 계승보다는 청산해야 할 대상이었다는 점이다. 물론 그들 대다수가 이북 출신으로 유교 전통의 변방인으로 살면서 오랜 차별과 설움을 겪었고, 그래서 과거 양반 집권세력이 만든 전통과 문화에 비판적이었던 점을 고려할 필요가 있다. 그러나 그렇다고 해도 외세에 의해 갈라진 민족의 자주성과 독립성 확보가 자유세계론과 근대화론 같은 보편 논리에 압도되어 사각지대로 밀려난 것만은 분명하다.

그런 사상계 지식인을 대표해, 김성식은 민족주의에 대해 논하면서 특수적인 민족주의는 안으로 독재적이고, 밖으로 침략적·배타적인 성격

「사회주의 이론의 세대적 고찰」,『사상계』 79, 1960. 2, 53쪽.
19) 양호민, 「소비에트 민주주의론」,『사상계』 4, 1953. 7, 55쪽.
20) 장준하, 「브니엘－돌베개 이후 ⑥」,『씨올의 소리』 21, 1973. 4, 53~54쪽.

을 띤다고 경고하며, 후진성의 발로인 병든 민족주의의 대안으로 영국인의
민주적이고 국제적인 민족주의의 사례를 제시하였다. 그 연장선상에서
그는 민족의 단결은 국가적 권력이 아니라 민간의 자유의사에 의해 이루어
지는 것이므로 사회적 정의의 실현이 참된 민족주의의 근거라는 입장을
개진하였다.[21]

국가가 사회를 지배하는 한국적 현실에서 관주도의 민족주의 캠페인이
빚어낸 각종 폐해에 대한 김성식의 비판은 타당하다. 문제는 그를 포함한
당시의 사상계 지식인 일반이 민족적 동류의식의 대상을 남한 주민들로
한정해서 썼다는 점이다. 서구 자유주의적 가치에 입각한 남한만의 국민
만들기 기획은 있었으나,[22] 남북한을 하나로 아우르는 민족주의론은
없었던 셈이다. 아마도 통일 민족주의론과 미국 중심의 자유세계론이
합종연횡으로 엮일 때 일어날 논리적 충돌을 의식한 때문이었을 것이다.

실제로 한태연은 해방후 미·소 양국의 북위 38도선 설정은 운명공동체
로서의 민족 감정을 해체케 함과 아울러 사상에 의한 민족 분열을 가져오게
했고, 6·25전쟁은 과거의 통설적인 단일민족 관념에 수정을 불가피하게
했다고 설파하였다. 소련을 조국으로 하는 공산주의자가 대두하여 북한을
지배하는 한, 혈연·언어·풍습 등의 공통성에 기초한 기존의 민족 개념은
더 이상 통용될 수 없는 유물에 불과하다는 주장이었다.[23] 이렇게 스스로
에게 반공주의의 족쇄를 채운 사상계 지식인들의 민족주의론은 결국
반쪽자리 불구의 민족주의로 전락할 수밖에 없었다. 그리고 그나마도

---

21) 김성식, 「병든 민족주의」, 『사상계』 1, 1953. 4, 153~158쪽 ; 김성식, 「한국적
   민족주의」, 『사상계』 62, 1958. 9, 67쪽.
22) 윤상현, 「'사상계'의 근대 국민주체 형성 기획」, 『개념과 소통』 11, 2013, 60쪽.
23) 한태연, 「정치사를 어떻게 적을 것인가」, 『사상계』 71, 1959. 6, 39쪽. 한태연(1916~
   2010)은 함남 영흥 출신으로, 일본 와세다대 법학과를 졸업하였다. 4·19를 전후해
   서울대 법대 헌법학 교수로 재직하면서 『사상계』 편집위원으로 활동하였다.
   5·16군사정변 이후 군정에 참여하여 민주공화당의 전국구 국회의원을 했고,
   유신헌법의 제정에 관여한 공로로 유신정우회 소속 국회의원을 역임하였다.

자유세계론에 밀려나 민족성의 개조를 통한 민족문화의 창조, 근대화를
통한 민족의 자립 등으로 담론 영역을 제한할 수밖에 없었다.[24]

〈표〉1950년대 사상계 지식인의 냉전인식과 민족주의론의 구도

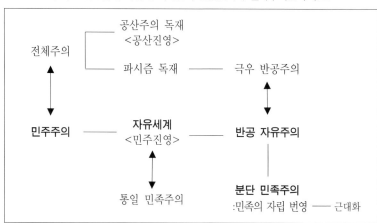

이처럼 사상계 지식인들은 자유세계론을 앞세워 통일 민족주의를 포함
한 제3의 중립 지대를 부인하고, 대한민국의 정통성과 반공 통일의 정당성
을 주장하였다. 그런데 그들의 반공 자유주의는 이른바 '사사오입 개헌'
이후 두드러지기 시작한 자유당 정권의 관료독재가 1958년 5·2 총선거에

---

24) 사상계 지식인의 민족문화 담론으로는 배성룡, 「우리 민족성과 동양학」, 『사상계』
   9, 1954. 1. ; 장준하, 「권두언 : 문화와 정치」, 『사상계』 13, 1954. 8. ; 김병철,
   「민족문화 향상을 위한 나의 제언」, 『사상계』 16, 1954. 11. ; 장경학, 「한국문화에
   있어서 근대적 기점으로서의 <虎叱>」, 『사상계』 18, 1955. 1. ; 안병욱, 「문화에
   대한 정열 - 민족의 존재 이유」, 『사상계』 41, 1956. 12. ; 장준하, 「권두언 : 한
   개 문예부흥을 위한 제의」, 『사상계』 49, 1957. 8.과 『사상계』 73호(1959. 8)
   특집 '민족성의 반성' 등을 꼽을 수 있다. 그리고 근대화 담론으로는 장준하,
   「권두언 : 현대화의 거점」, 『사상계』 21, 1955. 4. ; 신도성, 「한국 자유민주주의의
   과제」, 『사상계』 25, 1955. 8. ; 배성룡, 「후진국 종합개발책」, 『사상계』 34, 1956.
   5. ; 배성룡, 「한국정치의 기본양상」, 『사상계』 37, 1956. 8.과 『사상계』 67호(1959.
   2) 특집 '한국과 근대화' 등을 들 수 있다.

서 민주당의 개헌 저지선 확보에 자극받아 더욱 기승을 부리는 속에서,[25] 반공이 먼저냐, 자유·민주주의가 먼저냐의 선택을 놓고 자가당착에 빠졌다. 그러한 상황에서 1958년 8월 함석헌이 국가보안법 위반 혐의로 구속된 필화 사건은 어렵사리 버티던 둘 사이의 이음새를 벌리는 기폭제가 되었다.

함석헌은 『사상계』에 기고한 「생각하는 백성이라야 산다」는 논설을 통해, 6·25싸움의 직접 원인은 미국과 소련이 38선을 그어 놓은데 있다고 일갈하였다. 그리고 남한과 북한이 서로를 미국과 소련·중공의 꼭두각시라 하니, 우리는 나라 없는 백성이라 한탄하며 "6·25는 꼭두각시의 놀음이었다"는 폭탄선언을 하였다. 이어 그는 남쪽도 북쪽도 동포라고 하면서, 서로에게 총칼을 겨누는 것이 자유하는 혼이고, 사랑하는 마음인가고 물음을 던지며 국민들의 자성을 촉구하였다.[26] 또 "선거를 한다며 노골적으로 내놓고 사고팔고 억지로 하고. 내세우는 것은 북진통일의 구호뿐이오, 나 비위에 거슬리면 빨갱이니, 통일하는 것은 칼밖에 모르나? 칼은 있기는 있나?"고 목소리를 높이며,[27] 반민주적인 부정선거와 구호뿐인 북진통일과 정적을 빨갱이로 모는 용공조작이 판치는 현실을 개탄하였다.

이 글로 인해 그동안 세계평화와 민주주의를 지키기 위한 정의의 전쟁으로 포장되었던 한국전쟁은 꼭두각시놀음 같은 형제간 싸움으로, 북진통일은 기만적인 선전 구호로 전락하였다. 또 국토의 분단은 미국과 소련의 세력다툼의 결과이며, 자유와 민주주의의 수호를 명분으로 내건 반공 선전은 실상 정적을 처단하기 위한 독재의 도구에 불과하였음이 폭로되었다.

물론 함석헌의 주장에 사상계 지식인 일반이 모두 동의한 것은 아니었다.

---

25) 신상초, 「개헌·선거·재집권의 악순환」, 『사상계』 80, 1960. 3, 41쪽.
26) 함석헌, 「생각하는 백성이라야 산다-6·25싸움이 주는 역사적 교훈-」, 『사상계』 61, 1958. 8, 26~27, 32쪽.
27) 함석헌, 위의 글, 1958. 8, 34쪽.

하지만 이승만 정권의 독재화로 인해 벌어진 반공과 자유 사이의 틈새는
메워야만 했다. 그래서 등장한 것이 공산주의에 맞서 우위를 차지하기
위해서는 자유·민주주의의 확보와 국민의 생활수준 향상이 선행되어야
한다는 '승공'의 논리였다. 그들은 반파쇼·반공 투쟁에 헌신적으로 앞장선
자유주의자들의 사상을 분단 상황의 특수성을 내세워 '용공'으로 위험시
하는 정부의 편협한 사고방식을 질타하였다. 그리고 대중민주주의 하에서
획득된 정치적 자유를 수단으로 삼아 의회를 통해 평등의 과제를 달성하는
것이야말로 민주주의의 적인 공산주의와 전체주의를 몰아내는 바른 길임
을 주장하였다.[28]

　　장준하 또한『사상계』「권두언」을 통해, 인권유린과 권력남용으로부터
의 해방이 반공 남북통일의 첫 걸음임을 강조하였다.[29] 그는 자유 언론의
발현을 두려워하는 비열한 자들이 경찰 당국의 외면 속에서 저지르는
테러에 대해 거론하며 공산당 이상 가는 민주주의의 파괴 행위로 규정하였
다. 반공을 빙자해 테러를 저지르는 이들 도당이야말로 나라를 망치고,
민족을 헐고, 공산주의 선전의 온상을 마련하는 반역자들이라는 것이었
다.[30] 그는 공산세력을 바로 눈앞에 두고도 일반 민중과 유리된 무리들의
하잘 것 없는 정쟁은 그칠 날이 없다고 개탄하며, 양단된 국토와 도탄에
빠진 민생의 비극을 같이 풀어가기 위한 국민 모두의 자성을 촉구하였다.[31]

　　그런 가운데 1958년 12월 24일 농성중인 야당 의원들을 국회 의사당
밖으로 강제로 끌어내고, 자유당 단독으로 신 국가보안법을 날치기 처리한

28) 신상초,「자유주의의 현대적 고찰」,『사상계』25, 1955. 8, 120쪽 ; 김경수,「전체주
　　의의 도전」,『사상계』64, 1958. 11, 41쪽.
29) 장준하,「권두언 : 참된 해방을 기대함」,『사상계』25, 1955. 8, 9쪽 ; 장준하,
　　「권두언 : 삼일절에 즈음하여」,『사상계』32, 1956. 3, 13쪽.
30) 장준하,「권두언 : 따뜻한 정치를 바란다」,『사상계』35, 1956. 6, 12~13쪽 ; 장준
　　하,「권두언 : 무엇을 위한 테러냐」,『사상계』40, 1956. 11, 17쪽.
31) 장준하,「권두언 : 새해의 기원」,『사상계』54, 1958. 1, 16쪽 ; 장준하,「권두언 : 삼
　　일절을 맞이하여」,『사상계』56, 1958. 3, 17쪽.

이른바 '24파동'이 일어났다. 이에 장준하는 "자유의 나무는 피를 마시고 자란다"는 토마스 제퍼슨의 말을 인용하며, 반공 독재에 맞서는 민의 항거를 거론하였다.[32]

앞서 한태연은 자유민주주의는 본래 세계관에서 상대주의이고 가치에서 중립주의이지만, 북한 공산주의의 위협에 직면해 있는 냉전 상황하의 한국에서는 자유민주적 기본 질서('國是')를 지키기 위해 부득이 자유의 한계를 규정하고, 공산주의 활동을 불법화할 수밖에 없다고 하여, 자위적 법률로서 국가보안법 제정의 필요성을 인정하였다. 그러나 당시 자유당에서 제출한 법률 개정안에 대해서는 정부와 여당에 반대하는 국민과 언론을 탄압하기 위한 정치적 수단으로 남용될 가능성이 농후하다며 그 위험성을 경고하였다. 국가보안법은 공산주의적 파괴에 맞서 자유민주주의를 수호하자는 법률이지, 자유민주주의 자체를 탄압하자는 법률이 아니라는 주장이었다. 그는 그런 시도를 국헌 파괴 행위로 규정하고, 공산주의뿐만 아니라 파시즘도 자유의 적이라고 천명하였다.[33]

숱한 경고에도 불구하고 자유당의 국가보안법 개정안이 국회에서 날치기 통과되자, 사상계 지식인들은 의회민주주의의 종언, 다수파가 소수파를 비토한 전체주의적 비극, 공산당 방식의 반대자 탄압 등의 언사를 동원해 24파동을 신랄히 비판하고, 국민대중의 합법적 저항권 행사를 촉구하였다. 또 반공을 방패삼아 민권을 유린함은 죄악중의 죄악이라고 질타하며, 한국이 극동에서 가장 강력한 반공국가가 되는 길은 '자유의 보루'가 되는 길밖에 없다는 논리로 틀어진 반공과 자유의 틈새를 다시 봉합하려 하였다.[34]

---

32) 장준하, 「권두언 : 새해는 '민권의 해'로 맞고 싶다」, 『사상계』 66, 1959. 1, 17쪽.

33) 한태연, 「한국에 있어서의 자유」, 『사상계』 65, 1958. 12, 22~26쪽.

34) 한태연, 「한국민주주의의 위기」, 『사상계』 67, 1959. 2, 24~25쪽 ; 신상초, 「한국과 한국인」, 『사상계』 68, 1959. 3, 77~82쪽 ; 장준하, 「권두언 : 이 길 위에 서서」, 『사상계』 69, 1959. 4, 15쪽.

24파동에 맞서 야당과 학계·언론계의 항거와 국민들의 민권수호 시위
가 이어지자, 이승만 정부는 관권을 동원하여 시위운동의 확산을 강력히
억제하였다. 그리고 허위사실 보도 등의 이유를 들어 1959년 4월 30일
야당지인 가톨릭계의『경향신문』을 폐간 조치하였다. 이에 사상계 지식인
들은 반공은 오로지 자유와 민권의 신장을 통해서만 완수될 수 있음을
다시금 강조하며, 반공을 앞세워 독재를 자행하는 이승만 정부와 자유당을
전체주의 세력으로 규정하고 신랄하게 비판하였다.[35] 이때 장준하는
한국 같은 후진사회에서 인텔리의 임무는 진실로 크고 무겁다고 하여,
학자·언론인·대학생 등 지식인 계층을 새 역사의 혁명세력으로 불러냈는
데,[36] 그같은 호명은 이듬해 4·19 민주항쟁을 통해 메아리쳐 울려 퍼졌다.

3. 균열의 조짐들

1) 4·19 민주항쟁 – 자유세계 연대론에서 경제적 민족주의로

장준하는 1960년 3·15 정·부통령 선거전에서 자행된 자유당 정권의
선거부정에 대해, 집권당의 횡포가 일당독재의 수준에 이르렀으며, 일부
악질 지도층의 경우 악랄한 공산당 수법으로 백성의 수족을 꽁꽁 묶으려
들었다고 하여, 자유당을 공산당에 빗대어 규탄하였다.[37] 그리고 4·19가
일어나자, "4월혁명은 자유와 민권의 선각자인 이 땅의 지식인들의 손에
의한 혁명"이라고 하여, 지식인을 혁명의 주체로 규정하였다.[38]

---

35) 신상초,「군정법령 제88호의 유령」,『사상계』71, 1959. 6, 22~24쪽 ; 장준하,
     「권두언 : 1959년을 보내면서」,『사상계』77, 1959. 12, 18쪽 ; 장준하,「권두언 :
     다시 맞는 삼일절」,『사상계』80, 1960. 3, 18쪽.
36) 장준하,「편집후기」,『사상계』70, 1959. 5, 483쪽.
37) 장준하,「권두언 : 창간 7주년 기념호를 내면서」,『사상계』81, 1960. 4, 18쪽.
38) 장준하,「권두언 : 또 다시 우리의 향방을 천명하면서」,『사상계』83, 1960. 6,

4·19 민주항쟁을 전후해 『사상계』는 전성기를 구가하였다. 1955년 12월에 비로소 1만부를 돌파한 발행부수가 1956년에 3만부를 넘어, 4·19 전후에는 8~9만부에 이르렀다. 특히 '민중의 승리 기념호'로 발행된 1960년 6월호는 무려 10만부를 넘겼다. "『사상계』를 읽지 않는 대학생은 대학생이 아니다"는 말이 생겨났으리만큼, 『사상계』는 학생층의 여론을 선도하며 민주항쟁에 이론적 자양분을 제공하였다.[39]

그런데 실상 4·19는 친미 반공전선 내에서의 주도권 다툼에 불과하였다. 4·19를 촉발시킨 것은 자유와 민권의 깃발을 높이든 학생과 지식인이었고, 그들을 후원해 정권의 몰락을 마무리한 것은 미국이었으며, 그 열매를 얻은 것은 야당인 민주당이었다.[40] 하지만 다른 한편으로 4·19의 혁명적 분위기는 냉전적 진영 논리에 재갈이 물려 있던 민족주의를 다시 소환하였다. 이승만 정권의 몰락과 함께 북진통일론이 폐기되고, 국가보안법 또한 다시 개정되어 언론과 사상의 자유를 확대함으로써 민간의 통일 논의를 촉발한 것이다.

그 결과 진보당사건으로 위축된 혁신세력들이 다시 등장하고, 『민족일보』 같은 혁신계 신문이 창간되어 민간의 통일 논의에 불을 붙였다. 특히 김삼규, 김용중 등이 해외에서 휴전 무렵부터 주장해 오던 중립화 통일론의 전파는 통일 논의의 대중적 확산을 가져왔다. 그리하여 중립화론, 남북교류론, 남북협상론, 선건설 후통일론 등 다양한 통일방안들이 쏟아져 나왔다.[41]

특히 탈냉전 중립화론이나 반외세 남북협상론 같은 일부 학생층과

36쪽.

39) 박경수, 「죽음을 각오한 장선생의 맞서기」, 『광복 50년과 장준하』, 장준하선생 20주기 추모사업회, 1995, 172쪽 ; 김삼웅, 『장준하 평전』, 시대의 창, 2009, 404쪽.
40) 임대식, 「1960년대 초반 지식인들의 현실인식」, 『역사비평』 65, 2003, 305쪽.
41) 홍석률, 『통일문제와 정치·사회적 갈등 : 1953~1961』, 서울대 출판부, 2001, 106~115쪽.

혁신계의 급진적 통일 논의는 민족자주를 내세워 사상계 지식인들이 근거해 있던 냉전적 자유세계론에 균열을 만들어냈다. 그러나 사상계 지식인들은 여전히 자유·민주통일론(반공통일론)을 고수하며 그에 맞섰다. 달라진 점이라면 평화적 방법에 의한 통일을 보다 강조하는 정도였다.

장준하는 국가형태야 어찌되든지 덮어놓고 통일하고 보자는 학생들의 주장을 '환상적' 논리로 치부하며 엄숙한 반성을 촉구하고, 자유와 민권이 침해될 가능성이 있는 여하한 형태의 중립주의도 용납할 수 없음을 분명히 하였다. 그는 소련 수상 후르시쵸프가 제기한 평화공존론을 위장 평화공세로 규정하고, 약소국가에서 등장한 중립화론을 그 의외의 소득이라고 폄하하였다. 평화공존이나 중립화는 공산주의자들의 교묘한 술책에 불과하다는 것이었다.[42] 그리고 경제적 부흥만이 정치적 자립과 자유 수호의 길이라고 하여[43] 장면 정부의 '선건설 후통일론'과 보조를 같이하였다.

제2공화국 시기 사상계 그룹의 통일론을 가장 체계적으로 대변한 인물은 7·29 총선 이후 민주당에 입당한 신상초였다. 그는 북에서 제안한 남북연방안에 대해 이데올로기, 사회체제, 동맹관계에서 이질적 대립을 거듭하는 남북한이 설령 두 개 정권의 존속을 용인하고 연방체를 만든다 해도 그것이 연방으로서 기능할 수 있을지 의문스럽다고 문제를 제기하였다. 그리고 남북협상에 대해 남과 북이 서로 받아들일 수 없는 안건을 가지고 협상해 보았자 아무런 결론 없이 유산될 것은 뻔한 사실이라며 그 실효성에 물음표를 붙였다.[44] 그리고 중립화 통일론에 대해서도 민족적 주체성과 민중의 통일 욕망을 과대평가한 주장으로, 남북한의 기존 동맹관계와 정권의 동시 해체는 물론 열강의 중립화 보장까지 전제로 하는

---

42) 장준하, 「권두언 : 이데올로기적 혼돈의 극복을 위하여」, 『사상계』 88, 1960. 11, 34~35쪽 ; 장준하, 「권두언 : 1960년을 보내면서」, 『사상계』 89, 1960. 12, 35쪽.
43) 장준하, 「권두언 : 1961년을 맞으면서」, 『사상계』 90, 1961. 1, 28~29쪽.
44) 신상초, 「통일을 갈망하면서」, 『사상계』 90, 1961. 1, 256~259쪽.

만큼 현실적으로 불가능한 방안이라고 보았다.[45)

그 대안으로 신상초는 '유엔 감시하 총선거에 의한 남북통일' 안을 내놓았다. 대한민국 헌법 절차에 의한 총선거라는 정부의 공식 입장 대신에, 통일선거 때 의거해야 할 선거법 제정과 선거관리 및 감시를 유엔이 맡아 하고, 통일한국의 정치제도나 사회체제는 그 선거를 통해 성립되는 통일의회의 결정에 맡긴다면, 북한도 받아들일 가능성이 있다는 것이었다. 다만 문제는 정작 총선거가 실시된다고 가정할 때 보수계와 사회민주계를 포함한 자유주의세력이 공산당과 대결해 승리할 수 있느냐 인데, 실업과 가난에 시달리는 국민들이 자유 대신에 빵을 택하게 될지도 모르기 때문이었다. 그래서 그는 통일의 선결조건으로 경제발전의 중요성을 강조하였다. 기간산업 건설과 자립경제 확립에 박차를 가해 중산층을 육성하고, 빈부의 차를 가급적 없게 하여 공산주의가 퍼질 수 있는 소지를 없애는 것이 '자유를 유지 확보하는 의미에서의 통일'의 출발점이라는 주장(선건설 후통일론)이었다.[46)

한편 문익환은 장준하나 신상초와 달리 미국 상원의원 맨스필드의 오스트리아식 중립론이나 대학생들의 연방론을 비현실적인 이상론이라고 비웃어 버릴 수만은 없다고 하면서, 통일이 먼 장래의 일만은 아니라고 내다보았다. 그리고 통일의 경우의 수를 ① 민주주의와 공산주의의 평화공존, ② 민주주의 승리, ③ 공산주의 승리의 세 가지로 나누고, 각각의 경우에 벌어질 상황을 예측하였다. 그는 제1의 경우를 실현불가능, 제3의 경우를 벌어져서는 안 될 상황으로 규정하고, 제2의 경우를 바람직한 방안으로 상정하였다. 비록 공산주의자들을 형제애로 따뜻하게 감싸 유혈 참극을 막아야 한다는 전제가 붙기는 했지만, 자유·민주 원칙하의 통일만을 마땅한 방안으로 상정했다는 점에서 그 또한 다른 사상계 지식인

---

45) 신상초, 위의 글, 1961. 1, 263~264쪽.
46) 신상초, 위의 글, 1961. 1, 259~263쪽.

들과 크게 다르지 않았다.[47)

이처럼 사상계 지식인들은 4·19 이후 민간의 통일 논의가 분출하는 속에서도 평화적인 자유·민주통일의 원칙을 고수하였다. 다만 통일의 실현을 먼 장래의 일로 보면서도 그에 대해 과거보다 자유로이 의견을 교환할 수 있게 된 것을 통일에의 진전으로 평가하고, 한반도 긴장완화를 위한 남북접촉의 필요성을 인정한 점에서[48) 다소 전향적인 모습을 발견할 수 있다. 더불어 기존의 자유세계론을 우회해 경제 자립과 국익 우선의 경제적 민족주의 담론을 적극 개진하기 시작한 점 또한 주목할 만하였다.

사상계 지식인들은 『사상계』1960년 5월호에 아시아·아프리카지역 소득집을 꾸며, 국내 산업진흥에 크게 불리함을 무릅쓰고 중립국까지 무조건 가상 적국시하는 정부의 소극적 외교정책을 비판하였다.[49) 기존의 대미 의존적 외교노선에서 벗어나 중립국을 포함한 여러 나라들과 다각적인 실리외교를 펼치자는 주장인데, 때늦은 감이 있지만 경제적 차원에서나마 민족주의 담론의 물꼬를 텄다는 점에서 의미 있는 변화였다.

장준하는 민주항쟁 승리의 다음 단계로 국민의 생활 향상과 복지국가의 실현을 거론하면서 경제적 민족주의의 방향을 제시하였다.[50) 과학적 계획과 강력한 지도력을 구축해, 민주항쟁을 통해 쟁취한 시민적 자유를 경제적·사회적 분야로 확장해야 한다는 것이었다. 그는 신생 후진국에서 강력하게 추진되고 있는 일련의 경제혁명과 사회혁명을 민족적 주권의 회복을 당면 목표로 했던 정치적 민족주의가 경제적·사회적 민족주의로 발전하는 과정으로 진단하였다.[51)

---

47) 문익환, 「통일의 종소리」(1960), 『문익환 전집 12』, 사계절, 1999, 229~231쪽 ; 문익환, 「기독교와 공산주의」(1961), 『문익환 전집 12』, 1999, 261~263쪽.

48) 신상초, 「통일을 갈망하면서」, 『사상계』 90, 1961. 1, 264쪽.

49) 장준하, 「편집후기」, 『사상계』 82, 1960. 5, 412쪽.

50) 장준하, 「권두언 : 또 다시 우리의 향방을 천명하면서」, 『사상계』 83, 1960. 6, 37쪽.

그는 특히 자유의 물질적 기반으로서 힘찬 경제 건설과 국민 기강의 확립을 한국사회의 당면 과제로 강조하였다. 그래서 생활태도의 쇄신과 국민기강의 확립을 위한 학생들의 신생활운동에 지지를 보내고, 사상계사에 국제연구소를 두어 정부의 경제정책을 자문하는 한편, 국토건설본부에 참여하여 농어촌 개발과 사회간접자본 시설의 구축을 목표로 일선에서 사업을 진두지휘하였다.[52] 이렇게 장준하를 비롯한 사상계 지식인들의 경제 일변도의 행보는 경제건설을 통해 반공 평화통일의 기반을 마련한다는 구상 아래 취해진 조치였다.

그런데 양호민이 지적한대로, 경제건설의 과정과 결과가 사회적인 빈부의 양극화를 초래하거나 경제적 대외의존도를 강화시킨다면, 국민의 통일 논의도 양극화할 위험이 있었다.[53] 그래서 도출된 것이 민주화와 짝을 이루는 경제 자립과 복지사회의 건설이었다. 말하자면 자유 우방과의 신뢰관계를 공고히 하고, 경제건설에 힘써 국민 생활을 향상시킴으로써 북한에 대한 체제 경쟁력을 확보하겠다는 것이었다.[54] 장준하는 그것을 빈곤 추방과 민주 복지사회 건설을 무기로 하는 대공 '경제전'이라고 불렀다.[55]

51) 장준하, 「권두언 : 근로만이 살 길이다」, 『사상계』 91, 1961. 2, 24~25쪽 ; 장준하, 「권두언 : 삼일정신은 어떻게 계승되어야 할 것인가」, 『사상계』 92, 1961. 3, 35쪽.
52) 장준하, 「권두언 : 1961년을 맞으면서」, 『사상계』 90, 1961. 1, 28~29쪽 ; 장준하, 「사상계지 수난사」(1972), 『장준하 문집 3』, 사상, 1985, 32~39쪽.
53) 『조선일보』 1966년 12월 8일자, '통일에의 길'.(양호민)
54) 신상초, 「개헌·선거·재집권의 악순환」, 『사상계』 80, 1960. 3, 43~44쪽 ; 장준하, 「권두언 : 또 다시 우리의 향방을 천명하면서」, 『사상계』 83, 1960. 6, 37쪽 ; 장준하, 「권두언 : 창간 8주년 기념호를 내면서」, 『사상계』 93, 1961. 4, 34쪽 ; 양호민, 「민주주의와 지도세력」, 『사상계』 100, 1961. 11, 45~46쪽.
55) 장준하, 「권두언 : 자유의 확보가 승공의 길이다」, 『사상계』 108, 1962. 6, 31쪽. 정진아의 연구에 따르면, 1950년대 후반 이래 성창환을 중심으로 구성된 '사상계 경제팀'은 민간주도가 아니라, 국가주도의 산업화정책과 경제개발계획을 통해

그런데 그들이 경제건설에 매진하던 1961년 5월 16일 박정희 소장이 이끄는 군사정변이 일어났다. 이에 대해 장준하는 국정 문란, 부패의 고질화, 사회적 기강 해이 등 민주당 정권 하에서의 위기를 타개하기 위해 취해진 최후 수단으로 긍정 평가하였다.[56]

> "4·19혁명이 입헌정치의 자유를 쟁취하기 위한 민주주의 혁명이었다면, 5·16혁명은 부패와 무능과 무질서와 공산주의의 책동을 타파하고 국가의 진로를 바로 잡으려는 민족주의적 군사혁명이다."

이 글을 통해 장준하는 군사정권의 권력남용을 경계하는 한편으로, 치밀한 과학적 계획과 불타는 실천력을 가지고, 공산주의와 대결하면서 자유와 복지와 문화의 방향으로 국가를 재건해야 할 민족적 과업이 '혁명정권'의 두 어깨에 놓여 있음을 강조하였다. 신상초 또한 "폭력 데모의 연속과 공산당과 협상하고 손을 잡아보자는 주장의 성행은 실로 4월혁명후 1년 동안 한국사회의 특징"이었다고 지적하면서, 5·16을 왜곡되고 남용되고 타락한 자유를 올바른 궤도에 올려놓기 위해 어쩔 수 없이 취해진 비상사태로 인정하였다.[57]

함석헌처럼 "혁명은 민중의 것이다", "군인은 혁명 못한다"고 일갈하며[58] 처음부터 5·16을 비판한 경우가 있었지만, 사상계 지식인 일반은 처음에 5·16을 민족주의적 군사혁명으로 받아들였다. 그들이 그렇게 5·16의 불가피성을 인정한 밑바탕에는 반공의 정서가 깔려 있었다.

급속한 경제성장과 복지사회를 실현하려 하였다고 한다. 정진아, 「1950년대 후반~1960년대 초반 '사상계 경제팀'의 개발 담론」, 『냉전과 혁명의 시대 그리고 '사상계'』, 소명출판, 2012, 325~326쪽.

56) 장준하, 「권두언 : 5·16혁명과 민족의 진로」, 『사상계』 108, 1961. 6, 34~35쪽.
57) 신상초, 「단군 이래의 자유의 파탄·수습·재건」, 『사상계』 99, 1961. 10, 51~52쪽.
58) 함석헌, 「5·16을 어떻게 볼까」, 『사상계』 96, 1961. 7, 43쪽.

　사상계 지식인들은 1960년 11월 서울대 학생들이 민족통일연맹을 발기
한 것을 시작으로 각 대학에 그 조직이 퍼져나가 남북 학생회담을 제안하기
에 이르고, 1961년 2월 혁신계 정당과 사회단체들로 민족자주통일중앙협
의회가 결성되어 급진적 통일운동을 전개하는 데 위기를 느꼈다. 그래서
반공태세의 강화를 외친 군사정변 주체들의 손을 들어준 것으로 보인다.
또한 그들은 민주주의의 물적 토대를 강화하기 위해 경제 건설에 매진하면
서, 과학적 계획과 강력한 지도력의 필요성을 느꼈다.[59] 그래서 약체
정권인 장면 정부를 대신할 군사정권에 강력한 실천력을 요구하기에
이른 것으로 보인다.

　이와 같이 사상계 지식인들은 4·19 이후 대공 '사상전'에서 '경제전'으로
반공 담론의 중심을 이동하면서, 민주주의의 안정적 토대 구축이라는
문제의식을 가지고 기존의 자유세계론을 우회해 경제적 민족주의 담론을
적극 개진하였다. 그리고 그러한 기조 위에서 반공태세의 강화와 공산주의
와 대결할 수 있는 실력의 배양, 민생고의 시급한 해결과 국가 자주경제의
재건 등을 혁명공약으로 내세운 5·16 군사정변을 불가피한 현실로 받아들
였다.

2) 대일 굴욕외교 반대투쟁 - 경제적 민족주의에서 저항적 민족주의로

　5·16 직후 비교적 원만했던 사상계 지식인들과 군사정권의 관계는
함석헌의 5·16 비판 논설 이후 점차 틀어지기 시작해, 1963년 박정희
국가재건최고회의 의장의 3·16성명으로 촉발된 군정연장 반대투쟁 국면
을 거치며 돌아오지 못할 다리를 건넜다.[60] 그와 함께 군정에 참여한
김증한·엄민영·한태연 등과 성창환·유창순·이정환 등 경제팀이 하나둘

---

59) 장준하, 「권두언 : 근로만이 살 길이다」, 『사상계』 91, 1961. 2, 25쪽 ; 양호민,
　　「민주주의와 지도세력」, 『사상계』 100, 1961. 11, 46쪽.
60) 장준하, 「사상계지 수난사」(1972), 『장준하 문집 3』, 40~51쪽.

씩 사상계 그룹에서 멀어져갔다.[61]

쿠데타로 집권한 군사정권은 권력기반을 구축하기 위해 이전 정권들과 달리 '민족중흥', '조국근대화', '민족적 민주주의' 등을 전면에 내세워[62] 적극적인 관주도 민족주의 캠페인을 펼쳤다. 그 결과 민족주의를 둘러싼 논쟁이 본격적으로 전개되었다. 1963년 10·15 대통령선거와 11·26 국회의원 총선거 과정에서 벌어진 '민족적 민주주의' 논쟁은 그 첫 라운드였다.

논쟁은 민주공화당의 대통령 후보로 출마한 박정희가 9월 23일 방송을 통한 정견발표에서 이번 선거는 "민족적 이념을 망각한 가식의 자유민주주의 사상과 강력한 민족적 이념을 바탕으로 한 자유민주주의 사상과의 대결"이라고 발언하면서 불거졌다. 이에 대해 민정당 대통령 후보 윤보선은 이번 선거는 "민주주의와 이질적 민주주의의 대결"이라고 응수한 뒤, 박정희의 여순사건 관련 의혹을 폭로하였다. 그러자 박정희는 자신은 공산주의 전력자도 반미주의자도 아니며, 자신이 말하는 민족주의는 사대주의 근성과 식민주의 근성을 일소하고 민족 주체의식을 갖자는 것이라고 하여, 스타일을 달리 하는 신구 세대 간의 대결로 선거 구도를 몰아갔다.[63]

대통령선거에 이은 총선거 국면에서 논쟁의 바통을 물려받은 것은 8개월간의 '자의반 타의반' 외유를 마치고 귀국한 군사정권의 브레인 김종필이었다. 그는 빈곤과 실업, 정치적 혼란과 외세의 영향, 전근대적

---

61) 이상록, 「'사상계'에 나타난 자유민주주의론 연구」, 한양대 사학과 박사학위논문, 2010, 49~50쪽.

62) 박정희는 쿠데타로 집권한 이듬해인 1962년 삼일절 기념사에서, 민족자주의 독립정신을 세계만방에 선양한 뜻깊은 삼일절을 맞아 "내일의 광명과 후세의 번영을 위하여 민족중흥을 기약하는 재건과업 완수에 총진군할 것을 다시금 다짐하는 바이다"라고 하여 '민족중흥'에 매진할 것을 선언하였다. 『동아일보』 1962년 3월 1일자, '삼일절 기념사.'(박정희 의장)

63) 『조선일보』 1963년 9월 25일자, '윤보선씨 전주발언 크게 정치문제화' ; 신상초, 「무엇이 사상논쟁이냐」, 『사상계』 127, 1963. 11, 119쪽.

가치 관념의 지배와 민족의 비극인 국토의 양단 등이 난마같이 얽혀
있는 한국의 현실에서, 이 모든 문제를 해결하는 방법은 한국을 근본적으로
근대화시키는 대담한 개혁밖에 없다고 주장하였다. 한국을 조속히 근대화
시키려면 추진 이념과 세력이 있어야 하는데, 민족적 민주주의와 민족적
지도세력이 바로 그에 해당하는 이념이고 세력이라는 것이었다. 그는
그것을 인도의 네루주의, 인도네시아의 교도민주주의에 비견되는 민주주
의의 새로운 길이라고 부연하였다.[64]

그와 함께 김종필은 일체의 낡은 권위에 도전하는 젊은 세대의 기수를
자처하며,[65] 대학생들과 정책토론 또는 시국강연의 자리를 잇달아 마련하
였다. 특히 11월 5일 서울대 민족주의비교연구회 학생들과 가진 토론회에
서, 그는 공화당이 내거는 민족주의는 ① 외국 자본의 지배에서 벗어나
경제적 자립을 이룩하고, ② 이데올로기적으로 수구주의, 사대주의, 급진
적 서구사상 및 자유방임적 자유주의의 폐해를 제거하고, ③ 정신적인
면에서 '양키즘'을 배격하여 민족적 주체성을 확립하는데 그 본질이 있다
고 답변을 하였다. 이 같은 박정희 정권의 민족적 민주주의 공세는 대학생
들 사이에 적잖은 관심을 불러일으켰다.[66]

이에 『사상계』는 1963년 11월호에 '진위를 가리라!'는 특집을 싣고
사상논쟁에 가세하였다. 먼저 권두언에서 장준하는 민족주의는 자유사회
의 자주정신으로 소화해야 할 이념이라고 전제하면서, 박정희의 관제
민족주의 캠페인이 감상적 국가지상주의, 복고주의를 자극하여 한국을
파시즘의 함정으로 떨어뜨릴 위험성이 있다고 경고하였다.[67]

---

64) 『조선일보』 1963년 11월 8일자, '한국의 근대화와 새 지도세력'.(김종필)
65) 『조선일보』 1963년 10월 30일자, '김종필씨 공화당 복당후 언명'.
66) 『동아일보』 1963년 11월 6일자, '한민족의 주체성을 확립하자' ; 장세진, 「시민의
    텔로스(telos)와 1960년대 중반 '사상계'의 변전」, 『서강인문논총』 38, 2013, 60쪽.
67) 장준하, 「권두언 : 누가 국민을 기만하고 있는가」, 『사상계』 127, 1963. 11, 26~27
    쪽.

다음으로 신상초는 박정희가 거론한 '행정 민주주의'를 문제 삼았다. 그는 국민주권의 원칙, 국민의 정치적 자유와 언론 자유, 대의민주정치의 시행을 기준으로 볼 때, 인민민주주의나 수카르노의 교도민주주의는 민주주의가 아니라고 단언하였다. 그리고 군정 측이 대미의존 일변도의 정책을 청산하고 일본과 관계를 개선해 지원을 받으려고 애쓰는데 대해서도, 그 또한 민족적 이념을 망각한 사대주의 정책이 아니냐고 문제를 제기하였다.[68]

김성식 또한 민족주의나 민주주의는 모두 자유주의를 근거로 하기 때문에, 자유적 민주주의니 민족적 민주주의니 하는 말은 쓸 필요조차 없는 것이라고 하여,[69] 민족적 민주주의 담론을 비판하였다. 그가 보는 견지에서 민족적 민주주의나 '선의의 독재'는 모두 '병든' 민족주의의 아류였다. 사상계 지식인들은 민족적 민주주의 담론을 국민대중의 민족적 감정을 이용해 보수 야당과의 차별화를 꾀하려 한 군정 측의 선거 전략으로 보면서, 그것이 극우 파쇼화나 진보적 좌경화 가운데 하나로 귀결되어 민주주의의 왜곡으로 이어질 것을 경계하였다.[70]

이 무렵 장준하는 김종필과 번갈아 각 대학교를 돌며 민족주의 문제를 놓고 강연 대결을 펼쳤다고 한다.[71] 그러나 군부세력이나 보수세력과 구별되는 나름의 차별성 있는 담론의 화두는 제시하지 못하였다. 하지만 문익환이 우리가 해방후 서구적 민주주의의 전초기지에서 공산주의와 대결하느라 정신이 없는 동안, 세계 각처의 신흥국가들은 새로운 민족주의에 눈을 떠 흥분하고 있었다고 반성한 것처럼,[72] 민족적 민주주의 논쟁은

---

68) 신상초, 「무엇이 사상논쟁이냐」, 『사상계』 127, 1963. 11, 120~124쪽.
69) 김성식, 「민족주의와 민주주의」, 『사상계』 127, 1963. 11, 51쪽.
70) 임방현, 「'자주' '사대' 논쟁의 저변」, 『사상계』 127, 1963. 11, 128~129쪽 ; 이용성, 『'사상계'와 비판적 지식인잡지 연구』, 한서대 출판부, 2012, 140~144쪽.
71) 장준하, 「사상계지 수난사」(1972), 『장준하 문집 3』, 52~55쪽.
72) 문익환, 「한국인의 '소슬한 종교'」, 『사상계』 136, 1964. 7, 194쪽.

사상계 지식인들에게 신생 독립국가 버전의 민족주의로 눈길을 돌리는 자극제가 되었다.

그런 가운데 1964년 대일 굴욕외교 반대투쟁이 일어났다. 김종필 공화당 의장이 도쿄에서 오히라 일본 외상과 만나 조약 체결 일정에 합의했다는 소식이 보도되자, 서울대·고려대·연세대 등의 학생 4천여 명이 3월 24일 가두로 나와 태평로 국회의사당 앞에서 굴욕외교 반대와 김종필 즉각 소환을 요구하며 대규모 시위를 벌인 것이다. 이후 학생 시위가 계속 확산되는 가운데, 5월 20일 대일굴욕회담반대 학생총연합회 주최로 서울 대 문리대 마당에서 '민족적 민주주의 장례식 및 성토대회'가 열렸다. 학생과 시민 약 3천명이 모인 이 자리에서 주최측 학생들은 검은 관을 앞에 둔 채 "민족적 민주주의는 정보정치를 합리화하기 위한 행상적 탈춤으로 분장되었다"고 규탄하며, "한국을 일본 의존적 예속의 쇠사슬에 묶는 것이 근대화요 자립이라고 거짓말하는 민족적 민주주의를 장사지내 자"고 외쳤다.[73] 학생 시위는 김종필이 회담을 위해 일본으로 건너가면서 다시 격렬해져, 6월 3일 서울의 주요 대학교 학생들이 대거 거리로 나와 정권 퇴진을 외치며 도심에서 경찰과 충돌하기에 이르렀다.(6·3항쟁)[74]

5·16 이전부터 장준하는 미국이 달러를 절약하고 자유세계를 강화한다 는 차원에서 일본의 대한 투자와 한·일 국교 정상화를 성급히 알선하는 데 대해 국가 주권과 민족적 이익을 앞세워 비판하였다.[75] 군정 하에서도 그는 한·일문제 해결의 쟁점 사항인 대일 재산청구권, 재일교포의 법적 지위, 국방선이자 어민의 생명선인 평화선 보위 등 8개 항의 이른바 '일반청구권'에 대해 거론하면서, 군정 측이 투자 유치에 눈이 어두워 지금까지의 원칙을 저버리는 일이 없어야 한다고 경고하였다.[76] 그리고

---

73)『조선일보』1964년 5월 21일자, '민족적 민주주의 장례식 강행'.
74) 6월 3일 밤 정부는 계엄령을 선포하고, 학생운동과 언론 탄압에 박차를 가하였다.
75) 장준하, 「권두언 : 한·일문제 해결의 기본자세」,『사상계』94, 1961. 5, 35쪽.

제3공화국이 성립하자, 한·일 국교 정상화에 대해 다시 거론하면서 박정희 정권이 말하는 '민족자주'가 이제 역사적 검증을 받을 때가 왔다면서 압박의 강도를 높였다.[77] 이후 그는 1964년 3월 야당과 각계 인사들로 구성된 대일굴욕외교반대 범국민투쟁위원회에 지도위원으로 참여하여 투사로서의 인생을 시작하였다.[78]

우려했던 대로 한일회담은 대일 청구권을 경제협력 차원의 무상공여로 변질시키고, 평화선을 무력화하는 방향으로 급물살을 탔다. 이에『사상계』는 1964년 4월에 긴급증간호(133호)를 발행하여 집중적으로 한·일문제를 파헤쳤다. 권두언에서 장준하는 무상 3억 달러의 경제협력 자금으로 경제위기를 현상 유지할 수 있다는 관념의 우상을 파괴하라고 외치면서, 박정희 정권의 대일 저자세 외교와 사대주의를 규탄하였다.[79] 양호민 또한 밀실외교의 절차적 비민주성을 지적하며, 지금처럼 한·일간의 국교가 비정상적으로 정상화된다면 경제협력이란 이름 아래 한국은 머지않아 일본의 상품시장이 되고, 한국의 기업가는 일본의 매판자본가로 타락할 가능성이 크다고 우려하였다.[80]

1965년(을사년) 6월 22일 한일기본조약과 4개 협정이 공식 조인되자, 대일 굴욕외교 반대투쟁은 기독교계와 학계까지 가세한 한일협정 비준반대투쟁으로 발전하였다. 김재준·한경직·함석헌 등 기독교계 지도자들은 7월 1일 성명서를 발표하고, 불순 저열한 외세에의 예속과 추종을 배격하였다. 7월 11일에는 서울 영락교회에 각 교파 7천여 명의 신도들이 모여

---

76) 장준하, 「권두언 : 경제개발 5개년계획과 한·일문제」, 『사상계』 104, 1962. 2, 30~31쪽.

77) 장준하, 「권두언 : 대일 저자세와 민족자주」, 『사상계』 129, 1963. 12, 27쪽.

78) 장준하, 「사상계지 수난사」(1972), 『장준하 문집 3』, 57~59쪽.

79) 장준하, 「권두언 : 우상을 박멸하라―굴욕외교에 항의한다」, 『사상계』 133, 1964. 4, 8쪽.

80) 양호민, 「교섭에 임하는 정부와 국민의 자세」, 『사상계』 133, 1964. 4, 27~28쪽.

구국기도회를 열고, 박정희 대통령과 이효상 국회의장 및 국회의원에게
보내는 공개서한을 채택하였다.[81] 야당인 민중당도 의원직 총사퇴를
결의하고 비준반대투쟁에 나섰다. 그러나 공화당은 8월 13일 단독국회를
열어 베트남 파병동의안을 통과시키고, 다음날 한·일간의 제 조약을
비준하였다. 그에 앞서 『사상계』는 긴급증간호(149호)를 내고 편집동인(編
輯同人) 일동 명의의 성명서를 통해, 한일협정은 호혜평등의 원칙을 무시한
준식민주의자와 준식민지 간의 협정이자, 대한민국의 국가적 이익과
위신을 회복할 수 없을 정도로 훼손시킨 극단적인 불평등 협정이라고
규탄하였다.[82]

  3·1운동의 재현과도 같았던 대일 굴욕외교 반대투쟁을 통해 투쟁의
주체들은 구시대의 유물로 여겼던 반제 민족주의를 다시 전면에 불러냈
다.[83] 그 결과 민족주의 담론의 지형이 민족적 민주주의와 조국근대화를
앞세운 관주도 캠페인과 민족적 주체성과 자립경제를 앞세운 민간의
대항 담론으로 선명하게 나뉘어졌다. 6·3시위에 앞서 서울대 상대 학생들
이 벌인, '매판자본'(신랑)과 '가식 민족주의'(신부)가 '신제국주의'의 주례
아래 백년가약을 맺는다는 결혼식 퍼포먼스는 그러한 대결구도를 함축적
으로 보여주는 이벤트였다.[84]

  그 과정에서 사상계 지식인들의 민족주의 담론은 경제적 영역에서
정치적 영역으로, 저항적 차원으로 중심을 이동하였다. 먼저 "가식적인
민족적 주체성을 제발 우리 민중에게 돌려달라"는[85] 장준하의 절규처럼,

---

81) 『기독공보』 1965년 7월 17일자, '7·11 공개서한'.
82) 편집동인, 「권두언 : 한·일협정 조인을 폐기하라」, 『사상계』 149, 1965. 7, 8쪽.
83) 『사상계』는 1965년 9월호(151호) 특집으로 '미국의 대한정책 비판'과 함께 '항일
    투쟁 반세기'를 편성하였다.
84) 장세진, 앞의 글, 2013, 73쪽.
85) 장준하, 「권두언 : 우상을 박멸하라 – 굴욕외교에 항의한다」, 『사상계』 133, 1964.
    4, 8쪽.

주권자 국민을 실체로 하는 민족 주체성의 추구가 담론의 기조를 형성하였다. 일례로 신일철은 군정 이후 슬로건의 홍수, 'PR'(광고)이란 말의 대유행 현상을 거론하면서, PR을 강화한다고 해서 없던 민족적 주체성이 갑자기 생겨나는 것은 아니라고 일침을 놓았다. 그는 민족주의는 PR이 아니라 신념이요 자세요 감정이라며, 정부는 대일 사대주의와 민족적 주체성을 혼동하지 말고 주체성은 제발 민중에게 다시 돌려주었으면 한다고 일갈하였다. 주체성은 민중의 것이요, 사대는 집권자의 것이라는 선언이었다.[86]

그에 따르면 애국이나 국수 선양을 남발하는 필요 이상의 자기존대는 그 이면의 열등의식을 위장하기 위한 과잉 행동이었다. 이런 부류의 지배자는 기필코 사대 외교로 자기보호책을 삼고, 자국민에게는 민족주의를 가탁해 파시즘적 독재자로 군림한다는 게 그의 진단이었다. 신생국가에서 민족 주체성은 민족주의라는 감정을 보편적으로 순화하고 조직해서 근대화의 원동력으로 만드는데 없어서는 안 될 중요한 요소였다. 하지만 그가 보기에 국민이 나라의 주인이라는 민중 스스로의 자각이 없는 민족주체성은 허구일 따름이었다.[87]

다음으로 확인되는 담론상의 변화는 국가 주권과 국익 우선을 앞세워 자유세계론과 거리를 두기 시작했다는 점이다. 사상계 지식인들은 한·미·일 3각 안보체제의 강화를 위해 배후에서 한·일 국교의 조기 타결을 종용해온 미국 정부의 행태를 비판하였다. 한일협정이 조인되던 치욕적인 날 축전을 보내고, 굴욕외교 반대투쟁을 편협한 대일 감정의 표출이라며 전적으로 무시해온 미국 정부의 고압적 태도로 인해 그동안의 신뢰와 우호관계에 금이 가게 되었다는 것이다.[88] 그러한 대미인식의 변화에 대해 함석헌은 4·19 때와 비교해 다음과 같이 평가하였다.

---

86) 신일철, 「주체성의 회복 ― 사대주의의 의미」, 『사상계』 134, 1964. 5, 28~31쪽.
87) 신일철, 위의 글, 1964. 5, 33~36쪽.
88) 편집동인, 「권두언 : 한·일협정 조인을 폐기하라」, 『사상계』 149, 1965. 7, 9쪽.

"이번은 싸우다 싸우다 보니 앞에 서는 것이 단순한 국내의 독재세력만
이 아닌 것이 알려졌다. 박 정권의 뒤에는 일본의 제국주의자들이 서
있고, 일본의 뒤에는 또 미국의 딸라의 힘이 강하게 버티어주고 있는
것이 분명해졌다."[89]

사상계 지식인들의 비판 요지는 미국이 자유세계의 안정이라는 명분을
앞세워 한국의 주권과 민주주의와 경제자립을 일방적으로 희생시킨다는
것이었다. 즉 박정희 정권이 한국의 민주발전을 저해하는 데도 4·19
때와 달리 수수방관하고, 매국적인 한·일협정의 졸속 체결과 베트남
파병 결정의 절차적 비민주성에 대해 일언반구도 없이 도리어 축하를
하고, 또 일본에 경제적으로 예속당할 위험성이 농후함에도 협정에 적극적
으로 개입하기까지 하는 미국의 행태에 실망을 금할 수 없다는 것이었다.[90]
더불어 근대화와 관련해 사상계 지식인들은 예속적 근대화 대 자주적
근대화의 대결구도를 선명히 하였다. 그들은 일본 자본의 재진출과 초과이
윤 획득을 위해 일본 측이 한일회담을 추진하고 있다는 점을 부각시키며,
그 끄나풀 노릇을 하는 정부의 조국근대화 정책을 예속적 근대화로 규정하
였다. 그리고 경제자립과 사회개혁을 골자로 하는 자주적 근대화 노선을
그 대척점에 위치시켰다. 친일 사대 정권과 유착관계에 있는 독점재벌들
또한 신식민지 매판자본으로 규탄의 대상이 되었다.[91] 장준하가 1966년
10월 삼성재벌의 사카린 밀수 규탄대회에서, 재벌의 뒷배로 박 정권의
외자 의존적 근대화 정책을 지목하며 "박정희라는 사람은 우리나라 밀수

---

89) 함석헌, 「싸움은 이제부터」, 『사상계』 152, 1965. 10, 34쪽.
90) 장준하, 「권두언 : 미국정부의 대한정책은 무엇인가」, 『사상계』 152, 1965. 10,
   27쪽.
91) 장준하, 「권두언 : 우상을 박멸하라」, 『사상계』 133, 1964. 4, 9쪽 ; 장준하, 「권두
   언 : 이 나라와 이사회는 어디로」, 『사상계』 147, 1965. 6, 27쪽 ; 양호민, 「교섭에
   임하는 정부와 국민의 자세」, 『사상계』 133, 1964. 4, 28쪽 ; 장세진, 앞의 글,
   2013, 63쪽.

왕초", "존슨 대통령이 내한하는 것은 한국청년의 피가 더 필요해서 오는
것"이라고 목소리를 높인 것은 그 때문이었다.[92]

이와 같이 대일 굴욕외교 반대투쟁을 거치며 사상계 지식인들은 ①
박정희 정권의 전매특허이다시피 했던 '민족 주체성'을 주권자 국민의
이름으로 전유하고, ② 미국 중심의 자유세계론에서 한 발짝 물러나
국가 주권과 국익 우선을 앞세우면서, ③ 예속적 근대화 대 자주적 근대화
의 대결구도로 근대화 담론을 이끌어갔다. 그리고 종래의 경제적 민족주의
에서 한 걸음 나아가 마틴 루터 킹의 시민불복종을 전거로 한[93] 저항적
민족주의의 깃발을 올렸다. 그 과정에서 '이념' 보다 '민족'을 앞세우는
인식상의 변화가 나타났다. 하지만 그런 가운데서도 반공 정서는 여전히
그들의 의식세계를 지배하였다.[94]

---

92) 이 발언으로 장준하는 국가원수 명예훼손 혐의로 구속되었다. 『조선일보』 1966년
10월 11일자, '재벌밀수규탄대회에서 연사발언집 요지' ; 10월 27일자, '장준하씨
구속'.

93) 장준하는 국민의 평화적 시위가 불법이라면 그것을 불법적인 것으로 만든 책임은
전적으로 정권 측에 있다고 하여, 마틴 루터 킹이 말한 부당한 법에 불복할
권리로서 국민의 저항권을 주장하였다. 장준하, 「권두언 : 이 나라와 이 사회는
어디로」, 『사상계』 147, 1965. 6, 26쪽 ; 장준하, 「정견 연설문」(1967), 『장준하
문집 1』, 153쪽.

94) 사상계 지식인들은 정경분리 원칙을 내세워 공산권과 경제협력을 추진해온
일본의 정치 행태를 비판하며, 반공을 한·일회담 반대의 논거 가운데 하나로
내세웠다. 이북에서 공산당이 노리고 있고, 간교하기 그지없는 일본이 경제침략의
마수를 뻗고 있는 이때에, 4대 의혹사건을 일으키고 대일 저자세 외교로 일관하는
정부에 어떻게 나라의 살림살이와 국방을 맡길 수 있겠느냐는 문제제기도 있었다.
문익환, 「위험신호」(1964), 『문익환 전집 12』, 349쪽 ; 장준하, 「권두언 : 이 나라와
이 사회는 어디로」, 『사상계』 147, 1965. 6, 27쪽.

4. 분단 인식의 분화

1) 1970년을 전후한 국내외 정세의 변화

대일 굴욕외교 반대투쟁을 기점으로, 사상계 그룹은 시민불복종의 저항 민족주의를 전면에 내세우며 재야세력의 모체를 형성하였다. 그 과정에서 장준하는 재벌의 밀수 행위를 규탄하다 국가원수 명예훼손 혐의로 구속되었고,『사상계』는 정치보복을 받아 여러 차례 폐간의 위기를 겪어야 했다. 결국 장준하는『사상계』에서 손을 뗐고, 정계에 투신하여 1967년 6·8 총선에서 통합 야당 신민당 후보로 국회의원(서울 동대문 을구)에 당선되었다. 출마 당시 그는 5·3 대통령선거 지원유세에서 한 발언 때문에 허위사실 유포 혐의로 서대문형무소에 구속 수감된 상태였다. 이때 옥중의 그를 대신해 선거유세를 맡아 해준 이가 함석헌이었다.

이후 두 사람은 1969년 3선개헌반대 범국민투쟁위원회에서 함께 활동하며 동지적 관계를 더욱 공고히 하였다. 앞서 정부의 언론탄압에 맞서 언론의 게릴라전을 제창한[95] 함석헌은 1970년 4월 개인잡지 형식의 대항 언론으로『씨올의 소리』를 창간하여 끊어진『사상계』의 명맥을 이었다.[96]

1960년대 말 한반도를 둘러싼 국내외 정세는 소용돌이 속에 있었다. 북한은 1968년 남한에 잇달아 무장게릴라를 침투시키고, 미국 정보수집함 푸에블로호를 나포하여 남북관계를 극도의 긴장으로 몰아가며 수령 유일 체제 구축의 수순을 밟아 나갔다. 박정희 정권 또한 북의 도발에 향토예비 군 설치, 주민등록증 발급, 교련교육 실시 등으로 응수하며, 장기집권을 위한 기반 구축에 나섰다. 국토분단의 비극이 남과 북에 독재의 구실을 마련해주는, 분단체제의 모순이 전면화한 것이다.

---

95) 함석헌, 「언론의 게릴라전을 제창한다」,『사상계』 165, 1967. 1, 20쪽.

96) 장준하, 「사상계지 수난사」(1972),『장준하 문집 3』, 59~65쪽 ; 양호민, 앞의 책, 1995, 16쪽 ; 김삼웅, 앞의 책, 2009, 473~502쪽.

　반면 동아시아의 국제정세는 1969년 7월 '닉슨독트린'의 발표 이후 해빙 무드로 접어들었다. 그에 따라 공산 중국이 유엔에 가입하고, 1972년 2월 닉슨이 중국을 방문함으로써 동아시아에서 긴장완화의 분위기는 한층 고조되었다. 이러한 동서화해와 긴장완화는 사상계 지식인 일각에 남북통일에 대한 기대를 불러 일으켰다. 일례로 문익환은 미국과 소련 사이의 화해의 바람이 독일에서 결실을 맺어 서독이 동유럽의 공산국가들과 통상을 하고 국교를 맺기 시작한 것을 보며, 통일을 위한 화해의 기운이 한반도로 이어지기를 기원하였다. 그리고 기독교인들에게 반공의 기치를 내걸고 증오심을 조장하는 일은 이제 그만 자제하고, 사랑과 용서와 화해를 통해 남북의 평화로운 통일 분위기를 조성하는데 앞장설 것을 당부하였다.[97]

　1970년대로 들어서면서는 박정희 정권의 외자의존, 수출주도, 재벌중심의 개발독재로 인한 사회적 병리현상이 사회 전반에 걸쳐 폭넓게 나타났다. 그리하여 1970년 11월 전태일 분신사건을 시작으로 광주대단지사건, 한진상사 파월 노동자들의 KAL빌딩 방화사건 등 산업화의 뒤안길로 밀려난 소외당한 노동자와 도시빈민의 항거가 줄을 이었다.

　이러한 일련의 사건은 문익환, 장준하 등 사상계 지식인들로 하여금 민중의 생존권과 민족의 자주성을 확보하기 위한 국민대통합의 필요성을 절감케 하는 계기가 되었다. 그래서 문익환은 급변하는 국제정세에 대응해 단순한 대중동원이 아니라, 소외된 국민의 목소리를 적극 대변하는 가운데 이루어지는 국민대통합을 구상하고, 사회운동가들에게 그 대변자 역할을 요청하였다. 비판세력이 민중과 연대하여 대변자 역할을 함으로써 국민통합에 기여하는 것이야말로 통일로 나아가는 진정한 혁명의 길이라는 주장이었다.[98] 장준하 또한 전태일 분신사건을 언급하면서, 헌법에 명시

---

97) 문익환, 「화해의 복음」(1967), 『문익환 전집 12』, 369쪽 ; 문익환, 「자주하는 민족」, 『새가정』, 1968. 3, 22~23쪽.

된 인간다운 생활을 할 권리 곧 민중 생존권의 보장을 의미하는 사회정의의 실현이 한국사회의 비상한 과제임을 강조하였다.[99]

그에 앞서 장준하는 1968년 국회 국방위원 자격으로 이스라엘을 방문하여 2주일 동안 머무르며 키부츠 공동체를 비롯한 그곳의 사회상을 직접 견문할 기회를 가졌다. 뒤에 그는 공산주의와 자유민주주의는 불구대천의 원수라고 여겼던 자신의 생각이 이스라엘의 사회체제를 보고 크게 달라졌다고 회고하였다.

그가 견문한 바에 따르면, 이스라엘 사회는 철저한 공산사회라 할 수 있는 키부츠라는 조직이 있어 전체 농산물의 32%를 생산하는 한편으로, 한 쪽에서는 자신의 농장을 소유하고 자본주의적 방식의 기업영농을 하고, 또 모샤브라는 공동투자 공동영농 조직이 협동농촌을 꾸리는 등 공산주의 모델, 자본주의 모델, 협동조합 모델이 한 사회 속에서 평화적으로 공존하는 복합사회였다. 이에 착안해 그는 우리도 이스라엘처럼 공산주의, 민주주의, 자유주의 모두를 민족사회 속에 포괄하며 공존할 수 있지 않을까 생각하게 되었다.[100] 그래서 7·4 남북공동성명 직후 발표한 「민족주의자의 길」에서 통일의 현실적 단계로 연방제 내지 국가연합에 상응하는 천관우의 '복합국가론'을 거론하면서, 내부체제 면에서 여러 제도가 병존하는 복합사회인 이스라엘의 사례를 연구할 필요성을 제기하였다.[101]

한편 남한 정부도 급변하는 정세에 대응하여 1970년 대통령의 8·15 경축사를 통해 북한 정부에 개발과 건설과 창조의 '선의의 경쟁'을 촉구하며, 남북 간의 군사적 대결을 지양하고 긴장을 완화함으로써 평화통일의

98) 문익환, 「돌 세 개」(1971. 11),『문익환 전집 6』, 59쪽.
99) 장준하, 「우리의 현실과 사회정의」,『씨울의 소리』11, 1972. 5, 47쪽.
100) 장준하 외, 「민족통일을 위한 토론회」,『씨울의 소리』13, 1972. 8, 58~59쪽.
101) 장준하, 「민족주의자의 길」,『씨울의 소리』14, 1972. 9, 63쪽.

기반을 조성해 나갈 것을 제의하였다. 그리고 1971년 8월 12일 최두선 대한적십자사 총재 명의로 북측에 '남북이산가족 찾기 운동'을 제안하였다. 이렇게 남북이산가족 상봉의 분위기가 무르익어 가는 상황에서 통일 민족주의의 물꼬를 튼 함석헌의 「민족통일의 길」이 발표되었다.

『씨올의 소리』 1971년 9월호에 발표한 이 글을 통해 함석헌은 먼저 인도주의와 평화통일이 그렇게 대세에 합당한 옳은 일인 줄 알았을진대, 왜 이때껏 한마디도 없었으며, 평화 소리만 해도 이북 공산당 편이라고 비난해 입도 못 열게 만들었냐고 정부를 힐난하였다. 생각 없이 남의 세력에 노는 따라지 정치였기 때문에, 닉슨의 말 한 마디에 부산을 떤다는 것이다.

그러면서 그는 민족분단의 역사를 다시금 성찰하였다. 해방후 정치에 나서는 사람들이 정권 잡기에만 급급해 하지 말고 민족의 앞날을 위하는 마음이 있었더라면, 민중이 대세를 내다볼 줄만 알았더라면, 아무리 미소의 대립이 있다 하더라도 능히 그것을 이기고 통일정부를 세울 수가 있었을 것이라는 반성이었다. 그는 분단은 외세로 인해 되었지만, 다시 통일되는 것은 백년 가더라도 제 힘에 의해서만 될 것이라고 하면서, 그 주체로 남북한의 민중을 내세웠다. 남과 북의 악독한 정치 밑에 흩어져 있기는 해도 그 속 바탕에서 다름이 없는 씨알들만이 민족을 살려내자는 생각을 발동시킬 수 있기 때문에, 통일의 주체는 남북한의 민중일 수밖에 없다는 민중주체 통일론의 제창이었다.[102]

이어 함석헌은 통일은 결코 남북이 어느 한 정권 밑에 들어가는 일이 아니라, 모든 기성 구조를 다 백지로 돌리고 사회를 고쳐 새판을 짠다는 뜻이기에, 남북의 두 정권이 다 분단의 책임을 지고 물러나는 것이 통일의 첫 단계라고 선언하였다. 여기에는 남북의 두 정권이 자기네 특권구조를

---

102) 함석헌, 「민족통일의 길」, 『씨올의 소리』 4, 1971. 9, 11~14·19쪽.

유지하기 위해 국민의 힘으로 하는 통일을 가로막고 있다는 날선 비판이 담겨 있었다. 오늘날 나라가 어지러워진 근본원인이 분단에 있고, 분단으로 인해 남북의 특권체제가 만들어졌다는 분단체제의 본질에 대한 예리한 통찰이었다.[103]

나아가 그는 서로를 괴뢰라 욕하고 반공이니 뭐니 해서 반감과 적개심을 불어넣는 냉전 이데올로기를 넘어설 것을 주문하였다. 더불어 "새 한국을 위한 역사적 합창(合瘡) 수술에서 반드시 제거해야 하는 독소는 국가지상주의다. 그 자본주의형이 있고, 공산주의형이 있으나, 민중을 썩히는 독에는 마찬가지다"라고 하여,[104] 국가라는 집단주의를 넘어 문명의 방향전환이라는 지평에서 통일의 미래를 내다볼 것을 요청하였다. "자유주의가 공산주의 몰아낼 것도 아니요, 공산주의가 자유주의를 박멸할 것도 아니요, 둘이 서로 싸움이 되지 않는 자리에 가자는 것"이 시대의 명령인데, 그것을 풀어갈 화두는 자유와 평등의 싸움(자유진영과 공산진영의 싸움)을 넘어설 박애의 정신에 기초한 새 말씀에 있지 않을까 하는 내다봄이었다.[105]

요약하자면

① 민족통일의 주체는 남북한의 민중이다.
② 통일은 남북한 어느 한 체제로의 흡수통일이 아니라, 남북 모두의 기성 구조를 버리고 사회를 고쳐 새롭게 판을 짜는 것이어야 한다.
③ 남북한의 특권구조와 사회적 모순은 모두 분단에 그 근본원인이 있다.
④ 통일은 냉전 이데올로기와 국가지상주의의 극복을 전제로, 자유주의와 공산주의의 싸움을 넘어설 박애(博愛)의 제3지대에서 이루어져야 한다.

---

103) 함석헌, 위의 글, 1971. 9, 18~20쪽.
104) 함석헌, 위의 글, 1971. 9, 19쪽.
105) 함석헌, 1971. 9, 위 글, 22~26쪽.

는 것인데, 함석헌의 이러한 통일원칙은 이후 장준하와 문익환이 제창한 통일 민족주의의 초석이 되었다.

2) 7·4 남북공동성명 – 통일 민족주의와 반공 자유주의의 갈림길

1972년 남북한 당국자들의 7·4 남북공동성명 발표는 이북 출신 사상계 지식인들 내면의 의식세계를 크게 요동치게 만들었다. 그들에게 자주·평화·민족대단결의 통일원칙 합의는 "기쁘기도 하고, 걱정도 되는" 일대 사건이었다.106) '기쁨'과 '걱정'의 양가감정, 그것은 사상계 그룹 내부의 분화를 예견케 하는 징조였다. 7·4공동성명에 대한 평가를 놓고 둘 가운데 어디에 방점을 찍느냐에 따라 그들의 향후 진로가 달라질 것이기 때문이었다. 실제로 장준하와 문익환은 남북공동성명을 민족의 진로를 제시한 이정표로 받아들이며 저항 민족주의의 연장선상에서 통일 민족주의의 길로 접어들었고, 양호민과 신상초는 냉전은 여전히 진행형이라는 기존 입장을 되풀이하며 반공 자유주의를 고수하였다.

먼저 통일 민족주의의 깃발을 높이 올린 것은 장준하였다. 그는 7·4 남북공동성명을 벅찬 감격으로 받아들이고, 남북 당국자의 역사적 결단에 찬사를 보내며 통일을 위한 남북대화의 성공을 기원하였다.107) 그래서 통일을 지상명령으로 받아들이며, 공산주의·민주주의·자유·평등·번영·복지 등의 가치들은 모두 통일을 통해서만 진정한 실체를 획득할 수 있다고 선언하였다. 그리고 그러한 가치의 실현을 가로막고 왜곡시키는

---

106) 사상계 그룹과 함께 대일 굴욕외교 반대투쟁에 나섰던 오산학교 출신의 영락교회 목사 한경직은 7·4 남북공동성명에 대해 자주적 통일을 말하지만 완전한 통일정부가 수립되기 전에는 미군철수가 논의될 수 없으며, 민족적 대단결을 도모한다는 말도 성급한 반공사상의 포기는 경계를 요하는 문제라고 하여 복잡한 심경을 밝혔다. 그런데 그것은 사상계 지식인 다수의 생각이기도 했다. 『교회연합신보』 1972년 7월 9일자, '조국통일로 이어질 대화'.(한경직)
107) 장준하, 「박대통령에게 보내는 공개서한」, 『씨울의 소리』 40, 1975. 1·2, 84쪽.

주범으로 분단체제와 그 배후의 냉전체제를 지목하였다.[108]

다른 한편으로 장준하는 남북공동성명이 남북한의 내부 개혁이 전혀 없는 상태에서, 동아시아 긴장완화라는 국제정세상의 변수에 의해 추동된 것에 대해 우려를 표하였다. 앞으로 주변 열강이 한반도의 현상유지와 평화공존을 요구할 텐데, 남북한 당국이 그에 맞서 통일의 길을 열어나갈 수 있을지 그것이 문제라는 이유에서였다. 그는 민족적 양심과 민중에 발판을 둘 때만 열강의 방해를 물리치고 통일의 길로 나갈 수 있다는 견지에서, 통일은 처음부터 끝까지 민중의 일이라고 단언하였다. 민족의 실체인 남북한 민중의 민주적 참여가 있을 때, 국제적 조건을 주체적으로 극복해 민족의 자결을 이룰 수 있다는 이야기였다.[109]

장준하가 남북한 내정 불간섭, 남북한의 유엔 동시가입 및 국제기구 참여 허용, 이념과 체제를 달리하는 국가들에 대한 문호개방을 주요 내용으로 하는 박정희 대통령의 1973년 6·23선언을 7·4 공동성명의 사실상 폐기라 주장하며 강력하게 비판한 것도 그것이 민족자주의 원칙에 위배된다는 이유에서였다. 남북한의 유엔 동시가입과 국제기구 참여는 우리 스스로 매듭지어야 할 통일문제를 국제 정치시장에 슬그머니 상장하는 것과 다를 바 없는 것으로, 주변 열강의 의도대로 현상유지의 방향에서 분단의 장기화 내지 영구화로 나아갈 위험성이 크다는 것이었다. 민족통일의 과업은 분단의 거부라는 민족사의 맹약에서 끌어와야지, 분단을 강요한 밖에서 구해서는 안된다는 준엄한 경고였다.[110]

이어 장준하는 통일 노력의 출발점으로 분단 민족사에 대한 반성과 분단체제로 인해 누리는 기득권의 과감한 희생을 요구하였다. 그것은

---

108) 장준하, 「민족주의자의 길」, 『씨올의 소리』 14, 1972. 9, 58~59쪽.

109) 장준하, 위의 글, 1972. 9, 60~62쪽 ; 장준하, 앞의 글, 1975. 1·2, 84쪽.

110) 장준하, 「민족통일 전략의 현단계」(1973. 7), 『장준하 문집 1』, 42쪽 ; 장준하, 「민족외교의 나아갈 길」, 『씨올의 소리』 28, 1973. 11, 20~24쪽.

함석헌과 마찬가지로, 우리 민족이 단결하여 38선을 강요하는 외세를 배제하였던들, 오만한 자세로 세계를 둘로 갈라먹는 미·소의 정책을 부수고 통일 독립을 얻어낼 수 있었을 것이라는 치열한 자기반성의 결과물이었다.[111] 나아가 그는 민족 전체의 정치적 자유를 확보한 바탕 위에서 경제구조 개편, 국토계획 마련, 민족 동질성 함양 등으로 이어지는 통일을 향한 로드맵의 필요성에 대해 거론하였다. 그리고 그 첫걸음으로 분단 상황으로 인해 피해를 받은 민중의 조국은 끝까지 하나임을 자각시키는 계몽적 노력이 경주되어야 함을 역설하였다.[112] 이렇듯 장준하의 통일 민족주의는 분단체제의 주체적 극복에 방점이 놓여 있었다.

다음으로 문익환이 민족통일의 이론을 체계화하고 실천에 나선 계기 또한 7·4 남북공동성명의 발표였다. 그는 남북공동성명을 환영하며 통일의 주체는 집권층이 아니라 백성이라는 견지에서, 백성이 자유롭게 의사표현을 하는 가운데 민족의 나갈 길을 결정하는, 민의에 바탕한 통일을 주장하였다. 그리고 통일을 향한 남북한 간 선의의 경쟁에 대해 거론하면서, 먼저 남한 사회의 모순과 부익부 빈익빈의 부조리를 과감하게 시정하고 개인의 창의성을 살릴 것을 요구하였다.[113]

이후 오랜 벗인 장준하가 1975년 8월 17일 의문의 죽음을 당하자, 문익환은 친구를 대신해 민주회복과 통일운동의 전면에 나섰다. 그는

---

111) 1971년 4월에 발간된 자신의 체험수기 『돌베개』에서 장준하는 이승만의 반공노선에 대해 높이 평가한 반면, 여운형에 대해서는 공산주의자들에게 포위된 야심가로 묘사하였다. 그러나 「민족통일 전략의 현단계」(1973)에서는 여운형의 건국준비위원회를 통일전선이란 측면에서 재조명하고, 좌우합작운동을 시기적절한 노력으로 평가하는 한편, 백범 김구의 남북협상에 대해 냉전체제에 맞서 민족 진로의 전형을 제시한 통일운동의 긍지라고 재평가하였다. 장준하, 「민족외교의 나아갈 길」, 『씨올의 소리』 28, 1973. 11, 24쪽 ; 서중석, 「분단체제 타파에 몸 던진 장준하」, 『역사비평』 40, 1997. 8, 83쪽.
112) 장준하, 「민족주의자의 길」, 『씨올의 소리』 14, 1972. 9, 62~63쪽.
113) 문익환, 「남북통일과 한국교회」, 『기독교사상』, 1972. 10, 53~57쪽.

자신이 기초한 「3·1민주구국선언」(1976)에서 장준하와 마찬가지로 민족통일은 오늘날 이 겨레가 짊어진 지상의 과업이라고 선언하였다. 그리고 국토분단의 비극이 남과 북에 독재의 구실을 마련해주고, 국가의 번영과 민족의 행복과 창조적 발전을 위해서 동원되어야 할 정신적·물질적 자원을 고갈시키고 있다며, 분단체제의 모순에 대해 설파하였다.114)

문익환이 제창한 통일론은 냉전체제→ 분단체제→ 독재체제로 이어지는 분단체제 모순의 연쇄 작용을 꿰뚫어 보면서, 그 속에서 민주화와 통일은 하나라는 논리를 이끌어낸 데 그 특징이 있었다. 남북통일과 조국근대화를 구실삼아 유신체제라는 파쇼적 독재체제가 출현한 데서 살필 수 있듯이, 분단체제는 독재의 구실이 되기 때문에 제대로 민주화를 하려면 분단 문제를 함께 해결해야만 한다는 주장이었다. 이전 시기 사상계 지식인들이 했던 것처럼 분단체제를 도외시한 채 냉전적 사고에 근거해 체제경쟁 차원에서 민주화에 매달린다면, 그것은 현상유지에 기반한 평화공존, 분단의 항구화로 귀착될 수밖에 없다는 것이 그의 통찰이었다. 그래서 그는 통일은 민주화를 전제하고, 민주화도 통일을 전제해야 한다는 것을 통일의 명제로 내세웠다.

같은 맥락에서 그는 밀실협상을 통해 나온 7·4 남북공동성명이 북의 수령 유일권력과 남의 유신체제를 예비하는 마중물로 악용되고 만 뼈아픈 경험을 반추하며, 국민이 통일의 주도권을 잡아야 함을 거듭 강조하였다. 그렇다면 어떻게 국민 모두의 슬기와 힘을 동원해낼 수 있을까? 그의 대답은 민주화였다. 그래서 그는 민주화와 통일의 관계는 시간적으로는 선민주화지만, 내용적으로는 하나라고 주장하였다. 통일된 조국은 국민이 명실공히 주인이 되는 민주국가여야하기 때문이었다. 이어 그는 우리가 지향하는 통일은 남과 북 체제의 통일을 뜻하는 남북통일도, 휴전선으로

114) 이유나, 「문익환의 통일론의 형성과 성격」, 『한국기독교와 역사』 27, 2007, 184~185쪽.

분단된 국토의 통일도 아니고, 서로 다른 이념으로 분열되고 휴전선으로
양단된 민족의 통일이어야 함을 역설하였다.[115]

이와 같이 장준하와 문익환은 탈냉전의 지평에서 분단체제의 극복을
추구하면서, 주변 열강의 한반도 현상유지론에 근거한 평화공존 공세에
분명한 반대 입장을 표시하였다. 그들은 앞서 주권자 국민의 이름으로
민족 주체성을 전유했던 것처럼, 민족의 실체로 남북한의 민중을 불러내
그들이 주인이 되는 민주 복지국가로서 통일 조국의 미래를 그렸다.
그리고 남북의 독재체제는 분단체제의 산물이라고 하여, 민주화와 통일을
하나로 엮은 통일 민족주의를 제창하였다. 그런데 공교롭게도 함석헌과
장준하, 문익환의 통일론은 모두『씨올의 소리』지상에 발표되었다. 이같
은 사실은 통일 민족주의의 깃발을 올린 '사상계' 그룹의 일각이『사상계』
폐간을 전후해 '씨올의 소리' 그룹으로 재편되었음을 말해주는 징표였다.

한편 양호민과 신상초는 장준하, 문익환과 달리 종래의 냉전적 사고를
그대로 고수하면서 변화의 풍랑에 맞섰다. 먼저 당시 조선일보 논설위원으
로 있던 양호민은 7·4 남북공동성명의 발표에 대해 통일에의 집념을
우방과 세계에 선명하게 보인 사건으로 일단 긍정적으로 평가하였지만,
3대 통일원칙을 놓고는 날선 비판을 서슴지 않았다. 첫째 '자주적' 통일
원칙에 대해, 그는 미군 철수를 주장하며 남한을 유엔과 단절시키려는
북측의 음모가 개재되어 있다고 비판하였다. 그리고 세 번째 '민족적
대단결' 원칙에 대해서는, 현재 공산주의자와 비공산주의자를 동시에
만족시킬 수 있는 사상과 제도는 세계에 없다고 하며 그 실현 불가능성을
부각시켰다. 공산주의는 사회민주주의 같은 중간 길을 일체 허용하지
않기 때문에, 공산당과의 협상은 불가능하다는 확고한 입장의 재확인이었
다.

---

115) 문익환, 「민주회복과 민족통일」, 『씨올의 소리』 75, 1978년 7·8, 23~27쪽.

양호민은 통일원칙에 대한 날선 비판과 달리, 한반도 긴장완화 방안 합의에 대해서는 비교적 후한 점수를 주었다. 서울-평양간 상설 직통전화 가설과 남북적십자회담의 촉진은 남북한 국민 모두가 원하는 바로 나름의 의미가 있다는 것이었다. 하지만 통일문제를 해결하기 위해 이후락 부장과 김영주 부장을 공동위원장으로 해서 구성 운영하기로 합의한 남북조절위원회는 예외였다. 이 자리를 이용해 북한이 우방과의 상호방위조약 동시폐기, 상호 감군, 휴전협정의 평화조약 전환 등 종래의 상투적 주장을 되풀이할 수 있다는 이유에서였다. 그러면서 그는 남북공동성명에 대한 일반 국민의 성급한 기대가 반공 태세의 이완으로 이어져서는 안 된다는 경고를 잊지 않았다.[116)]

이렇게 볼 때 양호민의 입장은 사실상 통일 유보론에 가까웠다. 실제로 그는 남북한 두 정치단위의 현상유지와 평화공존을 기조로 한 박정희 대통령의 6·23선언을 명분 대신에 현실을 선택한 남북관계의 새로운 좌표 설정이라고 크게 환영하였다. 그는 북한의 비합리성과 교조주의적 경화증이 남아있는 한 한반도 긴장완화가 공존 속의 통일 대화로 이어지기는 어렵다고 단언하며, 통일과 평화공존 사이에 명확한 선을 그었다.[117)] 이렇게 양호민은 민족통일 대신에 남북한 긴장완화와 평화공존의 길을 선택하며 자신의 반공 자유주의를 고수하였다.

다음으로 당시 경희대 교수로 중앙일보 논설위원을 겸임하던 신상초 또한 7·4 남북공동성명의 의미를 통일보다는 평화공존이라는 맥락에서 제한적으로 인정하였다. 그는 공동성명 제1조의 3대 통일원칙에 대해, 북한 공산당의 입장에서 보면 '평화' 통일은 남한의 안보태세를 뒤로

---

116) 『조선일보』 1972년 7월 5일자, '특별좌담 : 다가온 대화 있는 대결' ; 양호민 외, 「민족통일을 위한 토론회」, 『씨올의 소리』 13, 1972. 8, 35~37쪽.

117) 양호민, 「통일정책의 새로운 차원－6·23선언－」(1973. 7), 『격랑에 휩쓸려간 나날들』, 270~271쪽.

돌려놓자는 것이고, '자주' 통일은 미군 철수와 언커크(UNCURK) 해체를 추진하자는 것이며, '민족대단결'은 남한의 반공사상을 무장 해제시키겠다는 것으로, 실현 불가능한 방안이라고 폄하하였다. 반면 공동성명 2~6조의 긴장완화 조항에 대해서는 남북공동성명의 본질이 여기에 있다고 높게 평가하였다. 2~6조는 남북이 서로 분단동결 상황을 인정하고, 대화로 긴장해소와 평화공존을 도모하여, 분단이 자아내는 민족적 고통과 희생을 최소화하자는 것으로, 충분히 실천에 옮길 수 있는 방안이라는 이유에서였다.[118] 남북공동성명을 1년 뒤에 발표된 6·23선언의 문법으로 읽어 내린 것이다.

그의 논지는 통일과 평화가 아직도 엄연히 배리 관계에 놓여 있음을 직시하고, 우선 평화공존을 이루어 남북교류를 확대함으로써 통일과 평화를 밀착시켜 가야 한다는 것이었다. 그러다 보면 남북총선거를 통해 통일국가를 수립할 수 있는 조건이 서서히 무르익어갈 것이라고 그는 전망하면서, 그때 채택할 통일방안으로 자신이 『사상계』 1961년 1월호에 발표한 반공 평화통일론을 다시 거론하였다.[119]

그런데 그러한 주장은 신상초 자신이 자유 민주주의에 대한 신념을 포기하고,[120] 1976년 대통령이 지명하는 유신정우회 소속 제9대 국회의원으로 등원하여 유신 압제에 투항함으로써 파탄이 나고 말았다. 이후

---

118) 신상초·함석헌, 「민족통일을 위한 대담」, 『씨올의 소리』 14, 1972. 9, 38~39쪽 ; 신상초, 「극동의 투계장에서 민족자결로」(1973), 『사상과 여론과 정치』, 사초, 1983, 299~301쪽.
119) 신상초, 「7·4성명과 한국의 진로」(1972), 『사상과 여론과 정치』, 261~263쪽.
120) 신상초는 1975년 문교부가 학도호국단 설치령 발표에 이어 관계규정을 확정하자, 일부 대학생들이 소란스러운 반정부 데모를 벌여 학원의 면학 분위기를 흐려 놓았는데, 학도호국단의 발족을 계기로 그런 그릇된 풍조에 종지부를 찍고 '호국하면서 공부하는 학원'을 만들지 않으면 안 된다고 하며, 대일 굴욕외교 반대투쟁 당시 자신의 주장을 거둬들였다. 『조선일보』 1972년 7월 5일자, '제언 : 학도호국단 발족에 붙여.'(신상초)

그는 9~11대에 걸쳐 유정회와 민정당의 국회의원을 역임하고, 1985년 한국반공연맹 이사장에 취임하는 등 극우 반공주의자로서의 행보를 이어 나갔다.

이와 같이 사상계 그룹의 내부 분화는 유신체제 하에서 7·4 남북공동성명 노선과 6·23선언 노선의 대립으로 표출되었다. 장준하와 문익환은 분단체제의 주체적 극복과 민주화·통일 병행론을 주장하며 통일운동의 투사로 나서 수차례 옥고를 치렀다. 반면 양호민과 신상초는 여전히 반공 평화통일론을 고수하며, 통일 대신에 현상유지에 안주하는 '두 개의 한국론'을 받아들였다. 앞선 시기에 그들은 비판적 지식인이자 반공 자유주의자로서 적어도 민주주의에 대해서만큼은 확고한 신념을 견지하였다. 그러나 파쇼적 유신 압제 하에서 침묵 또는 투항의 길을 걸음에 따라 그들의 자유 민주주의는 빛바랜 깃발이 될 수밖에 없었다.

5. 맺음말

해방후 월남한 '사상계' 지식인들은 이북 출신, 숭실·오산·한신 학맥, 학병 세대라는 공통분모를 바탕으로 결집한 자유주의 지식인 집단이었다. 분단과 전쟁을 거치며 그들은 세계문화자유회의 지식인들과 같은 맥락에서 자유세계 대 전체주의 국가의 대결이라는 진영 논리로 냉전 상황과 대면하였다. 그래서 그들의 공산주의 비판에는 공산 독재 내지 공산 전체주의라는 수식어가 붙었고, 부차적이기는 했지만 파시즘 독재에 대한 비판 또한 뒤따랐다. 그러한 면에서 그들의 냉전인식은 극우 반공주의와 구별되는 반공 자유주의를 대변하였다.

그런데 사상계 지식인들의 자유세계론은 그들의 후진성 콤플렉스와도 관련하여, 보편에 대한 특수의 자리를 좀처럼 허락하지 않았다. 그래서 냉전질서에 맞서 독자노선으로 등장한 아시아적 제3세력론을 비판하고, 친미냐 친소냐의 양자택일을 강요하였다. 그것은 민족주의 담론의 경우도 예외가 아니어서, 자유세계라는 보편에 민족이라는 특수가 들어설 자리는 거의 없었다. 그나마 자유세계론에 밀려, 자유주의적 가치에 입각한 남한의 국민 만들기 기획에 제한적으로 활용되었을 뿐이다. 이렇게 당시 그들의 민족주의는 공산 치하에 있는 이북 동포를 민족 범주에서 사실상 배제시킨 반쪽자리 불구의 민족주의였다.

1950년대 말 분단 상황의 특수성을 앞세운 이승만 정권의 반공 독재가 전면화하자, 사상계 지식인들의 반공 자유주의 논리 내부에 균열이 나타났다. 반공으로 향하자니 자유가 울고, 자유로 향하자니 안보가 우는 형국이었다. 그들은 민주주의의 확보와 국민생활의 향상을 통해 공산주의가 발붙일 여지를 없애자는 승공의 논리로 반공 독재와의 차별화를 시도하였다.

한편 4·19 이후 등장한 탈냉전 중립화론, 반외세 남북협상론 등 민간 차원의 통일논의는 민족자주를 앞세운 담론투쟁을 통해 사상계 지식인이 근거해 있던 자유세계론을 흔들었다. 그러나 사상계 지식인들은 반공 평화통일론을 고수하며, 먼 장래의 남북총선거에 대비한 남한 체제의 경쟁력 강화에 매진하였다. 그 요체는 민주주의의 물적 토대 구축을 위한 경제 근대화와 복지를 통한 사회통합이었다.

그 연장선상에서 사상계 지식인들은 기존의 자유세계론을 우회해 경제 자립과 국익 우선의 경제적 민족주의 담론을 개진하기 시작하였다. 그들은 민주항쟁 승리의 다음 단계 과제로 경제건설과 국민기강의 확립을 설정하고, 국토건설사업을 진두지휘하면서 경제 일변도의 행보를 이어갔다. 장준하는 그것을 빈곤 추방과 민주 복지사회 건설을 무기로 하는 대공 '경제전'이라고 불렀다. '사상전'에서 '경제전'으로 반공 담론의 중심이 이동한 것이다.

5·16 군사정변으로 박정희 군부세력이 집권하면서, 사상계 지식인들은 반공과 근대화를 양대 축으로 하는, 민족 주체성을 앞세운 대대적인 관주도 민족주의 캠페인과 대면하게 되었다. 그들은 앞서와 마찬가지로 자유주의의 보편 가치를 강조하며 쿠데타 세력과의 민족주의 논쟁에 임했다. 그러나 사대주의와 서구주의 비판을 통해 국민대중의 민족적 감정을 자극하고, 낡은 권위에 대한 도전을 선포하며 젊은 세대의 감성에 호소하는 쿠데타 세력의 캠페인 전략은 나름 치밀한 것이었다.

새로운 전기는 대일 굴욕외교 반대투쟁을 통해 마련되었다. 사상계 지식인들은 대일 청구권을 경제협력 자금과 맞바꾼 박정희 정권의 대일 저자세 외교를 규탄하며, 그들 나름의 저항 민족주의를 정초해 갔다. 그 결과 민족주의 담론장에서 관주도 캠페인과 민간의 대항 담론이 팽팽하게 대립하는 구도가 만들어졌다.

3·1운동의 재현과도 같았던 대일 굴욕외교 반대투쟁을 거치며 사상계 지식인들의 민족주의 담론은 경제적 영역에서 정치적 영역으로, 저항적 차원으로 나아가며 면모를 일신하였다. 그들은 정권의 전매특허였던 '민족 주체성'을 주권자 국민의 이름으로 전유하고, 미국 중심의 자유세계론에서 한 발짝 물러나 국가 주권과 국익 우선을 앞세우면서, 예속적 근대화 대 자주적 근대화의 대결구도로 근대화 담론을 이끌어갔다. 그리고 시민불복종의 저항 민족주의를 전면에 내세우며 이후 재야세력의 모체를 형성하였다.

1960년대 말부터 북한 수령 유일체제와 남한 장기집권 기반의 구축, 닉슨독트린의 발표와 동아시아에서의 긴장완화, 재벌중심의 개발독재 과정에서 산업화의 뒤안길로 밀려난 노동자와 도시빈민의 항거 등이 겹쳐지며 한반도를 둘러싼 국내외 정세는 요동을 쳤다. 그러한 상황은 비판적 지식인들로 하여금 민중과 손잡게 했고, 남한의 빈부차와 북한의 부자유 문제를 동시에 넘어설 대안적 사회체제와 통일론에 대해 고민하게 했다.

함석헌이 1971년에 발표한 「민족통일의 길」은 그러한 통일 민족주의
담론의 신호탄이었다. 이 글에서 함석헌이 밝힌 통일의 원칙은 ① 민족통일
의 주체는 남북한의 민중이라는 것, ② 통일은 남북한 어느 한 체제로의
흡수통일이 아니라, 남북 모두의 기성 구조를 버리고 사회를 고쳐 새롭게
판을 짜는 것이어야 한다는 것, ③ 남북한의 특권구조와 사회적 모순은
모두 분단에 그 근본원인이 있다는 것, ④ 통일은 냉전 이데올로기와
국가지상주의의 극복을 전제로, 자유주의와 공산주의의 싸움을 넘어설
박애(博愛)의 제3지대에서 이루어져야 한다는 것이었다. 이 같은 함석헌의
통일론은 이후 장준하와 문익환이 제창한 통일 민족주의의 초석이 되었다.

1972년 7·4 남북공동성명의 발표는 사상계 지식인 내부를 저항 민족주
의의 연장선상에서 통일 민족주의로 나아가는 이들과 냉전 논리를 고수하
며 반공 자유주의를 견지하는 이들로 나누는 결정적 계기가 되었다.
장준하와 문익환은 남북공동성명을 민족의 진로를 제시한 이정표로 받아
들이고, 냉전체제→ 분단체제→ 독재체제로 이어지는 분단체제의 모순구
조를 꿰뚫어 보면서, 탈냉전의 지평에서 분단의 극복을 추구하였다. 그들
은 민족의 실체로 남북한의 민중을 호명하고, 민주 복지국가라는 맥락에서
통일 조국의 미래를 그렸다. 한 가지 더 주목할 사실은 함석헌과 장준하,
문익환의 통일론이 모두 『씨올의 소리』 지상에 발표되었다는 점이다.
그러한 사실은 통일 민족주의의 깃발을 올린 '사상계' 그룹의 일각이
『사상계』 폐간을 전후해 '씨올의 소리' 그룹으로 재편되었음을 말해주는
증표였다.

그에 반해 양호민과 신상초는 종래의 냉전 인식을 고수하며, 남북공동성
명의 통일원칙을 비판하였다. 그리고 남북 두 정치단위의 현상유지와
평화공존을 기조로 한 박정희 대통령의 1973년 6·23선언에 동조하며,
민족통일 대신 한반도 현상유지의 길을 선택하였다. 그 결과 사상계

지식인 내부의 분단인식의 분화는 결국 7·4 남북공동성명 노선과 6·23선
언 노선의 대결구도로 귀착되기에 이르렀다.

참고문헌

『사상계』, 『씨올의 소리』, 『기독교사상』
『조선일보』, 『동아일보』
문익환, 『문익환 전집』, 사계절, 1999.
신상초, 『사상과 여론과 정치』, 사초, 1983.
양호민, 『격랑에 휩쓸려간 나날들』, 효형출판, 1995.
장준하, 『장준하 문집』, 사상, 1985.

김건우, 『'사상계'와 1950년대 문학』, 소명, 2003.
김삼웅, 『장준하 평전』, 시대의 창, 2009.
김형수, 『문익환 평전』, 실천문학사, 2004.
문지영, 『지배와 저항 : 한국 자유주의의 두 얼굴』, 후마니타스, 2011.
사상계연구팀, 『냉전과 혁명의 시대 그리고 '사상계'』, 소명출판, 2012.
이용성, 『'사상계'와 비판적 지식인잡지 연구』, 한서대 출판부, 2012.
홍석률, 『통일문제와 정치·사회적 갈등 : 1953~1961』, 서울대 출판부, 2001.

권보드래, 「'사상계'와 세계문화자유회의」, 『아세아연구』 54-2, 2011.
김동춘, 「한국의 우익, 한국의 '자유주의자'」, 『사회비평』 30, 2001.
김상태, 「1950년대~1960년대 초반 평안도 출신 '사상계' 지식인층의 사상」, 『한국
　　　　사상과 문화』 45, 한국사상문화연구원, 2008.
서중석, 「분단체제 타파에 몸 던진 장준하」, 『역사비평』 40, 1997.
윤상현, 「'사상계'의 근대 국민주체 형성 기획」, 『개념과 소통』 11, 한림과학원,
　　　　2013.
이상록, 「'사상계'에 나타난 자유민주주의론 연구」, 한양대 사학과 박사학위논문,
　　　　2010.
이유나, 「문익환의 통일론의 형성과 성격」, 『한국기독교와 역사』 27, 2007.

이철호, 「'사상계' 초기 서북계 기독교 엘리트의 자유민주주의 구상」, 『한국문학연구』 45, 동국대학교 한국문학연구소, 2013.

임대식, 「1960년대 초반 지식인들의 현실인식」, 『역사비평』 65, 역사문제연구소, 2003.

장규식, 「20세기 전반 한국 사상계의 궤적과 민족주의 담론」, 『한국사연구』 150, 2010.

장규식, 「미군정하 흥사단계열 지식인의 냉전인식과 국가건설구상」, 『한국사상사학』 38, 2011.

장세진, 「'시민'의 텔로스(telos)와 1960년대 중반 '사상계'의 변전」, 『서강인문논총』 38, 서강대학교 인문과학연구소, 2013.

정진아, 「1950년대 후반~1960년대 초반 '사상계 경제팀'의 개발 담론」, 『사학연구』 105, 2012.

허은, 「'5·16군정기' 재건국민운동의 성격」, 『역사문제연구』 11, 역사문제연구소, 2003.

홍정완, 「전후 재건과 지식인층의 '도의' 담론」, 『역사문제연구』 19, 역사비평사, 2008.

후지이 다케시, 「제1공화국의 지배 이데올로기 : 반공주의와 그 변용들」, 『역사비평』 83, 2008.

원한, 노스탤지어, 과학 : 월남 지식인들과 1960년대 북한학지(學知)의 성립 사정

장 세 진

1. 월남 지식인들의 북한 재현이라는 문제

1960년 8월, 서울의 유력 신문들은 소련제 제트 전투기인 미그 15호를 타고 북한의 원산기지를 이륙해 속초 비행장에 착륙한 "괴뢰 공군 소위 정락현"의 '귀순' 경위를 며칠에 걸쳐 상세하게 보도했다.[1] 북한 군인들의 귀순 자체는 물론 남한 단정 수립 직후부터 38선 부근에서 심심찮게 발생하는 사건이었지만, 귀순자가 첨단 군 비행기를 동반하는 경우는 실상 분단 15년 이래 다섯 손가락 안에 꼽힐 정도였다. 이북 사람들이 월남하여 만든 잡지로 세간에 널리 알려졌던 『사상계』 역시 이 "의거(義擧) 귀순"의 의의를 적극적으로 언급하는데,[2] 여기에는 현역 군인의 남한 체제 선택이라는 상징성과 선전 효과 이외에도 그가 향후 제시해 줄 "북한의 사회 실정"과 같은 실용적 정보에 관한 기대 역시 적지 않았다.

---

[1] 「괴뢰 미그기 일대 귀순」, 『경향신문』 1960. 8. 3 ; 「자유 찾아 남으로 귀순 미그기」, 『동아일보』 1960. 8. 4 ; 「아아, 자유의 땅이 보인다. 귀순 조종사 정락현은 말한다」. 『조선일보』 1960. 8. 5 등.

[2] 『사상계』 지식인과 서북 지역과의 연고에 관한 자세한 논의로는 김건우, 『사상계 와 1950년대 문학』, 소명출판, 2002 78~88쪽 참조.

기사의 제목 자체가 "대(對) 이북 관계의 현황과 북한 연구의 긴급성"이었
던 데서 여실히 드러나듯이, 대체로 이 무렵부터 『사상계』는 38선 이북에
실체로서 존재하는 이 적대적 정체(polity)를 학문적으로 탐구할 필요성에
관해 역설하기 시작한다. "지금까지 이북 현실의 구명은 주로 군사 면에
국한되었"다는 것, 그러한 일에 "종사하는 사람은 대개 군기관이나 특수한
관청에 속"한 사람들로, 그들이 전문가일지는 몰라도 "탐구한 내용을
의미 있는 방향으로 정리"하거나 사회적으로 공유하는 데는 미숙했다는
지적이었다. 1960년 시점에서 이루어진 『사상계』의 이 자가진단은 북한연
구의 체계적 성립과 관련하여 향후 한국 사회가 스스로 부과하게 될
과제를 일찌감치 예고한 것이기도 했다.3)

　　일반적으로, 북한연구라는 앎의 체계는 특정 공간을 종합적 연구 대상으
로 삼는 지역연구(area study)의 하위범주이면서 동시에 분단 상황이 배태한
한국학 내 특수한 분야로 규정될 수 있다.4) 북한연구가 대학의 정식
학제 속에 편입되어 '북한학'이라는 명칭으로 자리잡은 것은 비교적 최근
인 1990년대의 일이지만,5) 엄밀히 말해 북한에 관한 연구가 수행되어야
할 사회적 필요성은 분단과 동시에 시작된 것일 터였다. 물론, 분단을
마땅히 잠정적인 조치로 받아들였던 해방 직후에는 38선 획정 이후 고조되
었던 당위로서의 통일 담론과 그것을 가능케 하는 조건인 국제정치에
관한 시사 기사들이 북한 관련 논의의 대부분을 차지했다. 공간적이든
시간적이든 '주체'가 '대상'과 일정한 거리를 확보했을 때 지식 생산이

3) 「대 이북 관계의 현실과 북한연구의 긴급성」, 『사상계』 1960. 9.
4) 이서행, 『새로운 북한학 : 분단 시대의 통일 문화를 위하여』, 백산서당, 2002,
22쪽.
5) 대학 내의 북한학과 설치는 1994년 3월 동국대학교가 최초였고, 1995년에는
명지대학교에 북한학과가 생겼다. 이어 김대중 정권 시절에는 북한 관련 학과나
대학원의 설치가 더욱 활발해졌다. 1998년에는 고려대학교 서창 캠퍼스 북한학과,
경남대학교 북한학과 대학원, 이화여자대학교의 대학원 북한학 협동과정이 신설
되었다.

가능해진다는 입장에서 보자면, 한국전쟁으로 시작된 이후 1950년대의 상황은 그러나 해방기와 비교해 오히려 더 악화된 것일 수밖에 없었다. 두 말할 필요 없이, 인민군이나 북한 정권에 대한 즉물적 공포와 증오의 기억들이 대중적으로 팽배해 있었을 뿐만 아니라, '멸공'의 무드에 기반한 이승만 정권의 북진통일론이 대북정책의 기조로 공식화된 시기였기 때문이다. 공산주의 이론 일반의 원리를 밝히려 한 논의들이 1950년대에 전혀 없었던 것은 아니지만, 북한 자체에 대한 담론은 공론장의 수면 위로 좀처럼 올라오기 어려웠다. 그 결과 북한이라는 대상은 그 자체 독립적으로 다루어지기보다 공산권 전체의 일부나 혹은 소련의 괴뢰(puppet) 정권이라는 맥락에서 소환되는 경우가 압도적이었다. "소비에트화한 북한"이라는 인식이 물론 이 시기에만 나타난 것은 아니다. 그러나 1950년대에 유독 두드러져 보이는 이 패턴은 동족 살해를 감행한 북한 지도부와 인민군의 행위를 민족의 '타자(他者)'로 재현하려는 프레임과 논리적으로 연동되는 현상이었다. 요컨대, 전쟁의 기억과 결부된 집단적 적대 의식을 반복 확인하는 류의 재현을 제외한다면, 이 시기에는 북한의 현 실정에 관한 기술적인(descriptive) 논의라든지 북진 통일과는 상이한 발상의 통일론을 이슈화하는 일 자체가 오랫동안 터부의 영역으로 남아 있게 된다.

그러므로 북한연구의 통시적 맥락에서 보자면, 4·19라는 시민혁명으로 시작된 1960년대는 확실히 기억할 만한 시간대로 보인다. 4·19가 어떻게 폐색된 통일 담론을 쇄신하고 나아가 북한연구 전반의 물꼬를 텄는지에 관해서는 이후 본문에서 다시 언급하겠지만, 이 시기에 이르러 북한 재현을 둘러싼 관행에 어떤 식으로든 변화가 감지되기 시작한 것만은 분명하다. 일단 '학문적' 연구의 대상으로 북한을 새롭게 인식해야 한다는 사회적 자각과 합의가 무르익었으며, 이러한 조류에 힘입어 개인 혹은 민간 연구소 차원의 관련 저서들이 속속 등장하면서 북한연구의 '컨텐츠'

라 할 수 있는 기본 내러티브와 하위 범주들이 설정되었다. 무엇보다, 장구한 논의 끝에 1969년 국토통일원과 같은 국가 차원의 기관이 설립된 것은 북한 연구를 둘러싼 일련의 노력들이 제도화된 결실이기도 했다. 정부가 곧이어 북한연구소를 개설하고 그 이듬해 월간지 『북한』(1972)을 창간한 것도 분명 이러한 흐름의 연장선상에 있는 것이었다. 북한학의 자기 서술지에 따르면, 흔히 1972년 7·4 남북공동성명을 즈음해 북한연구가 질적으로 도약했다고 평가되지만, 이러한 전환은 실상 이전 시기부터 가동된 소프트웨어와 제도 양자 모두의 구축을 전제로 할 때 비로소 가능했다.

따라서 이 글에서는 북한연구가 안정적으로 생산되기 직전의, 일종의 전사(前史)에 해당하는 시간대인 1960년대를 전경화 하되 특히 두 가지 요인, 즉 제도와 컨텐츠 생산 모두에 깊숙이 관여했던 월남 지식인 집단(주체)과 그들의 북한 관련 담론(텍스트)에 주목하고자 한다. 북한에 관한 연구가 결국 전체적인 "앎의 영역 내에 북한 사회를 위치시키고", 북한에 관한 "특정한 이미지를 창출해내는 담론"[6]이라면, 북한이라는 의제와 관련하여 당시 발언권이 가장 빈번하게 주어졌던 월남 지식인들은 북한연구라는 필드의 창시자(founding-father) 역할을 수행한 핵심 주체들이었다. 그런데 여기서 주목해야 할 것은 이 시기 월남 지식인들 사이에서 월남의 시기와 동기, 배경을 놓고 일종의 분화 현상이 이루어지고 있었다는 점이다. 예를 들어, 월남 지식인 집단이라는 대표성과 상징성을 이미 확보하고 있던 『사상계』의 경우를 살펴보더라도, 1960년대 북한 관련 담론을 주도했던 것은 기존 일 세대 월남 지식인 그룹에 더해 소위 새로운 유형의 '월남 귀순자'들이 합세한 형태였다. 널리 알려졌다시피, 전자의 경우는 『사상계』의 핵심 편집위원 그룹에 속해 있었던 이들로 특히 김준엽

---

6) 이서행, 위의 책, 2002, 28쪽.

이나 양호민 등이 대표적이다. 이들이 해방 직후나 한국전쟁의 와중에 월경하여 남한 사회에서 지식인으로서의 입지를 이미 구축하고 있는 편이었다면, 후자인 월남 귀순자들은 북한 관련 공론장에서 일종의 후발 주자인 셈이었다. "북한 괴뢰 집단의 군 작전상에 불리한 영향을 주고 대한민국의 국방상 유리한 첩보를 제공한 자"라는 정의 그대로, '귀순자'라는 단어 자체는 애초부터 명백한 군사와 전장의 용어였다.[7] 그럼에도 불구하고, 귀순이라는 단어가 당시 대한민국 법률 상의 공식 용어로까지 채택되어 일반화된 사정에서 짐작할 수 있듯이,[8] 적어도 정전협정(1953) 이후 월남의 주된 형태는 확실하게 변모했다.

결국 이 시기 38선 월경이 가능했던 이들이란 한층 삼엄해진 휴전선 부근에 '합법적으로' 접근이 허용된 자들, 다시 말해 정규 북한군이나 정보기관에 소속되어 첩보 요원으로 밀파된 후 어떤 계기로든 남한 정부에 투항해온 예의 '귀순자'들이었다.[9] 이들은 일 세대 월남 지식인들보다

----

7) 월남을 전향의 일종으로 파악하면서 현대 한반도에서의 전향이 변혁적인 사상의 포기일뿐만 아니라, 그 핵심에는 오히려 남과 북 사이의 체제선택이 놓여 있다는 것, 그리고 이 선택이 개인 차원에서든 국가 차원에서든 귀순이라는 전쟁행위로 받아들여진 상황에 대한 언급으로는 권보드래·천정환, 『1960년을 묻다』, 천년의 상상, 2012, 163쪽.

8) 실제로, 1960년대로 접어들어 행정기구의 위상을 지닌 이북5도위원회(1962)가 설치되는가 하면, 「국가 유공자 및 월남귀순자 특별 원호법」(1962)이라는 법령 조치가 잇달아 제정·공포되면서 월남인들의 정체성(identity)이 남한 사회 내에서 제도적, 공식적인 의미를 부여받기 시작했다. 김귀옥에 의하면, '이북5도위원회' 의 설립 자체는 1947년이었으나 1962년 1월 「이북 5도에 관한 특별조치법」이 공포되면서 정식 행정기구로 지정되었고, 한국전쟁 16주년인 1966년 6월 25일에 는 미수복 지구 각 도에 명예시장과 군수제를 실시하였다. 이북5도위원회, 『이북5 도 30년사』, 1981, 220쪽.(김귀옥, 『월남민의 생활 경험과 정체성 : 밑으로부터의 월남민 연구』, 위의 책, 2002, 145쪽에서 재인용.)

9) 1960년 10월에는 '귀순동지회'가 정식으로 발족되었다. 매체들은 귀순동지회가 "휴전 후 휴전선을 넘어 북한에서 대한민국에 귀순해 온 약 일천명의 동지를 규합하여 대북 선전과 북한 실정 폭로 등 멸공운동을 적극 전개하리라"는 기대를 표명했다. 「귀순동지회 발족, 멸공운동 적극 전개」, 『동아일보』, 1960. 10. 4.

한층 의식적이고 공공연하게 노출된 '전향'을 감행한 그룹으로, 예컨대 북한 문학예술총동맹 서기장을 거쳐 정부 기관지 『민주조선』의 주필을 지낸 한재덕, 북한 선전성 소속으로 『민청』의 문예부장이었던 이철주, 김일성대학 철학교수였던 최광석 등은 모두 정보 교육을 받고 간첩으로 밀파되었다가 '전향' 혹은 '귀순'한 대표적인 사례들이었다. 북한의 엘리트 계층이었던 이 '월남 귀순자' 집단은 일 세대 월남 지식인 그룹과 긴밀한 협업 관계 속에서 활동했을 뿐만 아니라, 이른바 북한통의 자격으로 1960년대 공론장에서 북한의 정치, 경제, 외교, 문화, 교육 그리고 연애와 가정생활 같은 일상 영역에 관해서까지 적극적으로 발언하게 된다. 귀순자와 일 세대 그룹을 포괄한 월남 지식인들은 북한이 '앎'의 대상으로 자리잡는 과정에서 잠깐 등장했다 사라지는 부수적 존재가 아닌, 필드 자체의 가능성과 한계 양자 모두의 윤곽을 대략 결정하는, 비유컨대 독립변수에 해당하는 요인이었다.

　두 번째, 텍스트의 문제와 관련하여 미리 말해둘 것은 이 글의 관심이 북한을 재현한 텍스트들의 내용을 개별적, 내재적으로 분석하기보다는 텍스트들 사이의 '배치'와 '연관 관계' 및 텍스트가 의도하고 산출한 '효과'를 밝히는, 일종의 지식사회학적 입장을 취하고 있다는 점이다. 이러한 맥락에서 또 한 가지 염두에 두어야 할 점은 북한연구가 제도화되는 과정에 기여한 일군의 담론 이외에도, 여기에 포섭되지 못하거나 혹은 포함된다 하더라도 내적인 균열과 모순으로 인해 주류 담론과 미묘한 긴장 관계를 이루는 예외적 담론들이 존재했다는 사실이다. 이 담론을 생산한 이들은 기존 일 세대 월남 지식인 그룹 중에서 탄생했는데, 그러나 그들은 직업적 언론인이나 전문 학자가 아닌 주로 문학적 재현을 전담으로 하는 소수의 이북 출신 문인들이었다. 물론 이 사실을 놓고 당시 '문학'과 '사회과학', 혹은 '정서'와 '지식' 사이에 고정적인 대치선이나 의식적인 역할 분담이 존재했다고 확대 해석할 수는 없을 것이다. 또한 북한을 재현한 모든 문학 텍스트들이 한결같이 예외적 위상을 차지했다고 말하기는 더욱 어렵다. 오히려 이 분할은 학지 성립 과정에 관여한 논의들이 그 진위 여부와 상관없이 '지식'과 '과학성'의 위력을 표 나게 강조함으로 인해서 생겨난, 담론 배치의 잠정적인 대조 국면이라 보는 편이 보다 타당할 것이다. 논지의 일관된 전개 상, 이 글의 말미에서 비교적 소략하게 다루어지겠지만, 이 소수의 예외적 담론들이 의미 있는 이유는 북한에 관한 소위 학문적인 접근을 표방한 당대 논의들 저편에서 일종의 역상(逆像)을 제공하는 가운데 '지식'의 온전한 의의를 되묻고 확인할 수 있는 유효한 참조점들을 제공하고 있는 까닭이다.

물론 강고한 시대적인 한계로 인해 이 예외적 담론이 재현해 낸 북한 표상들의 이러저러한 구체적 내용들은 실상 주류 담론의 그것과 어쩌면 그 자체로는 커다란 변별성을 보이지 않는다고도 할 수 있다. 그러나 특정 발화가 놓인 당시의 사회적·정치적 컨텍스트에 따라 그것이 야기하는 수행적 효과(performativity)의 차이, 즉 그들이 북한을 발화함으로써 궁극적으로 무엇을 의도했으며 어떠한 결과를 산출했는가 하는 점은 분명 구분되어야 하며, 또한 실제 공론장에서 이들은 의미 있는 차이를 구현해왔던 것으로 판단된다. 돌이켜 보건대, 월남 지식인들의 발화와 재현은 북한이라는 대상에 대한 우리의 현재적 지식과 정서적 이해, 공감의 수준을 결정하는 각종 레퍼런스들의 상위 레퍼런스였다는 점에서 가장 오래되고 영향력 있는 반공 담론의 하나였다. 의식적이든 무의식적이든 우리 자신의 냉전적 앎의 기원의 일부를 형성해왔다는 점에서 그 지식들이 생성된 당시의 맥락들은 이제 보다 세심하게 역사화 되어 독해될 필요가 있다.

2. 조선민주주의인민공화국
: 터부(taboo)에서 실재로

북한이 지식 생산과 유통의 대상으로 최초 부상하게 된 직접적인 계기는
최근 연구에서도 지적되어 왔듯이,[10] 1960년대 벽두의 4·19와 그로 인해
순간적으로나마 해방구가 된 공론장의 역동적 활기 덕택이었다. 남북통일
이슈를 둘러싸고, 실제로 대담하고 실험적인 논의들이 당시 혁신계 정치
세력으로부터 다수 제출되었는데, 한반도를 둘러싼 주변국들의 힘의
역학 관계를 이용하자는 '중립화통일안'이나 한 걸음 더 나아가 외세
일체를 전격 배제해야 한다는 취지의 보다 비타협적인 '남북협상론'은
이 시기 진보 진영의 대표적인 통일론이었다. 뿐만 아니라, 야당인 신민당
의 소장파 세력과 집권 여당인 민주당의 일부 인사들까지도 경제나 문화
부문에 한정된 것이기는 했지만, 시대의 흐름에 발맞추어 남북교류의
필요성을 수용하려는 비교적 유연하고 진일보한 태도를 보였다. 정도의
차이는 분명히 있었지만, 이 논의들의 공통점은 이제까지 공식적으로도
그저 '북괴'(북한 괴뢰 집단)라는 호칭만으로 불리웠던 북한 체제를 대화와
협력이 가능한 정치적 파트너쉽의 상대로서, 말하자면 그 존재의 실체를
합법적으로 인정하려는 태도였다.[11]

그러나 북한을 상대로 한 모처럼의 평화 무드가 반전되기까지는 그리
오랜 시간이 걸리지 않았다. 쿠데타로 과도정부의 권력을 전격 접수한
박정희가 북한 문제와 관련하여 같은 해인 1961년 11월 미국 방문에서
행한 연설은 특히 의미심장한 것이었다. 4·19 이후 "가장 긴박하고 위험하

---

10) 임유경, 「1960년대 '불온'의 문화정치와 문학의 불화」, 연세대학교 국어국문학과
박사학위논문, 2014, 236~238쪽 ; 김미란, 「1960년대 소설과 민족/국가의 경계를
사유하는 법」, 『한국학논집』 51호, 계명대학교한국학연구원, 2013, 179~215쪽.
11) 김보영, 「4월 민중항쟁 시기의 남북협상론」, 『4·19와 남북관계』(한국역사연구회4
월민중항쟁연구반), 2000, 139~168쪽.

였던 것"이 "공산북괴와 타협하자는 기운"으로서 이를 "공공연히 부르짖
는" 계층이 대두하였다는 요지의 프레스 센터 연설은 워싱턴에 모인
미국 전역의 기자들을 청중으로 삼아 군부 쿠데타의 정당성을 전 세계에
홍보, 역설하기 위해 연출된 자리에 가까웠다. 더욱이 "우리가 공산주의자
들에 대하여 가장 두려워하고 있는 것은 직접적인 침략보다도 내부에
스며드는 간접 침략"[12]이라는 박의장의 발언은 한국 국민들에게는 바로
한 달 전인 1961년 10월, 언론인 최초 국가보안법 위반 죄목으로 사형이
집행된『민족일보』사장 조용수의 필화 사건을 떠올리기에 충분했다.[13]
『민족일보』가 창간 초기부터 다른 어느 신문보다 남북문제에 지대한
관심을 가지고 있었다는 것, 혁신계의 중립화통일론이나 남북학생회담
등의 평화적 통일 운동과 민간 남북 교류를 적극 지지해왔다는 것은
널리 알려진 사실이다.[14] 물론 당시 중립화 논의는 남한 국내뿐만 아니라
미국 내 의회나 동아시아 지역학 연구자들 사이에서도 제기된 주장이었던
까닭에 특별히 새로운 이야기는 아니었다.[15] 그러나『민족일보』에 적용된

---

12) 「미 원조 단 한푼도 낭비 않을 터, 박의장 미 전국 기자 구락부서 연설」,『경향신문』,
   1961. 11. 17.
13) 언론인에 대한 사형 집행은 당시 공론장을 얼어붙게 만드는 대단한 위력을
   발휘했다. 당시 국내 신문기사들의 논조를 살펴보면, 이 사건에 관한 직접적인
   비판을 찾기는 거의 어렵고 사건의 경위와 재판 절차 진행을 기술적으로 보고하는
   방식이 대부분이었다. 대신, 언론들은『민족일보』관련자들의 선처를 호소하는
   국제신문인협회(IPI)의 탄원을 전달하거나, 피고 측 변호인들의 논리를 게재하는
   방식으로 이 유례없는 언론인 사형이라는 사건에 대응할 수밖에 없었던 것으로
   보인다. 「민족일보 세 피고에 국제신문인협회(IPI)서 관용 호소」,『동아일보』,
   1961. 10. 28.
14) 김민환, 「『민족일보』의 남북문제 논설 내용분석」, 한국언론학회 학술대회 발표논
   문집, 2005. 10.
15) 「통일 방안에 각계 관심 점고, 미 맨스필드 의원 보고를 계기」,『경향신문』
   1960. 10. 22. "미국 민중당 상원 지도지 맨스필드씨가 주장한 '오지리(오스트리아)
   식 통한론(統韓論)'은 국내 문제에만 집착되어 있는 각 정파와 위정자들에게
   큰 자극과 경고를 주었을 뿐만 아니라 특히 한국 문제의 유엔상정을 앞두고

소위 '혁명검찰부'의 공소 내용은 실로 완강하고 단호한 것이었다. "대한민국의 국시를 무시하고 오히려 반국가단체의 목적 사항을 선전, 선동함으로써 단체의 활동을 고무 동조"16)했다는 엄중한 죄목이었다.

　월남 지식인들에게 북한과 관련하여 공론장에서 발화의 기회가 대거 주어지기 시작했던 것은 4·19와 5·16의 반전이 어지럽게 소용돌이치는 바로 이러한 맥락 속에서였다. 눈길을 끄는 것은 『민족일보』에 취해진 특단의 공포 조치에도 불구하고, 북한에 관한 논의 자체는 양적으로 수그러들지 않았고 오히려 그 이후로도 증가 일로에 있었다는 사실이다. 이 부분은 적극적인 추론과 해석이 필요한 대목인데, 우선 남한 사회가 혁명의 시간대를 이미 통과했다는 사실은 그것이 결국 반혁명으로 귀결되었다 하더라도, 북한이라는 정체(政體)에 대해 적어도 이전과는 다른 형태의 접근을 요청했다는 의미로 읽어낼 수 있다. 실제로, 학생과 지식인, 일반 대중들 사이에서 광범위하게 고조된 통일과 그 인접 연상으로서의 북한에 대한 관심은 1960년대 출판이나 영화 산업에서 일정 규모 이상의 시장과 수요층을 형성한 '북한 마케팅'의 성공을 통해서도 입증되는 바였다.17) 동일한 사태를 통치 권력의 입장에서 보자면, 북한에 대한 정보와 지식을 무조건 차단하고 금압하기보다는 오히려 그 지식들이 특정한 방식으로 '정향' 되도록 유도하며 관리하는 편이 보다 효율적일 터였다. 한 연구자의 지적대로, 1960년대는 권력이 "불온한 사건과 주제를 제시해 줌으로써 불온의 의미를 계속해서 확정"하려는 시도가 특징적인 시대였

이 발언은 국민 전체에 중요 연구과제로 제시되고 있다."
16) 「민족일보 사건 공소장 전문」, 『동아일보』 1961. 7. 29.
17) 북한에 대한 관심을 대중적인 차원에서 선도했던 것은 확실히 영화였다. 영화 『오발탄』(1961)의 성공은 이제는 갈 수 없는 곳인 북한에 대한 지적 호기심과 향수를 광범위하게 불러일으켰고, 1963년 제작된 상업영화 『나는 속았다』는 한국의 마타하리라 불리는 김수임과 그녀의 연인으로 알려진 이강국의 러브 스토리를 다루어 인기를 끌었다.

다.18) 북한에 관한 유동적인 지식 일반의 흐름을 관장하고 주시하는 가운데 최종적인 유통 여부와 진위를 판별하여 해석의 권위를 독점하려는, 푸코적 의미의 현대적 통치성(governmentality)이 발현되는 방식인 셈이었다.

 덧붙여, 앎의 대상으로 '북한'이 배치되었던 맥락을 온전히 설명하기 위해서는 이 시기 북한이 전후 복구 사업을 끝내고 남한에 비해 훨씬 우월한 경제 성장세를 보였던 정황 또한 빠뜨릴 수 없다. 실제로, 전쟁이 끝난 지 불과 3년 만인 1956년, 북한은 농업과 산업 양면에서 모두 전쟁 이전 생산량을 크게 상회했을 뿐만 아니라, 1957년에는 무려 연간 45퍼센트 라는 놀라운 경제 성장을 이루어내고 있었다. 북한의 자신감은 그러나 단지 경제적 성공에만 기인하는 것은 아니었다. 사회주의 국가 일반이 지향하는 제반 복지 정책 즉, 국가가 보조하는 의료 서비스, 초·중등 각급 학교의 무상교육 실시, 직장 내 여성 평등권의 공식적 인정과 같은 사회 시스템의 완비와 개혁은 당시 남한 사회와 대조했을 때 확실한 비교 우위를 점하는 것이었다. 또한 이 시기 북한은 사회주의 국가들 사이에서 경제적 발전과 미국의 군사력에 저항한 성공적인 사례로서 이른바 "모범적인 탈식민 정치체로서의 국제적 명성"과 영향력 또한 누리고 있었다. 서방의 평가 역시 이와 크게 다르지 않았다. '한강의 기적'이라는 어휘는 1960년대 후반에 이르러서야 한국인들에게 비로소 익숙해지기 시작했지만, "조선의 기적"이라는 감탄 어린 찬사는 이미 1964년 10월 평양을 방문한 영국인 경제학자에게서 터져나온 것이기도 했다.19)

 그러므로 한국전쟁 이후 북한 사회의 최근 발전에 관한 정보와 지식이

---

18) 임유경, 위의 글, 2014, 249쪽.

19) 김성보·기광서·이신철,『사진과 그림으로 보는 북한 현대사』, 웅진지식하우스, 2004, Joan Robinson, "Korean Miracle", *Monthly Review* 16, no.8, p.548. 케인즈 학파였던 조운 로빈슨의 평양 방문과 보고서에 대해서는 권현익, 정병호,『극장국가 북한』, 창비, 2013, 220쪽에서 재인용.

문제가 될 때, 특히 후발주자인 월남 귀순자 그룹의 발언은 특권적인
위치에 놓이게 마련이었다. 그들 발화의 특징은 특유의 '목격자' 내지
'현장증인'의 아우라를 수반한 채, 남한의 통치 권력이 국민들을 상대로
북한에 관해 전달하고자 의도했던 이야기들을 '민간'의 자발적 이름으로,
그것도 기대 이상의 강도로 헌신적으로 쏟아낸다는 데 있었다. 흥미로운
것은 그들이 북한에 관해 재현하는 내러티브의 핵심 중 하나가 바로
현재의 북한이 보여주는 것, 말하는 것 그대로를 믿지 말라는 것, 그러기
위해서는 주어진 감각적 정보나 개별적인 사실 그 자체에 의존할 것이
아니라 사실들을 종합하여 그 이면을 볼 수 있는 '냉정'과 '이성'의 힘이
절실히 필요하다는 메시지였다.

> 내가 한국에 와보고 가장 놀란 한 가지는 속단일지 모르지만, 與, 野,
> 官, 民 할 것 없이 글자 그대로 전 국민이 반공감정—이 한 점에는 완전히
> 하나로 되어 있으며 그것이 상상 이상으로 격렬하다는 것이다. 이 곳에서
> 는 민족감정이 곧 반공감정이다. 반공의식은 전 국민에 있어 그야말로
> 감정화 되어 있고, 골육화(骨肉化) 되어 있다. 그러나 감정을 단지 감정에
> 그치지 말고 보다 이성적으로 … 이것을 좀 더 이론적으로 정리하고
> 체계화할 필요가 있지 않을까 하는 것이었다. …[20]

   소설가 김남천의 오랜 친우이자 김일성의 두터운 신임을 받아 북한에서
김일성 전기 문학의 일인자로 문명(文名)을 떨쳤던 한재덕은 1959년 귀순
당시 발표한 성명서에서 남한 사회에 팽배한 자연화된 반공 '감정'보다
체계화된 '이론'과 '지식'의 필요성을 이처럼 우위에 놓았다. 그렇다면
1960년대의 맥락에서 '이론'과 '지식'이 실제로 수행한 일은 어떤 것들이었
을까. 한재덕의 행보를 계속 따라가 보면, 그는 1961년 북한에 관한 아카이

---

20) 한재덕, 『김일성을 고발한다―조선노동당 통치 하의 북한 회고록』, 내외문화사,
   1965, 31쪽.

브를 구축하는 것을 목적으로 설립된 내외문제연구소의 연구위원으로
위촉되는가 하면, 바로 이듬해 연구소 소장직을 맡았고 1963년에는 동
기관 부속 출판사인 내외문화사 역시 함께 인수함으로써 이 방면에서
두드러진 활약을 보이게 된다. 내외문제연구소는 독립된 사단법인으로
등록되어 있어 대외적으로는 민간연구소를 표방했지만, 실상은 공보부
조사국의 산하 단체에 가까운 기관이었다. 이 연구소의 주된 업무는
크게 두 가지였는데, 하나는 조사국에서 제공하는 북한 관련 최신 자료들을
객관적 '지식'의 이름으로 언론에 주기적으로 유포하는 일종의 미디어
창구 역할이었다.21) 북한의 경제개발계획의 성과를 남한의 관점에서
재해석한다든지 북한 국제 외교의 비하인드 스토리와 같은 류의 당시
기사들에는 흔히 "내외문제연구소 제공"이라는 서브 타이틀이 붙어 있는
것을 쉽게 발견할 수 있다.

흥미로운 것은 '지식'과 '이데올로기' 혹은 '지식'과 '프로파간다'의
태생적인 불분명한 경계에도 불구하고 이 발화들이 일련의 제도화 맥락
속에 놓임으로써 공평무사한 '객관성'이 관장하는 '과학'과 '지식'의 분리
된 포스트로 자연스럽게 배치되고 있었다는 점이다. 여기에는 당시 미디어
들의 '인증'도 큰 몫을 했다. "공산권에 대한 우리의 태도는 감정에 호소한
반공의식만을 강조해왔을 뿐, 그 실체에 대해서는 터부로 되어왔"지만,

---

21) 「유명해진 내외문제 연구소」, 『동아일보』1961. 10. 20. 납북인사들의 뒷소식과
북에서의 생활상을 고발한 귀순자 조철의 「죽음의 세월」(1962. 3. 29~6. 14)
역시 내외문제연구소 제공으로 『동아일보』에 장기 연재되었다. 『동아일보』의
소개에 의하면, 조철은 6·25 당시 피랍되어 납북저명인사들로 구성된 「재북평화
촉진협의회」에 관계하였고, 교육대학교원, 괴뢰상업성 부장들을 역임한 경력의
소유자였다. 1962년 당시에 조철은 내외문제연구소에 소속되어 있었다. 『동아일
보』에 따르면, 조철의 『죽음의 세월』은 오상원, 김중희 두 작가에 의해 「끝없는
암흑의 행로」라는 제목으로 소설화되어, 6·25 12주년을 맞이하여 국제방송국에
서 연속 낭독극 형식으로 20회분이 방송된다. 「전파 타는 『죽음의 세월』, CA
18일부터 입체 낭독」, 『동아일보』 1962. 6. 17.

"근래에 이르러서야 정부의 이해를 얻고 학문적인 기초 체계를 이루"었다
는 것이 1960년대 북한 연구와 관련된 미디어들의 일반적인 평가이기도
했다.[22] 내외문제연구소로 다시 돌아가 보면, 이 연구소의 또 다른 중요
업무는 보도된 기사들을 『반공보도 자료집』으로 정기 책자화하는 한편,
공산권 일반과 북한에 관한 연구 및 번역을 수시로 기획, 출판하는 일이었
다. 엄밀히 말해, 내외연구소가 펴낸 많은 텍스트들은 실상 내용면에서는
질적으로 명확히 구분되지 않았고, 오히려 장르나 출판 형식을 통해
차별화를 꾀하는 쪽이었다. 예를 들어, 한편에는 『어떤 귀순자의 수기』
(1962)나 『고난의 포로생활』과 같은 전형적인 수기류가 포진해 있는가
하면 다른 한편에는 『오늘의 북한』(1962)과 같은 비교적 건조한 제목의
단행본들, 그리고 『공산주의의 백서』(1964) 식의 보고서 류와 『공산권
정세』(1964~1976) 및 『시사(時仕)』(1961~1980)와 같이 정보 제공과 '분석'
을 표방하는 정기 간행물까지 상당히 분화된 진용을 갖추고 있었다.[23]

---

22) 「조건과 분위기 많이 개선」, 『동아일보』 1967. 6. 24.

23) 『괴집(傀集)의 대남침책략사 : 해방이후 오늘에 이르기까지』(1962), 『넘겨다 본
세계 ; 공산사회의 서민생활』(1963), 『공산주의의 백서』(1964), 『어떤 귀순자의
수기』(1962), 『중립주의 해부』(1963), 『오늘의 북한 : 북괴 독재구조의 해부』
(1962), 『중소분쟁문헌집』(1963), 『오늘의 중공 上下』(1963), 『크레믈린 하의 파벌
투쟁』(1967), 『월맹의 공산주의』(1966). 번역서로는 죠지 벤슨, 『국제공산주의의
목표와 전략 : 동남아세아 및 서태평양지역』(1962), 죠지 벤슨, 『공산주의 하의
농업정책』(1963), 월레스 브라운, 『고난의 포로생활 : 한국참전 미국 비행사의
수기』(1963), 리챠드 크로스만, 『붉은 신화』(1964) 등이 있다. 이 리스트 중에는
소련 프라우다 지(誌)의 북한지부 기자 신분으로 판문점을 통한 월남을 기습
단행하여 세간에 유명해진 이동준의 저술 『역사의 증언』(1969)도 들어 있었다.
이동준은 프라우다 지의 기자 신분이라는 사실 이외에도 휴전선이 아닌 판문점을
통해 처음으로 월남하여 유명해진 인사였다. 그는 인터뷰에서 "나는 1956년
처음으로 판문점 회담 기사를 취재하게 되었을 때부터 이 기회를 노렸었다",
"나는 이제 살았다" 등의 발언을 해 남한 미디어의 주목을 받았다. 「蘇 프라우다
지 기자 월남」, 『경향신문』 1959. 1. 27 ; 「북한 탈출한 이기자 실정 폭로, 강냉이
먹고도 하루 노동 근 20시간」, 『조선일보』 1959. 1. 28. 1960년대 내외연구소가
발간한 책자만 하더라도 20여 종이 훨씬 넘었다.

1967년 이후 한재덕은 또 다른 북한 연구 기관인 공산권문제연구소의 소장으로도 임명되는데, 그가 재임하던 시절의 연구소가 북한의 정치, 경제, 사회, 문화 등을 섹션 별로 기술하여 향후 북한 연구자들의 기본 지침서로 자리잡게 될 『북한총람 1945~1968』(1968)을 펴낸 사실도 특기할 만하다.

한재덕을 위시하여 월남 지식인 그룹이 유동하는 북한 관련 정보들의 흐름을 장악하기 위해 지속적으로 공들였던 분야는 크게 보아 두 가지였던 것으로 보인다. 첫째는 앞서 언급한 바 있듯이 신속한 전후 복구와 가시적 성과를 보이고 있던 북한의 경제와 관련된 담론이었고, 둘째는 역시 경제적 성공과 밀접하게 연관된 북한의 공세적인 평화통일 담론이었다. 특히, 통치 권력의 입장에서라면 북한이 거둔 비약적 경제 성과에 관한 정보와 지식들은 담론 차원에서 신중히 관리하지 않으면 안 될 대목이었다. 빈곤이 곧 공산화로 이어지며 자본주의적(미국식) 근대화만이 우리에게 주어진 루트라는 인식이 자명한 공리처럼 받아들여지던 상황을 환기해보면, 북한의 성과란 소위 미국발 근대화론의 기본 전제를 뒤흔들 수 있는 유의미한 '사건'이었다. 생산력 제고의 원동력으로 국내외에 널리 알려진 북한의 '천리마 운동'이 월남 지식인들의 담론적 공정이 집중되는 논제일 수밖에 없었던 것도 이러한 맥락에서였다. 예컨대, 역시 평북 신의주 출신의 언론인이며 북한 전문가였던 박동운은 북한의 성과를 일단 기정 사실로 인정하는 데서부터 논의를 시작한다.[24] 그에 따르면, 북한의 '전후 인민경제 복구발전 3개년 계획'(1954~1956)이나 이후 '제1차 5개년 계획(1957~1961)'이 거둔 "경제부흥의 성과는 솔직히 괄목할" 만한 것이고, 특히 일본인 기술자를 한국인으로 대체시키고 경험을 습득케 하는 데서 거둔 성과 역시 무시할 수 없는 수준임을 분명히 했다. 박동운의 이러한

---

24) 박동운은 언론인으로 한국일보, 경향신문 등의 정치 부문 논설위원으로 1960년대 북한과 남북 통일 문제에 관한 단골 논객이었다.

태도는 스스로 밝히고 있듯이, "이승만 시대처럼 적의 역량에 대한 과소평가와 실속 없는 자만자족"이 이미 그 시효가 다 되었다는 판단에 근거한 것이었다. 확실히, 천리마 운동을 논하는 포인트는 외신들도 모두 인정하는 가시적 성과 그 자체에 대한 무조건적인 부정일 수는 없었다. 논점은 오히려 그 성과가 "강력하고 무자비한 독재 권력"이 행사된 강제의 결과라는 것, 그러므로 그럴싸한 수치 저 너머의 진실, 즉 국가는 발전하더라도 국민은 여전히 "이중 삼중의 조직의 그물에 얽매"인 빈곤한 노예 상태임을 꿰뚫어 볼 줄 알아야 한다는 것이 그의 핵심 전언이었다.[25]

겉으로 드러난 개별적 사실들의 배면을 응시하라는 그들의 메시지는 북한이 제기하는 평화 통일 담론에 관해서도 일관되게 적용될 수 있었다. 평북 의주 출신의 언론인으로 이후 북한연구의 유력한 창설자 중 한 사람이 될 김창순 역시 한재덕과 더불어 전국 순회 문화 강연 등을 통해 북한이 제기한 '연방제 통일방안'이나 '남북협상론' 등의 문제점을 적극 '계몽하는' 메신저 역할을 자임하고 있었다. 일견 평화와 자주성을 강조하는 듯해도 북한의 통일론은 결국 "반미, 반유엔 사상을 남한 동포들 사이에 퍼뜨리자"[26]는 의도일 따름이며 남한 정부가 절대로 받아들일

---

25) 박동운, 「천리마운동 하의 북한경제」, 『세계』, 1960. 8. 물론 논자마다 약간의 차이는 존재했다. 예컨대, 김창순은 해방 직후부터 1961년 1월까지의 북한 사회를 총망라한 『북한 십오년사』(知文閣, 1961)에서 전후 북한의 경제 성장을 어느 정도 인정하면서도 그 규모가 터무니없이 과장되었음을 지적한다. "언제나 책임을 얽매어서 허덕이는 하부에서는 책벌이 두려워서 100% 아니면 120%의 초과달성이라고 보고하게 마련이다. 하부의 이런 수자들이 중앙에 모이면 엄청난 수자의 마술이 생기는 것이다. 김창순은 해방 후 북한에서 평북신보사와 평북인민보사 주필, 신의주 동방사회과학연구소장, 북조선기자동맹 창립중앙위원, 민주조선사 총무국장 등으로 언론계에 종사하다 1949년 평양특별검찰소에 의해 검거됐으나 1950년 이송 중 탈출, 월남했다. 김창순은 시기적으로는 일세대 월남 지식인 그룹에 속하지만, 북한에서의 경력이나 월남의 경위 등이 실은 귀순자 그룹과 더 유사한 측면이 많았다. 「김창순 북한연구소 이사장 별세」, 『한국일보』 2007. 12. 4.

26) 한재덕, 「북한이 제기한 통일방안의 문제점」, 『사상계』, 1961. 4.

수 없는 방식이라는 점에서 오히려 통일을 거부한 반시대적, 퇴행적 행태라는 주장이었다. 역시 월남한 소설가였던 김동명의 표현에서 고스란히 드러나는 바 그대로, 결국 1960년대 월남 지식인들의 통일 담론에서 가장 두드러지는 것은 먼저 적을 알고 나를 알아야 한다는 "지피지기(知彼知己)"[27]의 전략으로 요약된다. 이 전략이 진정으로 두려운 점은 '내가 생각한 것이 나의 생각이 아닐 수도 있다'는 나의 사유(思惟)의 '배후'에 대한 의구심, 즉 자기 검열의 가이드 라인을 항상적으로 제기한다는 데 있었다. 세간의 관심을 끌고 있는 진보진영의 통일론에 동의하고 매혹되는 순간, 나도 모르는 사이에 그들과 닮게 될 수 있다는 무의식적 '감염'의 가능성조차 스스로 검열하는 기제 역시 이런 식으로 함께 따라오게 마련이었다. '나'와 '그들'의 경계가 모호하고 불분명할 수밖에 없는 것이 부정할 수 없는 지금, 여기의 현실이라면, 역설적으로 권력은 이 상황에서 나를 '그들'로부터 스스로 '정화(purge)' 해야 할 근거들을 지속적으로 공급받았던 셈이다.

3. 노스탤지어의 종언과
    지역연구(area study)와의 접속

1) 노스탤지어 vs 지식

평북 정주 출신으로 해방 직후 월남한 작가 선우휘는 『사상계』에 「망향 望鄕」(1965. 8)이라는 제목의 단편을 싣는다. 월남하여 남한 사회에 성공적으로 자리 잡은 일가 노(老) 가장의 극심한 향수병을 소재로 한 이 소설은 당시 월남 지식인들이 북한을 재현했던 또 하나의 방식인 향수(鄕愁, nostalgia) 코드를 보여주고 있다는 점에서 눈여겨볼 만하다. 텍스트는

---

27) 김동명, 「먼저 적을 알고 말하라–남북교유문제에 대하여」, 『동아일보』 1961. 3. 1.

두고 온 이북의 고향을 너무나 그리워하여 고향의 산세와 흡사한 시골에 터를 잡아 집을 짓는 데 전념하는 가장의 눈물겨운 노력을 보여준다. 예컨대, 그는 백 년 남짓했던 구 가옥의 외양을 고스란히 본뜨기 위해 모든 소품을 직접 발품을 팔아 장만하는가 하면, 천장을 돌아다니던 쥐 소리를 그대로 재현하기 위해 쥐를 사다 천장에 풀어놓는 수고마저 아끼지 않는다. 그러나 그렇게 완성된 '낡은 새 집'은 보는 이들에게 이미 애틋한 감회의 대상은 아니다. 광기에 가까운 집념을 목격할 때 흔히 그러하듯, 가장의 병적인 향수는 "전신을 스치는 파상적인 소름"을 불러일으킨다.

일견, 선우휘의 텍스트는 표면적인 서사 전개 차원에서는 정치적 메시지를 포함하고 있지 않은 것처럼 보인다. 그러나 두고 온 고향과 깊어가는 향수라는 이 개연성 있는 북한 재현의 한 루트는 어떤 문맥에 놓이느냐에 따라 판이한 정치적 함축과 효과를 불러일으킬 수 있는 것이었다. 실제로, 1960년대 들어 귀향의 실현 가능성이 점점 멀어져감에 따라 노스탤지어는 평범한 일상 차원에서 분단 상황을 비극적으로 환기하는 적실한 현실 재현의 매개 역할을 수행할 수 있었다. 현대 한반도라는 특유의 상황이 낳은, 일종의 '분단 디아스포라'로서 월남인들이 간직한 향수는 귀향의 여부조차 예측하지 못하는 남북한 및 국제 정치 상황에 대한 우회적인 비판일 수 있었다. 그러나 정반대의 방향에서, 노스탤지어의 정서는 떠나온 북한 체제에 대한 일방적인 비판이나 격정적인 분노와 보다 자주 결합한 것도 사실이었다. 단적인 예로, 한재덕의 저서 『김일성을 고발한다』의 서문이 다음과 같은 비장한 고백으로 시작하는 것만 보아도 그러하다. "내 마음의 피로 엮은 이 한 책을/ 북한 땅에 두고 온, 내/ 어머니와 아내와/ 아들 딸을 비롯하여/ 이 나로 하여/ 이 글로 하여/ 원수에게 화를 입은/ 모든 사람들의/ 혹은 묘표 없는 무덤 앞에/ 또는 핏기 없는 무릎 앞에/ 고개 숙여 바치노니 …."[28] 한재덕과 같은 월남

귀순자들에게 노스탤지어란, 가족과 친지들을 자신의 '전향'의 대가로
처벌한 북한 정권에 대한 도저한 원한(ressentiment)의 감정을 떠올리지
않고는 환기될 수 없는 것이었다.

여기에 덧붙여, 노스탤지어를 둘러싼 당시 문화정치의 층이 한 겹
더 두꺼워지게 된 것은 노스탤지어라는 정서가 '지식'과는 대조적인 어떤
것으로 배치되는 또 다른 맥락이 존재했기 때문이다. 원래 귀환을 뜻하는
그리스어 '노스토스(nostos)'와 괴로움을 의미하는 '알고스(algos)'의 합성
어인 노스탤지어(nostalgia)는 "돌아가고자 하는 채워지지 않는 욕구에서
비롯된 괴로움"을 가리킨다. 향수가 야기하는 괴로움의 구체적인 양태들
이란 따져보면 '갈 수 없음'으로 인해 발생하는 '알 수 없음'의 무지(無知)
상태로부터 기인하는 것이다.29) 그러나 노스탤지어와 관련하여 월남
귀순자들의 존재는 상당히 역설적이었다. 일단, 비교적 늦은 월남 시점과
정보 업무 이력으로 인해 그들은 분단 이후 최소 15년 이상 흐른 북한에
대한 남한 사회의 무지를 해소해주는 역할을 담당할 수 있었다. 그러나
다른 한편으로, 그들은 38선 이북이라는 공간이 더 이상 노스탤지어의
애틋한 감정을 품을 수 있는 대상이 아니라는 점을 역설하는 존재들이기도
했다. 예컨대, 한국전쟁 당시 월북하여 1963년 간첩으로 남파된 후, 다시
남한으로 전향한 복잡한 경력을 가진 최광석이 전달했던 주요 메시지
중 하나는 북한 인민들이 이제 더 이상 같은 동포라 부르기에는 너무나
이질적인 존재가 되어버렸다는 점이었다. 김일성대학 교수였던 최광석에
의하면, 이른바 사회적 의무 노동제가 실시되어 강제 노동 착취를 당하면서
도 북한의 대학생들은 공산당 덕택에 자신들이 공부할 수 있다고 믿어
의심치 않는다는 것이다. 그에 따르면, 이러한 현상은 결국 장시간 "교묘하

---

28) 한재덕, 『김일성을 고발한다』, 위의 책, 3쪽.
29) 밀란 쿤데라, 박성창 옮김, 『향수』, 민음사, 2000(Milan Kundera, L'ignorance, 2000)
   10쪽.

게 진행된 세뇌 교육의 결과"로서, 이제 "북한 동포들 전체를 동족이라는 관념만으로 대하다가는 불의의 타격을 받을 수 있는 위험성마저 농후"[30] 하다는 결론이었다. 김일성을 정점으로 하는 북한의 현 정권을 민족의 타자(他者)로 재현하는 방식은 분단과 전쟁을 통과하면서 일종의 관행으로 정착되다시피 했지만, 이제 북한에 거주하는 평범한 개개인들에게까지 예외 없이 적용되어 동족이라는 개념 자체를 수정해야 한다는 논리로 전환된 셈이었다.

그러므로 이 맥락에서라면, 그리운 고향과 만날 수 없는 '동포'들에 대한 노스탤지어는 이제 북한이라는 전혀 낯선 '외국'에 대한 새로운 '지식'으로 전격 대체되어야 할 상황이었다. 앞서 언급한 김창순의 단독 저서 『북한 십오년사』(1961)가 징후적으로 알려주듯이, 당시 북한 연구를 관통하는 기본 내러티브는 한국전쟁 이후 얼마나 많은 시간이 흘렀는지, 그 결과 얼마나 이질적인 체제가 38선 이북에 들어서게 되었는지를 강조하는 것이었다. 뿐만이 아니었다. 1963년 한 신문은 "해방 18년, 북한은 어떻게 변했나" 자문한 뒤 "더 새빨개졌다"고 간명하게 사태를 요약한다.[31] 김일성 일당 독재를 가능하게 하는 북한의 사법 제도와 노동당의 의사 결정 시스템, 소련과 중공 사이에서 특유의 균형을 잡는 북한의 외교 정책, 국민들의 사상과 정서에 대한 통제를 제일 목적으로 삼는 문화 예술 분야 정책 등은 제일 관심 분야인 경제 부문 이외에도 최신 북한 탐구에 있어 빠질 수 없는 하위 범주들이었다. 그리고 이 지식들의 공통적인 기본 전제는 현재까지도 한국 사회에서 유용하게 통용되는, 저 '익숙하지만 낯설다'는 의미에서의 '기괴한(uncanny)' 북한 바로 그것이었다.

---

30) 최광석, 「해방 20년의 북한」, 『국회보』, 1965. 8.
31) 「북한은 어떻게 변했나 : 해방 18년」, 『경향신문』 1963. 8. 15.

2) 김준엽과 '아세아문제연구소'의 북한연구

물론 귀순자 그룹만이 노스탤지어의 정서를 '지식'으로 대체하는 데 기여한 것은 아니었다.『사상계』가 귀순자들을 북한 담론 지면의 필자로 전략적으로 활용했던 데서 볼 수 있듯이,[32] 담론의 전체적인 프레임 설계나 기획, 제도적인 논의의 장 자체의 마련은 오히려 사회적 영향력과 지위를 먼저 확보한 일세대 월남 지식인들의 몫일 수밖에 없었다. 일세대 월남 지식인 중에서도 북한이 제도적 지식 생산의 대상으로 자리잡는 데 가장 결정적인 역할을 한 인물은 바로 김준엽이었다.[33] 그가 평북 강계 태생의 서북 지역 지식인이며 1960년을 전후하여『사상계』주간을 맡고 있었다는 점, 더욱이 그가 소장으로 재직하던 고려대학교 아세아문제연구소가 공산권 연구 전반은 물론이고 국내 북한연구의 발상지였다는 점은 특히 기억될 만하다. 김준엽은 아세아문제연구소의 핵심 창설 멤버 중 하나였는데, 이 연구소는 "한국을 중심으로 하여 아세아 제민족의 역사, 문화, 생활을 조사 연구하여 과학적 인식을 확립"[34]하는 것을 목적으로 1957년 설립되었다. 그러나 '아세아'라는 표제에서 이미 드러나듯, 당시의 지역연구란 진영 논리에 입각한 글로벌한 차원의 냉전 학지의 성립과 결코 떼어놓고 생각할 수 없는 것이었다. 아세아문제연구소가 설립 초기부터 하버드를 비롯한 미국 유수 대학들의 동아시아 지역 연구소

---

32) 실제로 1960년대『사상계』지면의 북한 담론 역시 한재덕, 이철주, 최광석 등의 귀순자 그룹에 의해 주도적으로 집필되었다.

33) 김준엽은 1920년 평북 강계 출신으로 장준하와 같이 일본에서 학병으로 징집되었다 탈출하여 중경의 대한민국임시정부 소속 광복군에 가담해 독립운동에 참가한 경력을 가지고 있다. 해방 직후 잠시 귀국했다 다시 중국으로 건너갔고 국민당의 정세가 불리해진데다 일신상의 병이 겹쳐 1948년 5월 천진을 거쳐 귀환선을 타고 인천에 도착했다. 김준엽,『장정 2 : 나의 광복군 시절』, 나남, 1989, 607~681쪽 참조.

34)『아세아문제연구소 연혁과 현황』, 고려대학교 아세아문제연구소, 1967.6 2쪽,『아세아문제연구소 약사』, 고려대학교 아세아문제연구소, 1964.8

들을 벤치마킹했다는 것은 잘 알려진 사실이거니와, 동아시아학의 전세계적 자금 출처였던 포드 재단으로부터 28만 5천 달러라는, 1962년 당시로선 상상하기 힘든 거액의 원조 자금을 받아 '도약'할 수 있었던 데도 김준엽의 공헌이 역시 지대했다. 사립대학교의 일개 민간 연구소로서 대규모의 외자 재원 확보가 가능했던 것은 그가 하버드 대학 체류 시절을 통해 미국 내 동아시아학의 거물급 창설자들, 예컨대 중국학의 존 페어뱅크(John K. Fairbank)나 일본학의 에드워드 라이샤워(Edward O. Reischauer) 등과 두터운 인맥을 쌓아온 것이 효과적으로 작용했던 까닭이다.[35]

   아파두라이(Arjun Appadurai)가 적절하게 지적했듯이, 냉전 시대 지역 개념은 "미국에서 이루어진 세계 언어 및 지역에 대한 연구를 안보 목적상 입법부 차원에서 지도로 구체화한, 냉전 기반의 두려움과 경쟁의 지리학"이 낳은 인공물이었다.[36] 실제로, 아세아문제연구소가 포드재단에 제출한 세 가지의 기획안, 즉 1) 구(舊) 한국 외교문서 정리 간행 계획 2) 남한의 사회과학적 연구 3) 북한공산권 연구 중 포드재단이 비상한 관심을 보인 것은 다름아닌 북한연구에 관한 것이었다. 이 기획은 결국 자금 지원으로 이어졌고, 아세아문제연구소는 1965년 11월 포드재단으로부터 2차 지원금 18만 5천 달러를 재차 수령하게 된다.[37] 아세아문제연구소가 1950년대 후반부터 일찌감치 정부를 상대로 교섭에 들어가, 5·16 직후 드디어 공산권 연구 승인을 받게 되는 등 민활하게 움직였던 점도 중요하지만, 미국 기업으로부터 직접 대규모 연구 지원을 확보한 것은 아세아문제연구소의 위상을 학계뿐만 아니라 한국 사회 일반에 각인시킨 결정적인 요인이었다.[38] 요컨대, 북한연구가 국내에 제도적으로 안착하게 된 데는

---

35) 정문상, 「김준엽의 근현대 중국론과 동아시아 냉전」, 『역사비평』 87호, 역사비평사, 2009.

36) Arjun Appadurai, "Grassroots Globalization and the Research Imagination", Arjun Appadurai, ed, *Globalization*, Durham : Duke University Press, 2001.

37) 『아세아문제연구소 연혁과 현황』, 위의 책, 8쪽.

미국을 발신지로 하는 전 세계 지역연구와의 접속이 전제되어 있었다.

그렇다면, 이렇게 착수된 아세아문제연구소의 북한연구는 그에 '합당한' 성과를 거두었는가. 일단, 가시적 성과가 나오기 시작한 것은 앞서 언급한 '북한통' 박동운이『북한 통치기구론』(아세아문제연구소)을 출간한 1965년을 지나면서부터이다. 이어 김준엽 본인도 직접 집필에 나섰는데, 그는 김창순과 공저 형태로『한국 공산주의 운동사』(아세아문제연구소, 1967)를 출간했다. 역시 평양 출신으로 1960년대 전반『사상계』주간을 맡았던 양호민 또한 포드재단이 후원하는 이 북한연구 시리즈 집필에 필자로 참여한다.『북한의 이데올로기와 정치』(1967)라는 텍스트에서 그는 북한 정권을 철저하게 소련 볼셰비즘이 이식된 형태로 바라보았는데, 이러한 인식은 1950년대의 그것에서 실상 그리 멀리 나아간 것은 아니었다.[39] 국내 언론들은 박동운의 북한 관련 첫 저서가 출간되자 "한국의 아카데미즘 안에 북한학의 성립이 이제 비로소 가능하게 되었다"[40]고 일제히 환영했지만, 그러나 저자 스스로 밝히고 있듯이 북한 연구에 수반되는 애로 사항들은 실로 적지 않은 것이었다. 자료 입수와 같은 실제적인 어려움과 더불어 연구 대상의 선택에 수반되는 정치적 부담과 압박감은 북한 연구가 공식적으로 인정된 연후에도 연구자들에게 늘 따라다니는 부담감일 수밖에 없었다. 예를 들어, 동일한 포드재단 후원

---

38) 당시 미디어는 미국 포드재단이 아세아문제연구소에 연구 자금을 지원한 사실을 꽤 자세하게 다루었다. "동 연구소는 전부터 아세아의 역사적 현실적인 제 문제들을 연구하여 적지 않은 업적들을 남겼거니와 이번 포드재단으로부터 거액의 기금을 받음으로써 괄목할 발전이 있을 것이 기대된다. … 동연구소가 정부 당국의 협조를 얻어 북한괴뢰치하의 실정을 연구하고 한국현실의 과학적 분석에 초점의 하나를 돌릴 것은 매우 현명한 일이 아닐 수 없다."「포드재단의 지원과 아세아문제의 연구」,『동아일보』1962. 7. 4.

39) 양호민,『북한의 이데올로기와 정치』, 아세아문제연구소, 1967. 양호민은 1950년대부터 익숙한 구도인 소비에트 괴뢰 정권으로서 북한을 바라보았다.

40)「박동운 著 북한통치기구론」,『동아일보』1965. 3. 23.

시리즈로 기획된 방인후의『조선노동당의 형성과 발전』(1967)은 출간과
함께 판금되었다가 일반에게 공개 불가라는 조건을 붙여 8개월 만에
다시 해금되는 웃지 못할 해프닝을 겪어야 했다.[41]

미국 내 동아시아 지역학을 위시하여 해외 지역 연구자들과의 협조는
따라서 국내 북한연구에서라면 필수적인 부분이었다. 남한에서는 구하기
힘든 북한 관련 자료들의 확보라는 측면에서나 혹은 정치적 상황 변화에
따라 겪게 될지도 모를 곤경에 대한 일종의 보험이라는 측면에서도 확실히
안전하고도 효율적인 루트가 될 수 있기 때문이었다. 페어뱅크나 라이샤워
와 같은 미국 동아시아학자들뿐만 아니라 타이완과 일본 등 냉전 자유
진영의 연구자들이 아세아문제연구소를 방문하고 함께 세미나를 개최하
는 일도 더욱 빈번해졌다.[42] 이러한 흐름의 연장선 상에서, 1966년 6월에는
드디어 아세아문제연구소가 "아시아에 있어서의 공산주의"라는 주제로
공산주의 관련 최초 국제학술대회를 개최하게 된다. 비록 일반에는 비공개
로 진행되었지만, 온양에서 개최된 이 학술대회에는 미국, 일본, 타이완,
베트남, 필리핀, 홍콩, 말레이시아 등 10개국의 소위 '자유진영' 대표들이
모였으며, 북한뿐만 아니라 동남아시아에서의 공산주의 문제까지도 확장
해서 논의할 수 있었다.[43] 사실, 김준엽은 훨씬 이전부터 아시아 약소국들
에서 발생한 폭발적인 내셔널리즘이 공산주의와 친연성을 가지는 이유가
이 지역의 빈곤 때문이라고 진단하는 쪽이었다. 따라서 그를 위시한
아세아문제연구소의 향후 전반적 분위기는 내셔널리즘의 에너지가 "반드

---

41)「고대 아연, 방인후씨의 북한연구」,『동아일보』1968. 7. 13.

42)『아세아문제연구소 약사』, 고려대학교 아세아문제연구소, 1964. 8, 12쪽.

43) "이번「세미나」는 지금까지 한국에서「타부」로 되었던 공산권에 대한 첫 발표회로
주목을 끌고 있으며 중공 위협 하에 있는 아시아에서의 공산주의 문제를 다룬다는
특색을 갖고 있어, 학문적인 면에서뿐만 아니라 국가 정책 수립에도 기여할
것으로 생각되고 있다."「아시아에 있어서의 공산주의 문제」,『동아일보』1966.
6. 21.

시 근대화를 위한 국가적, 민족적 동력으로 인도"되어야 한다는 방향으로 경사될 터였다. 실제로, 미국식 근대화론은 적화하는 아시아 약소국가들에 대한 처방으로 '자유진영' 학자들에 의해 지속적으로 제시된 바 있다.[44]

아세아문제연구소를 주 거점으로 하여 북한을 포함한 공산권 연구의 붐이 1960년대 활성화된 것은 틀림없는 사실이지만, 그러나 여기에도 몇 번의 공안사건으로 대표되는 고비가 없었던 것은 아니다. 그 중에서도 가장 심각했던 것은 1967년 7월 검찰이 갑작스레 발표한 이른바 '동백림 북괴 공작단' 사건이었다.[45] 여기에는 특히 독일 유학생과 지식인들이 대거 연루됨으로써 정부는 이를 빌미로 "공산권 연구가 사전 대책 없는 개방만으로는 위험하다"는 강경 여론을 돌연 조성했다. 작가들의 청원과 여론의 지지에 힘입어 「분지(糞地)」(1965)의 작가 남정현에게 선고 유예 결정이 내려지고, 공산권 연구의 전망이 어느 때보다 밝아 보였던 시점의 일이었다. 이 예기치 않았던 동백림 사건의 국면에서 김준엽을 비롯한 아세아문제연구소의 지식인들은 경색된 북한과 공산권 연구의 활로를 되찾고자 애썼다. 적어도 연구자들에게는 "마르크스의 자본론에 대한 사회과학적 지식은 자유롭게 연구"되어야 하며, "우리에게 가장 절실한

---

44) 「공산권의 동요－스칼라피노 교수와의 토론」, 『사상계』, 1962. 2. 스칼라피노는 미국에서 본격적으로 아시아를 연구하기 시작한 1세대 지역연구자 중 한 명으로, 이 좌담회에는 김준엽, 양호민, 이만갑, 한재덕이 참가하였다. 스칼라피노가 이 좌담에서 아세아 공산주의가 민족주의에 편승하고 있다고 경고하자 김준엽은 오히려 아세아 공산주의는 아세아 지역의 경제적 낙후성과 밀접하게 관련되어 있음을 강조한다. 김준엽의 이러한 노선은 이후 미국의 근대화론과 취약 지역 경제 발전 뒷받침을 주장하는 쪽으로 나아간다. 1945년 이후 적화하는 동남아시아를 불안하게 주시한 남한 지식인들의 담론에 관한 분석으로는 김예림, 「1950년대 남한의 아세아 내셔널리즘론」, 『아세아연구』 55(1), 고려대학교 아세아문제연구소, 2012. 3 참조.

45) 1960년대 동백림 사건의 문화정치적 의미에 대한 자세한 분석으로는 임유경, 「한국적 냉전의 토폴로지 : '동백림 사건'의 문화정치적 의미와 '증언'이라는 행위」, 2014 상허학회 학술대회, "체제의 문법, 한계 혹은 대항의 장소들 : 박정희 체제(1960~1979)와 지식/문학/문화" 자료집 참조.

문제는 탐구되고 또 그 분위기가 보장되"어야 한다는 취지의 주장이었다.[46] 북한과 공산주의권 아카이브로서 선도적으로 연구 환경을 개척하고 자신의 역량과 기능을 차곡차곡 축적해왔던 아세아문제연구소로서 취할 수 있는 당연한 반응이었다. 1960년대의 제도화된 북한연구가 박정희 정권의 이해와 별다른 갈등 없이 내내 공존·양립할 수 있었으면서도 때로 상충했던 한 대목이었던 셈이다.

3) 월경하는 냉전 지식

지역연구의 장에서 생성되는 냉전 지식이란 그 본성 상 글로벌하며 진영 내에서의 끊임없는 상호 정보 교환과 협업을 통한 축적 과정을 통해 성립된다. 여기에는 물론 진영 바깥, 즉 외부 지식과의 두려움에 기반한 경쟁이 전제되어 있다. 북한에 대한 지식의 성립 과정 역시 이와 다르지 않았으며 실제로 국제적인 '교류'와 '협력' 가운데 남한 사회에 제도적으로 정착되었다는 점은 이미 살펴보았다. 그런데 이 대목에서 눈길을 끄는 것은, 당시 미국을 제외하면 동아시아에서 가장 영향력 있는 냉전 지식의 국제적 루트였던 일본의 존재와 그 성격이었다.

돌이켜 보면, 1960년대 일본이라는 존재는 당시 남한 주류 사회의 입장에서 볼 때 지극히 양가적이고 모호한 존재로 다가왔다. 1965년 한일국교 수교를 전후하여 전 국민적 관심의 대상으로 갑작스레 부상한 일본은 물론 미국을 배후로 한 동아시아 반공 블럭의 여전한 핵심이었다. 그러나 그와 동시에 일본은 조총련(재일본조선인총연합회)과 일본공산당(JCP)의 존재가 웅변하듯, 북한과 공공연하게 연결되는 단체들이 남한의 치안 통제 범위를 넘어서서 건재하는, 그야말로 수상스러운 '용공' 내지 '친공'의 통로이기도 했다. 요컨대, 진영 '내부'임이 확실하지만, 동시에

---

46) 「문화계 67년, 결산과 과제(5) 공산권 연구의 분위기」, 『동아일보』 1967. 12. 28.

'외부'와도 연결되어 있다는 점에서 일본은 결코 마음 놓을 수 없는 이중적
공간인 셈이었다. 재식민화의 우려와 '민족적 굴욕'이라는 이유 이외에,
지식인이건 일반 대중들이건 한일수교를 반대하는 논리에서 적지 않은
부분을 차지했던 것도 바로 이 반공의 명분, 즉 일본이 북한과 어떤
식으로든 교류하고 있는 정체불명의 '애매모호한' 국가라는 점이었다.[47]
적어도 1970년대 말까지 일본 지식인들이 군사독재 정권인 남한보다
아시아 사회주의 국가의 하나로서 북한을 상대적으로 더 높이 평가한
것도 널리 알려진 사실이다. 실제로, 당시 일본 지식인들이 북한을 방문하
고 작성한 여행기들은 정도의 차이는 있지만, 북한의 경제 발전을 "'자립적
민족경제'의 형성"으로 간주했으며 "제3세계에 영향을 미칠" 긍정적 모델
이라는 데 동의하고 있었다.[48]

  물론 엄밀히 말하자면, 당시 일본은 한일수교 직전까지 한국과 마찬가지
로 북한에 대해서도 적대적인 정책 기조를 취하고 있던 것이 사실이었다.
그러나 1950년대 후반부터 일본에서 대대적인 선전 속에 진행되고 있던
재일교포들의 대규모 북한 귀송 사업은 일본 정부가 어떤 식으로든 북한
정권과 밀접하게 연결되어 있다는 믿음과 확신을 주기에 충분했다. 확실
히, 일본은 남한 대중들에게 합법적인 북한행이 가능한 곳이라고 상상되었
다.[49] 일본과 북한 사이로 인간과 물자, 그리고 지식이 서로 왕래할 가능성

---

47) 민병기, 「기본 관계의 문제점—두 개의 한국을 용인하려는가」, 『사상계』, 1964.
  4 임시증간호.
48) 와다 하루키는 『북조선』에서 1970년대 북한을 방문했던 세 사람의 일본 지식인의
  여행기를 비판적으로 검토하고 있다. 이 기행문들은 미라이샤(未來社)의 편집장
  마츠모토 쇼오지(松本昌次)가 쓴 『조선여행』(1975), 와세다대학 교수 니시카와
  쥰(西川潤)이 1976년 『세카이』지에 연재한 「북조선의 경제 발전」, 마지막으로
  작가 오오타 마코토(小田實)의 『나의 조선』(1977)이다. 와다 하루키, 『북조선』,
  돌베개, 2002, 19~22쪽.
49) 1969년 정훈상이라는 한국 청년이 북한에 살고 있는 부모를 만나겠다는 일념으로
  복무하던 군대를 탈영하여 일본으로 밀항한 사건이 있었다. 휴전선을 넘어 월북하
  려던 그는 자대 소속 배치를 원했던 대로 받지 못하자, 휴가 중 탈영하여 부산을

은 아닌 게 아니라 남한으로 투항한 월남 귀순자들의 존재 그 자체가
방증하는 것이기도 했다. 실은, 일부 귀순자들이야말로 과거 일본과 여러
루트로 깊이 연루되어 있었는데, 앞서 언급한 한재덕, 최광석 등은 애초
첩보 공작의 임무를 띠고 북한에서 일본으로 투입되었다 그 곳에서 다시
남한으로 전향한 케이스들이었다. 38선을 직접 월경하는 대신 일본이라는
우회로가 개입된 셈인데, 특히 한재덕의 경우는 1955년 니이가타(新潟)
항에서 첩보 활동을 마치고 북한으로 출항하기 직전 검거되었다 풀려났고,
이후 2차로 파견된 1959년 다시 일본 경찰에 검거된 경력의 소유자였다.
일본에서 대학을 졸업하고 일본 언론사에서 기자 생활을 했던 그의 이력에
서 짐작할 수 있듯이, 일본은 북한의 정보 당국자들에게도 자국 출신
정예 엘리트들이 현지의 각계 인물들과 폭넓게 접촉하면서 대남 첩보
활동을 할 수 있는 비교적 자유로운 공간으로 인식되었다.[50]

　공인된 북한 전문가들이자 당시 일본 상황에도 밝았던 월남 귀순자들은
따라서 '외부 일본'을 경유해 한국 사회에 유입되어오는 북한에 관한
다양한 지식 정보들의 진위 여부를 판단하고 그 지식들을 '교정'하는
역할을 겸임하게 된다. 이러한 맥락에서 단연 주목할 만한 텍스트로는,
『사상계』에 1년 넘게 연재된 이후 단행본으로 출간된 이철주의 『북의
예술인』(1965)을 들 수 있다.[51] 제목에서 이미 드러나듯, 『북의 예술인』은

경유하여 밀항에 성공, 일본에 도착했다. 출입국 관리법 위반으로 체포된 그는
공판에서 일본은 그야말로 북한으로 가기 위한 기착지였다고 주장했는데, 정훈상
의 인식에서 보이듯 당시 일본은 남한 대중들에게 합법적인 북한행이 가능한
곳이라고 상상되었다. 권혁태, 「북으로 간 탈영병 정훈상」, 『황해문화』, 새얼문화
재단, 2014. 봄.
50) 한재덕, 『김일성을 고발한다』, 위의 책, 4쪽 ; 오기완, 「대일 언론인 간첩 한재덕」,
『통일한국』 22호, 평화문제연구소, 1985. 9 ; 남원진, 「한설야의 문제작 「개선」과
김일성의 형상화에 대한 연구」, 『비평문학』 44, 한국비평문학회, 2012. 6. 오기완의
글에는 한재덕이 일본에서 검거되어 귀순한 연도가 1960년으로 표기되어 있으나,
당시 신문 자료들이나 한재덕 본인의 서술에 따르면 1959년이 맞는 것으로
보인다.

일본 추리소설의 거장 마쓰모토 세이쵸(松本淸張)가 월북한 문학인 임화를
실명 모델로 삼아『쥬오코오론(中央公論)』에 연재한『북의 시인(北の詩人)』
을 명백히 의식한 것이었다.

> 임화가 월북하여 사형장의 이슬로 사라지던 날까지 같은 하늘 아래에서
> 생활을 같이 한 나로서는 마쓰모토 세이쵸의「북의 시인」을 부정하지 않을
> 수 없었다. 그러나 공통적인 것은 임화의 비참한 말로에 틀림이 없으나
> 그가 그토록 비운의 말로를 걷지 않을 수 없었던 요인에 대해서는 나는
> 마쓰모토 세이쵸와는 견해를 달리 하며 그의 죽음에 대한 동정도 또한
> 뜻을 달리한다. … 오히려 나는 어떤 일방적 공판기록, 예컨대 북괴가
> 조작한 박헌영 이승엽 임화 등 일당에 대한 공판기에 이해 추리나 허구
> 위에서 어떤 특정 인물을 주관에 사로잡히지 않고 … 옛 동료들의 생활 단면을
> 적나라하게 적어보려는 것이다.52)

사회파 추리소설로 널리 알려진 마쓰모토 세이쵸는 일본의 패전 직후
미군정(GHQ)과 일본 정부가 합작하면서 급작스럽게 시행한 과거 레드퍼
지(red purge) 사건들에 음모론적으로 접근하는 형식의 추리소설들을 다수
출판한, 당대 일본 최고 베스트셀러 작가 중 하나였다. 그 자신 2차 대전
말기 징집되어 패전을 조선의 정읍에서 맞이한 경력을 가진 마쓰모토가
이번에는『북의 시인(北の詩人)』을 통해, 작가적 시야를 패전 직후 일본에서
이웃 조선의 혼란스러운 해방기 정국으로 수평 이동한 셈이었다. 패전
일본 정부와 미군정이 합작하여 일련의 공안사건들을 조작했을 가능성에

---

51) 당시 매체들은 황해도 해주 출신 이철주의 귀순을 다음과 같이 묘사했다. "황해도
   해주 평양에 육십 노모와 처와 두 어린 것을 가지고 있는 이는 선전성에 근무하다가
   중앙당 지령으로 6개월간의 교육을 받은 후 남한에 평화통일 운동의 지하조직을
   만들 것을 지령받고 지난 6월 23일 평양을 출발하여 해주에 도착, 28일 소형
   선편으로 인천에 상륙하여 기차를 타려다가 특무대원의 검문에 걸려 체포되어
   전향"했다.『동아일보』1957. 8. 4.

52) 이철주,『북의 예술인』, 계몽사, 1965, 13~14쪽.

착안했던 그는 동일한 시기 미군정 치하 조선에서 대규모로 벌어졌던 일련의 좌파 숙청 사건들에 대해서도 마찬가지로 음모론적 시각으로 접근했다.『북의 시인(北の詩人)』이라는 이 일본어 연재물에서 가장 문제가 되었던 대목은 해방기 좌파들을 대거 지하로 잠입하게 만든 정판사 위폐 사건에 관한 마쓰모토의 동정적 서술이었다. 그리고 임화의 월북에 미군정이 깊숙이 개입하여 대북 간첩 임무를 제안했을 가능성을 '가설'이 아닌 확고한 팩트로서 다룬 부분도 적지 않은 파장을 불러 일으켰다.

『북의 시인』이 일본 출판계에서 큰 반향을 얻고 그 여파가 한국 독서 시장과 여론에까지 미치게 되자 곧 귀순자 출신의 이철주를 필두로 하여 일대 반격이 시작되었다. 국내 잡지『동아춘추』지면을 통해서 마스모토 세이쵸와『쥬오코오론』의 해명 기사가 실리는 한편, 해방기 정판사 위폐 사건에 직접적으로 연루되었던 초대 수도경찰청장 장택상 등은『북의 시인』의 사실성 여부를 조목조목 따지는 반박문을 수차 싣게 된다.[53] 기억할 만한 것은 이 논쟁의 와중에서 귀순자들을 포함한 남한의 논자들이 마스모토 세이쵸를 공격하는『산케이 신분(産經新聞)』이나『요미우리 신분(讀賣新聞)』과 같은 일본 내 우파 매체나 우파 문인들의 발언을 적극 인용하며 지면 상으로 '트랜스내셔널한' 연합 전선을 형성했다는 점이다. 그들은 '마스모토 세이쵸'-'조총련계 조선 작가들'-'일본 공산당'을 하나의 '친공' 성향 네트워크로 묶어 국내 언론에 부각시켰다. 따지고 보면, 마스모토 세이쵸를 가장 날카롭게 공격했던 한국의 논자들은 장택상 까지를 포함하여 5·16이후 계엄령 하에서 잠정적으로 정치 활동을 금지 당한 원로급 인사들이었다. 그들에게 마쓰모토의『북의 시인』사건은

53)「韓國元法相にかみつかれた松本清張」,『週刊讀賣』1961. 12. 30. 주간 요미우리의 이 기사는『동아춘추』창간호에「韓國元 法相에 물어뜯긴 松本清張씨」라는 제목으로 번역되어 실린다. 장택상,「續松本清張씨에게 묻는다」,『동아춘추』2.1, 1963 ; 조풍연,「松本清張論」,『동아춘추』2. 1, 1963.

자신들의 녹슬지 않은 반공 마인드와 4·19를 대체한 군정에 대한 애국
충정을 과시하는 절호의 기회였던 것으로 보인다. 결과적으로,『북의
시인』을 둘러싼 한일 간의 논쟁 과정에서 명백하게 드러난 것은 북한에
관한 지식이 구축되는 과정에서 이웃 일본이라는 루트가 차지하는 결코
적지 않은 비중, 나아가 북한을 위시하여 냉전적 지식 일반과 인맥이
남한-일본을 횡단하며 사안에 따라 기민한 움직임으로 국경을 초월하여
결집할 수 있다는 사실이었다.

　덧붙이자면, 1960년대 적색 일본과 관련하여 당시 남한 미디어에 가장
명분 있는 타겟이 되었던 이슈들은 주로 조총련과 "일본 정부의 묵시적
협력"하에 진행되는 재일교포 북송사업의 기만성, 그리고 일부 재일교포
들이 주장하는 '평화공존론'의 허위성, 북한과의 공공연한 연계 가능성
등이었다. 확실히, 적색 일본에 대한 두려움은 상당한 것이어서, 북한의
'공간적 연장'이라는 맥락에서『사상계』에도 "재일본 조총련의 내막"과
같은 성격의 기사들이 실리곤 했다.54) 1960년대 중후반 이후부터 발행인
장준하를 중심으로 박정희 정권의 독재 정치에 첨예한 대립각을 세웠던
『사상계』이지만, 이 잡지는 북한과 관련해서만큼은 월남자 그룹 일반의
특성을 여전히 강하게 간직하고 있었다. 물론『사상계』가 1955년 편집위원
회를 처음으로 구성하면서 자사의 편집방향 제 1항목으로 통일 문제를
민족 최고의 지상 과제로 천명했던 것은 틀림없는 사실이다.55) 그러나
잘 알려진 대로,『사상계』는 '통일'이라는 궁극의 목표를 달성하기 위해
적어도 1960년대 전반까지는 '교육'이나 '문화'와 같은 비교적 온건한
노선에 집중했다. 실제로, 장준하의 대북관이나 통일관 역시 상당히 경직
되어 있었는데, 그가 민주화 운동과 통일 운동을 동일한 맥락에서 결부시켜

54) 박도경,「재일본 조총련의 내막」,『사상계』, 1961. 1 ; 최대현,「최근의 북괴와
　　조총련의 공작 전술 현황」,『사상계』, 1966. 5.
55) 김건우, 위의 책, 61쪽.

사고하게 되는 것은 적어도 1972년 7·4남북공동성명 발표 이후의 일이었다.[56] 군사 정권에 거리를 둔 비판적 지식인들 사이에서 통일 개념이 '용공(容共)'의 맥락으로부터 보다 자유로워지고, 통일을 '민주주의의 실현'이라는 지평에서 유연하게 사유할 수 있게 되기까지는 시간이 조금 더 필요한 셈이었다.

그렇다면, 장준하와 동일한 광복군 출신의, 예의 김준엽이 이끈 아세아문제연구소의 경우는 어땠을까. 연구소는 1970년대 초반 『조총련 연구』와 같은 시리즈 저작을 출간하는데, 이 텍스트들 역시 북한과 일본 내 친공 성향 동조자(sympathizer)들을 연계하여 함께 관리하려는 시선 속에서 산출된 결과물이었다. 1973년, 일본 도쿄에서 김대중이 납치당한 직후, 일부 국내 언론이 중앙정보부가 아닌 조총련의 소행이라고 과감하게 추정 보도할 수 있었던 것도 적색 일본이라는 표상이 차곡차곡 축적되어 온 선행 컨텍스트의 토대 위에서 발생한 해프닝이었다.[57]

돌이켜 보건대, 1960년대 후반에 접어들어 미국의 지역연구가 베트남전쟁을 계기로 변화와 지각 변동을 겪어내며 비판적 학문으로서의 가능성을 스스로 모색한 것과 비교하면, 냉전 지역연구의 태생적인 글로벌한 호환성에도 불구하고 이 시기 소위 '중심'과 '주변'이 변화를 받아들이는 시차(time-lag)는 여전히 완강했던 것으로 보인다. 물론, 여기에는 '냉전'의 개념 자체가 가진 근본적인 문제, 즉 과연 "누구의 냉전이었느냐" 하는 차원이 개입되어 있을 수밖에 없었다.[58] 이른바 냉전 시대를 일련의 '핫'한 전쟁들로 가득 채운 동아시아에서, 그리고 배타적 체제경쟁이

---

56) 김삼웅, 『장준하 평전』, 시대의 창, 2009, 502~506쪽.

57) 임헌영, 「74년 문인간첩단 사건의 실상」, 『역사비평』 13호, 역사비평사, 1990. 11.

58) 냉전 개념의 명백한 서구 편향성에 관해서는 권헌익, 이한중 옮김, 『또 하나의 냉전』, 민음사, 2013 서론과 1장을 참조(Heonik Kwon, The Other Cold War, Columbia Studies in International and Global History, Columbia University Press, 2010).

그 탄생 이래 구조적으로 내재화된 한반도에서, 북한연구가 변화의 흐름을
받아들이고 여기에 자발적으로 접속하기까지에는 세계적 차원의 냉전
'종식' 이후에도 아직 더 오랜 시간이 소요될 것이었다.

4. "생은 다른 곳에":
경계인의 운명과 내부 비판의 상상력

　1960년대 월남 지식인들이 주도적으로 생산한 '학문'과 '지식'으로서의
북한 재현은 물론 정도의 차이는 있지만, 선험적으로 부여된 '비국민'의
낙인을 벗어내고 스스로를 남한 체제에 동일시하는 과정에서 남한 국민이
라는 "자기 증명"과 인정투쟁의 증거가 된 경우였다. 이제 이 글의 서두에서
이야기했던 대로, 당대 공론장에서 예외적 담론이 배치되었던 상황과
그것이 야기한 맥락 상의 효과를 살펴 볼 차례이다. 이를 위해, 일단
약간의 우회로를 택해보기로 하자.

　냉전의 상징인 베를린 장벽이 무너진 1989년, 이북 출신의 월남한
소설가 이호철은 『문』이라는 제목의 장편 소설을 펴낸다. 이 소설은
1974년 그가 이른바 '문인간첩단' 사건의 일원으로 구속되어 약 4개월간의
형무소 생활을 한 자전적 경험을 토대로 완성한 일종의 르포문학이다.
알려진 바대로, 이호철이 법정에서 징역 1년 6개월을 선고받고 실형까지
살게 된 결정적인 이유는 그가 박정희 정권의 유신에 반대하여 새로운
헌법을 제정하기 위한 문인들의 개헌 지지 서명 운동에 참여한 때문이었다.
그러나 당시 이호철의 표면적인 구속의 이유는 이 사건의 명칭에서 드러나
듯 바로 '간첩' 혐의였다. 재일교포 사회에 기반을 둔 잡지사의 초청으로
일본을 여행하게 된 그가 그 곳에서 이북 고향의 동창생을 만나 미처
졸업하지 못하고 떠난 학교의 졸업장을 전달 받은 것이 그에게 씌어진

'간첩' 혐의의 결정적인 물증이었다. 1932년 함남 원산 출신의 이호철은 『문』이라는 이 텍스트에서 흥미로운 소설적 장치를 마련해 둔다. 바로 작가 자신과 흡사한 월남자–소설가 주인공으로 하여금 감옥에서 동향 출신의 '진짜' 간첩 사형수를 대면하게 하는 설정이다. 서로 비슷한 처지이면서도 이념적으로는 결국 노선을 달리할 수밖에 없는 두 사람은 '월남자/간첩'의 아슬아슬한 경계에서 자신들의 존재가 남한 사회에서 과연 어떠한 의미인가를 오래도록 사유한다.

『문』의 주인공 화자에 따르면, 자신을 포함하여 월남자들이란 언제든지 간첩으로 몰릴 수 있을 만큼 남한 사회에서 '비국민'의 범주와 근접해 있는 사람들이다. 주인공은 실제로 '간첩' 사형수의 강직한 인품을 흠모하며 "선생께서는 그냥 그 방에 있음으로 하여" 이 혼탁한 "남쪽 세상의, 이 남쪽 세상을 살아가는 모든 사람을 비추어내는 거울 노릇을 하고 있다"고 고백한다. 이 텍스트가 눈길을 끄는 것은 그럼에도 불구하고, 남한에 뿌리내릴 수밖에 없는 월남자로서의 자신의 처지를 주인공이 명료하게 의식하고 있다는 점이다. "고향에 영원히 못 돌아갈망정", "20년 전 그 당시의 북쪽 체제로 고스란히" 돌아가는 것만은 전혀 원하지 않는 사람들이라는 점에서 월남자들은 매우 역설적인 방식으로 "현재 남쪽 체제를 지탱하는 마지막 지렛대"와 같은 존재들이라는 것. 월남자–소설가 주인공이 '간첩' 사형수의 존재를 마주하며 얻은 깨달음이다.[59]

이호철이 내린 월남자의 존재론적 규정에서 유추할 수 있듯이, 그는 등단작인 『탈향(脫鄕)』(1955)에서부터 떠나 온 이북에 대한 감정과 태도가 여타 월남 작가들에 비해 단연 이채로운 편이었다. 낯선 부산 땅에 짐짝처럼 부려진 네 명의 북한 출신 소년이 서로를 가족처럼 의지하다 결국 등을 돌리게 되는 과정을 그린 이 소설에서 읽어낼 수 있는 것은 월남인이라

---

59) 이호철, 「문」, 『이호철 전집 5』, 청계, 408~409쪽.

면 응당 가지고 있을 노스탤지어라는 감정 자체의 부정이나 그것의 부재는 아니다. 오히려, 이 소설의 새로움은 아귀다툼과 같은 남한 땅에서 이후 새로운 삶을 꾸려나가는 데, 과거의 기억과 인연들이 오히려 부담과 족쇄로 작용할 수도 있다는 사실을 '발견'했다는 점, 노스탤지어라는 과거의 심리적 방어 기제를 동원해 현재의 곤경을 쉽사리 봉합하지 않았다는 점에서 찾을 수 있다. 남한에서의 삶을 월남자들 특유의 감상적이고 원한에 찬 '실향'이나 '실향민 의식'으로서가 아닌, '탈향'이라는 이호철 특유의 문제 틀로 새롭게 전환시킨 셈이었다.

그렇다면, '탈향' 이후의 삶은 어떻게 전개될 것인가. 노스탤지어와 의식적으로 거리를 두는 지점에서 시작된 이호철의 소설 세계는 이후 경계인으로서의 월남인들이 좋든 싫든 발 딛고 살아갈 수밖에 없는 전후 남한이라는 이른바 천민자본주의 사회에 대한 보다 본격적인 탐구로 나아가게 될 터였다. 예를 들어, 그가 장편소설 『소시민』(1964)에서 천착했던 것은 무서운 속도로 진행되는 남한 사회의 '속악화'였다.("이 무렵의 부산 거리는 어디서 무엇을 해먹던 사람이건 이곳으로만 밀려들면 어느새 소시민으로 타락해져 있게 마련"[60]이었다.) 주목할 것은 『소시민』의 배경이 된 피난 수도 부산이 파행적 시장화가 확산되는 상징적 거점이기도 하지만, 동시에 이 도시가 북한과 절연되거나 완전히 이질적인 공간이 아니라 '북한-타자'의 흔적을 지나간 역사의 궤적으로서 간직한 공간 혹은 자신의 내부에 이미 타자성을 가득 포함하고 있는 공간으로 재현되었다는 점이다. 『소시민』이 부산을 배경으로 과거 신념에 가득 찼던 사회주의자들의 전후 '후일담'을 주조해냈던 것, 그들이 정글과 같은 남한 자본주의 사회에서 어떻게 입신출세주의자로 빠르게 변모해 갔는지 혹은 변하지 않은 채 시대의 뒤편으로 영락해 가는지 포착할 수 있었던 것은 확실히

60) 이호철, 『소시민 : 이호철 문학선집 1』, 국학자료원, 2001, 13쪽.

1960년대 '재현의 정치'가 거둔 소중한 성과 중의 하나이다. 결국 이 소설의 이북출신 청년 주인공에게 맡겨진 주요한 역할은 남로당 인사나 보도연맹 전향자와 같은 과거의 이데올로그들이 자본주의의 소용돌이 속에 내던져져 분투하다 조용히 사라지는 과정을 '관찰'하고 '애도'하는 것이었던 셈이다. 그리고 이 과정을 통해 그들은 "괴물이었던 공산주의자"에서 내면을 가진"61) 한 사람의 인간으로 비로소 재해석된다.

이호철 이외에도, 그와 마찬가지로 **"월남한 사람이 겪는 〈의식 속의 北〉과 실생활로 감당해 가는 〈南의 정체〉"**사이에서 고군분투했던, 소수의 계보는 드물지만 분명 존재했다.62) 이호철보다 4년 아래인 1936년생으로, 함남 회령 태생인 최인훈63)의 텍스트들 역시 이 계보에 놓일 수 있는 좋은 예이다. 최인훈은 이른바 분단소설의 효시로 잘 알려진 『광장』(1960)을 발표할 당시 총 4장으로 구성된 소설의 한 장인 3장 전체를 북한 사회를 재현하는 데 오롯이 할애한 바 있다. 주인공 이명준의 자진 월북이라는, 1950년대라면 결코 상상하기 어려웠을 이 대담한 소설적 장치를 통해 가능했던 북한에 대한 묘사는 물론 그 자체만 놓고 보면 현실 속 월남 귀순자들의 그것과 큰 차이가 없는 것처럼 보이기도 한다. "저는 느꼈습니다. 제가 주인공이 아니고 '당'이 주인공이란 걸. '당'만이 흥분하고 도취합니다. 우리는 복창만 하라는 겁니다. … '일찍이 위대한 스탈린 동무는 말하기를…' 그렇습니다. 모든 것은, 위대한 동무들에 의하여, 일찍이 말해져 버린 것입니다."64)

---

61) 류경동, 「세태의 재현과 불온한 유령들의 소환 : 이호철의 『소시민』을 중심으로」, 『겨레어문학』 41호, 겨레어문학회, 2008, 459~481쪽 ; 박진영, 「전쟁의 유산 : 이념의 해체와 그 애도로서의 소시민화─이호철의 『소시민』(1964)을 중심으로」, 『현대문학이론연구』 57권 0호, 현대문학이론학회, 2014, 79~95쪽.

62) 논지 전개와 지면 관계상 이 글에서 언급하지는 않았지만, 안수길 역시 이 계보에 올릴 수 있다. 안수길에 관해서는 지면을 달리하여 살펴보는 것이 적당할 듯하다.

63) 최인훈은 원산에서 유년 시절을 보내고 1950년 전쟁의 와중에 가족과 함께 월남한 경우였다.

남과 북 양측을 고르게 비판한 것으로 알려진『광장』에 묘사된 북한의
모습은 과연 혁명의 열정이 아닌 일당 독재의 무겁고 어두운 공기가
지배하는, 스탈린의 행적이 이미 종교의 수준으로 숭배되는 경직된 사회임
에 틀림없었다. 그럼에도 불구하고,『광장』에서 바뀌지 않을 부동의 사실
은 이 텍스트의 북한 비판이 언제나 남한 사회에 대한 도저한 비판을
전경화하기 위해 전략적으로 제기된, 철저하게 맥락 의존적인 것이었다는
점이다. 최초 출간으로부터 장장 15여년에 걸친 총 6개의 판본 수정으로
유명한 이 소설에서 북한 비판 부분인 3장의 분량이 회를 거듭하면서
차차 보강된 사실에서 알 수 있듯이, 실상 4·19 직후 발표된 소설 전체의
구성과 초점은 단연 부패하고 무능한 남한 사회를 향한 비판에 정조준
되어 있었다. 청년 이명준이 절망 속에 월북을 감행할 만큼, 사적인 '밀실'만
이 존재하고 공공성의 '광장'은 증발되어버린 남한 사회에 대한 생생한
비판의 세목들은 1960년 초판 소설 내부에서라면 확실히 북한에 대한
이러저러한 예측 가능한 비판들을 압도하는 까닭이다.[65] 물론 작가 자신
공언한 대로,『광장』의 파격은 5·16의 도래 직전에 발표되었다는 시기적
행운과 더불어 어디까지나 "빛나는 4월이 가져온 새 공화국에 사는 작가의
보람"[66]으로 인해 가능했던, 한시적이고 제한된 성취였다.

일찍이 에드워드 사이드는『지식인의 표상』에서 지식인이란 누구인가
라는 질문을 던진 바 있다. 흥미롭게도, 그는 자신의 고향을 떠나 어디서도
편안함을 느끼지 못한 채 "사회적, 도덕적으로 불가촉 천민으로 전락할
위험이 있는" 망명자의 조건을 지식인의 은유적 표상으로 제시한다.

64) 최인훈,『광장/구운몽 : 최인훈 전집 1』, 문학동네, 134쪽.
65)『광장』의 개작 양상을 좇아가면서『광장』의 원형성이 남한 사회 비판에 있음을
    자세히 밝힌 연구는 한기, 「「광장」의 원형성, 대화적 역사성, 그리고 현재성」,
    『작가세계』, 작가세계 2(1), 1990. 봄.
66) 최인훈,『광장』, 재판 전집판, 17쪽.

그들은 언제나 "온전히 적응하지 못하는 상태, 언제나 본토인들이 거주하는 허물없고 친근한 세계로부터 벗어나 있다는 느낌"을 항구적으로 간직한 사람들이다.[67] 지식인의 정의가 그러하다면, '지식'의 규정도 여기에서 멀리 나갈 수는 없다. '망명자-지식인'이 산출하는 지식이란 결국 그가 떠나 온 과거의 돌아갈 수 없는 고향에 대해서 뿐만 아니라 그가 현재 살아가고 연루되어 있는 사회 내부에 대한 비판으로 필연적으로 방향전환할 수밖에 없는, 그러한 형태의 고단한 '앎'이다.

참고문헌

1. 자료

『경향신문』, 『국회보』, 『동아일보』, 『동아춘추』, 『사상계』, 『세계』, 『조선일보』,
    『통일한국』, 『한국일보』, 『週刊讀賣』

김창순, 『북한십오년사』, 지문각, 1961.

고려대학교 아세아문제연구소, 『아세아문제연구소 연력과 현황』, 1967.

고려대학교 아세아문제연구소, 『아세아문제연구소 약사』, 1964.

박동운, 『북한 통치기구론』, 고려대학교아세아문제연구소, 1964.

방인후, 『조선노동당의 형성과 발전』, 고려대학교아세아문제연구소, 1967.

양호민, 『북한의 이데올로기와 정치』, 고려대학교 아세아문제연구소, 1967.

이북5도위원회, 『이북 5도 30년사』, 1981.

이동준, 『역사의 증언』, 내외문화사, 1969.

이호철, 『이호철 전집 5』, 청계, 1988.

이철주, 『북의 예술인』, 계몽사, 1965.

최인훈, 『광장/구운몽 : 최인훈 전집 1』, 문학동네, 2010.

한재덕, 『김일성을 고발한다 : 조선노동당 통치 하의 북한회고록』, 내외문화사, 1965.

---

67) 에드워드 사이드, 최유준 옮김, 『지식인의 표상』, 마티, 2012(Edward W. Said, *Represantaions of the Intellectual : The 1993 Reith Lectures*, Vintage : Reprint edition, 1996) 61~77쪽.

마스모토 세이쵸, 김병걸 옮김, 『북의 시인 임화』, 미래사, 1987.

월레스 브라운, 『고난의 포로생활』, 내외문화사, 1963.

죠지 벤슨, 『국제공산주의의 목표와 전략 : 동남아세아 및 서태평양 지역』.

『괴뢰(傀集)의 대(對)남침 책략사 : 해방 이후 오늘에 이르기까지』, 내외문화사,
       1962.

『넘겨다 본 세계 : 공산사회의 서민생활』, 내외문화사, 1963.

『어떤 귀순자의 수기』 내외문화사, 1962.

『오늘의 북한 : 북괴 독재구조의 해부』, 내외문화사, 1962.

『오늘의 중공 上下』, 내외문화사, 1963.

『월맹의 공산주의』, 내외문화사, 1966.

『중립주의 해부』, 내외문화사, 1963.

『중소분쟁문헌집』, 내외문화사, 1963.

『크레믈린 하의 파벌투쟁』, 내외문화사, 1967.

2. 논문 및 단행본

권보드래·천정환, 『1960년을 묻다』, 천년의상상, 2012.

권헌익, 이한중 옮김, 『또 하나의 냉전』, 민음사, 2013(Heonik Kwon, The Other
       Cold War, Columbia Studies in International and Global History, Columbia
       University Press, 2010).

권헌익·정병호, 『극장국가 북한』, 창비, 2013.

권혁태, 「북으로 간 탈영병 정훈상」, 『황해문화』, 새얼문화재단, 2014. 봄.

김건우, 『사상계와 1950년대 문학』, 소명출판, 2002.

김미란, 「1960년대 소설과 민족/국가의 경계를 사유하는 법」, 『한국학논집』 51호,
       계명대학교 한국학연구원, 2013.

김민환, 「『민족일보』의 남북문제 논설 내용분석」, 한국언론학회 학술대회 발표논
       문집, 2005.

김보영, 「4월 민중항쟁 시기의 남북협상론」, 『4·19와 남북관계』, 2000.

김삼웅, 『장준하 평전』, 시대의창, 2009.

김성보·기광서·이신철, 『사진과 그림으로 보는 북한 현대사』, 웅진지식하우스,
       2004.

김예림, 「1950년대 남한의 아세아 내셔널리즘론」, 『아세아연구』 55(1), 아세아문제
       연구소, 2012. 3.

김준엽, 『장정(長程) 2 : 나의 광복군 시절』, 나남, 1989.

남원진, 「한설야의 문제작 「개선」과 김일성의 형상화에 대한 연구」, 『비평문학』 44호, 한국비평문학회, 2012. 6.

류경동, 「세태의 재현과 불온한 유령들의 소환 : 이호철의 『소시민』을 중심으로」, 『겨레어문학』 41호, 겨레어문학회, 2008.

박진영, 「전쟁의 유산 : 이념의 해체와 그 애도로서의 소시민화―이호철의 『소시민』(1964)을 중심으로」, 『현대문학이론연구』 57권 0호, 현대문학이론학회, 2014.

이서행, 『새로운 북한학』, 한국정신문화연구원, 2002.

임유경, 『1960년대 '불온'의 문화정치와 문학의 불화』, 연세대학교 국어국문학과 박사논문, 2014.

임유경, 「한국적 냉전의 토폴로지 : '동백림 사건'의 문화정치적 의미와 '증언'이라는 행위」, "체제의 문법, 한계 혹은 대항의 장소들 : 박정희 체제(1960~1979)와 지식/문학/문화" 자료집, 상허학회 학술대회 2014.

임헌영, 「74년 문인간첩단 사건의 실상」, 『역사비평』 13, 역사비평사, 1990. 11.

정문상, 「김준엽의 근현대 중국론과 동아시아 냉전」, 『역사비평』 87호, 역사비평사, 2009.

한 기, 「「광장」의 원형성, 대화적 역사성, 그리고 현재성」, 『작가세계』 작가세계 2(1), 1990. 봄.

밀란 쿤데라, 박성창 옮김, 『향수』, 민음사.

와다 하루키, 『북조선』, 돌베개, 2002.

에드워드 사이드, 최유준 옮김, 『지식인의 표상』, 마티, 2012(Edward W.Said, *Represantaions of the Intellectual : The 1993 Reith Lectures*, Vintage : Reprint edition, 1996).

Arjun Appadurai, 「Grassroots Globalization and the Research Imagination」, in Arjun Appadurai, ed, *Globalization*, Durham : Duke University Press 2001.

제2장
남북의 '민족' 전유와 국민/인민 만들기

해방 공간과 인민, 그리고 민족주의와 민주주의*

임 종 명

1. 서론 : 인민과 해방 공간

1945년 8월의 해방 직후 남한은 당대 사회 거의 전(全)영역에서 '인민'이라는 기표(記標)가 범람하던 '인민의 시·공간'이었다. 이것은 해방 공간의 정치·사회·문화 제(諸)현장에서 쉽게 확인된다. 우리는 1945년 9월 선포된 조선인민공화국(이하 인공)의 '국호'에서, 또 전국 각지에서 조직·운영되고 있었던 '인민위원회'(이하 인위)라는 '정치기구'의 명칭에서, 또 여운형이 창당했던 조선인민당이나 근로인민당이라는 정당 명칭에서 우리는 "인민"을 쉽게 만날 수 있다.[1] 또한 『朝鮮人民報』와 같은 신문의 제호에서, 또 『人民』, 『人民藝術』, 『人民評論』, 『人民科學』 등의 잡지명에서, 심지어

---

 * 본 논문은 필자가 연세대학교 국학연구원의 학술대회 '분단시대의 앎의 체제, 그 너머'(2014년 6월 19일~20일)에서 발표한 '해방 공간, 민족주의와 민주주의, 그리고 인민'을 이후 발전시켜 공간한 두 편의 논문, 즉 「해방 공간과 인민, 민족주의와 민주주의」(『한국사연구』 제167호, 한국사연구회, 2014)와 「해방 직후 인민의 문제성과 엘리트의 인민 순치」(『동방학지』 제168호, 연세대학교 국학연구원, 2014) 중 앞의 논문을 저본으로 하여, 일부 내용을 수정·보완한 것이다. 앞의 학술대회에서 토론자로서 귀한 비평을 주신 이하나 선생님께 감사드립니다.
 1) 여운형, 「人民을土台로한政治」, 『革進』 창간호, 혁진사, 1946. 1.

조선레코드문화협회가 주최하였던 '인민가요 현상수집'이라는 행사명에서와 같이, 인민이라는 언어는 당대 다양한 사회 영역과 문화 공간에서 목격된다.[2] 뿐만 아니라, 인민은 정치 영역에서만이 아니라 사회·문화 영역 재건의 '기초'로까지 제시되고 있었다. 예컨대 문학평론가 임화는 "朝鮮의 政治的解放의 結果 自動的으로 文學도日本의지배를 버서 낫"던 초기 상황에서 "우리文學의 보다더具體的이고 完全한解放"과 "再建을爲하야 밝혀야할 중요한열쇠"의 하나로 "文學의 人民的基礎"를 제시한다.[3] 나아가 문학이 "廣範한 人民으로서된 人民大衆의 文學" 즉 "無産階級을 核心으로한 人民的인 것이 여야할것"이라는 문학 평론가 김태준의 이야기에서처럼, 인민은 문학 재건의 기초만이 아니라 문학이 구유(具有)해야 할 성격의 규정 요소로까지 제시된다.[4] 이러한 속에서 인민은 뒤에서 보듯이 신앙의 대상처럼 '지고(至高)의 실체(實體, entity)'로까지 상상되기까지 했다.

그렇지만 인민은 당대 해방 공간의 '무정형성'과 인민을 둘러싼 당대 경쟁 상황을 표현하면서, 말 그대로 문제적 '언어'였다. 기성의 제국/식민지 체제(regime)가 붕괴·와해되었지만, 해방 공간은 식민주의 이후의 체제·질서가 아직 정형화되지 못한 시·공간이었다. 이와 같은 상황을 반영하여,

---

2) 1945년 10월 조선레코드문화협회는 "自由와 解放을 얻은 歡喜와 感激을 부른 노래"인 "인민가요"를 "현상수집"한다.(『매일신보』 1945년 10월 6일자, 「朝鮮레코드文化協會, 레코드音樂보급에 힘쓰다」, 국사편찬위원회, 『자료대한민국사』 1, 국사편찬위원회, 1968(이하 국사편찬위원회 편, 『자료대한민국사』), 204쪽) 당시 '해방의 환희와 감격'을 주제로 하는 문화물의 경우, 그것의 제호(題號)에는 보통 『解放記念詩集』에서처럼 '해방 기념'이라는 수식어가 붙었다.(중앙문화협회, 『解放記念詩集』, 평화당 인쇄부, 1945) 이에 유의한다면, 앞의 협회가 해방 기념 가요를 "인민가요"라고 호칭한 것은 해방 직후 인민이 가진 힘을 시사하는 것이라 할 수 있다.

3) 『中央新聞』 1946년 12월 8일자, 「文學의人民的基礎」(임화).

4) 김태준, 「民主主義와文化」, 『民主主義十二講』, 문우인서관, 1946, 56~57쪽 ; 김남식·이정식·한홍구 엮음, 『한국현대사자료총서』 11, 돌베개, 1986(1988) 소수. 덧붙이면, 김태준은 당대 문학이 '인민문학성'과 '민족문학성'을 동시에 구유(具有)한 "民主主義民族文學"일 것을 주장하고 있다. 김태준, 위의 글, 1946, 57쪽.

당대 남한은 어떠한 이념도, 예컨대 민족주의나 민주주의와 같은 지배적 이념조차도 자신의 정형을 갖추지 못했을 정도로 '무정형의 시·공간'이었다.[5] 인민 역시 당대의 무정형성을 표현하면서, 실체성은 물론이고 개념 또한 분명히 하지 못하였다. 이것은 사전적으로 "정부에 딸린 사람. 백성. 그나라 안에서 생활하는 사람."을 의미하던 인민이 사전에서 "그 나라의 국적을 가지고 있는 인민, 백성"을 의미하던 '국민'과 혼동(混同)·혼용(混用)되는 것에서 표현된다.[6] 다시 말해서, '인민'이나 '국민' 모두 사전적으로 '나라(country·state)'를 중심으로 정의되면서, 앞에서처럼 각각 고유의 정의를 가지고 있지 못하고 상호 혼용되고 있었다.[7] 인민·국민 혼용의 보다 분명한 사례는 이재훈의 『哲學辭典』에서 발견된다. 그 사전은 "人民"의 네 가지 의미를 나열하면서, 그 중 하나로 "民主政體에있어서는 國家에 있어서 最高機關으로서의國民, 國家構成員全體로서의 國民"을 제시한다.[8] 여기에서 우리는 '인민'이 '국민'으로 설명되고 있음을 볼 수 있다. 이와 같은 설명은 그 사전의 "國民" 항목 해설 중 '국민'이 "法律上으로는 人民과大略同義"라는 구절에 의해 보다 분명하게 확인된다.[9] 이것은 해방 직후 인민과 국민이 '동의'의 것으로 이해되고, 또 사전에서 그와 같이 설명되고 있음을 단적으로 보여준다. 그런데, 인민과 국민의 동의화(同義化)와 양자의 혼용이 단순히 사전상의 어의 해설에서만 나타난 것은 아니었다.

해방 직후 인민과 국민 양자의 의미상 혼동·혼효는 실제 용례 상의

---

5) 해방 공간의 무정형성은 임종명, 「해방 공간과 신생활운동」, 『역사문제연구』 제27호, 역사문제연구소, 2012, 219~220쪽 참고.

6) 각각 문세영, 『中等朝鮮語辭典』, 삼문사, 1947, 203, 33쪽.

7) '나라'의 이중적 의미에 관해서는 임종명, 「일민주의(一民主義)와 대한민국의 근대민족국가화」, 『한국민족운동사연구』 제44호, 한국민족운동사연구회, 2005, 282~283쪽 참고.

8) 이재훈, 『哲學辭典』, 동국문화사, 1949(1952), 295쪽.

9) 이재훈, 위의 책, 1949(1952), 43쪽.

혼용으로 나타난다. 예컨대, 1946년 이태진은 "普通 人民이라고도 하고
또는 國民이라고도하는"이라는 구절을 통해, 인민이 해방 직후 일상적으
로 "國民"과 혼용되는 당대 언어생활의 모습을 보여준다.[10] 이것이 개인의
양자 혼용 사례라 한다면, 혼용 사례는 당대 정치 단체의 문서, 예컨대
대한민국 임시정부(이하 임정)의 '대한민국 임시정부 헌장' 중 '대한민국
국민의 자격'을 밝히는 '제3조'에서도 발견된다. 그것은 "大韓民國의人民은
原則上大韓民族으로함"이라고 규정해, '국민' 대신 '인민'을 사용하고 있
다.[11] 마찬가지로, 1947년 6월 '미소공위대책위원회'의 '미소 공위 답신안'
역시 "조선민족의 정의 : 조선에 호적을 가진 자"라고 기술해, 자신이
혈통주의에 따른 국민과 민족, 인민을 개념적으로 혼동하고 있었을 뿐만
아니라 서로 혼용하고 있었음을 보여준다.[12]

인민과 국민의 혼용은 미군정의 법규에서도 확인된다. 예컨대 1947년
4월 미군정의 '보통선거법'도 "조선인민"을 "조선내든 조선외에서 조선인
양친간에 출생한 자를 의미"한다고 "정의"하고 있다.[13] 여기에서의 '조선
인민 정의'가 대한민국 국적법에서 '혈통주의'에 입각한 '국민'의 정의라
한다면, 앞의 인민 정의는 인민과 국민의 혼용, 또 혼용의 입법화를 보여주
는 사례라 할 수 있다.[14] 이와 같이, 인민은 심지어 미군정의 법조문에서도
당대 혈통주의적 국민과도 혼용되고 있었다. 혈통주의적 국민과 인민의
혼용이 암시하듯이, 인민은 당시 '민족'과 관련해서도, 또 '시민, 공민,

10) 이태진, 「民主主義와政治」, 앞의 책, 문우인서관, 1946, 14쪽.
11) 『中央新聞』 1945년 12월 9일자, 「大韓民國臨時政府憲章」.
12) 『서울신문』·『동아일보』 1947년 6월 25일자, 「미소공위대책위원장 신익희, 입의
본회의에서 공위답신안 보고」, 국사편찬위원회 편, 『자료대한민국사』.
13) 『동아일보』 1947년 4월 20일자, 「사법부에 의한 보선법기초안 내용이 알려지다」,
국사편찬위원회 편, 『자료대한민국사』.
14) 대한민국 국적법의 혈통주의와 그것의 국가적 함의는 임종명, 「제1공화국 초기
대한민국의 가족국가화와 內破」, 『한국사연구』 제130호, 2005, 301~302쪽 참고.

민중, 백성, 심지어 인구·주민'과 같은 여타의 호명·실체와 혼동·혼효·혼용되고 있었다.15) 이와 같은 의미상 혼동들은 인민이 다른 것과 구별되는 자신 고유의 기의(記義)를 가진 기표(記標)라기보다는, 외연(外延)과 내포(內包)도 명확치 않은 '문제적 언어'였음을 보여준다.

인민의 언어적 문제성은 당대 엘리트의 교정 노력에도 불구하고 지속적인 것이었다. 당대 지식 엘리트들, 예컨대, 공산주의 철학자 박치우는 "人民의 人民에依한 人民을爲한 政治를主張"하는 "民主主義"를 '이론적으로 현실적으로 해명'하기 위해서 "『人民』은 누구여야 될것인가"를 밝히고자 하였다.16) 그렇지만 박치우의 노력에도 불구하고, 인민은 해방 공간에서 그 의미가 여타 호명·실체들의 의미와 계속적으로 혼동·혼효되면서, 그것들과 혼용되고 있었다. 그리하여, 인민·국민의 혼용과 이로 말미암은 혼동은 계속되어 심지어 대한민국 헌법 제정 과정에서도 목격된다. 당시, '인민과 국민의 양자 관계'가 헌법 제정 관련 논의의 쟁점 중 하나였음에도 불구하고, 윤치영은 국회 본회의 논의에서 "「國民」이라는 文字와 「人民」이라는 文字에는 專門的 述語에 있어서 아모差別이 없는것"이라고 이야기한다.17) 이것은 인민이 해방 공간이 닫혀가고 있던 시점에서조차 윤치영과 같은 남한 엘리트의 의식 속에서 국민과 같이 여타의 호명이나 실체와 구별되는 자신의 고유의 내용을 갖지 못하고 있음을 보여준다. 이러한 상황이 윤치영의 의식에만 한한 것은 아니었다. 그것은 그와 함께 헌법 제정 논의에 참여했던 동료 국회의원들에게서도 목격된다. 국회 헌법

---

15) 국민 이외의 호명·실체와 인민의 혼동·혼효·혼용 현상은 임종명, 「해방 직후 문제적 인민과 엘리트의 인민 순치」, 『동방학지』 제168호, 연세대학교 국학연구원, 2014, 33~42쪽 참고.

16) 박치우, 「民主主義와人民」, 앞 책, 문우인서관, 1946, 127쪽. 박치우에 관해서는 위상복, 『불화 그리고 불온한 시대의 철학 : 박치우의 삶과 철학사상』, 길, 2011 참고.

17) 국회사무처, 「第一回 國會速記錄」 21호(1948. 6. 30), 『制憲國會速記錄』 제1권, 1948, 370쪽.

논의 과정에서 유진오의 초안에 명기된 '인민'은, 예컨대, "제2장 인민의 권리의무(8조~29조)"에 있던 인민은 실제 모두 "국민"에 의해 대치된다.[18) 그런데 그 대치(代置) 과정이 '인민'과 '국민'에 관한 '심도 깊은' 논의와 양자의 구별적 이해에 기초했던 것은 아니었다. 그것은 "最近에 共産黨側에서 人民이란 文句를 잘쓴다구해서 일부러 人民이라 正當히 써야될 文句를 쓰기를 忌避"한다는 조봉암의 발언에서 보이는, '인민의 당대 좌익 정치적 함의'에 대한 거부 결과였다.[19) 이것은 역으로 인민·국민에 대한 구별적 이해가 심지어 헌법 제정 과정에 참여한 국회의원과 같은 엘리트들에게도 분명치 않았음을 암시한다. 그런데, 인민에 대한 이해 부족은 해방 공간이 폐쇄되기 직전의 현상만은 아니었다. 예컨대, 해방 공간이 폐쇄된 1948년 말 대한민국 국회의장 신익희는 헌법상 보장된 "國民의權利義務"와 관련해서 "[헌법] 二十八條에는 「國民의모든自由와權利는憲法에列擧되지아니한理由로써 輕視되지는아니한다」라고人民의政治權이明文化되어있"(강조, 인용자)다고 설명하면서, '국민의 자유와 권리' 관련 헌법 조문을 통해 '인민의 정치권'을 설명하는 자신의 모습을 보여준다.[20) 이것은 인민과 국민의 혼용이 대한민국의 공식 출범 이후에서조차 지속적인 사태였음을 보여준다. 그렇다면, 무엇이 그와 같이 문제적인 인민을 '지고(至高)의 실체'로 만들고, 또 그것이 해방 공간에 범람케 하면서, 당대를 '인민의

---

18) 국회사무처, 위의 글, 1948, 332쪽. 국민의 인민 대체는 뒤에서 다시 검토될 것이다.

19) 『경향신문』·『조선일보』·『동아일보』 1948년 6월 27일자, 「제18차 국회본회의 국호, 국체 문제에 대해 논의」, 국사편찬위원회 편, 『자료대한민국사』; 『조선일보』·『동아일보』·『경향신문』 1948년 7월 16일~18일자, 「헌법 전문」, 국사편찬위원회 편, 『자료대한민국사』; 『조선일보』·『서울신문』 1948년 6월 10일자, 「국회 헌법기초위원회, 헌법 제2장 인민의 권리와 의무 축조 토의」, 국사편찬위원회 편, 『자료대한민국사』.

20) 『大東新聞』 1948년 12월 28일자, 「內閣改造 建議等國會足跡燦然 大韓民國의國際承認은欣快申翼熙議長 懷古談展望」.

시대'로 만들었는가?

이 문제에 답함에 있어, 본 연구는 해방 직후 담론 공간에서 생산·유통·소비된 문자 텍스트의 분석을 통해 해방 공간의 인민상(相·像)을 검토한다. 엔더슨(B. Anderson)과 여타 학자들이 설명하듯이, 민족이 근대 시기 전(全) 지구적 역사의 진행 과정에서 탄생된 문화적 상상물이지만, 그것은 제국주의의 전지구적 확산과 그것에 대한 저항 과정에서와 같이 근대 역사 진행에 결정적 영향을 끼친 역사적 실체(實體, entity)이다.[21] 이것은 인민과 관련해서도 마찬가지이다. 해방 직후 인민 역시 1945년의 '조선인민공화국', 또 1948년 이후 '조선민주주의인민공화국'의 역사에서처럼 한국 사람들의 삶, 또 그들 사회와 역사에 주요한 영향을 끼쳤던, 하나의 '역사적 실체'였다.[22] 그렇지만 그것 역시 '경험적 실재(實在, reality)'라기 보다는 당대 한국인들의 자기 자신과 당대 세계 인식 속에서 제출된 정치·사회적

---

21) Benedict Anderson, *Imagined Communities*, New York : Verso, 1984.

22) 예컨대, 김성보, 「남북국가 수립기 인민과 국민 개념의 분화」, 『한국사연구』 제144호, 한국사연구회, 2009 ; 김성보, 「조선민주주의인민공화국의 인민 형성과 민족 정체성」, 한국사회사학회·서울대학교 통일평화연구소·한국사연구회·한국학중앙연구원·현대한국연구소 학술대회(2009. 9. 4~5), 『민족공동체의 현실과 전망』, 학술대회 발표집, 2009 ; 김예림, 「정체(政體), 인민 그리고 베트남(전쟁)이라는 사건」, 『역사문제연구』 제34호, 역사문제연구소, 2014 ; 김진혁, 「북한의 위생방역제도 구축과 '인민'의식의 형성(1945~1950)」, 『한국사연구』 제167호, 한국사연구회, 2014 ; 김영미, 「인민학교 교사가 된 '흰패'의 딸들—구술을 통해서 본 해방직후 38 이북(양양·속초지역) 주민사회와 교육개혁—」, 『진단학보』 제111호, 진단학회, 2011 ; 이신철, 「'인민'의 창조와 사라진 '민중'—방법으로서 북조선 민중사 모색」, 『역사문제연구』 제23호, 역사문제연구소, 2010 ; 임종명, 「해방 직후 인민의 문제성과 엘리트의 인민 순치」, 2014 ; 조영주, 「북한의 '인민' 만들기와 젠더 정치」, 『한국여성학』 제29권 2호, 한국여성학회, 2013 ; 한모니까, 「'수복 지구' 주민의 정체성 형성과정—'인민'에서 주민으로 '주민'에서 '국민'으로—」, 『역사비평』 제91호, 역사비평사, 2010 ; 한성훈, 『전쟁과 인민 : 북한 사회주의 체제의 성립과 인민의 탄생』, 돌베개, 2012 참고. 그런데 이들 인민 관련 연구는 "인민이라는 실체의 구성 과정과 그 실체의 모습을 보여주고는 있"지만, 그 대부분의 연구가 "실체성 자체는 검토하고 있지 않다."(임종명, 「해방 직후 인민의 문제성과 엘리트의 인민 순치」, 32쪽)

의제에 추동되어 구성된 '관념적 실체'이자, 당대 담론 공간에서 생산·유포·소비된 텍스트에 의해 구성된 '담론적 상상물'이었다.[23] 이에 유의하여, 본 연구는 해방 직후 신문·잡지 기사나 단행본 등 각종 공간물 자료의 분석을 통해 당대 인민의 모습(相·像)을 재구성한다.

당대 공간물 자료를 텍스트로 하는 본 연구는 텍스트 분석에 있어 민족주의와 민주주의 고조라는 종전/해방 직후의 역사·사회적 맥락(context)에 유의한다. 앞에서 언급한 '해방 직후 인민 범람과 지고화'는 인민이라는 기표 자체가 낳은 효과, 또는 그 결과가 아니었다. '인민(人民)'이라는 언어의 기표는 '추상적인 인간(人)'과 '국가 주권을 가지지 않은, 비(非)주권적인 백성(民)'으로 구성되어 있다. 만일 우리가 기표 상으로 인민을 이해한다면, 그것은, 제헌의회 헌법 기초 전문위원 권승렬의 표현을 빌린다면, "자연인 개개인"을 의미할 수도 있을 것이다.[24] 이와 같은 의미의 인민은 앞에서 본 당대 사전적 의미나, 근대적 의미의 인민, 즉 '국가 주권의 소유·행사자', 또는 '주권적 주체(sovereign subject)'라는 의미를 담고 있지는 않다. 이러한 사실은 언어의 의미가 기표 자체에 의해서라

23) 임종명, 「해방 직후 인민의 문제성과 엘리트의 인민 순치」, 42~52쪽.

24) 『조선일보』 1948년 6월 27일자, 「국회, 헌법 질의 개시」, 국사편찬위원회 편, 『자료대한민국사』. 그런데 해당 국회 속기록 중 권승렬의 발언에는 "자연인 개개인"이란 구절은 없다. 대신, "歷史的으로보면 人民이먼저이고 國民이那終"이며 "사람이나가지고 먼저 존재하고 사람이 國家를 編成하였을것"이라는 구절이 있다.(국회사무처, 「第一回 國會速記錄」 제18호(1948. 6. 26), 『制憲國會速記錄』 제1권, 1948, 225쪽) 이것이 위 신문 기사에서 "자연인 개개인"으로 요약되었다고 판단된다. 필자는 신문 기사의 축약 표현이 권승렬의 원래 발언의 함의를 적절하게 포착하였다고 판단해, 본문에서와 같이 표현하였다. 이를 전제로 이야기하면, 그의 인민은, 박치우의 표현을 바꿔 표현하면, '부르주아(bourgeois)적 인민' 또는 '시민적 인민'으로서, 이승만의 '자유권과 재산권의 소유 주체로서의 인민'과 상통한다.(박치우, 앞의 글, 1946 ; 이승만, 「식량정책 특별담화」, 『시정월보』 제7호, 1949, 2~3쪽, 국사편찬위원회 편, 『자료대한민국사』) 이러한 인민들의 당대 사회·역사적 함의는 임종명, 「해방 직후 인민의 문제성과 엘리트의 인민 순치」, 특히 53~54쪽 참고.

기보다는 "[언어] 그 바깥과 주위에 있는 것에 의존한다"는 소쉬르(F. de Saussure)의 진술을 상기시킨다.[25] 그의 진술은 근대 시기 인민의 의미에 도 적용될 수 있다. 근대 시기 인민은 '인민(人民)'의 기표적 의미에 의해서 가 아니라 그것이 사용되는 사회·역사적 맥락, 즉 근대에 의해 결정된다.[26] 마찬가지로, 해방 공간의 인민은, 인공이나 인위가 해방 직후 한국인의 탈(脫)식민화(de-colonization) 욕망의 표현이었던 것에서 암시되듯이, 탈식 민화라는 일제 식민주의 이후 정치·사회적 의제와 밀접하게 연결되어 있던 '역사적 실체', 또는 해방 직후 남한 사회의 상황을 표현하는 역사적 현상이었다.

이에 유념해서, 본 연구는 해방 직후 인민의 '용례(用例)'와 그것의 역사·사회적 맥락에 유의하고자 한다. 소쉬르는 우리에게 '인민(人民)'이 라는 기표보다는 그것의 '바깥과 주위'에 보다 주의를 기울일 것을 요청한 다. 이에 유의하여, 본 연구는 해방 직후 생산된 자료에서 보이는 인민의 용례(用例)에 주의해, 텍스트상의 맥락적 의미를 파악하도록 한다. 또한 본 연구는 인민의 텍스트상 맥락과 함께 해방 직후 사회·역사적 맥락에 유의해, 당대 두 개의 이념적 계기(momentum), 즉 민주주의와 민족주의에 주의를 기울인다. 제2차 세계대전 이후의 민주주의와 민족주의는 미·소 등 '민주주의' 연합국의 전쟁 승리와, 그후 이어졌던 제국/식민지 체제의

---

25) 페르디낭 드 소쉬르 지음, 오원교 옮김, 『일반언어학강의』, 형설출판사, 1973 (1985) (Ferdinand de Saussure, trans. W. Baskin, *Course in General Linguistics*, Glasgow : Fontana/Collins, 1977), 148~149쪽. 소쉬르는 언어의 기표(記標, signifiant)와 기의(記 義, signifie)가 '자의적으로 연결'되어 있다고, 다시 말해서 기의가 기표에 의해서 결정되는 것은 아니라고 주장한다.(페르디낭 드 소쉬르 지음, 오원교 옮김, 앞의 책, 1974(1985))

26) 김윤희는 근대 초기 '근대 주권 개념 인식'과 '자본 운동 양식 확대'에 따라 '피통치자'가 재구성되는 과정에서 근대 한국의 인민이 나타났으며, 그것은 전통 시대의 인민과는 다른 의미를 가졌다고 설명한다(김윤희, 「근대 국가구성원 으로서의 인민 개념 형성(1876~1894)-民=赤子와『西遊見聞』의 인민-」, 『역사 문제연구』 제21호, 역사문제연구소, 2009)

해체와 미·소의 세계 헤게모니 확립 노력, 또 민족국가의 전(全)지구적 확산이라는 당대 상황 전개의 표현이었다. 이것은 일본 제국의 식민지로부터 해방된 한국에서도 마찬가지였다. 해방 직후의 '좌익 통일전선'인 '민주주의 민족전선'이나 주요 교육 이념의 하나였던 '민주적 민족 교육론'의 이름에서 단적으로 나타나듯이, 민족주의와 민주주의는 해방 공간에서 지배적 이념으로 존재하고 또 그렇게 기능하였다.[27] 이에 유념하여, 본 연구는 주로는 해방 공간의 민족주의와 민주주의라는 두 가지 역사적 계기에 유의해, 역사·사회적 맥락에서 해방 직후 인민을 이해하고자 한다.[28] 이러한 목적으로 먼저, 해방 공간에서 보여지는 인민의 모습을

---

27) 은희녕, 「해방 전후 한뫼 안호상의 국가지상주의와 '민주적 민족교육론'」, 중앙대 석사논문, 2014. 덧붙이면 해방 후 한국에서의 민족주의 고조와 민주주의의 '시대정신(Zeitgeist)'화(化)는 근대 한국 역사 전개의 연장선상의 것일 뿐만 아니라 제2차 세계대전 이후 전(全)지구·동아시아 지역의, 또 한반도, 더욱 특정하게는 남한 지역의 역사 전개를 반영하고 또 그것을 표현한 것이기도 하다. 특히 전후(戰後)/해방 이후의 한국에서의 민족주의와 민주주의의 시대정신화는 제2차 대전의 결과와 미·소의 헤게모니 전략과 분리되어 이해될 수 없는 것이다.(임종명, 「종전/해방 직후 남한, 민주주의의 전위(轉位)와 그 동학(動學) : 미국 헤게모니 담론과 한국 민족주의 문제의식을 중심으로」, 역사문제연구소·역사학연구소·한국역사연구회 학술대회(2015. 8. 13),『해방 70주년 기념 역사3단체 공동 학술대회 : 역사학과 민주주의, 그리고 해방』, 학술대회 발표집, 2015, 63~85쪽) 그렇다고 한다면, 해방 이후 한국의 민주주의와 민족주의는 한국 근대사의 연속적 발전의 산물이라기보다는 '제2차 세계대전의 결과·효과'와 연관되어 나타난 '새로운 것'이라 할 수 있다.

28) 해방 직후 인민 구성의 계기로는 민족주의와 민주주의 이외에도 일본 식민주의 이후 탈(脫)식민의 주체 형성의 계기 역시 작동하고 있었다.(임종명, 「해방 직후 인민의 문제성과 엘리트의 인민 순치」) 또 "全亞細亞人民에게 自由를 許與하라"나, "被壓迫人民의擁護者 越南"이라는 신문 기사 제목, 또 박인환의 '인도네시아人民에게 주는 詩'에서처럼, 해방 직후의 인민은 '피압박 아시아인의 연대'의 기표로 사용되었다.(임종명, 「해방 직후 남한 신문과 베트남 전쟁 재현·표상」,『현대문학의 연구』168, 2014, 90~96쪽 ; 박인환, 「인도네시아人民에게 주는 詩」『新天地』 2월호, 1947, 124쪽) 이러한 점에서 '국제적 연대', 또는 김성보의 표현을 빌리면, "국제성"의 계기 또한 검토될 필요가 있다.(김성보, 「조선민주주의인민공화국의 인민 형성과 민족 정체성」, 46쪽) 여기에서는 필요한 경우에 한하여 국제성의

살펴보도록 하자.

2. 해방 공간, 인민의 시대

먼저 정치 담론에서, 인민은 국가와 정치의 궁극적 목표로 제시되면서, '지고(至高)의 존재'로까지 표상된다. 예컨대, 1946년 2월 좌익 블록(bloc)으로 결성된 민주주의민족전선(이하 민전)은 자신의 '강령'에서 헌법이 "全人民의 自由發展을 保障하는" 것이어야 한다고 주장하면서, '인민의 자유 발전 보장'을 장래 헌법의 목적으로 제시한다.[29] 헌법이 국가 존립 목적을 법의 형식으로 표현하는 이데올로기 장치라 한다면, 앞의 논의는 해방 직후 남한에서 '인민 전체의 자유와 발전'이 국가 존립 목적으로 상상되고 있음을 보여준다. 인민 중심의 국가 상상법은 국가 권력 기관 논의에서도 목격된다. 유진오는 1947년 "국가 권력"의 구조가, 구체적으로는 "國家權力을 立法 司法 行政의 三으로 分하는 同時에, 三權을 各各 獨立시켜 서로 牽制케" 하는 "權力分立制度"가 "封建國家 又는 專制國家"에서 "執權者의 恣意에 [의해] 侵害"되었던 "人民의 自由와 權利"를 "保障"하기 위한 것이라고 설명한다.[30] 이것은 국가 권력 분립 제도의 취의(趣意)가 '인민의 자유와

계기를 지적하도록 하고, 주로는 '일국적 수준'에서의 민주주의와 민족주의라는 두 가지 계기를 인민 분석·이해의 맥락으로 하여 논의를 진행한다. 덧붙이면, 인민 구성의 국제적 계기성은 추후 「제2차 세계대전 직후 남한과 인민 구성의 국제성」(가제)에서 검토될 예정이다.

29) 『서울신문』 1946년 2월 23일자, 「民主主義民族戰線常任委員會, 綱領을 採擇하고 敎育文化·經濟對策委員會를 選定하다」, 국사편찬위원회 편, 『자료대한민국사』 제2권, 110쪽.

30) 유진오, 「權力分立制度의 檢討 — 特히 美國憲法을 中心으로 하야」, 『法政』 제2권 5호, 법정사, 1947, 9쪽. 덧붙이면, 유진오는 미국의 사례에서 보여지는 권력 분립 제도가 "事實에 있어서 立法權과 行政權이 分立하는 것이 아니고, 또 形式的으로 그 分立을 維持하는 것이 人民의 自由와 權利의 擁護에 別다른 寄與를 하는 것이 없는

권리 보장'에 있다고, 당시 생각되고 있음을 보여준다. '분립'된 국가
권력 기구들 중 하나였던 정부 역시 국가와 마찬가지로 인민 중심적으로
사고되어졌다. 이와 관련해서 자유주의적 군정청 공보차장 최봉윤의
다음 논의는 국가와 정부, 인민의 관계성과 관련해서 시사적이다.[31] 즉,

> 國家라는것은 抽象觀念的 名詞임으로 實際的現象 或은具體性을보지못
> 하나 政府는 具體的實際物임으로 그組織體는 各國家가所有한政治的現象에
> 의하여 다른것이다. 政府는 人民과國家間사이에서 仲媒者의役割을하며
> 人民들의共通된目的과 要求를 遂行達成하는데 그義務와責任이있다.

이것은 국가를 '실제적 현상 혹은 구체성을 갖지 못한 추상적, 관념적
명사'로, 그리고 정부를 '각 국가의 정치적 현실에 의해 규정되는 구체적
실제물'로, 또 국가와 인민을 정부에 의해 '매개'되어야 하는 '실체'로
제시한다.[32] 이와 같은 상호 관계 속에서, 정부는 '인민 공통의 목적과

以上에는, 이러한 權力分立은 無意味한것이라 하지아니할수없다."고, 또 보다
직접적으로는 "美國式 權力分立制度는非實際的이며 非現代的"이라고 진술하여,
'인민의 자유와 권리 옹호'라는 관점에서 '미국식 삼권 분립 제도'에, 나아가
'삼권 분립 제도' 자체에 비판적인 자신의 국가학을 보여준다.(유진오, 위의
글, 1947, 11~12쪽) 이것은 인민이 미국 권력 구조 비판에도 동원되는 모습을
보여주는 것이라 할 수 있다. 덧붙이면, 그의 비판은 "[소극적으로] 人民의 自由와權
利를 侵害"하지 않고자 하는 "自由主義的法治國家"를 대신하는, "積極的으로 人民
의 自由와權利를 保護伸張"하고자 "廣範한 社會的經濟的機能"을 가진 "現代國家"의
수립을 열망하던, 당대 자유주의 국가론 비판의, 나아가 자유 자본주의 비판의
국가론을 보여준다.(유진오, 위의 글, 1947, 12쪽)

31) 최봉윤, 「人民과 國家(2)」『民主朝鮮』2(1947. 12), 중앙청 공보부 여론국 정치교육과,
1947, 80쪽. 최봉윤의 이력과 사상적 경향성은 김상태, 「평안도 친미 엘리트층의
성장과 역할」,『한국기독교역사연구소소식』제51호, 한국기독교역사학회, 2001,
9쪽 ; 대한민국 보훈처,『대한민국독립유공자 공훈록』제13권, 보훈처, 1996,
635~636쪽 ;『동아일보』1956년 2월 23일자,「言論自由그늘밑에 傀儡앞잡이로赤
化劃策」; 최봉윤,『떠도는 영혼의 노래 : 민족통일의 꿈을 안고』, 동광출판사,
1986 ; 최봉윤·유승우,『민중주체중립화통일론』, 전예원, 1988.

요구 실현'을 '책임과 의무'로 한다고 규정되고 있었다. 이것은 정부 역시 '인민의 목적·요구를 실현해야 하는 조직체'로 규정하는 반면, 인민을 국가 존립과 기능의 목적으로 제시하는 것이다. 이와 같은 인민 중심적 국가 기구 상상은 또 다른 국가의 구체적 실재물인 군 관련 논의에서도 확인된다. 예컨대 해방 후 '구한국과 임정의 군인 출신들로 구성된 군사단체' 대한군인회는 군을 "국방은 물론이오 인민의 생명과 재산을 보호"하는 존재로 규정한다.[33] 이것은 정치적 성향과는 상대적으로 무관하게 인민 중심적 국가 기구 상상이 광범위하게 공유되고 있음을 보여준다. 이와 같이, 인민은 해방 직후 국가와 국가 기구들의 목적으로 자리 잡았다.

이것의 연장선상에서, 인민은 국가와 국가 기구들의 성격 판정 척도로도 기능한다. 1945년 11월, 조선학병동맹 등으로 구성된 전국청년대표자회는 자신의 결의문에서 "人民의基本要求를實現할수 잇는 進步的民主主義政府"라는 표현을 통해 '인민의 기본 요구 실현'이 '진보적 민주주의 정부의 역할'이라고 주장한다.[34] 이것은 해방 직후 '인민 요구의 실현 여부'가 '진보적 민주주의 정부성(性)의 판정 척도'로 이해되고 있었음을 암시하는 것이다. 이와 같이 인민은 해방 직후 국가와 정부의 존립과 기능의 목적으

---

32) 본문에서 지적된 국가의 '관념적 실체성'은 경찰 관료 김헌에 의해서도 의식된다. (김헌, 「警察 實力의 諸要素」, 민주경찰연구회 편, 『民主警察讀本』, 정문관, 1949, 93쪽) 이러한 의식 속에서 대한민국 지배 엘리트들은 각종 문화 기획(cultural project)을 통해 추상적인 개념인 국가를, 예컨대, '가족 국가'로 구상화(具象化)한다.(임종명, 「제1공화국 초기 대한민국의 가족국가화와 內破」, 『한국사연구』 제130호, 한국사연구회, 2005, 특히 300~301쪽) 이와 같이 국가의 추상적 개념성은 당대 국가에게 자신을 구상화하는 문화적 작업의 필요성을, 또 마찬가지로 후대 연구자에게 국가 연구에서 문화적 접근의 필요성을 제기한다.

33) 『매일신보』 1945년 11월 10일자, 「大韓軍人會, 大韓武官學校설립을 추진하다」, 국사편찬위원회 편, 『자료대한민국사』 제1권, 390쪽. 덧붙이면, 본문 인용 구절에서 보이는 군의 이중적 정체성은 이후 대한민국의 '국군'과 조선민주주의인민공화국의 '인민군'으로 현재화된다.

34) 『自由新聞』 1945년 11월 8일자, 「李博士來參懇願타 靑年代表者大會流會」.

로 존재하고 있었을 뿐만 아니라, 국가·정부의 성격 판단 척도로도 기능하
고 있었다.

　나아가 인민은 당대 이데올로기 경쟁에도 동원된다. 이것은 사회적
자유주의의 경쟁 이데올로기 비판에 동원되는 인민의 다음 모습에서
확인된다. 즉, 사회적 자유주의 철학자 최재희는 "朝鮮의 民族主義"가 "現狀
의 社會"의 "改革·革新"이라는 "民主時代의 人民大衆의 要望에 適應하기 어려
운 主義"라고, 다시 말해 '민주주의 시대 인민 대중의 요망에의 부적응성'을
이유로 '조선 민족주의'를 비판한다.[35] 이것은 인민 대중의 요망이, 따라서
인민이 최재희라는 사회적 자유주의자의 민족주의 비판에 동원되고 있음
을 보여준다. 이와 같은 인민 동원은 최재희의 국가 전체주의 비판에서도
목격된다. 그는 국가 전체주의가 "人民 卽 國家組織의 主人公인 個人에게
無批判·無良心의 絕對 盲從 絕對隸屬을 要求"해, "個體人格의 自律性·主體性·彈
力性을 發揮하지 못하게" 하고, 또 "人間的으로 專制的 權力者 앞에 面從匍匐하
게" 한다고 주장하면서, '개인으로서의 인민'에 대해서 "國家全體主義에서
생기는 實際的 弊害의 重大한 것"을 이유로 국가 전체주의를 비판한다.[36]
이것은 '개인으로서의 인민'이 자유주의자의 국가 전체주의 비판에 동원
되는 모습을 보여준다. 이와 같이 인민은 사회적 자유주의에 의해 그것의
경쟁 이데올로기인 민족주의와 국가주의 비판에 동원되고 있었다.[37]

---

35) 보다 구체적으로, 최재희는 '사상으로서 구비하여야 할 이론의 빈곤, 본능과
　　직각(直覺) 중심의 비(非)이성적 세계관, 사회 분석 능력 결핍, 그리고 이들 문제로
　　인한 국가전체주의 맹신 경향, 또 현존 사회 유지 위한 개혁·혁신 반대와 탄압의
　　실제적 폐해' 등을 이유로 '조선 민족주의'를 비판하고 있었다.(최재희, 「民族主義
　　의 批判」, 『民聲』 5월호, 민성사, 1948, 13~15쪽) 이와 같은 비판의 전개 과정에서
　　'현존 사회 개혁·혁신'이 '민주 시대 인민 대중의 요망'으로 등치되고 있음에
　　주의하여 본문은 기술되었다. 덧붙이면, 최재희는 민족주의의 이론적 문제뿐만
　　아니라 민족주의의 세계관 자체를 비판하고 있다.(임종명, 「해방 직후 최재희와
　　개인 주체성 담론」, 234~236쪽)

36) 최재희, 앞의 글, 1948, 28쪽.(임종명, 「해방 직후 최재희와 개인 주체성 담론」,
　　231~234, 특히 233쪽 재인용.)

경쟁 이데올로기 비판에 동원된 인민은 다시 해방 직후 정치 세력의 구체적 정책·의제 정당화에 동원된다. 예컨대, 1945년 12월 이승만은 자신이 조직한 독립촉성협의회를 "인민의 여론을 대표하는 기관"으로 설명하면서, 자신의 정치적 의제에 '인민 여론'을 동원한다.38) 이러한 것은 좌익에게서도 목격된다. 예컨대 좌익계 신문인『獨立新報』는 1947년 6월 9일 한국여론협회의 여론 조사 결과와 같은 해 7월 3일 조선기자회의 '가두 여론 조사' 결과를 보도하면서, 각각 기사의 제목을 "民主路線支持가 六割 輿論調査에 낫타난**人民의소리**"(강조, 인용자), "二十餘新聞社記者總出動 街頭輿論調査한**人民의소리** 政權은人委, 國號는人共, 反託排擊 朝鮮新聞記者會 十個所街頭調査"(강조, 인용자)로 단다.39) 또 같은 정치적 성향의『光明日報』는 같은 해 7월 15일 "춘천긔자회(春川記者會)"의 '가두 여론 조사' 결과를 "地方**人民의輿論**은?"(강조, 인용자)이라는 제하의 기사로 보도한다.40) 이것들은 좌익 신문들이 당시 제2차 미·소 공위가 진행되고 있던 상황에서 좌익이 주장하던 "政權形態"와 "國號"에 호의적인 여론 조사 결과─예컨대 "問 政權形態는? 答 人民委員會로 五九六名 五四%", "국호는 (가) 대한민국六〇

---

37) 그렇지만, 인민이 자유주의의 경쟁 이데올로기 비판에 복무한 것만은 아니었다. 인민은 역으로 사회민주주의자에 의해 자유주의 비판에도 동원되었다. 이것에 관해서는 추후「제2차 세계대전 직후 남한과 인민 구성의 국제성」(가제)에서 검토된다.

38)『동아일보』1945년 12월 11일자,「이승만, 독립촉성협의회에 대하여 언명」, 국사편찬위원회 편,『자료대한민국사』.

39)『獨立新報』1947년 6월 12일자,「民主路線支持가 六割 輿論調査에 낫타난 人民의소리」;『獨立新報』1947년 7월 6일자.「二十餘新聞社記者總出動 街頭輿論調査한人民의소리 政權은人委, 國號는人共反託排擊 朝鮮新聞記者會 十個所街頭調査」. 덧붙이면, 해방 직후 남한 신문들은 "동일한 외전(外傳) 기사라 하더라도 기사 제목을 통해서 기사에 자신의 정치적 경향과 정치 의제를 투영"하고 있었다.(임종명,「해방 직후 남한 신문과 베트남 전쟁 재현·표상」, 특히 62쪽) 이에 유념해, 본문 기술은 기사 제목에 주의한 것이다.

40)『光明日報』1947년 7월 20일자,「地方人民의輿論은?」.

四표 (나) 조선인민공화국 一七O八", 또 "國號는무엇으로 … 朝鮮人民共和國
七九%"와 같은-를 "人民의소리"나 "人民의與論"으로 규정하면서, 당시
좌익의 정치적 의제를 정당화하고 있음을 보여준다. 이것은 당대 좌익이나
우익 모두 '인민의 소리' 내지 '인민의 여론'을 들어 자신의 정치적 의제를
정당화하고 있음을 보여준다.

   나아가, 인민은 정치 세력들의 자신의 지배 체제 건설과 그것의 정당화
작업에 개발·동원된다. 예컨대 주한 미군정은 자신의 지배를 정당화하는
데 인민을 호명한다. 즉 주한미군 사령관 하지(Hodge)는 1945년 10월
"조선국민의 사상적 혼란을 제거"하고 "미군정의 정의(定義)[를] 천명하는
성명서"에서 군정청을 "인민의 인민을 위한 인민에 의한 민주주의정부를
건설"하기 위한 '미군의 과도적 임시정부'라고 "定義"하여, 미군정을,
나아가 미군의 지배를 민주주의와 인민의 이름으로 정당화한다.[41] 이와
같이 지배 정당화에 동원된 인민과 민주주의는 다시 미군의 경쟁 세력에
의해 동원된다. 이와 관련해서, 1945년 10월 인공을 부인하는 군정장관
아놀드(Arnold)의 성명은 시사적이다. 그는 성명에서 인공의 존재와 활동
이 "괴뢰극"이라고 비난하고, "조선인민은 이런 무책임한 인물들[인공
관계자]로 하여금 국가의 안녕질서를 위협하는 일이 없도록 단연코 엄금하
여야 할 것"을 요구한다.[42] 이것은 미군정이 자신의 한국인 경쟁자를
부인하고 그것을 배제하는데 "조선인민"이 호명·동원되는 모습을 보여준
다. 이와 같이 동원된 인민은 다시 미군의 남한 지배 체제 건설에 사역된다.
예컨대, 군정청은 1945년 10월 '법령 9호'로 '최고 소작료 결정건'을 공포하

---

41) 『매일신보』 1945년 10월 16일자, 「하지, 미군정의 定義 천명하는 성명서 발표」,
   국사편찬위원회 편, 『자료대한민국사』. 덧붙이면, 앞의 자료는 해방 직후 미군의
   남한 지배를 정당화하는 데 동원되는 민주주의의 모습 또한 보여주는 자료라
   할 수 있다.
42) 『매일신보』 1945년 10월 11일자, 「군정장관 아놀드, 미군정부 이외의 어떤 정부도
   부인 발표」, 국사편찬위원회 편, 『자료대한민국사』.

면서, 그 법령을 "조선인민에게 번영과 안정"을 위한 것이라고 해설하여,
법률이라는 형식의 미군 지배 체제 건설에 "조선인민"을 동원한다.[43]
이러한 것들 모두 당대 지배체제 건설과 확립에 사역되는 인민의 모습을
보여준다.

이와 같은 인민 동원의 보다 본격적인 것은 미군정과 남한 단독정부
수립 지지 한국인들의 남한 국가 수립을 위한 노력에서 목격된다. 이와
관련해, 미군정청 공보부 여론국 정치교육과가 1947년 경성방송국 방송
프로그램인 '민주주의 교육'의 강연 자료를 모아 발간한『民主主義講演(十
回)』은 시사적이다. 그 교재의 내용은 정치 영역, 특히 '인민과 정부의
관계'와 '인민의 언론 자유' 등을 주로 하는 것이었다.[44] 그런데 미군정의
1947년 '민주주의 교육'이 '미국의 남한 단독 선거 준비 작업의 일환'이었
다면, 교재의 인민 호명이 미국의 남한 단정 수립을 위한 것이었음은
분명하다.[45] 이와 같이 인민은 1948년의 5·10 선거 이전 시기 남한 단정이라

---

43) '최고소작료결정'(군정청법령 제9호), 1945. 10. 5, 국사편찬위원회 편,『자료대한
   민국사』. 군정청 법령의 인민 동원·사역은 거의 항상적이었다. 예컨대 '국립서울
   대 설립에 관한 법령'은 자신이 "개인으로서의 조선인 자신 및 현대사회의 국민으
   로서의 조선인민의 향상"을 목적한 것이라고 정당화하는 작업에 '인민'을 동원한
   다.('국립서울대 설립에 관한 법령'(군정청법령 제102호), 1946. 8. 22, 국사편찬위
   원회 편,『자료대한민국사』)

44)『民主主義講演(十回)』은 다음과 같이 구성되어 있다. "第一回 規律下의 自由, 第二回
   言論自由의 思想(第一回), 第三回 言論自由의 思想(第二回), 第四回 社會自由, 第五回
   人民에 對한 政府의 責任(第一回), 第六回 人民에 對한 政府의 責任(第二回), 第七回
   政府에 對한 人民의 責任(第一回), 第八回 政府에 對한 人民의 責任(第二回), 第九回
   政治的 均等의 意義(第一回), 第十回 政治的 均等의 意義(第二回)"(미군정청 여론국
   정치교육과,『民主主義講演(十回)』, 미군정청 여론국 정치교육과, 1947).

45) 미군정의 "자유민주주의 제도와 이념의 이식"과 관련해서, 박찬표는 미군정이
   "보통선거제 도입을 핵심으로 하는 자유민주주의 제도의 도입과 자유민주주의
   이념의 대대적 선전을 통해 국민을 선거로 유인·동원하고자 했다."고 설명한다.
   (박찬표,『한국의 국가 형성과 민주주의』, 후마니타스, 2007, 319~320쪽) 이것은
   미군정의 민주주의 교육이 '자유민주주의 이념 선전'이라는 미군정의 남한 단독
   선거 준비책의 일환이었음을 보여준다. 미군정의 '자유민주주의 이념 이식'

는 미국의 남한 지배 체제 건설에 동원되고 있었다. 인민의 동원은 1948년 5·10선거 이후 대한민국 건설 과정에서도 목격된다. 예컨대 우리는 인민이 1948년 6월 국회의 헌법 초안 논의에 소환되는 모습을 볼 수 있다. 그때 헌법 초안자인 유진오는 "헌법초안의 근본정신은 정치적 민주주의와 경제적 사회민주주의체제 실현"에 있고, 또 "동 초안의 중점은 특권계급을 인정치 않는 것과 근로자의 권리와 의무를 존중한 것"이라고 이야기한 후 "제2장 인민의 권리 의무"가 "약자를 扶助하고 강자를 制裁하는 방안을 채택"했다고, 또 초안 19조가 "현재까지 방임되어온 근로능력상실자 및 생활을 유지할 능력 없는 인민은 국가책임으로 보호하게 한 것"이라고 설명한다.[46] 이것은 당시 축조되고 있던 남한 국가의 존립 목적과 기동(起動) 방식을 담론적으로 표현하는 헌법 초안에 인민이 채용되고 있음을, 환언하면 인민이 지배 구조·질서 형성 과정에 동원되고 있음을 보여준다.

반대로, 인민은 당대 지배 구조와 질서 비판에도 동원되고 있었다. 이것은 당대 좌파의 민주주의 관련 논의에서 집중적으로 나타나고 있었다. 먼저 박치우는 '인민'을 "主權을 가지지못한 被支配階級"이라고 정의하고, 한국의 경우 "最大多數中의 最大多數"인 "勤勞大衆"이 '인민'이라고 규정한다. 이어서 그는 "最大多數의 最大幸福을 期"하는 민주주의가 "專制王侯貴族等 이같은 小數特權層"을 위한 것이 아니라 "勤勞人民民主主義"이어야 한다고 주장한다.[47] 이어서 마르크스주의 경제학자 박문규는 "國民의小數를占領하고있는特權階級-地主階級이나 資本家들의利益"을 위한 "資本專制의 날근[낡은]民主主義"가 아니라, "國民의絕對多數를 차지하고있는 勞働者, 農民, 知識層 事務員等 모든人民大衆의利益을 擁護"해 "獨占資本의資本專制와

노력은 박찬표, 위의 책, 2007, 360~381쪽 참고.
46) 『조선일보』·『서울신문』 1948년 6월 24일자, 「제17차 국회본회의, 헌법초안 상정」, 국사편찬위원회 편, 『자료대한민국사』.
47) 박치우, 앞의 글, 1946, 127, 142~143쪽.

地主階級의半封建的特權을 除去"하고 "人民生活은[을] 急進的으로 改善"하는,
또 "勤勞階級에依하야 領導"되는 "人民的民主主義", "進步的民主主義"를 주장
한다.[48] 그리고 사회주의 언론인 온낙중은 "政權"이 "人民의손"에 있는
"眞正한意味의 民主主義國家 人民共和國의 建設"과 "農村에[의] 民主主義的改
革"을 통해, "日本帝國主義의 殘滓勢力"을 "淸掃"하고, "全人口의 八割以上을
占領하고 있는 農民을 封建的搾取로부터 完全히 解放"할 것을 주장한다.[49]
이러한 주장들은 좌파 엘리트들에 의해 민주주의와 결합되어, 남한 지배
체제·질서 비판·부인과 대안(代案) 체제·질서 수립 주장에 동원되는 인민
의 모습을 보여준다. 이와 함께, 인민은 "인민공화국, 인민위원회, 인민해
방군, 인민군" 등에서처럼 실제 각종 정치·사회 운동에 호명되어 동원되고
있었다.[50] 뿐만 아니라, 인민은 '인민위원'과 '인민위원회', 또 '인민전선'
이나 '인민민주주의혁명'에서처럼 혁명주의적 국제 반(反)체제 운동이나
그 주장을 소개하는 글에서 호명되고 있었다.[51] 이와 같이, 인민은 반(反)지

---

48) 박문규, 「民主主義와經濟」, 앞의 책, 문우인서관, 1946, 34~36쪽.

49) 온낙중, 「民主主義와勞働者」, 앞의 책, 문우인서관, 1946, 94, 96, 99쪽. 참고로
    조선중앙일보의 간부였던 온낙중은 '운초'라는 필명으로 1948년 5월 15일부터
    그해 7월 8일까지 37회에 걸쳐『朝鮮中央日報』에「北朝鮮紀行」을 연재하고, 이후
    같은 제목의 단행본을 출간한다.(온낙중,『北朝鮮紀行』, 조선중앙일보출판부,
    1948(김남식·이정식·한홍구 엮음, 앞의 책, 1986(1988) 소수)) 그의 경력은 강만길·
    성대경 엮음,『한국사회주의운동인명사전』, 창작과비평사, 1996, 290쪽 참고.

50)『동아일보』1948년 1월 4일자, 「조병옥 경무부장, 인민해방군사건 전모 발표」,
    국사편찬위원회 편,『자료대한민국사』;『서울신문』1948년 8월 3일자, 「조병옥,
    남로당 부산시인민군총사령관 金錫基 체포 발표」, 국사편찬위원회 편,『자료대한
    민국사』.

51) 유영우 편,『社會科學辭典』, 노농사, 1947, 188쪽 ; 오기영, 「三黨合黨의生理」,『民
    聲』제2권 10호, 민성사, 1946 ; 오기영,『民族의 悲願』, 국제문화관 출판부, 103쪽 ;
    한용선,『新語辭典』, 숭문사, 1948, 105쪽 ; 이석태,『社會科學大辭典』, 문우인서관,
    1947(1948), 518~519쪽. 덧붙이면, 본문의 '인민위원회'와 '인민위원'은『社會科學
    辭典』에서 각각 "쏘비에트·러시아의政府", "쏘비에트聯邦의政府委員"으로 설명
    되었던 것을 의미한다.

배의 정치·사회 운동이나 혁명주의적 대중 운동과 이념 운동에 의해 호명되어 운동이나 이념의 전거로 제시되면서, 그것들을 정당화하는 기제로 동원되었다.

지금까지 우리는 당대 남한의 지배 세력과 반(反)지배의 세력이 인민을 둘러싸고 상호 경쟁하고 또 공방하는 모습을 보았다. 이와 같은 경쟁과 공방 속에서, 인민은 '지고지순(至高至純)의 신앙적 존재'로까지 승격된다. 이와 관련해, 1948년 4월 조선문화단체총연맹 서울시 연맹이 남북협상을 지지하는 "결의"는 시사적이다. 동 '결의'는 "우리는 … 양군의 즉시철퇴를 실현시켜 남북통일 자주정부와 전국적인 일반 직접 평등 비밀투표에 의한 자주적 총선거를 전취할 것"을 "인민 앞에 맹서"한다.[52] 여기에서 "인민은 "우리"의 "맹서" 대상으로, 다시 말해서 '지순(至純)한 다짐'의 대상이었다. 이것은 '인민'이 마치도 신앙 대상과도 같은 '지고(至高)의 실체'로 상상되고 있었음을 암시한다. 그렇다면 무엇이 해방 공간에 인민을 범람케 해 인민이 지고지순의 존재로까지 되는 인민의 시대를 낳았는가?

3. 민주주의 민족국가의 주체

해방 직후 인민의 시대는 기본적으로 1945년 8월 일본의 제국/식민지 체제의 붕괴가 가져다 준 '효과'이었다. 해방 직후 한국인들은 한국의 일본 식민주의 과거를 일본 제국의 조선 인민 억압·수탈의 역사로 이해하고 또 그렇게 표상하였다. 예컨대, 임정의 '건국 강령'이나 국민당의 1945년 10월 '군정청의 일본인 재산 매개 허가'건(件) 관련 결의문은 일본 식민주의가 '조선 인민'을 "俘虜"로 하고, 그들로부터 '폭압적으로 자본과 물자를

---

52) 『서울신문』·『경향신문』 1948년 4월 4일자, 「조선문화단체총연맹 서울시연맹, 남북협상지지」, 국사편찬위원회 편, 『자료대한민국사』.

약탈했다'고, 또 이것의 연장선상에서 '적산(敵産)' 즉 일본인의 "공·사유
재산"이 "조선근로인민의 고혈로써 된 것"이라고 재현한다.53) 이와 같은
인민 중심의 일본 식민주의 이해는 해방의 의미화와 연결된다. 적지
않은 당대인들에게, 예컨대 "새 자유주의자", 또는 언론인 오기영에게
있어, 제국/식민지 체제 붕괴와 식민지 한국의 해방이 단순히 "팟쇼日本의
壓迫으로부터의解放"이나 "大韓帝國의光復"으로는 이해되지 않았다.54) 그
들은 해방을, 마르크스주의 지식인 백남운의 표현을 빌리면, "인민본위"로
생각하였다.55)

  인민 본위의 해방관에 기초해서, 해방 직후 남한 지식인들은 인민
중심의 탈식민지 국가·사회 건설을 주장했다. 예컨대 사회적 자유주의자
오기영은 한국의 식민지 해방이 "眞正한 解放"으로 되기 위해서는 '피착취
계급이 착취로부터 해방'되어야 하고, 또 해방이 가져다 준 자유가 "眞正한
自由"가 되기 위해서는 그것이 "人民全體의 平等한 福利를 保障"하는 "人民의
自由"가 되어야 한다고 주장했다.56) 나아가, 마르크스주의 시인 임화는

53) 「(전단) 대한민국건국강령 발표」, 1946. 1. 8, 국사편찬위원회 편, 『자료대한민국
    사』;『매일신보』 1945년 10월 15일자, 「국민당, 일본인재산매매에 대한 결의문
    발표」, 국사편찬위원회 편, 『자료대한민국사』;『조선일보』 1947년 7월 17일자,
    「과정의 적산불하정책에 대한 각계의 반대여론 비등」, 국사편찬위원회 편, 『자료
    대한민국사』. 본문에서와 같이 '조선 인민'에 대한 정치적 억압과 경제적 약탈의
    역사로 식민주의 과거를 재현하는 것은 당시 어렵지 않게 만날 수 있다. 예컨대,
    『中央新聞』 1945년 12월 21일자, 「獨立同盟의目前政治主張(上)」 참고.
54) 오기영, 「五原則과 八原則」, 『新天地』 8월호, 서울신문사, 1946, 19쪽. 오기영에
    관해서는 장규식, 「미군정하 흥사단 계열 지식인의 냉전 인식과 국가건설 구상」,
    『한국사상사학』 제38호, 한국사상사학회, 2011 ; 장규식, 「20세기 전반 한국사상
    계의 궤적과 민족주의 담론」, 『한국사연구』 제150호, 한국사연구회, 2010,
    298~295쪽 참고. 그런데 오기영의 정치성을 규정함에 있어 장규식이 사용한
    '새 자유주의'는 뒤에서 볼 '사회적 자유주의'와 그 내용을 같이 하는 것이다.
55) 『서울신문』 1946년 12월 8일자, 「신민당 위원장 백남운, 정계은퇴 성명」, 국사편찬
    위원회 편, 『자료대한민국사』.
56) 오기영, 앞의 글, 174쪽 ;『京鄕新聞』 1947년 1월 1일자, 「哭迎又一年 : 民族의

"自由와解放의 새날"에 "解放朝鮮은 人民의나라"라고, 자신의 시 '해방 전사(戰士)의 노래'의 후렴구에서 반복적으로 언명한다.[57] 마찬가지로 오기영 역시 "人民의나라를 세운다는 이未曾有의 機會"에 "人民의 共和國을 세우자"고 주장하였다.[58] 이와 같이 마르크스주의 지식인이나 자유주의 지식인 등 당대인들은 일본 제국/식민지 체제 붕괴가 가져다 준 해방을 '인민 본위'로 바라보고, 그것을 '인민의 자유와 해방'의 계기로 이해하면서, '인민의 나라·공화국 수립'을 주장했다. 이러한 것은 제국/식민지 체제 붕괴가 해방으로 이해되고, 다시 해방이 인민을 목적으로 하는 공동체 건설의 계기로 상상되고 있음을 보여준다. 이와 같은 인민 중심의 정치·사회 공동체 건설 욕망은 인민을 해방 공간에 소환해 범람케 하면서, 그 공간을 '인민의 시·공간'으로, '인민의 시대'로 만들어 간다.

이와 같은 '해방 공간의 인민 시대성(性)'은 앞에서 암시되고 있듯이 한국인들 자신의 민주주의 민족국가 건설이라는, 탈(脫)식민의 정치적 과제와 연관 있다. 이와 관련해서, 민전의 '강령'은 시사적이다. 그것은 "多數人民이 特權階級 곧 이 계급을 土臺로 한 당파의 전제에 눌리어 있다면 眞正한 意味의 民族問題 解決은 되지 못할 것이다."라고 하여, '다수 인민의 문제'와 '민족문제 해결'을 연결시키고 있다.[59] 이것은 식민지 해방 이후 인민의 문제가 민족 문제로 이해되고 있음을, 다시 말해서 '인민 해방'이 민족주의의 의제로 의식되고 있음을 보여준다. 민족주의 의제와 인민의 상관성은 식민지 해방 이후 국가 건설과 관련해서도 확인된다. 민족주의는 자주적 민족국가 수립과 운영·유지를 핵심적 내용으로 한다. 이에 유념할

指向을 찾자」(오기영), 오기영, 앞의 책, 71~72쪽.

57) 임화, 「解放戰士의 노래」, 『무궁화』 제1권 1호(1945. 12), 무궁화사, 1945, 38쪽.

58) 오기영, 「五原則과 八原則」, 174쪽 ; 오기영, 「理性의 沒落 : 自由主義者의 抗婦」, 『新天地』 5월호, 서울신문사, 1947.

59) 『서울신문』 1946년 2월 23일자, 「民主主義民族戰線常任委員會, 綱領을 採擇하고 教育文化·經濟對策委員會를 選定하다」.

때, 해방 당일 조직된 건국준비위원회(이하 건준)의 조직 명칭, 특히 "건국(建國)"이라는 표현은 식민지에서 해방된 한국인의 민족주의적 열망을 단적으로 보여준다. 동시에 그 어구는 민족주의의 핵심적 관심사가 '국가 건설', 보다 일반화하여 표현한다면, '국가'에 있음을 보여준다.

그렇다고 한다면, 우리는 해방 직후 한국인들의 국가관을 참조할 필요가 있다. 당대인들은 "領土와人民과主權"을 "國家의要素"로 "通念"적으로 이해하고 있었다.[60] 심지어, "국토, 인민, 주권의 삼대요소"는 "국가의 절대구성 조건"으로 이해되고 제시되기까지 했다.[61] 이와 같은 '통념적 국가학'에 기초해서, 당대 지식인들은 국가 구성 요소에 대한 깊은 관심을 표현한다. 예컨대 그들은 '국토' 또는 '영토'라는 국가 구성의 '자연·인문 지리적 요소'에 깊은 관심을 가지고 '국토 민족주의'를 발전시키면서, 그 요소들이 심지어 '결정적인 민족·국가 구성력(formative power)'을 가진다고 주장했다.[62] 마찬가지로, 당대인들은 국가 건설과 운영의 인적(人的) 주체에 대한 깊은 관심을 가졌다.

해방 직후 한국인들은 국가의 인적 주체라는 측면에서 인민에게 관심을 쏟으면서, 그것에게 민족·국가적 의미를 부여한다. 예컨대, 이승만은 1945년 10월 독립촉성중앙협의회를 결성하면서, "전 인민이 좋은 정부를 조직"할 것이라고 언명해, '전(全)인민'을 '정부 조직'의 주체로 제시한다.[63] 다시 2개월 후, 조선청년총동맹은 '반탁성명서'에서 "민족통일문제

60) 『自由新聞』 1948년 11월 11일자, 「社說 : 反政府와反國家의分揀」.
61) 『동아일보』 1945년 12월 4일자, 「정규국방군 편성예정」, 국사편찬위원회 편, 『자료대한민국사』. 본문 진술에서 우리는 국가 구성의 공간적 요소로서 '국토'와 '영토'가 경쟁하는 모습을 볼 수 있다. 국토와 영토의 당대 차별적 이해는 전봉덕, 『法學通論』, 국제문화관, 1947, 65, 67~68쪽 참고.
62) 임종명, 「脫식민지 시기(1945~1945) 남한의 국토 민족주의와 그 내재적 모순」, 『역사학보』 제193호, 역사학회, 2006.
63) 『매일신보』 1945년 10월 25일자, 「독립촉성중앙협의회 결성 결의」, 국사편찬위원회 편, 『자료대한민국사』.

에 대책을 강구하되 그 기본토대는 3천만 인민의 절대다수의 여론에 기[基]"해야 한다고 주장한다.64) 이것은 당대인들이 인민에게 민족 통일의 "기본 토대"라는 지위를 부여하고 있음을 보여준다. 나아가 당대인들은, 예컨대, 조선독립독맹은 "새로운朝鮮國家 運命은 全人民의意思와 需要에依하야決定되어야할것"이라고까지 주장했다.65) 이것은 인민이 '민족(국가) 건설의 토대'에서 한 걸음 더 나아가 '신(新)국가 운명의 결정자'로서의 지위 또한 갖게 되었음을 보여준다. 이러한 것들은 해방 직후 한국인들이 당대 민족주의 의제에 기초해 국가 건설과 운영, 나아가 존망의 주체로 인민을 사고하면서, 그에 대한 관심을 강화하고 있었음을 보여준다. 그런 데, 인민에 대한 관심이 단순히 국가 건설과 운영의 인적 주체 확정이라는 문제의식의 소산만은 아니었다.

인민에 대한 관심은 국가의 삼대 구성 요소의 하나로 이해되던 주권에 대한 관심의 소산이기도 했다. 주권에 대한 당대인의 관심과 관련해서, 1946년 1월 혁진사(革進社)가 "新國家建設의胎動"을 특집으로 하여 발간한 『革進』창간호 중의 기사 「語囊」은 시사적이다. 그것은 "파시즘"과 "國家의 承認", 그리고 "主權"이라는 세 가지 항목에 대한 각각의 해설로 이루어져 있다.66) 이와 같은 기사 구성은 '주권' 문제 이해가 '신(新)국가 건설과 그것의 승인'이라는 당대 민족주의 의제 실천의 관점에서 핵심적 관심사의 하나였음을 보여준다.67) 이와 같이 간접적으로 시사된 당대 주권에 대한

---

64) 『서울신문』 1945년 12월 31일자, 「조선청년총동맹, 반탁성명서 발표」, 국사편찬위원회 편, 『자료대한민국사』.

65) 『中央新聞』 1945년 12월 21일자, 「獨立同盟의目前政治主張(上)」.

66) 혁진 편집부, 「語囊」, 『革進』창간호, 혁진사, 1946, 2~3쪽. 앞 기사는 잡지 편집부가 '잡지 창간사'에 나온 "國民大衆에對한政治的知識普及"과 "民衆의 政治的訓練", 또 '대중 계몽'에 필요한 '역사‥정치 지식'을 제공하는 기사이다. 혁진 편집부, 「「革進」의指標(創刊辭)」, 『革進』창간호, 혁진사, 1946, 2~3쪽.

67) 덧붙이면, '파시즘' 관련 해설은 '파시즘 대(對) 민주주의 전쟁'으로 호명·재현되고 있던 제2차 세계대전에서 반(反)파시즘 민주주의 국가'의 승리로 말미암아 열려

관심은 임정 주석 김구에 의해 보다 직접적으로 표현된다. 그는 1945년 12월 서울운동장에서 개최된 '임정개선 환영대회'에서 "국토와 인민이 해방된 이 기초 위에서 우리의 독립주권을 창조하는 것이 무엇보다도 긴급하고 중대한 임무"라고 선언한다.[68] 이것은 국가 건설 의제에 따라 국가 구성의 일(一) 요소인 주권의 문제가 당대의 핵심적 관심사의 하나였음을 보여준다. 주권에 대한 관심은 주권 자체에 대한 논의－이것은 아래에서 검토될 것이다－와 함께 주권의 소재, 즉 주권자 또는 주권 기관에 대한 관심을 증대시켰다. 이와 관련해서, 남조선과도입법의원(이하 입의)의 민선의원이었던 이종근은 1947년 11월 입의 본회의에서 "主權은國家의 絶大固有이며 主權은人民의 意志"라고 주장해, "國家의絶大固有"인 "主權"을 "人民의 意志"와, 따라서 '인민'과 연결시킨다.[69] 이어서, 당대 지식인들은 아래의 민주주의 논의에서 보이는 것처럼 인민을 국가의 주권자라고 선언한다. 이러한 속에서, 인민은 당시 "國家權力의 最高性質" 달리 표현하면 '최고의 국가 권력'으로 이해되고 있던 주권의 소유자가 되면서, 주권자, 즉 "國家의最高勢力(權威者)"이 되었다.[70] 이와 같이 인민은

진 해방 공간의 역사성 혹은 시대성을 이해하고자 하는 당대 엘리트들의 노력의 표현이라 할 수 있다. 그들의 노력은 또한 신국가 건설과 연결된 것이기도 했다. 해방 이후 또는 전후(戰後) "새政治"를 "指向"하는 "新國家[를]建設"하고자 하는, 또 그 "國家"에 대한 "[국제적] 承認"을 획득하고자 하는 한국 엘리트들에게는 무엇보다도 반면교사(反面敎師)로서 파시즘을 이해할 필요가 있었기 때문이었다. 바로 이것이 '파시즘' 해설의, 또 「語囊」의 기사 구성의 당대적 맥락인 동시에 오늘날 「語囊」이, 기사의 구체적 내용과는 상관없이, 연구자에게 흥미로운 까닭이다.

68) 『동아일보』, 1945년 12월 20일자, 「임정개선 환영대회, 서울운동장에서 개최」, 국사편찬위원회 편, 『자료대한민국사』.
69) 남조선과도입법의원, 「南朝鮮過渡立法議院速記錄」 제173호(1947. 11. 11), 『남조선과도입법의원속기록』 4권, 여강출판사(영인본), 1947, 260쪽.
70) 혁진 편집부, 「語囊」, 84쪽 ; 최봉윤, 「人民과 國家(1)」, 『民主朝鮮』 제1호(1947. 11), 중앙청 공보부 여론국 정치교육과, 1947, 55쪽.

국가의 한 구성 요성인 주권과 연결되고, 나아가 최고 국가 권력인 주권의 소유자가 되었다. 이것은 인민에 대한 해방 직후 관심이 일제 식민주의 이후 탈(脫)식민의 신(新)국가 건설이라는 당대 한국 민족주의 의제와 연결된 것임을 보여준다. 그런데 민족주의 의제만이 해방 직후 남한 담론 공간에서 보이는 인민의 빈번한 출현과 그것의 높은 지위를 결과한 것은 아니었다.

　해방 직후 인민의 지위는 인민 주권을 내용으로 하는 민주주의에 의해 영향 받고, 또 규정된 것이기도 했다. 민주주의는 해방 직후 남한 엘리트들의 '해방 한국과 한국 독립의 국제성' 인식에 기초해서 '수용'된다. 예컨대 조선공산당(이하 조공) 중앙인민위원회 서기국장 등으로 활동하던 이강국은 『民主主義 朝鮮의 建設』(1946년간)에서 "元來 朝鮮은民主主義聯合國의 戰勝의結果 解放되였고 그獨立이 約束"되었기 때문에 "現下 朝鮮의情勢는 朝鮮解放의 國際性에 依하야 制弱"된다고 주장한다.71) 그런데, 오기영의 다음 진술이 보여주듯이 '국제적 제약성'이 해방 한국에 한(限)한 것으로 의식된 것은 아니었다. 그는 "只今 世界는 어느 國家나가 國際的 民主主義路線 위에서 制約을 받고 그路線위에서만 存立이 可能"하다고 자신의 독자들에

---

71) 이강국, 『民主主義 朝鮮의 建設』, 조선인민보사, 1946, 16, 158쪽. 한국 해방과 해방 한국의 국제성은 해방 직후 적지 않은 당대 엘리트에 의해서 공유되고 있었다. 예컨대 유진오는 "實地로解放이이루어진것은 日本의敗亡과 聯合國의勝利라는 國際的事實에依하였던 것"이며, 따라서 한국인의 향후 "歷史的課業"도 "國際情勢의推移와 密接히關聯"되어 있다고 주장한다.(『自由新聞』1950년 1월 1일자, 「世界와 韓國」) 덧붙이면, 이강국의 앞 책은 해방 직후 이강국이 "執筆한 聲明書 詳論 論說"을 정진태가 편집하고, 또 그가 "各章에다가 多少의 註解와 解說을 添附"한 이강국의 "政論集"이다.(정진태, 「편집자서」, 이강국, 앞의 책, 1946. 3, 4쪽) 그 책은 '정론집'으로서 "思辨的構想에 依據한것이 아니고 그때그때의 現實問題를 解決하기爲한것이기때문에 體系가 스지못하고 論理的으로 順序整然치 못한 것"이다. 하지만, 바로 그 때문에 이강국의 앞 책은 이강국의, 나아가 당대인들의 '민주주의 인식'을 '날 것 그대로' 보여주면서, 자신의 자료적 가치를 강화한다. 덧붙이면, 이강국의 생애와 해방 이후 활동에 대해서는 심지연, 『이강국연구』, 2006, 백산서당 참고.

게 이야기한다.[72] 이것은 제2차 세계 대전 이후 세계 모든 국가의 '국제적 피(被)제약성'이, 역으로 민주주의 노선의 세계적 지배성이 오기영에 의해 의식되고 있음을 보여준다. 이러한 당대 세계 인식을 공유하면서, 이강국은 "朝鮮問題의解決도 또한 民主主義的國際路線에서 求"해지고 있기 때문에, "民主主義는 朝鮮의救主이며 朝鮮의指針"이라고 주장한다.[73] 이것들은 마르크스주의자 이강국이나 자유주의자 오기영 모두 한국 해방과 해방한국, 나아가 당대 세계의 국제성을 의식하고 있음을 보여준다. 바로이러한 의식이 해방 직후 남한 엘리트들로 하여금 해방과 독립, 그것의국제적 승인, 또 향후 수립될 국가의 존립이라는 민족주의의 관점에서민주주의를 "朝鮮의指針"으로 받아들이게 하면서, "民族主義와 民主主義는둘이서로表裏一體"가 되도록 하였다.[74] 이러한 속에서, 민주주의는 해방이후 남한에서 일종의 불가역(不可逆)의 "國際路線"이 되고, "民主主義國家"가 "새워야할 나라"로 되었다.[75] 그리고 "新生朝鮮은 民主主義朝鮮이 아니면아니된다는것은 只今은 **한개의 常識**"(강조, 인용자)이 되고, "우리는 앞으로어떤政府를 세워야 할것인가에 對하야 **누구나** 民主主義政府를 말한다."(강조, 인용자)는 진술에서처럼, 민주주의는 해방 직후 남한에서 향후 실현되어야 할 이념·정치(제도)로 광범위하게 의식되고 수용되어졌다.[76]

그 누구도 거역할 수 없게 된 민주주의는 당시 '인민을 목적이자 주체로

72) 오기영, 「三黨合黨의生理」, 『民族의 悲願』, 국제문화관 출판부, 1947(1948), 101쪽.
73) 이강국, 앞의 책, 1946, 48쪽.
74) 안재홍, 「新民主主義와 新民族主義」, 『革進』 창간호, 혁진사, 1946, 12쪽. 해방 직후 민족주의적 관점에서의 민주주의 수용이 당대 다양한 정치세력에 의해서 이루어지면서, 민주주의는 남한의 정치 이념과 담론 내부로, 또 남한 정치 내부로 수용된다. 임종명, 「종전/해방 직후 남한, 민주주의의 전위(轉位)와 그 동학(動學) : 미국 헤게모니 담론과 한국 민족주의 문제의식을 중심으로」(발표문), 85~96쪽.
75) 김동석, 『藝術과 生活』, 박문서관, 1948, 129쪽 ; 오기영, 「五原則과 八原則」, 167쪽.
76) 박치우, 앞의 글, 1946, 127, 142쪽 ; 홍종인, 「人民의 權利·義務」 『新天地』 7월호, 서울신문사, 1947, 34쪽.

하는 정치의 이념'으로 이해되고 있었다. 이와 관련해서 법학자 유진오의
진술은 시사적이다. 그는 민주주의가 "人民의, 人民에 依한 人民을 爲한,
政治"라고, 즉 "國家의 主權이 人民에게 있으며, 主權의 行使者가 人民이며,
國家의 存立目的이 人民의 自由와 幸福을 維持하고 推進시키는 데 있"다고
이해·설명한다.[77] 이것은 유진오가 민주주의를 '인민을 목적이자 주체로
하는 정치의 이념'으로 이해하고 있음을 보여준다. 이와 같은 유진오의
민주주의관(觀)은 적지 않은 당대 지식인들에 의해 공유되고 있었다.
예컨대 언론인 오기영은 민주주의를 "人民의 손으로 人民의 政治를 하는"
것이라고 설명한다.[78] 이와 같은 인민 중심의 민주주의 이해가 대중
매체에 의해서도 공명되어, 한 잡지는 민주주의를 "인민의, 인민을 위한,
인민정치", 한 마디로 "官主"가 아닌 "民主"라고 규정한다.[79] 이러한 속에서
인민주의적 민주주의 이해는 다음과 같이 사전의 표제어로까지 등재된다.
즉 이재훈의 『哲學辭典』은 "人民의 人民에依한 人民을爲한 政治"라는 표제
하에, 그것을 "아부라함·린칸이 南北戰爭 戰死勇士의 弔魂演說中에있는句.
데모크라씨-의定義로서 一般이 認定함"이라고 설명한다.[80] 이러한 설명은
당대 "一般"의 사람들이 '인민을 목적으로 한 인민 주체의 정치'를 민주주
의의 정의로 수용하고 있음을 암시한다. 여기에서 설명의 적실성 여부보다
더 주목할 것은 당시 사전의 표제어가 될 정도로 "아부라함·린칸"(Abraham

---

77) 예컨대 『自由新聞』 1948년 3월 23일자, 「選擧의基本觀念(三)」[금고학인(今古學
   人)] ; 유진오, 「法治國家의 基本構造 - 古典的 法治國家의 槪念 - 」, 『法律評論』 제1
   권 3호, 1949 ; 유진오, 『憲政의 理論과 實際』, 일조각, 1954(1956), 60쪽. 덧붙이면
   앞글의 필자 금고학인(今古學人)은 유진오의 투고문 필명이다. 이것은 금고학인의
   앞의 글과 유진오의 『憲法의 基礎 理論』에 수록된 동일 제목의 글, 양자의 비교·대조
   에서 확인된다.

78) 오기영, 앞의 글, 1946, 167쪽.

79) 『주간서울』 1949년 11월, 「신년 정국의 동향과 전망」, 국사편찬위원회 편, 『자료대
   한민국사』.

80) 이재훈, 앞의 책, 1949(1952), 295~296쪽.

Lincoln)의 언명이 "데모크라씨-"(democracy), 즉 민주주의에 관한 사전적 지식으로까지 제도화되었다는 점이다.[81] 이것은 인민 중심적 민주주의와 민주정치 이해가 "一般"의 "周知"의 것이었음을 알려준다.[82]

인민 중심의 민주주의 이해는 향후 건설될 국가의 주권자로, 나아가 국가 건설의 주체로 인민을 배정토록 한다. 이것은 "民主主義란 主權이人民에게있는것"이라는 이태진의 설명에서 단적으로 나타난다.[83] 이에 따라, 앞으로 수립될 "民主主義國家朝鮮"에서도 "主權은人民에게있다"라고 의식되었다.[84] 주권이 '최고 국가 권력' 또 '최고 국가 권력의 소유자'로 당시 이해되고 있었다면, 앞의 선언은 인민이 이후 수립될 민주주의 한국에서 최고 국가 권력의 소유자로 될 것으로 의식되고 있었음을 보여준다. 이에 기초해서 인민은 다음에서처럼 국가와 등치된다. 먼저 과도입법의원 이종근은 앞에서 보았던 것처럼 "國家는人民의 意志"라고 하여, 국가와 '인민의 의지'를 등식화한다. 이와 같이 '인민의 의지'를 통해 인민과 연루된 국가는 다시 인민과 등치된다. 이것과 관련해서, 인공의 중앙인민위원회가 1945년 10월 발표한 '조선내 일본인재산에 대한 규정'은 시사적이다. 그것은 "일본인 재산"을 "조선인민의 것"으로, 또 "인민을 주권으로 한 조선국가의 소유"라고 규정해, 적산의 소유주체로 "조선인민"과 "조선국가"를, 다시 말해 "인민"과 "국가"를 병치·등치한다.[85]

---

81) 참고로 링컨의 민주주의 정의는 해방 직후 "千古의 名言"으로 받아들여지면서, 발화자의 좌·우 정치성에 상관없이 담론 공간 도처에서 목격된다. 예컨대 유진오, 앞의 글, 1949, 60쪽 ; 홍종인, 앞의 글, 1947, 34쪽 ; 이태진, 앞의 글, 1946, 13쪽.
82) 박치우, 앞의 글, 1946, 127, 142쪽.
83) 이태진, 앞의 글, 1946, 13쪽.
84) 『中央新聞』 1945년 12월 7일자, 「衛星團體嚴重警戒 國軍準備隊總司令部談話發表」.
85) 『매일신보』 1945년 10월 10일자, 「인공 중앙인민위원회, 조선내 일본인재산에 대한 규정 발표」, 국사편찬위원회 편, 『자료대한민국사』. 참고로 '적산의 인민·국가 소유'는 다른 자료에 의해서도 확인된다. 『조선일보』 1947년 7월 17일자, 「과정의 적산불하정책에 대한 각계의 반대여론 비등」, 국사편찬위원회 편, 『자료

인민과 국가의 등식화에 이어, 인민은 민주주의 정권과 국가의 수립 주체로 제시된다. 예컨대, 1946년 2월 민전의 '강령'은 '민주주의 정권의 수립'이라는 항목에서 "朝鮮에 있어서 民主主義政權의 수립"이 "오직 國內 各 進步的 계급要素의 廣範한 聯盟으로서 全人民을 이에 直接 參加케 하는 同時에 그들의 統一된 自由意思에 의하여 비로소 구성되는 것"이라고 진술해, '전(全)인민의 참가와 그들의 통일된 자유의사에 기초해서 조선의 민주주의 정권 수립이 가능하다'고 주장했다.[86] 나아가 인민은 민주주의 시대 민주주의 국가 건설의 주체로 제시된다. 이와 관련해서 고려대 철학 교수인 자유주의자 최재희의 「新國家 建設과 倫理」 중의 다음 구절은 시사적이다.[87] 즉,

> 新國家 建設의 原動力은 실상은 決斷코 一部 小數 特權階級의 權力 金力 財力에 있는 것이 아니라 그것 以上으로 一般 人民大衆의 道德的 實踐的 創造的 人格活動에 있는 것이다. 이는 今日과 같은 民主時代의 民主國家建設 에 있어서 더구나 不動의 眞理이다.

여기에서 우리는 '민주 시대 신국가 건설'의 원동력이 '소수 특권 계급의 힘'에가 아니라 '인민 대중의 활동'에 있다고 주장하는 최재희의 모습을 볼 수 있다. 최재희의 주장은 인민을 민주주의 시대에 있어 민주주의 정권 수립의 주체로서만이 아니라 민주주의 국가 건설의 주체로도 제시·표상하는 것이다. 나아가 인민은 민주주의 (국가) 운영의 주체로 제시된다. 예컨대 유진오는 민주주의를 "人民이 스스로 國家의 主權者가 되어 人民自身

대한민국사』.

86) 『서울신문』 1946년 2월 2일자, 「民主主義民族戰線常任委員會, 綱領을 採擇하고 教育文化·經濟對策委員會를 選定하다」.

87) 최재희, 「新國家 建設과 倫理」, 『開闢』 3월호, 개벽사, 1948, 57쪽.(임종명, 「해방 직후 최재희와 개인 주체성 담론」, 222쪽 재인용.)

을爲하야 스스로 國家機關을運營하는 政治"라고 정의한다.[88] 이와 같은
민주주의 정의에서, 인민은 민주주의 하의 국가 기관 운영의 목적이자
주체로 현현된다. 이와 같이, 인민은 2차 대전 이후 불가역의 시대적
의제인 민주주의와 연결되어, 그것의 실천 주제로 제시된다.

인민의 민주주의 국가 건설과 운영 주체화는 해방 직후 인민과 해방
공간의 모습을 규정하였다. 앞에서 보았듯이, 인민은 민주주의 신국가
건설과 운영의 주체가 되었다. 이것이 인민의 권위를 강화해, 자유주의자
최봉윤으로 하여금 인민이 국가의 삼대 요소 중 "가장重要한要素"라고
비정(比定)케 한 것이었다.[89] 바로 이와 같은 인민의 지위가 해방 공간을
인민의 시대로 만들면서, 해방 직후 담론 공간에 인민을 범람케 하였다.
이러한 상황에서, 민주주의와 민족주의 의제 실천의 주체, 또 민주주의
민족국가 건설의 주체로 정체화(正體化, identification)된 인민의 주체성을
표상하고 구성하는 과제가 당대 엘리트들에게 부과된다. 이제 당대 남한
엘리트들의 임무는 국가 건설과 운영의 주체인 인민을 그에 부합되는
존재인 자주성과 독립성을 가진 주체적 존재로 표상·구성하는 일이었다.

4. 인민의 자주적·주체적 실체화

인민 주체성 표상 작업은 주체성 소유와 행사의 전제인 유기체적 존재로
서의 인민 표상 작업으로 시작된다. 예컨대 1948년 4월 평양에서 개최된
남북정당사회단체지도자 협의회의 '공동성명서'는 '조선 인민'이 "자력
으로 외국의 간섭없이 우리 문제를 우리 민족의 힘으로 능히 해결할

---

88) 예컨대 금고학인, 앞의 글, 1948.
89) 최봉윤, 「人民과 國家(2)」, 80쪽. 본문 진술에서 '인적 요소'라는 표현은 최봉윤의
    인민 관련 진술 중 "人民(人口)"이라는 구절에 유의한 것이다.

수 있을만큼 장성"하였다고 하여, '조선 인민'을 '시간의 경과에 따라 장성해 주체적 해결 능력을 가진 유기체적 존재'로 표상한다.[90] 유기체로서의 인민 상상은 1945년 12월 미군정의 인공 부인·해체 정책을 비판하는 전국인민위원회대표자대회의 '결의문'에서도 목격된다. 결의문은 "朝鮮全人民意總意에依하여 成立되엇고지지되고잇"는 "朝鮮人民共和國은 朝鮮人民과함께 存在할正當性이 잇"으며 "[국호] 變更이나 [인공] 解體는朝鮮人民의 죽임으로意味하는것이라고 確言"하면서, '조선 인민'을 '시간의 경과나 생사의 중병으로 죽을 수도 있는 유기적 생명체'로 표상했다.[91]

노(老)·사(死)의 생명체로 표상된 인민은 자연스럽게도 의사와 실행력을 가진 인격적 존재로 표상된다. 예컨대, 1947년 7월의 여운형 암살을 계기로 미군정 과도정부 출입기자단은 '폭력 행사 방지 요청서'를 과도정부에 제출하면서, "조선 인민"을 "전율"하고 "증오감을 울적[(鬱積), 겹쳐 쌓음]"하는 '감성적 존재'로 표상한다.[92] 이와 같은 인민 표상은 당대 텍스트 도처에서 목격된다. 예컨대 민전의 1947년 7월 담화 역시 "조선인민"을 "모욕과 격분을 느끼"는, 감성적 존재로 표상한다.[93] 이와 같이 감성적 존재로 표상된 인민은 다시 희원(希願)의 존재로 표상된다. 예컨대, 1945년 12월 인공의 전국인민대표자대회에서 발표된 '성명서'는 "朝鮮人民共和國의 탄생과 육성은 조선인민의 일치된 소리이며 그 갈망"을 표현한 것이라는 구절을 통해, 인민을 '갈망(渴望)의, 또는 욕망의 주체'로 표상한다.[94]

90) 『조선일보』·『경향신문』·『동아일보』 1948년 5월 3일자, 「남북요인회담 공동성명서 발표」, 국사편찬위원회 편, 『자료대한민국사』.

91) 『中央新聞』 1945년 12월 1일자, 「解體問題는否決 人民委員會大會決議文發表」.

92) 『조선일보』 1947년 7월 26일자, 「과정 출입기자단, 폭력행사 방지 요청서 제출」, 국사편찬위원회 편, 『자료대한민국사』.

93) 『조선일보』 1947년 7월 26일자, 「후버 증언에 대한 민전의 담화」, 국사편찬위원회 편, 『자료대한민국사』.

94) 『서울신문』 1945년 11월 23일자, 「全國人民委員會代表者大會 개최(11월 20일~22일)」, 국사편찬위원회 편, 『자료대한민국사』.

이와 같이, 인민은 감성적 존재에서 다시 희원의 주체로서 변모된다.

나아가 인민은 의사(意思) 능력의 소유자로 표상된다. 이와 관련해서, 해방 직후 정치 담론에서 종종 자신의 모습을 보이는 '인민의 총의(總意)'는 시사적이다. 1945년 10월 조공 중앙위원회 기관지인 『解放日報』의 한 '사설'은 진주 미군의 인공 해체 요구에 직면해 인공의 "進路" 관련 논의를 위해 소집될 "全國人民代表者大會"가 "人民總意를代表"한다고 주장한다.[95] 이와 같이 1945년 9월 결성이 선포된 인공 관련 논의에서 집중적으로 등장한 '인민의 총의'는 이후 인공 관련 담론에서 빈번하게 나타난다. 예컨대 이강국은 1945년 11월 「建國設計의 當面大綱 : 軍政과人民共和國(下)」에서 인공의 국가성을 설명하면서, "[조선]人民共和國은 그것이 人民의總意로서誕生했고 民衆의絶對한 支持를밧고 民衆속에서成長强化되여가는한 客觀的으로 嚴然한存在이오 國家로서의資格을가젓다고보아야한다."고 주장한다.[96] 또한 1945년 9월 인공의 국무총리로 선출되었던 허헌 역시 "이[조선]인민공화국과 인민위원회는 조선삼천만인민의총의로된것"이라고 주장한다.[97] 이러한 주장들에서 우리는 '인민의 총의'가 인공과 인위의 정당성 주장의 근거로 개발·동원되고 있음을 볼 수 있다. 이와 같이 등장한 '인민 총의'는 이후 해방 공간에서 '국가이고자 하는' 정치체의 국가성 여부, 나아가 그것의 민주주의성을 증빙·판정하는 근거로, 또 그 척도로 기능하면서, 당대 정치 담론에서 핵심어로 존재한다. 그런데

95) 『解放日報』 1945년 10월 18일자, 「社說 : 第二次 全國代表者大會의政治的方向에對한提議」.
96) 『中央新聞』 1945년 11월 5일, 「建國設計의 當面大綱 : 軍政과人民共和國(下)」(이강국) ; 이강국, 「軍政과 人民共和國」(1946), 앞의 책, 1946, 23쪽. 덧붙이면 앞의 두 글이 동일한 글이나, 글의 공간 시점의 차이나 신문 기사와 단행본 편집 관행의 차이 등을 반영해, 그것들은 띄어쓰기나 맞춤법에서 일정 정도 상이하다. 본문 인용은 『中央新聞』 기고문의 것이다.
97) 『解放日報』 1946년 11월 25일자, 「共和國號問題에對한 許憲氏의發表要旨」. 허헌에 관해서는 심지연, 『허헌 연구』, 역사비평사, 1996 참고.

현재 논의에서 중요한 것은 '인민의 총의'에서 인민이 '총의'의 주체라는 점이다. 이는 인민을 '의사(意思)' 생산 능력을 가지고 있을 뿐만 아니라 실제 자신의 의사를 표현하고 그에 기초해 행위할 수 있는 존재로 의식하고, 또 그렇게 표상하는 것이라 할 수 있다.

잠재적·현재적 의사 능력의 소유자로서의 인민 표상은 인민을 단순한 유기체적 존재가 아니라 그와 구별되는 인간적 존재로 표상하는 것이다. 이와 관련해서, 당대 '윤리학'을 참고하도록 하자. 철학자 최재희의 『윤리학 개론』은 동물의 "동작"과 인간의 "행위"를 분별하는 과정에서 '욕망'과 '결의'의 의의를 다음과 같이 설명한다. 즉,[98]

> 사람은 그 이외의 생물이 도저히 차지할 수 없는 이성(理性)을 오직 홀로 차지(강조, 인용자 * 이하 강조, 필자)해 있는 고로 직접 동작(動作)하는 것이 아니라, 실로 행위하는 바이다. … 아무 목적도 의식하는 일이 없이 제절로 나타나고 있는 충동(衝動, Trieb, impulse)임에는 틀림이 없으며, 따라서 그러한 충동적인 운동을 인간의 행위(行爲, Handlung, conduct)와 다 같은 것으로 볼 수는 없다. 이에 충동적 운동을 보통 인간의 행위와 구별하여 특히 동작(動作, Aktion, od Wirkung, action)이라고 부르고 있다. 사람은 의식적·무(無)의식적 충동 이상(以上)으로 현재의 여러 불만을 의식하며, 다음에 이 불만을 충족(充足)하기 위해서 목적의 관념이 생기게 된다. 그리고 이러한 목적을 달성(達成)하려고 하는 희망이 열렬(熱烈)할 적에, 그런 상태를 일러서 욕망(欲望, Begehren, desire)이라고 말하며, 이 욕망을 실현하려고 하는 결의(決意, Entschluss, resolution)로 말미암아 목적 관념이 외적 운동으로 나타나는 동작을 우리는 비로소 행위라고 일컫는다.

다소 긴 위 인용구는 최재희가 윤리의 주체인 인간의 "도덕적 행위"를 설명하는 과정에서 이성의 소유 여부를 인간과 인간 이외의 생물의 변별점

---

98) 최재희, 『윤리학 개론』, 박문서관, 1949, 17~18쪽.

(辨別點)으로 판단하고 있는 모습을 보여준다. 또한 앞 인용구는 최재희가 인간 행위의 성립 단계를 '불만 의식→ 목적 관념→ 욕망→ 결의→ 행위'로 생각하고 있음을 보여준다. 이와 같은 인간 행위 성립 단계도는 현재 우리의 논의에 시사점을 제공한다. 만일 최재희의 '윤리학'에서처럼 '욕망 과 의(意)'가 인간의 목적적 행위를 결과하는 것이라면, '의사 능력의 소유 주체로서의 인민 표상'은 단순한 유기적 생명체로서가 아니라, 자신 이외의 동물과 구별되는 인간적 존재로서 인민을 표상하고자 하는 노력의 일환이라고 할 수 있다.

　인간적 존재로서의 인민 표상은 인민을 분명하게 인격의 주체로 표상하 는 작업으로 연결된다. 먼저, 인민은 앞에서의 "조선인민의 일치된 소리" 나 여타 자료의 "인민의 소리"에서처럼 언어적 존재로 암시된다. 하지만 인격적 주체로의 인민 표상은 이념적 존재로서의 인민 표상 작업에서 단적으로 나타난다. 이와 관련해서 1945년 12월 학술원 등 8개 단체 대표가 임정에 전달한 '메시지'는 시사적이다. 그 메시지는 인공이 "우리 인민의 국가이념의 표현"이라고 설명하면서, "인민의 소리를 듣고 인민의 요구를 만족시키는 정부를 수립"하고자 한다면, 인공과 임정 모두 "우리 인민이 희구하고 耽願하고 요청하는 국가이념을 살리는데 노력"해야 한다고 주장한다.99) 이와 같은 주장은 "인민"을 앞에서처럼 '발성'의 주체로, 또 "희구하고 耽願"하는, 요컨대 '희원'(希願)의 주체로, 또 자신의 바람을 "요구"하고 "요청"하는, 요컨대 '욕망의, 또 의지적인 존재'로 표상한다. 하지만 보다 주의해야 할 것은 그 주장이 인민을 단순히 욕망·의 지의 주체로 표상하는 것을 넘어서 '국가 이념'의 소유자, 나아가 '국가 이념 흥성(興盛)'의 희구자로 인민을 표상한다. 이념이 당대 인간의 이성적 활동의 산물로 이해되고 있었다면, 앞의 표상은 감성적 존재를 넘어서,

---

99) 『中央新聞』 1945년 12월 9일자, 「學術院等 8개단체대표, 臨政에 '臨時政府領袖諸位 에게' 메시지傳達」.

이성적 존재로 인민을 표상하는 것이라 할 수 있다. 이어서, 인민은 앞에서 보았던 최재희의「新國家 建設과 倫理」중의 "一般 人民大衆의 **道德的 實踐的 創造的 人格活動**"(강조, 인용자)에서처럼 '도덕적인 존재'로 표상된다. 우리 가 당대 이성과 도덕이 인간과 비인간의 준별점(峻別點)으로 기능하고 있었음을 상기한다면, 우리는 이성적이고 도덕적인 존재로 인민을 표상하 는 것이 곧 인민을 인격적 존재로 인식하고 또 그렇게 표상하는 것이었음을 간취할 수 있다.[100]

　　인격화된 인민은 다시 사회·정치적 존재로 표상된다. '우리 정부의 조속한 수립을 요망'하는 주체로 인민을 표상했던 남조선노동당의 '담화 문'과 함께, 앞의 학술원 메시지는 '자신을 만족시키는 정부를 요구하고, 또 자신의 국가 이념을 표현하는 주체'로 인민을 표현해, 인민을 정치적 존재로 표상한다.[101] 이어서 인민은 민족자주연맹준비위원회 선전국장 이극로에 의해 다시 애국의 주체로 표상된다. 1947년 2월 그는 미군정 장관 대리 헬믹(Helmick)의 '부일협력자, 민족반역자, 전범, 간상배 처단 특별법' 인준 거부가 "애국적인 전인민에게 큰 충동과 비분을 금치 못하게 한 것"이라고 비판하면서, 인민을 "애국적인" 존재로, 즉 '민족·국가적 문제로 인해 생긴 충동과 비분을 억제치 못할 정도로 민족·국가를 사랑하 는 주체'로, 요컨대 민족·국가애의 주체로 표상한다.[102]

---

100) 이성성(理性性)과 도덕성은 당시 인간과 비인간의 준별점(峻別點)으로 기능하고 있었다(임종명,「해방 직후 남한 엘리트의 이성 담론, 규율 주체 생산과 헤게모니 구축」,『개념과 소통』제12호, 한림대학교 한림과학원, 2013, 246~247쪽 ; 임종명, 「일민주의(一民主義)와 대한민국의 근대민족국가화」, 285쪽) 그런데, 양우정이 표현한 "인간의 이성 즉 도의"라는 구절이 보여주듯이, 당대 담론에서 이성과 도덕은 내면적으로 연결되어 있었다.(양우정,『李大統領 建國政治理念 : 一民主義 의 理論的 展開』, 연합신문사, 1949, 46쪽)

101)『조선일보』1947년 7월 24일자,「남로당, 공위 소련측대표의 성명을 지지하는 담화 발표」, 국사편찬위원회 편,『자료대한민국사』.

102)『경향신문』·『서울신문』1947년 12월 4일자,「민족자주연맹준비위원회, 시국대 책요강 등에 대해 견해 발표」, 국사편찬위원회 편,『자료대한민국사』.

이와 같은 표상은 최종적으로 자각적·자주적·창조적 존재로의 인민
표상으로 연결된다. 이와 관련해서, 해방통신 편집국장 박익서의 진술은
시사적이다. 그는 "人民委員會組織이 그와같이 瞬息間에 이루어졌다는 것은
그것이 가장 人民의利益을 爲하는것이라는 **人民自體의自覺**에서 나온것임
을 證明하는 것"(강조, 인용자)라고 하여, 인민을 자각 능력의 내재적
소유자로 표상한다.103) 이어서 인민은 자주적이고 주체적인 존재로 표상
된다. 이와 관련해서, 개인주의자 최재희를 읽어보자. 앞에서 보았듯이
그는 전체주의 비판 과정에서 "人民 卽 國家組織의 主人公인 個人"이라
하여 '인민'을 개인화한 다음, "個體人格의 自律性·主體性·彈力性"이라는
진술을 통해 개인적 존재인 인민을 '자율성과 주체성을 갖춘 존재'로
표상한다.104) 이러한 모습의 인민성은 최재희의 당대 동료들－비록 정치
성에서는 경쟁적인－과 공유된다. 이와 관련해서 1947년 10월 근로인민당
등 5개 정당이 "조선독립과 [미·소 양군] 동시철병안"을 주장하는 '공동
성명'은 시사적이다. '공동 성명'은 "조선인민의 자주 자결적 권리"라
하여, '조선 인민'을 '자주 자결의 권리를 소유한 존재'로 표상한다.105)
　나아가 한국 인민은 앞에서 보았던 전국인민대표자대회 성명서에 의해
실제 자주·자결의 능력을 보유한 존재로 표상된다. 그 성명서는 '인공
탄생과 중앙인민위원회 구성'을 "조선인민이 그 정치적 자주 능력을
마침내 세계에 선포"한 것으로 의미화하면서, 인민을 '정치적 자주 능력',
보다 일반적으로 이야기하면, '자주 능력'을 갖춘 주체로 표상한다.106)

103) 박익서, 「人民을主人으로하는 根本的措置의斷行」, 『新天地』 2월호, 서울신문사,
　　　1947, 97쪽.
104) 최재희의 개인 주체관(觀)과 개인주의는 임종명의 「해방 직후 최재희와 개인
　　　주체성 담론」 참고.
105) 『조선일보』·『경향신문』·『서울신문』 1947년 10월 19일자, 「사민당등 5정당, 조선
　　　독립과 동시철병안에 대해 공동성명」, 국사편찬위원회 편, 『자료대한민국사』.
106) 『서울신문』 1945년 11월 23일자, 「全國人民委員會代表者大會 개최(11월 20일~22
　　　일)」, 국사편찬위원회 편, 『자료대한민국사』.

자주적 주체로의 인민 표상은 1948년 4월 평양에서 개최된 남북정당사회
단체지도자 협의회의 '공동성명서'에서 보다 분명하게 시도된다. 그 성명
서는 앞에서 본 바와 같이 '조선 인민'이 "자력으로 외국의 간섭없이
우리 문제를 우리 민족의 힘으로 능히 해결할 수 있을만큼 장성"하였다고
하여, '조선 인민'을 '자력으로 자신의 문제를 해결할 수 있는 존재'로
표상한다. 이와 같이, 인민은 스스로 문제 상황을 깨닫고, 그것을 자력으로
해결할 수 있는 주체적·자주적 존재로 표상된다.

　또한 인민은 잠재적·현재적으로 '창조적 능력의 소유자'로 제시된다.
먼저 최재희는 앞에서 보았던 "一般 人民大衆의 道德的 實踐的 創造的 人格活
動"이라는 구절을 통해 '일반 인민 대중'을 '실천적, 창조적 인간 활동의
주체'로 표상한다. 이와 같은 표상은 당대 공산주의 역사학자 이청원에
의해서도 공유된다. 그는 「民主主義와靑年」에서 장래 건설될 "人民의民主主
義國家"가 수행해야 할 역할로 "人民大衆의創造的創意를壓殺시키지않고
그發揮를促進하여 그들이朝鮮의民主主義建設의推進力"(강조, 인용자)이 되
도록 하는 것이라고 진술한다.[107] 이러한 진술을 통해 이청원은 인민
대중의 창조성을 승인하면서, '인민 대중'을 '창조적 의견의 소유자'로
표상한다. 나아가 그는 "自由, 民主의政治"가 "人民大衆으로하여금 그能動的
創意와 意慾을發揮할수있도록 따라서 그것을昴揚시킬수있"(강조, 인용자)
도록 해야 한다고 주장해, '인민의 잠재적 창의'를 '능동적인 것'으로
표상한다.[108] 그런데 인민 대중의 능동적 창조성이 단지 '잠재적인 것'만은
아니었다.

　당대 적지 않은 자료들은 1945년 9월의 인공 수립과 비슷한 시기의
인위 건설을 인민 창조성의 발휘이자, 그 표현으로 재현한다. 예컨대
박익서는 "우리民族은 日帝의弔鐘이울리자 卽時로 **人民自體의 創意性**과力量

---

107) 이청원, 「民主主義와靑年」, 앞의 책, 문우인서관, 1946, 90쪽.
108) 이청원, 위의 글, 1946, 84쪽.

으로 絶對多數의大衆의支持로써 人民의代表關機[*機關]인 人民委員會를 中央
으로부터 地方末端에 이르기까지 그組織을 完成하였다."(강조, 인용자)는
과거 시제형의 문장을 통해 '인위'를 '인민의 내재적 창의 능력 발휘물'로
재현하였다.[109] 또한 1947년의 '민전 지방선거 강령' 역시 인위가 "人民大衆
의 創案으로 誕生된것"이라고 하여, 인민 대중을 '자신의 잠재적 창의력을
현실화하는 존재'로 표상한다.[110] 이와 같이, 인민은 '자각적이고 자주적
인 존재일 뿐만 아니라, 잠재적·현재적 창의력·창조력을 가진 주체적
존재'로 표상된다.

　이어서, 해방 직후 엘리트들은 다양한 방면에서 인민의 주체성을 승인한
다. 먼저, 인민은 해방 공간에서 정치·사회적 권리의 주체로 표상된다.
예컨대, 1945년 10월 인공의 중앙인민위원회는 미군정의 '인공 부인'에
대한 '반박 담화'에서 "자유는 인민의 신성한 권리의 주장이며 행사"라
하여, 인민을 "신성한 권리"의 소유자로, 또 권리 실행 주체로 표상한다.[111]
이와 같은 표상은 1946년 1월 임정의 '건국강령'에 의해 구체화된다.
동(同) 강령은 "건국기의 헌법상 인민의 기본권위와 의무"라는 장(章)에서
"노동권, 휴식권, 피구제권, 피보험권, 免費受學權, 참정권, 선거권, 피선거
권, 파면권, 입법권과 사회 각조직에 가입하는 권리" 등 각종 정치·사회적
권리의 주체로, 또 "신체자유와 거주, 언론, 저작, 출판, 신앙, 집회, 결사,
遊行, 시위운동, 통신비밀 등의 자유"의 소유자요, 그 행사자로 표상한
다.[112] 또한 인민의 경제적 주체성 역시 승인된다. 예컨대, 1946년 3월
제정된 군정청 경기도 경찰의 '경찰잠(警察箴)'은 경찰이 "국가가 인민의

109) 박익서, 앞의 글, 1947, 97쪽.
110) 조선과학자동맹 편, 『各國選擧制度讀本』, 연구사, 1947, 211쪽.(김남식·이정식·한
　　홍구 엮음, 앞의 책, 1986(1988) 소수.)
111) 『매일신보』 1945년 10월 11일자, 「인공 중앙인민위원회, 아놀드의 발표에 대한
　　담화발표」, 국사편찬위원회 편, 『자료대한민국사』.
112) 「(전단) 대한민국건국강령 발표」 1946.1.8, 국사편찬위원회 편, 『자료대한민국사』.

생명 재산을 보호하는 기구"라고 경계하여, 또 경기도 경찰 부장 장택상은
자신이 지휘하는 제1관구 산하 경찰을 대상으로 한 포고문에서 "法治國
人民의 居宅은 절대 불가침"이라고 선언하여, 인민을 "절대 불가침"인
"생명"과 "재산"의 소유 주체로 표상한다.[113] 이와 같이, 해방 직후의
인민은 다양한 방면에서 재산과 각종 정치·사회적 권리의 소유자로서,
자신의 이해관계에 따라 자신의 이득을 도모하면서, 자신의 제반 권리를
자유로이 행사할 수 있는 자주적·주체적 존재로 정체화되었다.

이어서, 인민의 자주성·주체성의 법제화가 기도된다. 예컨대, 1945년
9월 인공은 자신의 "臨時組織法第一條 第一章"에서 "朝鮮人民共和國의主權은
人民에게在함"이라고 규정하였다.[114] 마찬가지로, 1948년 6월 새로이 조직
된 국회의 헌법 및 정부조직법기초위원회는, 앞에서 보았던 바와 같이,
헌법 초안 "제2장 인민의 권리 의무"에서 "인민"을 "권리"와 "의무"의
주체로 명기해 인민의 주체성을 헌법적으로 승인하고, 그 장(章)을 통해
인민의 주체성을 헌법적으로 제도화하고자 하였다. 마찬가지로 동(同)위
원회는 헌법 초안 86조가 "모든 인민에게 생활의 기본적 수요를 충족할
수 있게 하"고자 함이라고 설명해, 인민이 '생활상 수요(需要)의 주체'임을
승인한다.[115] 이와 같이, 동위원회는 인민을 국가 최고법인 헌법에 기입하
고, 나아가 인민의 주체성을 헌법적으로 제도화하고자 했다.

하지만, 역설적으로, 인민 정체성의 헌법적 승인 기도는, 김성보의
표현을 빌린다면, "남한 헌법에서 '인민'의 배제와 '국민' 개념으로의

113)『서울신문』1946년 3월 25일자, 「경기도 경찰부장 장택상, 새 경찰箴을 제정
    배포」, 국사편찬위원회 편, 『자료대한민국사』 ;『조선일보』1946년 5월 3일자,
    「경기도경찰부장, 관할경찰관에게 고하는 포고문 발표」, 국사편찬위원회 편,
    『자료대한민국사』.
114)『解放日報』1945년 10월 18일자, 「社說 : 第二次 全國代表者大會의政治的方向에對
    한提議」.
115)『서울신문』1948년 6월 18일자, 「국회 헌법기초위원회, 통제경제와 자유경제병행
    결의」, 국사편찬위원회 편, 『자료대한민국사』.

정리"를 결과한다. 인민은 헌법 초안자인 유진오의 1948년 5월 헌법 초안에 명기되고, 앞에서 보았던 바와 같이, 국회 논의에서 그것이 확인되기도 하였다.[116] 그렇지만 국회 헌법 기초위원회의 헌법 초안에서 '인민'은 '국민'에 의해 대체(代替)되었고, 국회 본회의 헌법 논의 과정에서의 인민 환원 시도에도 불구하고 1948년 7월 대한민국 헌법 공포로 국민의 인민 대치는 확정되었다.[117] 이것은 기본적으로는 향후 수립될 남한 국가의 정치적 주체의 성격, 이것의 연장선상에서의 국가와 그 구성원 관계, 또 이들 맥락에서의 인민·국민의 정체성, 그리고 법제적으로는 인민의 헌법적 조문화의 적절성 여부를 둘러싼 경쟁의 결과였다. 하지만 헌법에서의 인민 배제는 보다 결정적으로는 '남한 국가 수립의 긴박성'과 '인민 표상의 좌익 정치성에 대한 기피'에 의해 추동된 것이었다.[118] 그렇지만 명기해야 할 것은 대한민국 수립 이후에도 인민은 헌법 이외의 공간에서 다양한 계기로 자신의 모습을 계속해서 보이고 있다는 점이다.

5. 결론 : 해방 공간 폐쇄 직후 인민

헌법에서의 국민의 인민 대치(代置) 이후에도, 또 해방 공간의 폐쇄

---

116) 유진오가 1948년 5월 과도정부 사법부 법전편찬위원회에 제출한 헌법 초안이나 이후 국회 헌법 기초위원회에 제출한 헌법 초안에서 인민은 "第一章 總綱"의 제2조 등에 명기되어 있었다.(유진오, 『헌법기초회고록』, 일조각, 1980, 부(附) II, 부(附) IV)

117) 김성보, 앞의 글, 2009, 81~85쪽.

118) 국회사무처, 「第一回 國會速記錄」 제18호(1948. 6. 26), 225쪽 ; 국회사무처, 「第一回 國會速記錄」 제21호(1948. 6. 30), 『制憲國會速記錄』 제1권, 1948, 331~334, 365~370 쪽. 대한민국 헌법 제정 과정에서 보이는 '인민·국민을 위요한 경쟁상'의 구체적인 것과 경쟁의 당대 역사·사회적 함의는 임종명, 「해방 직후 인민의 문제성과 엘리트의 인민 순치」 참고.

이후에도, 인민은 남한의 담론 공간에서 계속해서 자신의 기능을 수행하고
있었다. 예컨대 1949년 대한민국 법제처장 유진오는 "國家의 存立目的"을
"人民의 自由와 幸福"의 '유지·추진'이라고 규정한다.[119] 또한 1948년 12월
국회의장 신익희는 "民主主義國家"는 "人民의政治權"을 보호해야 한다고
주장한다.[120] 마찬가지로 1949년 10월 대한민국 대통령 이승만은 '식량정
책 특별담화'에서 "정부로서는 인민의 재산권과 자유권을 절대로 보호할
책임"을 가진다고 주장한다.[121] 또 1949년 6월 대한민국 공보처는 『週報』
의 「文化國으로서의 生活改善」에서 "政治"를, 또는 '국가의 통치'를 "人民生
活의 幸福과發展을爲한 努力"으로 규정한다.[122] 마찬가지로, 1948년 10월
국회의원 정준은 국회의 '지방행정조직법안' 관련 논의에서 "인민의 손으
로 선거된 군수·도지사가 나와서 인민을 위해 일할 것을 전 인민이 고대"한
다고 진술해, 지방 정부의 행정 역시 인민을 목적으로 해야 한다고 주장한
다.[123] 이러한 사례들은 대한민국 수립 이후에도 계속해서 대한민국
최고 지배 엘리트의 언설과 정부 선전물 속에서 민주주의와 결합된 인민이
국가와 중앙·지방 정부의 존립 목적으로, 또 그것(들)의 통치·행정의 목적
으로 존재하고 있음을 보여준다.

　　이러한 상황에서, 인민은 해방 공간이 닫힌 뒤에도 계속해서 남한의

119) 유진오, 「法治國家의 基本構造—古典的 法治國家의 槪念—」 『法律評論』 제1권 3호,
　　법률평론사, 1949 ; 유진오, 『憲政의 理論과 實際』, 일조각, 1954(1956), 60쪽.
120) 『大東新聞』 1948년 12월 28일자, 「內閣改造 建議等國會足跡燦然 大韓民國의國際承
　　認은欣快申翼熙議長 回顧展望談」.
121) 이승만, 「식량정책 특별담화」, 『시정월보』 7, 1949, 2~3쪽.
122) 대한민국 공보처, 「文化國으로서의 生活改善」, 『週報』(1949. 6. 22), 공보처, 1949,
　　19쪽. 앞의 자료에서 보이는 '정치'는 '공적 자원의 배분권을 둘러싼 경쟁과
　　그것의 조정 과정으로서의 정치'를 의미하기 보다는 '정부의 대민(對民) 통치'를
　　의미한다. 이에 유의하여, 본문은 "국가의 통치"라고 표현하였다.
123) 『서울신문』 1948년 10월 5일자, 「제1회 81차 국회본회의, 정부가 제출한 지방행정
　　조직법안에 대하여 지지·반대·잠정실시 등으로 논란」, 국사편찬위원회 편, 『자료
　　대한민국사』.

지배적인 정치 기구를 정당화(legitimization)하는 데 사역된다. 대한민국 설립이 공포되는 1948년 8월 15일, 이승만은 그 '기념사'에서 대한민국을 "이 제도[민주주의 제도]로 성립된 정부"이자 "인민의 자유를 보장하는 정부"라고 주장한다.[124] 마찬가지로, 1948년 9월 대한민국 내무부장관 윤치영은 "정부의 주권이 인민에게 있다"고 해, 대한민국을 인민 주권의 국가로 표상한다.[125] 또한 대한민국 법무장관 이인은 대한민국의 "5대 법전인 민법·민사소송법·형법·형사소송법·상법"의 "주안"이 "인민의 권리·자유·이익"에 있다고 주장한다.[126] 이것들이 대한민국의 자천적(自薦的) 정통성 주장에 인민이 동원되는 모습을 보여주는 것이라 한다면, 인민은 국제 사회에서도 대한민국의 국가성 표상 자료로 동원된다. 예컨대, 1948년 12월 파리에서 개최된 3차 유엔총회에 대한민국의 수석대표로 파견된 장면은 '유엔의 한국 승인' 요청 연설에서 대한민국을 "한국 인민의 3분지 2 이상 즉 2천만 명이 유엔감시 하에 선거를 실시"하여 수립한 "한국인에 의한 한국 인민을 위한 정부"라고 하여, 유엔의 대한민국 승인을 요청하는 근거로 "한국 인민"을 동원한다.[127] 이와 같이 인민은 대한민국 설립과 존립의 정당화 작업에 동원되었다.

반대로, 인민은 민주주의와 결합되어 대한민국의 정책을 비판하는

---

124) 『한성일보』 1948년 8월 16일자, 「李承晩 대통령의 대한민국 정부수립 국민축하식 기념사」, 국사편찬위원회 편, 『자료대한민국사』.
125) 『경향신문』 1948년 9월 3일자, 「尹致暎 내무부장관, 경찰운영방침을 밝힘」, 국사편찬위원회 편, 『자료대한민국사』. 윤치영이 헌법 제정 과정에서 헌법에서의 인민 '소거(消去)'를 주장했음을 상기할 때, 본문의 윤치영 주장은 대한민국 수립 후에도 유지되는 '인민의 생명력'을 단적으로 보여주는 사례라 할 수 있다.(국회사무처, 앞의 글, 1948, 370쪽)
126) 『경향신문』 1948년 9월 19일자, 「법무부, 법전편찬위원회를 설치」, 국사편찬위원회 편, 『자료대한민국사』.
127) 「張勉 한국유엔대표, 유엔총회에서 한국승인을 요청하는 연설 내용」, 『시정월보』 2(1949. 3. 10), 30~36쪽, 국사편찬위원회 편, 『자료대한민국사』.

데에도 마찬가지로 동원된다. 예컨대, 대한민국 정부는 1949년 4월말 "외래자(外來者)의유숙(留宿)은 친족을 막론하고일일이 세대주(世代主)가 직시 소속반장(班長)에게 보고하야 반장은제출이있는 직시로 유숙인의 본적(本籍)현주소 전일숙박소 전출년월일 세대주와의관계등을 소정양식 에세밀하게 기입해서 소관파출소(派出所)에 신고(申告)"해야 하는 '유숙 계'(留宿屆) 제도를 실시하고자 하였다.[128] 이때, 국회 반민족행위특별조 사위원회(이하 반민특위) 위원 김장렬이나 소장파 의원 이문원 등은 유숙 계 제도가 "민주국가인 우리나라에있어서 정치적으로중대한오책(誤策) 의하나이며법적으로위헌(違憲)"이라는 이유로, 요컨대 그것의 "법적사회 적반민주성"을 이유로 그것을 반대한다.[129] 또한 사회당은 유숙계 제도가 "민주원칙에 위반되는 인민의자유를구속"하는 것으로 "민주국가에있어 이러한 제도가있을 수없"다고 규탄하면서, 유숙계 제도 "절대 반대"의 담화를 발표한다.[130] 이것은 대한민국의 정당화에 동원되던 인민이 이번 에는 대한민국 정책 비판의 전거로 사용되는 모습을 보여준다.

인민의 이중적 기능은 인민을 둘러싼 경쟁을 낳았다. 이와 관련해서, 1948년 9월의 반민족행위처벌법에 따라 결성된 반민특위의 활동을 둘러 싼 공방전은 시사적이다. 반민특위가 과거 식민시기의 '친일세력'을 주요 인적 자원으로 하여 건설되고 있던 남한 정치·사회의 지배 구조와 질서를 위협하면서, 그것은 결성 이래 끊임없이 반대 세력에 의해 활동이 방해 받고, 나아가 존재 자체가 위협받았다.[131] 이때 반민특위 지지자들은

---

128) 『朝鮮中央日報』 1949년 4월 30일자, 「外來留宿者申告制 實施에贊否兩論! 國會議員等 各界見解」.
129) 당시 유숙계 제도가 "신체의자유거주이전의자유 헌법에열거되지않은자유라도 경시되지는아니한다 등등의[을] 규정"한 '헌법 제9·10·28 각 조'를 위반한 것이라 고, 유숙계 반대론자들은 지적하고 있었다.(위의 글, 1949)
130) 위의 글, 1949.
131) 허종, 『반민특위의 조직과 활동』, 선인, 2003.

'반민족행위자'를 "이땅 인민의 피를빨고 나라를파라먹은" 자로, 다시
말해 국가뿐만 아니라 인민을 해(害)하는 반(反)인민적 존재로 표상한
다.132) 그리고 지지자들은 반민특위의 '반민도배(反民徒輩) 숙청' 사업을
"민족정기 앙양을 위한 전인민의 엄숙한 요청"과 "지엄한 역사의 지상명
령"에 의한 "전인민의 거족적인 사업"이라고, 또 "추상 같은 전인민의
심판의 칼날"이라고 표현하면서, 반민특위 활동 지지에 '역사와 민족,
인민'을 동원했다.133) 그런데, 흥미롭게도, 반민특위 반대자들 역시 1949
년 8월의 '반민족행위처벌법 공소 시효 조기 완료 조치'에 따른 일련의
사태 진행을 "인민에 안정감을 주기 위"한 것으로 정당화하면서, 인민이
지배와 반(反)지배의 의제에 동시적으로 동원되고 있음을 보여주었다.134)
이와 같이, 해방 직후 인민이 당대 지배 세력과 반(反)지배 세력의 공방
수단으로 기능하면서, 그것은 해방 공간이 닫힌 후에도 쌍방 주장의
자기 전거로 기능하였다.

　이러한 속에서, 민주주의와 결합된 인민은 대한민국 설립 이후의 담론
공간에서도 의연히 정치·통치 행위의 목적이자 규준(規準)으로 기능한다.
이것은 1948년 10월 '택시 휘발유의 암거래 유통' 관련 『세계일보』 기사에
서 목격된다. 그 기사는 민주주의가 "인민에 의한 인민을 위한 인민의
정치"라고 하면서, 대한민국 정부가 "인민의 절대다수의 대중을 위하여
명실부합되는 민주행정"과 "인민을 위하여 온갖 정책"을 "수행"해야

---

132) 『朝鮮中央日報』 1949년 5월 15일자, 「反民公判에疑惑크다」. 이때, 일본의 조선
　　식민주의 역시 해방 직후에서처럼 인민을 시점(視點)으로 하여 '반인민적인 것'으
　　로 비판·규탄되고 있었다.
133) 『自由新聞』 1949년 7월 8일자, 「波瀾曲折한反民特委」 ; 『自由新聞』 1949년 5월
　　8일자, 「反民法發效四個月 逮捕人員百八十八名」 ; 『自由新聞』 1949년 5월 13일자,
　　「李琦鎔言渡公判 懲役二年六個月 財産沒收는二分之日」.
134) 『동아일보』 1948년 9월 1일자, 「반민족행위특별재판부장과 특별검찰부장, 반민
　　족행위처벌법 공소시효 종료에 대한 담화를 발표」, 국사편찬위원회 편, 『자료대한
　　민국사』.

한다고 주장한다.[135] 또한 1948년 9월 권오형은 『朝鮮中央日報』 기사에서
"吏道는 爲國愛民의誠實한至誠에서 人民의公僕이 되어야 한다"는 것과 "行政
의圓滑한運用을 期待하려면 人民의立場에서서 人民의哀切한念願이 무었인
가 眞正한民意를把握할줄알아야한다."고 주장해, '이도(吏道)가 인민의 공
복(公僕)됨'에 있음을, 또 '행정의 인민 중심성'을 강조한다.[136] 이러한
것들은 해방 공간의 폐쇄 이후에도 신문 지면이라는 '공적 담론 공간'에서
'인민 중심의 민주주의'가 대한민국 정부와 정책을 비평하는 척도로,
또 인민성이 국가의 인격적 표현인 관리의 정체성과 행동 방식을 규정하는
규준으로 기능하고 있음을 보여준다. 동시에 그것들은 민주주의와 결합된
인민이 해방 공간이 닫힌 뒤에도 계속적으로 공적 담론 공간에서 자신의
힘을 발휘하고 있음을 보여준다.

이와 같은 인민의 힘은 기본적으로 해방 공간에서와 마찬가지로 당대의
민족주의와 민주주의 의제에 뒷받침된 것이다. 앞에서 보았던 것과 같이,
'영토, 주권, 인민'으로 이루어진 국가를 건설하기 위한 노력의 일환으로,
당대 엘리트들은 인민을 '국가 형성의 최(最)중요 요소'로 강조하고, 또
그것을 신국가의 주권 소유자로 정체화하였다. 바로 이러한 것이 남한의
해방 공간을 인민의 시·공간으로 만들었다. 동시에 당대의 인민 시대성은
제2차 세계대전 이후의 민주주의 시대에 민주주의 국가를 수립·운영하고
자 한 민주주의 기획에 의해 추동된 것이기도 했다. 즉 인민 주권의
민주주의가 전후 불가역의 정치적 의제가 되면서, 인민은 국가 존립과

---

135) 『세계일보』 1948년 10월 20일자, 「암거래로 유통되는 택시의 휘발유 문제」,
국사편찬위원회 편, 『자료대한민국사』.

136) 『朝鮮中央日報』 1948년 9월 1일자, 「改正所得稅法令에關하야(完)」(권오형). 인민은
심지어 관리 행동 방식을 규율하는 '전거'로도 기능했다. 1948년 12월 대한민국
공보처 여론조사과는 자신의 여론조사 항목, 즉 "6. 행정관리는 인민에게 친절합니
까?"와 "8. 경찰관리는 인민에게 친절합니까?"를 통해 행정 관리들에게 인민에게
'친절한 것'을 요청하고 있다.(『세계일보』 1948년 12월 21일자, 「공보처 여론조사
과, 20항목의 여론조사를 실시할 예정」, 국사편찬위원회 편, 『자료대한민국사』)

기능의 목적으로, 또 민주주의 국가 수립·운영의 주체로 등장하게 되었고, 바로 이것이 해방 직후 남한에서 인민의 시대를 낳았다. 이러한 것들은 국가 건설·운영이라는 해방 직후 민족주의적 의제가 전후(戰後) 시대 규정력을 가진 민주주의 담론과 결합되면서, 인민이 민주주의 국가 건설과 운영의 주체로, 또 민주주의 하 최고 국가 권력의 소유자로 등장하게 되었음을 의미한다. 바로 이와 같은 인민의 지위가 해방 공간을 바로 뒤이은 대한민국 초기의 담론 공간에서 인민으로 하여금 계속적으로 힘을 발휘하게 한 것이다. 하지만 해방 공간의 폐쇄 이후에도 지속되는 인민의 힘이 해방 공간이라는 직전 과거 시·공간의 유제나 유습으로 말미암은 것만은 아니었다.

차라리, 그것은 수립 초기 대한민국이 처한 환경의 소산이었다. 국제 정치적으로 민주주의는 제2차 대전 이후 미국이 전(全)지구적 헤게모니(hegemony)를 구축하고, 또 미·소 냉전의 초기적 전개 과정에서 미국이 전세계적 아메리칸 블록을 구축하는 이념적 장치였다. 이러한 상황에서, 대한민국 지배 엘리트들에게 있어서 민주주의는 대한민국과 미국의 '연대'를 가능하게 하는 이념적 장치이자, 대한민국의 미국 블록 편입을 정당화하는 '전략적 성격'의 것이기도 했다.[137] 또한 "대한민국은 민주주의 세계에 공통된 민권과 민중의 정부 참가를 보장하는 헌법에 입각한

---

137) 민주주의의 전략적 필요성은 당대 세계사와 한국사의 진행으로 말미암은 것이었다. 즉, 민족국가의 확산과 민족주의의 고조라는 제2차 대전 이후 세계사의 진행과는 반대로 한국의 해방 공간이 '두 개의 한국들(two Koreas)'의 성립, 또는 '분단'으로 귀결되고, 이것은 다시 남한에서 통일 민족주의의 강화를 낳았다. 이러한 상황에서, 이념적 이유에서건, 현실적 생존의 필요성에서건, 미국과 '연대' 해야 했던 대한민국 지배 엘리트들은 미국과의 '연대'를 정당화하는 이념적 기제를 더욱더 필요로 하게 되었다. 이러한 필요성에 주의하여, 본문은 '전략적 성격'이라는 표현을 사용한다. 덧붙이면, '두 개의 한국들'은 오버도퍼(Don Oberdorfer)의 *The Two Koreas-A Contemporary History* (New York : Basic Books, 2001) 책 제목이다.

공화국인 것이다."라는 장면의 주장이 암시하듯이, 당시 민주주의성은 국제 사회의 대한민국 승인의 요건이었다.[138] 더군다나 민주주의를 둘러싼 미·소 경쟁을 반영하여, 남한의 대한민국과 북조선의 조선민주주의인 민공화국 역시 각각의 국명에서 나타나는 "민국(民國)"과 "민주주의"가 보여주듯이 민주주의를 두고 상호 경쟁하고 있었다. 나아가 민주주의성은 근대(문명)성의 정치적 핵심 지표로 기능하고 있었다. 이러한 상황에서, 대한민국의 지배 엘리트들은 민주주의가 자신들의 정치·사회적 의제를 위협한다 하더라도, 그것을 정면으로 부인할 수 없었다.[139] 마찬가지로, 그들은 민주주의의 주체이자 그 목적으로 상상되던 인민을 정면으로 부인할 수는 없었다. (더군다나 미국 대통령 특사 무쵸(John J. Muccio)가 공개 연설에서 "인민의 데모크라시"를 강조하고, "인민을 전제[專制]하고 억압하여 온 정부에 대하여 채점을 하고 있다."고 하는 상황에서는, 더욱 그렇다.[140])

---

138) 「張勉 한국유엔대표, 유엔총회에서 한국승인을 요청하는 연설 내용」, 『시정월보』 2(1949. 3. 10), 30~36쪽, 국사편찬위원회 편, 『자료대한민국사』.

139) 당대 남한의 민족주의·국가주의적 엘리트들에게 있어, 민주주의는 그들 자신의 인간·사회·국가관 등과 충돌할 뿐만 아니라 엘리트의 국가·사회 주도성을 부인하는 문제적 이념이었다. 이러한 상황에서 남한 엘리트들은 다양한 방식으로 민주주의를 순치시키고자 하였다.(임종명, 「일민주의(一民主義)와 대한민국의 근대민족국가화」, 299~300쪽 ; 임종명, 「제1공화국 초기 대한민국의 가족국가화와 內破」, 304~305, 318~319쪽 ; 임종명, 「해방 직후 남한 엘리트의 이성 담론, 규율 주체 생산과 헤게모니 구축」, 각주 80번) 민주주의의 문제성과 그것의 순치에 관한 본격적인 논의는 별도의 기회에 진행하도록 하고, 여기서는 그것들의 지적에 만족하고자 한다.

140) 『국민신문』 1948년 9월 21일자, 「미국 대통령 특사 무쵸, 한미협회 주최 환영회 연설 내용」, 국사편찬위원회 편, 『자료대한민국사』. 덧붙이면 그의 연설의 주지(主旨)는 "소위 인민위원회의 민주주의"를 "전체주의적 퇴폐"로 규탄하고, "대의정체의 대의[제도]"를 "인민의 데모크라시"로 선전하는 것이었다. 그런데, 앞의 '인민위원회'는 소련의 '인민위원회'를 의미한다. 이에 유의하면, 그의 연설은 '민주주의'를 둘러싼 미국과 소련의 경쟁, 즉 '미국식 대의제 민주주의 대 소련식 인민위원회제 민주주의' 경쟁을 '민주주의 대 전체주의'라는 미국의 냉전 프레임

　대신, 대한민국의 엘리트들은 민주주의와 함께 인민을 순치시킨다.[141] 먼저, 이승만은 앞에서처럼 "정부로서는 인민의 재산권과 자유권을 절대로 보호할 책임"이 있다고 하여, 인민의 재산권과 자유권을 절대 보호의 대상으로 만든다. 이것은 인민 재산권과 자유권을 절대화하는 한편 인민을 절대 보호되어야 할 재산권과 자유권의 소유 주체로 표상한다. 이와 같은 표상은 인민을 재산권 소유 주체, 즉 부르주아지(bourgeoisie), 또는 당대 표현으로는 시민 계급으로 재규정하는 것이다. 이와 같은 인민 재규정의 의미와 함께 이승만의 앞의 표현은 인민의 탈(脫)역사·사회화의 의미 또한 가진 것이었다. 인민 재산권과 자유권의 절대화가 인간의 천부적(天賦的) 권리라는 '천부인권설'에 근거한 것이라면, 또 그 '천부인권설'이 '자연권(自然權)의 소유자'로 인간을 상상하는 것이라면, 이승만의 주장은 자연적 존재로서의 인민 상상을 전제로 하는 것이었다. 그렇다 한다면, 그의 주장은 인민을 탈(脫)역사·사회화하는 것이라 할 수 있다.

　이와 같이 암시된 인민의 탈(脫)역사·사회화는 대한민국 정부의 최고 지배 엘리트들에 의해 공개적으로 시도된다. 예컨대, 유진오는 인민을 "人權"의 주체라고, 달리 표현하면, '선천적(先天的) 권리의 주체'라고 하고, 또 "國民各人卽人民"이라고 하여, 인민을 '선천적 개인'으로 탈(脫)역사·사회화한다.[142] 마찬가지로, 권승렬 역시 앞에서 보았던 바와 같이 인민을 "자연인 개개인"으로 정의하여, 탈(脫)역사·사회화한다. 이러한 것은 장면에 의해서도 수행된다. 장면 역시 '유엔의 한국 승인 요청' 연설에서

(frame)으로 변화시킨 것이라 할 수 있다. 이러한 점에서 그의 연설은 '민주주의 대 전체주의'라는 담론이 냉전 시기 미국의 헤게모니 담론으로 개발·동원되고 있는 냉전의 문화 정치(Cold-War cultural politics)를 보여주는 사례였다.

141) '인민 순치'에 관한 본격적 논의는 임종명의 「해방 직후 인민의 문제성과 엘리트의 인민 순치」에서 이루어져 있으며, 이 글에서의 '인민 순치' 논의는 대한민국 수립 직후 지배 엘리트의 관련 노력에 한하여 검토된다.

142) 국회사무처, 앞의 글, 1948, 367쪽 ; 유진오, 「憲法制定의 精神」, 『法政』 제3권 8호, 법정사, 1948, 5쪽.

인민을 당시 '통시적(通時的) 존재'로 상상되던 민족으로 정체화하면서, 그것의 당대적 문제성을 인멸(湮滅)한다. 이들 인민 정의와 정체화는 '비(非) 특권적 피(被)통치자, 또는 피지배 집단 내지는 계급'이라는, 해방 공간에서 의 유력한 인민 상상법을 무효화시키는 한편 인민을 부르주아적 존재, 또는 시민적 존재로 정체화하여 인민을 대한민국의 정치 주체로 변모시키 고자 한 것이다.

이와 함께, 대한민국 엘리트들은 인민을 반공주의적으로 재맥락화한다. 예컨대 이승만은 "민주주의 인민들은 공산주의에 대항하여 생과 자유를 위한 투쟁에 있어 단합하지 않으면 안된다."고 하여, 인민을 냉전의 맥락에 위치시키고, 반공투쟁의 주체로 정체화한다.[143] 마찬가지로 박상길은 "우리極東自由人民"이라는 호명을 통해, 해방 공간에서 '(아시아) 약소민족 의 연대'의 기표로 기능하던 인민을 '아시아 냉전의 반공(反共) 주체'로 정체화하였다.[144] 이러한 것들은 해방 공간의 인민을 당대 지배 체제와 질서에 맞게 변형·변질시키고자 하는 것이었다. 앞에서 우리는 해방 공간 에서 아세아인의 반(反)제국주의 연대의 기표로 기능하던 인민을, 또 일국적 차원에서나 세계적 차원에서 반(反)지배 혁명의 주체로 정체화되고 그를 위한 연대의 맥락에 있던 인민을 만난 적이 있다. 바로 이와 같은 인민을 대한민국 엘리트들은 앞에서 본 바와 같이 냉전 초기 국제적 반공 연대라는 맥락에 위치시키면서, 인민을 반공 냉전의 주체로 변형·변 질시키고자 했다.[145]

---

143) 『경향신문』·『연합신문』 1950년 2월 18일자, 「李承晚 대통령, 맥아더 장군·요시다 수상과 회담하고 반공유대강화를 주장」, 국사편찬위원회 편, 『자료대한민국사』.

144) 박상길, 『二十世紀의 動態』(2), 대한민국 공보처, 1950, 22, 24쪽. 흥미롭게도 박상길 은 『영웅이여 나오라』(조양사출판부, 1949)에서는 "구미의 세계지배를 비판하면 서 '대(大)아세아신질서의 건설'을 주장"했다.(임종명, 「해방 이후 한국전쟁 이전 미국기행문의 미국 표상과 대한민족(大韓民族)의 구성」, 『史叢』 제67호, 역사학연 구회, 2008, 57쪽)

145) 반공적인 냉전 주체로의 인민 순치는 추후 「제2차 세계대전 직후 남한과 인민

이러한 인민 순치 과정의 진행을 배경으로 하여, 인민은 대한민국 수립 이후 대한민국 엘리트의 언설(言舌)에서, 또 남한의 공적 담론 공간에서 자신의 힘을 유지하였던 것이었다. 그렇다고 한다면, 해방 공간 폐쇄 직후에도 유지되는 인민의 힘은 인민이 해방 공간에서 보여주었던 자신의 다양하고 풍부한 가능성이 봉쇄되고, 대신 인민이 당대 대한민국의 남한 지배 체제와 질서, 또 미국의 동아시아 지배 체제·질서, 또 그것들의 의제에 부합되는, 또는 그리 되어야 하는 존재로 다시 정체화되고 재맥락화되고 있었음을 암시하는 것이라 할 수 있다. 이점에서, 대한민국 출범 직후 인민의 불우한 처지는 해방 공간의 사회와 역사를 간접적으로, 또 해방 공간 폐쇄 이후의 역사·사회적 변화를 직접적으로 증거하는 것이다.

참고문헌

『開闢』, 『光明日報』, 『경향신문』(『자료대한민국사』), 『大東新聞』, 『獨立新報』, 『동아일보』(『자료대한민국사』), 『매일신보』(『자료대한민국사』), 『民主朝鮮』, 『民聲』, 『法政』, 『서울신문』(『자료대한민국사』), 『세계일보』(『자료대한민국사』), 『연합신문』(『자료대한민국사』 소수), 『시정월보』(『자료대한민국사』 소수), 『新天地』, 『人民評論』, 『自由新聞』, 『조선일보』(『자료대한민국사』 소수), 『朝鮮中央日報』, 『주간서울』(『자료대한민국사』 소수), 『週報』(대한민국 공보처), 『中央新聞』, 『革進』, 『解放日報』.

강만길·성대경 엮음, 『한국사회주의운동인명사전』, 창작과비평사, 1996.
국사편찬위원회 편, 『자료대한민국사』, 국사편찬위원회, 1968.
국회사무처, 『制憲國會速記錄』 제1권, 선인문화사(영인본), 1948.

구성의 국제성」(가제)에서 검토될 것이다.

권오형, 「改正所得稅法令에關하야(完)」『朝鮮中央日報』, 1948년 9월 1일.

금고학인(今古學人), 「選擧의基本觀念①: 選擧基本條件」, 『自由新聞』 1948년 3월 21일.

금고학인(今古學人), 「選擧의基本觀念②: 選擧基本條件」, 『自由新聞』 1948년 3월 22일.

금고학인(今古學人), 「選擧의基本觀念(三): 選擧基本條件」, 『自由新聞』 1948년 3월 23일.

금고학인(今古學人), 「選擧의 基本 觀念(四) 二, 選擧의本質」, 『自由新聞』 1948년 3월 24일.

금고학인(今古學人), 「選擧의 基本 觀念(五) (三) 選擧의本質」, 『自由新聞』 1948년 3월 25일.

금고학인(今古學人), 「選擧의 基本 觀念(六) (三) 人民과人民代表」, 『自由新聞』 1948년 3월 27일.

금고학인(今古學人), 「選擧의基本觀念(八) (四) 普通選擧制度」, 『自由新聞』 1948년 3월 30일.

김동석, 『藝術과 生活』, 박문서관, 1948.

김상태, 「평안도 친미 엘리트층의 성장과 역할」, 『한국기독교역사연구소소식』 제51호, 한국기독교역사학회, 2001.

김영미, 「인민학교 교사가 된 '흰패'의 딸들—구술을 통해서 본 해방직후 38 이북 (양양·속초지역) 주민사회와 교육개혁—」, 『진단학보』 제111호, 진단학회, 2011.

김예림, 「정체(政體), 인민 그리고 베트남(전쟁)이라는 사건」, 『역사문제연구』 제34호, 역사문제연구소, 2014.

김성보, 「남북국가 수립기 인민과 국민 개념의 분화」, 『한국사연구』 제144호, 한국사연구회, 2009.

김성보, 「조선민주주의인민공화국의 인민 형성과 민족 정체성」, 한국사회사학회·서울대학교 통일평화연구소·한국사연구회·한국학중앙연구원·현대한국연구소 학술대회(2009. 9. 4~5), 『민족공동체의 현실과 전망』(학술대회 발표집), 2009.

김윤희, 「근대 국가구성원으로서의 인민 개념 형성(1876~1894)—民=赤子와 『西遊見聞』의 인민—」, 『역사문제연구』 제21호, 역사문제연구소, 2009.

김진혁, 「북한의 위생방역제도 구축과 '인민의식'의 형성(1945~1950)」, 『한국사연구』 제167호, 한국사연구회, 2014.

김태준, 「民主主義와文化」, 『民主主義十二講』, 문우인서관, 1946(김남식·이정식·한홍구 엮음, 『한국현대사자료총서』 제11권, 돌베개, 1986(1988) 소수).

김헌, 「警察 實力의 諸要素」, 민주경찰연구회 편, 『民主警察讀本』, 정문관, 1949.

남조선과도입법의원, 『남조선과도입법의원속기록』, 여강출판사(영인본), 1984.

대한민국 공보처, 「文化國으로서의 生活改善」, 『週報』 12(1949. 6. 22), 1949.

대한민국 보훈처, 『대한민국독립유공자 공훈록』 제13권, 보훈처, 1996.

미군정청 여론국 정치교육과, 『民主主義講演(十回)』, 미군정청 여론국 정치교육과, 1947.

문세영, 『中等朝鮮語辭典』, 삼문사, 1947.

박문규, 「民主主義와 經濟」, 『民主主義十二講』, 문우인서관, 1946(김남식·이정식·한홍구 엮음, 앞의 책, 1986(1988) 소수).

박상길, 『영웅이여 나오라』, 조양사출판부, 1949.

박상길, 『二十世紀의 動態』(2), 대한민국 공보처, 1950.

박익서, 「人民을主人으로하는 根本的措置의斷行」, 『新天地』 2월호, 서울신문사, 1947.

박인환, 「인도네시아人民에게 주는 詩」, 『新天地』 2월호, 서울신문사, 1947.

박찬표, 『한국의 국가형성과 민주주의』, 고려대학교 출판부, 1997.

박치우, 「民主主義와人民」, 『民主主義十二講』, 문우인서관, 1946.

신막, 「人民과 音樂藝術 : 무솔그스키ー의 藝術」, 『人民評論』 제2호(1946. 7), 1946.

심지연, 『허헌 연구』, 역사비평사, 1996.

심지연, 『이강국연구』, 백산서당, 2006.

심지연 편역, 『인민당 연구』, 경남대학교 극동문제연구소, 1991.

안재홍, 「新民主主義와 新民族主義」, 『革進』 창간호(1946.1), 1946.

양우정, 『李大統領 建國政治理念 : 一民主義의 理論的 展開』, 연합신문사, 1949.

여운형, 「人民을土台로한政治」, 『革進』 창간호(1946.1), 혁진사, 1946.

오기영, 「五原則과 八原則」, 『新天地』 8월호, 서울신문사, 1946.

오기영, 「三黨合黨의生理」 『民聲』 제2권 10호, 1947(『民族의 悲願』, 국제문화관 출판부, 1947).

오기영, 「哭迎又一年 : 民族의 指向을 찾자」, 『京鄕新聞』 1947. 1. 1(오기영, 『民族의 悲願』, 1947).

오기영, 「理性의 沒落 : 自由主義者의 抗辯」, 『新天地』 5월호, 1947.

온낙중, 「民主主義와勞動者」, 『民主主義十二講』, 문우인서관, 1946.

온낙중, 『北朝鮮紀行』, 조선중앙일보출판부, 1948(김남식·이정식·한홍구 엮음, 『한국현대사자료총서』 제11권, 1986(1988) 소수).

유영우 편, 『社會科學辭典』, 노농사, 1947.

유진오, 「權力分立制度의檢討－特히美國憲法을中心으로하야」, 『法政』 제2권 5호
    (1947.5), 법정사, 1947.

유진오, 「國家의 社會的 機能(二)」, 『法政』 제3권 4호(1948.4), 법정사, 1948.

유진오, 「憲法制定의 精神」, 『法政』 제3권 8호, 법정사, 1948.

유진오, 「法治國家의 基本構造－古典的 法治國家의 槪念－」, 『法律評論』 제1권 3호,
    1949, 유진오, 『憲政의 理論과 實際』, 일조각, 1954(1956).

유진오, 「世界와 韓國」, 『自由新聞』, 1950년 1월 1일.

유진오, 「選擧의 基本 觀念」(1948), 유진오, 『憲法의 基礎理論』, 일조각, 1950(1954).

유진오, 『憲法의 基礎理論』, 일조각, 1950(1954).

유진오, 「司法府 法典編纂委員會에 提出된 憲法草案」(1948), 유진오, 『헌법기초회고
    록』, 일조각, 1980.

위상복, 『불화 그리고 불온한 시대의 철학 : 박치우의 삶과 철학사상』, 길, 2011.

은희녕, 2014, 「해방 전후 한뫼 안호상의 국가지상주의와 '민주적 민족교육론'」,
    중앙대 석사 논문

이강국, 「全國人民委員會代表者大會에臨하야」(1945), 이강국, 『民主主義 朝鮮의 建設』,
    조선인민보사, 1946.

이강국, 『民主主義 朝鮮의 建設』, 조선인민보사, 1946.

이강국, 「建國設計의 當面大綱 : 軍政과人民共和國」, 『中央新聞』 1945년 11월 4일.

이석태, 『社會科學大辭典』, 문우인서관, 1949(1948).

이승만, 「식량정책 특별담화」, 『시정월보』 7, 1949(『자료대한민국사』 소수).

이신철, 「'인민'의 창조와 사라진 '민중'－방법으로서 북조선 민중사 모색」, 『역사
    문제연구』 제23호, 역사문제연구소, 2010.

이재훈, 『哲學辭典』, 동국문화사, 1949(1952).

이청원 「民主主義와靑年」, 문우인서관, 1946.

이태진, 「民主主義와政治」, 문우인서관, 1946.

임종명, 「일민주의(一民主義)와 대한민국의 근대민족국가화」, 『한국민족운동사연
    구』 제44호, 한국민족운동사연구회, 2005.

임종명, 「제1공화국 초기 대한민국의 가족국가화와 內破」, 『한국사연구』 제130호,
    한국사연구회, 2005.

임종명, 「脫식민지 시기(1945~1945) 남한의 국토 민족주의와 그 내재적 모순」,
    『역사문제연구』 제193호, 2006.

임종명, 「해방 이후 한국전쟁 이전 미국기행문의 미국 표상과 대한민족(大韓民族)의

구성」, 『史叢』 제67호, 역사학연구회, 2008.

임종명, 「脫식민시기(1945.8~1948.7) 남한에서의 3·1의 召喚과 表象」, 『대동문화연구』 제66호, 대동문화연구원, 2009.

임종명, 「해방 공간의 스파이 이야기와 정치적 함의」, 『역사학연구』 제41호, 호남사학회, 2012.

임종명, 「해방 공간과 신생활운동」, 『역사문제연구』 제27호, 역사문제연구소, 2012.

임종명, 「해방 직후 남한 엘리트의 이성 담론, 규율 주체 생산과 헤게모니 구축」, 『개념과 소통』 제12호, 2013.

임종명, 「해방 직후 남한 신문과 베트남 전쟁 재현·표상」, 『현대문학의 연구』 제168호, 한국현대문학회, 2014.

임종명, 「해방 직후 최재희와 개인 주체성 담론」, 『역사학연구』 제53호, 호남사학회, 2014.

임종명, 「해방 공간과 인민, 민족주의와 민주주의」, 『한국사연구』 제167호, 한국사연구회, 2014.

임종명, 「해방 직후 인민의 문제성과 엘리트의 인민 순치」, 『동방학지』 제168호, 연세대 국학연구원, 2014.

임종명, 「종전/해방 직후 남한, 민주주의의 전위(轉位)와 그 동학(動學) : 미국 헤게모니 담론과 한국 민족주의 문제의식을 중심으로」, 역사문제연구소·역사학연구소·한국역사연구회 학술대회(2015. 8. 13), 『해방 70주년 기념 역사 3단체 공동 학술대회 : 역사학과 민주주의, 그리고 해방』, 학술대회 발표집, 2015.

임화, 「解放戰士의 노래」, 『무궁화』 제1권 1호(1945.12), 무궁화사, 1945.

임화, 「文學의人民的基礎」, 『中央新聞』, 1946년 12월 8일.

장규식, 「20세기 전반 한국사상계의 궤적과 민족주의 담론」, 『한국사연구』 제150호, 한국사연구회, 2010.

장규식, 「미군정하 흥사단 계열 지식인의 냉전 인식과 국가건설 구상」 『한국사상사학』 제38호, 한국사상사학회, 2010.

전봉덕, 『法學通論』, 국제문화관, 1947.

정진태, 「편집자서」, 이강국, 앞의 책, 1946.

조선과학자동맹 편, 『各國選擧制度讀本』, 연구사, 1947(김남식·이정식·한홍구 엮음, 앞의 책, 1986(1988) 소수).

조영주, 「북한의 '인민' 만들기와 젠더 정치」, 『한국여성학』 제29권 2호, 한국여성학
　　　회, 2013.
중앙문화협회, 『解放記念詩集』, 평화당 인쇄부, 1945.
최봉윤, 「人民과 國家(1)」, 『民主朝鮮』 제1호(1947.11), 중앙청 공보부 여론국 정치교
　　　육과, 1947.
최봉윤, 「人民과 國家(2)」, 『民主朝鮮』 제2호(1947.12), 중앙청 공보부 여론국 정치교
　　　육과, 1947.
최봉윤, 『떠도는 영혼의 노래 : 민족통일의 꿈을 안고』, 동광출판사, 1986.
최봉윤·유승우, 『민중주체중립화통일론』, 전예원, 1988.
최재희, 「新國家 建設과 倫理」, 『開闢』 3월호, 개벽사, 1948.
최재희, 「民族主義의 批判」, 『民聲』 5월호, 민성사, 1948.
최재희, 『윤리학 개론』, 박문서관, 1949.
페르디낭 드 소쉬르 지음, 오원교 옮김, 『일반언어학강의』, 형설출판사, 1973(1985)
　　　(Ferdinand de Saussure, trans. W. Baskin, *Course in General Linguistics*, Glasgow :
　　　Fontana/Collins, 1977).
한모니까, 「'수복지구' 주민의 정체성 형성과정 – '인민'에서 주민으로 '주민'에서
　　　'국민'으로 – 」, 『역사비평』 제91호, 역사비평사, 2010.
한성훈, 『전쟁과 인민 : 북한 사회주의 체제의 성립과 인민의 탄생』, 돌베개, 2012.
한용선, 『新語辭典』, 숭문사, 1948.
허종, 『반민특위의 조직과 활동』, 선인, 2003.
혁진 편집부, 「語囊」, 『革進』 창간호(1946. 1), 혁진사, 1946.
혁진 편집부, 「「革進」의指標(創刊辭)」, 『革進』 창간호(1946. 1), 혁진사, 1946.
홍종인, 「人民의 權利·義務」, 『新天地』 7월호, 서울신문사, 1947.

Benedict Anderson, *Imagined Communities*, New York, Verso, 1983.
Don Oberdorfer, *The Two Koreas-A Contemporary History*, New York : Basic Books, 2001.

1950년대 북한의
조선 '부르죠아 민족' 형성론
―반파시즘 민족이론의 관점에서―

김 성 보

1. 들어가며 : 1950년대 북한 학술사 다시 보기

1950년대는 북한의 학술사에서 가장 역동적이며 창의적으로 논쟁이
전개된 시기이다. 전후 복구건설 과정에서 북의 조선로동당과 정부는
사회주의 건설의 보편성과 북한의 특수성을 함께 감안하여 북한식 사회주
의 건설의 모델을 창안하고자 노력하였다. 이러한 분위기 속에서 북한
학계는 북한 사회주의 건설의 이론을 뒷받침하기 위해 다양한 학술논쟁을
비교적 자유롭게 펼칠 수 있었다. 바야흐로 1950년대의 북한은 논쟁의
시대였다.[1] 역사학 분야에서는 이 시기에 '조국의 평화적 통일 독립과
북반부에서 사회주의 건설 이론 논쟁', '북한의 생산력과 생산관계 논쟁',
'해방 전 조선의 사회경제구성 논쟁', '근현대사 시기구분 논쟁' 등이
전개되었다.[2]

---

1) 서동만, 「1950년대 북한의 정치 갈등과 이데올로기 상황」, 역사문제연구소 편,
   『1950년대 남북한의 선택과 굴절』, 역사비평사, 1998 ; 김성보, 「1950년대 북한의
   사회주의 이행논의와 귀결―경제학계를 중심으로」, 위의 책.
2) 도진순, 「북한 역사학계의 동향과 역사인식의 특성」, 조동걸·한영우·박찬승 엮음,
   『한국의 역사가와 역사학』 하권, 창작과비평사, 1999, 376쪽.

1956년 12월에 조선민주주의인민공화국 력사가민족위원회와 과학원 력사연구소의 공동주최로 진행된 「조선에서의 부르죠아 민족 형성에 관한 토론회」 역시 1950년대 북한 역사학계에서 치열하게 전개된 논쟁의 하나였다.[3] 이 토론회는 조선로동당 제3차 대회(1956. 4. 23~28)에서 교조주의와 형식주의를 퇴치하고 주체의 관점에서 마르크스-레닌주의를 창조적으로 적용하여 사상사업을 전개하도록 하며, 특히 과학사업에서 "선진 과학의 연구사업과 아울러 과거의 우리 나라 과학 문화의 우수한 유산을 계승"하도록 한 김일성의 중앙위원회 사업총결보고[4]에 의거하여 열린 학술회의였다.[5]

근현대 한국의 학술사에서 위 학술토론회는 그 중요성을 아무리 강조해도 부족함이 없다 하겠다. 이 토론회는 남북을 통틀어 조선(한국)의 민족 형성과 그 성격에 관하여 전개한 최초의 본격적인 학술논쟁이었다. 이 토론회는 대체로 스탈린의 민족이론을 기본 전제로 한 점에서 이념적, 이론적으로 한계가 있었지만, 그 이론에 일방적으로 얽매이기보다는 학자들이 한국의 역사적 특성을 심층적으로 고려하며 고대사에서 근대사에 이르기까지 다양한 측면들을 분석하고 토론한 자리라는 점에서 주목된다. 그럼에도 불구하고 북한의 '부르죠아 민족' 형성 논쟁은 아직 남한 학계에 자세히 소개되거나 분석된 바 없다. 그로 인해 남한에서 북한의 민족이론에 대한 여러 연구가 있음에도 불구하고, 조선민족 형성에 대한 북의 성과와 학술적 해석의 변화 과정에 대한 남한 학계의 이해는 아직

---

3) 이 토론회의 전체 내용은 과학원 력사연구소 근대 및 현대사 연구실, 「조선에서의 부르죠아 민족 형성에 관한 토론회」, 『력사과학』 1957-1호에 요약 소개되어있다.

4) 김일성, 「조선로동당 제3차대회에서 진술한 중앙위원회 사업총결보고」, 『조선로동당 제3차 대회 주요 문헌집』(『조선로동당대회 자료1』, 국토통일원, 359~365쪽) ; 필자 미상, 「조선 로동당 제 3차 대회와 조선 력사 연구의 제 과업」, 『력사과학』 1956년 4호.

5) 과학원 력사연구소, 『조선에서의 부르죠아 민족 형성에 관한 토론집』, 조선민주주의인민공화국 과학원출판사, 1957, 서문.

부족한 형편이다.

북한의 민족이론에 대한 남한 학계의 대표적인 연구로는 이종석의 논문을 들 수 있다. 그에 의하면, 북한에서는 1960년대까지 '민족'이란 "언어·영토·경제생활·문화의 공통성에서 표현되는 심리상태의 공통성에 기초하여 오랜 역사를 거쳐서 형성된 사람들의 공고한 집단"이라는 스탈린의 공식이 의문의 여지없이 받아들여졌으며, 1970년대에 들어서 민족의 구성요소에 '혈통'이 추가되고 1980년대에는 아예 경제생활의 공통성이라는 스탈린 민족관의 주요 지표를 삭제하여 남북한 주민이 하나의 민족임을 강조하는 논리로 변화했다. 이 변화는 고려민주연방공화국 통일방안과 조선민족제일주의의 대두와 연관되어있다.[6] 이종석의 연구는 사전적(辭典的) 정의의 변화에 초점을 맞춘 것으로서, 현재 남한 학계의 북한 민족이론 변화에 대한 통설은 이 같은 이해에 바탕을 두고 있다. 그런데 김태우는 여기서 한 걸음 더 나아가 북한 역사학계의 역사 서술 변화와 김일성의 언술 변화를 보다 면밀히 검토하여, 통설과 다른 견해를 표명하였다. 그에 의하면 북한 역사학계는 이미 1950년대 중반부터 60년대 초반에 걸쳐 역사 서술체계를 변경하면서 과거 한반도 거주민들이 본래 하나의 '혈통'임을 강조하기 시작했다. 그리고 김일성은 1964년에 언어와 핏줄('피줄')을 민족구성의 가장 중요한 요소로 강조하였다는 점, 그리고 더 소급하여 김일성은 분단이 가시화되는 1948년 전후에 이미 유구한 역사의 단일민족관을 핵심으로 하는 '하나의 조선' 개념을 강조했었음을 문헌으로 확인하였다.[7] 그의 연구는 분단과 통일의 문제로 인해 북한에서는 일찍이 '하나의 민족'을 강조하지 않을 수 없었으며, 그로인해 경제생활의

---

6) 이종석, 「주체사상과 민족주의 : 그 연관성에 관한 연구」, 『통일문제연구』 6권 1호, 1994, 72~73쪽.

7) 김태우, 「북한의 스탈린 민족이론 수용과 이탈 과정」, 『역사와 현실』 44호, 2002, 266~269쪽.

공통성을 중시하는 스탈린적 민족관에서 이탈할 수밖에 없었음을 강조한
것이었다.

이종석과 김태우의 연구는 세밀한 부분에서는 차이가 있으나 스탈린
민족이론으로서는 분단국가의 현실 속에서 하나의 민족을 강조하기 어려
운 딜레마를 해결하는 과정에서 북한의 민족이론이 변화되어갔음을 논한
점에서 공통점이 있다. 여기서 의문이 드는 점은 분단문제가 민족이론
변화의 근본 이유라면, 왜 같은 사회주의 분단국가였던 동독·베트남이나
양안문제가 있는 중국은 스탈린 민족이론에서 굳이 이탈하지 않았던가
하는 점이다. 이는 한반도와 독일·베트남·중국이 처한 민족문제의 성격
차이에 기인할 터인데, 이 점은 이 글에서 다루려는 핵심적인 문제는
아니므로 본론의 마지막 부분에서 간단히 검토하고자 한다. 이 글에서
북한의 민족이론에 대해 주로 다루고자 하는 점은 1950년대에 전개되었던
조선민족 형성을 둘러싼 풍부한 논의들의 성과와 의미에 대해서이다.
기존의 연구는 북한의 민족이론이 스탈린의 민족이론에서 얼마나 벗어나
게 되는지에만 관심을 기울인 나머지, 스탈린 민족이론의 전제 위에서
전개된 풍부한 논의에 대해서는 전혀 관심을 두지 않았던 터이다.

1956년도에 북의 역사학자를 비롯하여 고고민속학자, 경제학자 등
다양한 분야의 학자들은 민족 형성에 관한 토론회에서 한편으로는 '민족'
이란 근대 시민계급의 산물이라는 칼 마르크스 이래의 사회주의 민족이론
을 수용하여 조선에서의 근대 민족, 즉 '부르죠아 민족' 형성 문제를
논하면서, 다른 한편으로는 그러한 근대적 의미의 민족과는 구분되면서도
그 문화적 토대가 되는 고대 이래의 민족성(준민족, 나로드노스찌) 또는
민족문화에 대해 탐구하였다. 근현대 세계사에서 현실적으로 존재해온
민족들 대다수가 근대성과 장기 역사성을 동시에 지니고 있(었)다는 점에
서, 1956년 토론회에서의 근대 민족 형성론과 고대 이래의 민족성/민족문
화 형성론 사이의 긴장, 공존은 조선민족의 형성과정과 그 성격-보편성과

특수성−이해에 많은 시사점을 던져준다. 그러한 창의적인 토론은 1950년대 북한이 국제주의와 민족주의, 계급과 민족의 관점이 상호 공존, 경합하는 열린 공간이었기에 가능했다.

현재 남한 학계는 민족주의의 관점과 탈민족주의의 관점이 서로 경합하면서 민족 문제에 관한 다양한 논의가 이루어지고 있다. 민족을 근대의 구성물로 보는 시각과 민족의 장기 역사성을 강조하는 시각이 대립하고 있다. 그런 점에서 '민족'의 이중적 성격을 선차적으로 고민했던 1950년대 북한 학계의 민족 형성에 대한 토론회는 남한 학계의 타산지석으로 삼을 수 있을 터이다.

2. 해방공간의 반파시즘 민족이론

1956년 토론회의 민족 형성 논쟁이 지니는 한반도에서의 실천적 의미를 이해하기 위해서는, 먼저 시기를 10년 정도 소급하여 1945년 이후 해방공간에서 사회주의자들의 민족문제 인식을 알아볼 필요가 있다.

해방 이후 한반도, 특히 남한 지역의 사회주의자들이 직면한 민족문제는 참으로 곤혹스러운 것이었다. 당시 조선공산당을 비롯한 사회주의자들에게 해방은 한반도 주민 스스로 달성한 것이 아니라 미국과 소련 등 연합국에 의해 주어진 '국제성'을 지닌 것으로 인식되었다. 미국·소련 연합국의 38도선 분할 군사주둔의 상황을 타개하고 하나의 통일된 인민의 국가를 건설하기 위해서는 해방자인 연합국의 협조가 필요했다. 그러나 1946년 정월을 전후해 모스크바 삼상회의 결정이 왜곡 보도되면서 연합국의 협조와 개입보다는 즉각적인 독립을 요망하는 민족 감정이 한반도에서 분출했다. 그 표현이 신탁통치 반대운동이었는데, 이 운동은 당시의 국제 정세를 잘 알만한 이승만과 김구 등 우익 정치세력에 의해서 위로부터 동원된 것만은 아니었다. 신탁통치를 반대하며 즉각 독립을 요망하는 목소리는 보다 광범하게 일반 대중의 심층 심리에서부터 민족 감정으로 분출하고 있었다. 민족 유림을 대표하는 김창숙이 1월 6일에 일찌감치 "3천만 민중이 탁치반대를 동성절규(同聲絶叫)하는 금일"에 오직 이를 반대하는 공산당은 '민족반역자'라고 단언할 정도로, 당시는 균형감 있는 이성적 판단보다는 극단적인 배외적 민족 감정이 한반도 주민들을 사로잡는 상황이었다.

해방 전후의 시기에 건국동맹과 조선건국준비위원회에 참여하는 이강국(李康國)은 1946년 1월 5일에 집필한 「'파씨즘'과 탁치문제」라는 글에서 한반도 주민들의 국수주의적이며 배타주의적인 애국열이 자칫 파시즘으로 유도될 위험성을 경고하였다.

> "그러나 이 모-든 국제적 제약은 조선민족의 불평불만의 원인이 될 수 있는 것이며 조선민족으로 하여금 국수주의적 배타주의적으로 유도되게 할 수 있는 기초를 제공하는 것이다. 해방의 소종래(所從來)를 충분히 이해하지 못한 채 오로지 그 환희에 도취되고 독립의 소자출(所自出)을 정당하게 파악하지 못한 채 한갓 독립을 갈망하는 조선의 민중은 그 앙양된 애국열은 자칫하면 '데마고그'에게 역용될 수 있는 충분한 근거를 갖고 있는 것이다."[8]

이강국은 조선해방의 '국제성'을 인식하지 못하고 미군정하에 받는 여러 제한으로 인해 불만을 품은 민중이 언제든 대중선동으로 국수주의, 배타주의로 유도될 위험성이 있음을 경고하였다. 그에게 국수주의와 배타주의의 애국열은 '파씨즘의 맹아'였다. 특히 모스크바 삼상회의 결정은 조선에 파시즘이 대두할 호기를 주었다고 우려하였다. 이 결정이

---

8) 이강국, 「'파씨즘'과 탁치문제」, 『인민과학』 2권 2호, 1946, 57쪽.

'국제적 음모', '국제적 배신'으로 표현되고 보도되면서 민중이 실망하고
흥분하게 된 상황을 우려함이었다.9)

모스크바 삼상회의 결정 이후 탁치정국에 직면하여 사회주의 지식인들
은 국수주의를 파시즘의 맹아로 인식하면서 이를 타파하기 위해 '과학적
민족이론'을 정립할 필요성에 직면했다. 민족을 "우상화하고 신비화"하는
"비과학적 반동적 민족관"을 공박하고 국제주의적 관점에서 민족을 상대
화하는 '과학적 민족이론'을 세워서 파시즘의 온상인 국수주의를 배격하
겠다는 취지였다.10) 조선과학동맹 서울지부 편집부가 펴낸 박극채(朴克采)
의『민족과 인민』은 그 필요성에 의해 집필된 당시 남한 사회주의 지식인들
의 민족이론을 대표하는 성과의 하나이다.

박극채는 이 책에서 "단일민족의 단일종족화 과정"이란 동서를 막론하
고 일반적으로 찾아볼 수 없는 현상이며, 이 점은 조선도 마찬가지라고
지적한다.11) 그는 역사적 운명공동설, 혈연공동설 등의 민족이론을 비과
학적인 민족으로 배격한다.12) 그 대신 그는 민족을 근대 국민국가의
주체 형성문제로 인식한다. 민족이란 혈연공동체나 문화공동체가 봉건사
회에서 자본주의사회로 전환하는 시기에 특권계급을 타파하기 위해 시민
계급과 근로계급이 '인민'으로서 동맹관계를 맺은 데서 출발한 것이다.13)
국민국가의 성립과정에서 '인민'은 법적으로 '국민'이 되는 동시에 사회적
으로는 통일적 행동주체 즉 '민족'이 되었다. 그렇기에 민족은 곧 인민이며
국민이다. 다만 국민개념과 민족개념은 모순에 처하게 되는데, 이는 통치
주체와 통치대상 간에 민주주의적 원칙이 관철되지 못한 데서 발생한다.14)

---

9) 이강국, 위의 글, 58쪽.
10) 박극채,『민족과 인민』, 조선과학동맹 서울시지부, 1947, 1~2쪽.
11) 박극채, 위의 책, 15쪽.
12) 박극채, 위의 책, 78~87쪽.
13) 박극채, 위의 책, 16~17쪽.
14) 박극채, 위의 책, 21~24쪽.

결국 그에게 민족의 형성 및 발전과정은 '민주주의 민족통일운동'을 통해 인민의 민주주의가 실현되는 국가를 건설하는 과정 그 자체와 동일시된다.[15]

인민의 민주주의에 입각한 통일국가 수립운동을 민족의 형성 및 발전과정으로 인식하는 논리는 변증법적 철학이론으로 반파시즘 민주주의론을 펼쳤던 박치우(朴致祐)에게서도 확인된다. 그는 민족이란 혈연공동체나 지연공동체가 아니라 문화공동체라고 간주한다. 여기서 그가 말하는 문화공동체란 구성원들이 "자신을 민족으로 인식할 때에만 비로소 민족일 수 있는 그러한 문화공동체"이다. 민족은 "'존재'하는 어떤 것이기보다는 '의식'되는 어떤 것"인 터이다. "민족 의식이 없는 곳에는 민족은 없다"는 것이 그의 지론이었다. 그렇다면 어떻게 구성원들이 완전한 의미에서의 민족으로서의 통일된 의식을 가질 수 있게 되는가? 그는 민족이 신분제를 타파한 시민사회에 와서 비로소 탄생했지만, 시민사회에서도 돈의 유무에 의한 계급적 국경 때문에 완전한 의미에서 통일된 민족의식은 형성되지 못했다고 본다. "문화적으로 다 같이 한 식구로서 거기 인색한 차별이 없이 공유 동존(共有 同存)할 수 있을 때" 비로소 조선민족이 하나의 완전한 민족이 될 수 있다는 것이 그의 주장이었다.[16] 그의 견해를 따른다면 조선의 인민은 인민의 민주주의가 실현되는 국가를 수립해야 비로소 통일된 민족의식이 형성되고 이를 바탕으로 문화공동체로서의 민족이 완성된다고 이해할 수 있다.

---

15) 박극채는 위 책의 서문에서 다음과 같이 밝히고 있다. "조선민족이 인류의 근대사적 발전과정에 있어서도 민주주의 민족통일을 완수하지 못하였는데 현재에는 근로계급이 영도하는 현대사적 민주주의 민족통일운동을 강력히 전개하고 있는 엄연한 사실에 빛추어볼 때 이러한 세계사적 과업을 완수하려는 우리 민족에게는 더욱 민족이론의 과학적 구명과 이에 의한 민주주의적 민족통일운동의 추진이 중대한 민족적 사명으로서 부과되어 있기 때문이다."(박극채, 위의 책, 1쪽)

16) 박치우, 「문화공동체와 민족의 성립」, 『중외일보』 1946. 4. 19.(윤대석·윤미란 편, 『사상과 현실 : 박치우 전집』, 인하대학교출판부, 2010, 288~289쪽)

이처럼 해방공간에서 사회주의 또는 반파시즘 지식인들은 국수주의가 파시즘의 온상이 될 수 있음을 우려하면서, 국수주의의 민족관인 혈연공동체설·역사운명공동체설 등을 배격하고 그 대신 민족을 근대의 산물로 파악하였다. 특히 박극채와 박치우 등은 당시의 인민 민주주의 국가건설운동의 흐름 속에서 민족을 곧 근현대 국민/인민국가건설운동의 주체 형성의 문제로서 파악하였다.

3. 1950년대 북한 역사학계의 '부르죠아 민족' 형성 논쟁

해방공간에서 사회주의 또는 그에 우호적인 지식인들은 민족문제를 놓고 반파시즘 민족이론을 탐구·선전하며 국수주의에 맞서면서 국제협력을 통한 인민민주주의 국가건설을 추구했다. 혈연이나 지연, 역사적 운명의 공동성을 강조하는 국수주의를 비판하면서, 그들은 민족을 근대의 산물로 파악하고 근대를 만들어가는 국민국가 수립과정에서 인민의 주체 형성을 강조했다. 그러나 실제 한국의 현대사는 서로 상대방을 반민족세력으로 간주하며 자신의 민족적 정당성만을 주장하는 두 분단정부 사이의 전쟁으로 치달았고, 결국 국제적 개입에 의해 분단이 고착화되는 비극으로 일단락되었다. 전쟁과정에서 남한을 주 무대로 활동하던 사회주의 지식인들은 설 땅을 잃고 월북하였다. 북한에서는 이들 지식인들을 학계에 배치하고 그들에게 사회주의 건설의 이론적, 학술적 토대를 놓는 과제를 부여하였다.

전쟁과 전후 복구과정에서 소련과 중국의 지원을 받으면서도 궁극적으로는 북한 스스로 남북통일과 사회주의건설의 문제를 풀어나가야 할 처지가 된 북한으로서는 프롤레타리아 국제주의와 애국주의의 관계 및 사회주의 건설의 보편성과 조선적 특수성을 정리해야 할 필요가 있었다.

이와 관련해서 민족이란 과연 무엇이며 조선민족의 특성은 무엇인가가 중요한 논쟁점으로 부각되었다. 이에 북에서는 역사학계가 주축이 되어 조선민족 형성에 관한 토론회가 열리게 되었다.

1956년 12월 4일부터 6일까지 3일간 조선 력사가 민족위원회와 과학원 력사연구소 공동 주최로 「조선에서의 부르죠아 민족 형성에 관한 토론회」 가 열렸다. 이 토론회에는 력사연구소 소장 김석형을 비롯하여 리청원, 전석담(全錫淡), 김현수, 권홍석(權弘錫), 김한주(金漢周), 최영환, 도유호(都 宥浩), 최병두, 박경수(朴庚守), 김정도, 김일출(金一出), 백락경 등 역사학, 고고민속학, 경제학 등 다양한 분야의 학자들이 참여하였다.[17]

1) 자본주의 생산관계와 부르죠아 민족운동을 통한 근대 민족 형성 논의

이 토론회에서 다수의 학자들은 민족이란 "역사적으로 형성된 공동의 언어, 공동의 지역, 공동의 경제생활, 공동의 문화를 기반으로 하는 공동체" 라는 개념, 즉 스탈린이 정식화한 민족 형성의 4개 요소를 기준으로 하여 조선민족 형성의 시기와 계기를 논하였다. 토론은 세 가지 문제에 집중되었다.

첫째, 민족 형성의 주요 요소인 '공동의 경제생활'은 대두하는 자본주의 시기에야 형성된다는 점을 전제로 한다고 할 때, 조선에서 그 시점은 언제로 보아야 하는가의 논점이다. 이에 대해서는 개항 이전인 18~19세기 전반기에 이미 상품화폐 관계망이 형성되는 등 자본주의가 일정 정도 발전하였으며 그 기반 위에서 조선민족이 자주적으로 형성되기 시작하여 19세기 말에 조선민족이 완성되었다는 견해(김현수, 최병두)와, 개항 이전 에는 자본주의 우끌라드가 형성되지 못하였으며 개항 후 외국 자본주의 침입 이후에야 자본주의가 발전하였다고 보는 견해(전석담, 김한주, 김정

---

17) 과학원 력사연구소 근대 및 현대사 연구실, 앞의 글. 이하의 토론회 소개는 주로 이 글에 따른다.

도)가 대립하였다.[18]

둘째, 부르죠아 민족운동과 민족 형성의 관계 문제이다. 이와 관련해서는 1894년 농민전쟁과 반일의병투쟁, 애국적 계몽운동, 3·1운동 등이 부르죠아 민족 형성의 중요한 계기로 간주되었다. 특히 19세기 말~20세기 초의 애국적 계몽운동이 주목받았다. 박경수는 '민족'이라는 말이 계몽사상가들에 의해 비로소 표현되었으며, 이들이 학회를 조직하고 외국의 신사상과 문명을 도입하여 민족적 독립, 자유민권사상과 향학열을 고취하고 신채호, 박은식 등이 역사 저술사업을 전개하였으며, 이 시기에 창극이 군중예술에서 인민의 예술로 대중화하는 등 조선민족의 문화적 공통성이 1905년에 이루어졌다고 주장하였다. 그리고 김정도는 동포, 조국, 민족 등은 모두 자본주의적 개념이며, 민족어도 자본주의 시기에야 형성되었다고 주장하면서, 조선 부르죠아 민족은 1894년 농민전쟁을 계기로 형성되기 시작하여 3·1운동에서 완성되었다고 보았다.[19]

위의 두 가지 논의는 민족이 근대의 산물이라는 공통의 전제 위에서 그 객관적 요소로서 자본주의 생산관계라고 하는 경제생활의 공통성과 주관적 요소인 '부르죠아' 민족운동 및 민족의식의 형성과정을 역사적으로 검토한 것이다. 이상의 논의에서 필자가 주목하고자 하는 점은 조선 '부르죠아 민족' 형성의 기본 지표로서 자본주의 발전이라고 하는 하부구조가 강조되기는 하였지만, 그 토대 위에서 개화파-애국계몽운동가로 이어지는 '부르죠아' 이데올로기 담당자들의 의도적인 노력에 의해 민족이 형성되었음을 강조하는 지점이다. 개항 이후의 민족운동과 사회운동을 근대 시민계급의 '부르죠아 민족운동'으로 파악하면서 역사, 언어, 문화의

---

18) 예를 들어 김한주는 18~29세기에 조선은 바늘 하나도 만들지 못하였다고 지적하며 개항전 자본주의 우끌라드의 성립을 부정하였다.(과학원 력사연구소 근대 및 현대사 연구실, 위의 글, 94쪽)

19) 과학원 력사연구소 근대 및 현대사 연구실, 위의 글, 96~97쪽.

다방면에서 어떻게 근대적 민족의식이 형성되는지를 고찰한 점은 남한 학계보다 수십 년 선구적이라 할 수 있다.

자본주의 세계체제에 편입되는 과정에서 '민족'이라는 이름으로 역사와 문화, 언어의 공통성을 만들어간 '부르죠아' 지식인들을 강조하는 논리는 최근 탈민족주의적 관점에서 한국의 민족 형성을 19세기 말 이래 국가 소멸의 위기 하에 지식인들이 그 대안으로 민족을 발명해가는 과정으로 이해하는 연구 경향과 흡사하다. 예를 들어 앙드레 슈미드는 『제국 그 사이의 한국』에서 19세기 말~20세기 초에 어떻게 근대적 지식의 개념과 상징이 창조되었는지, 나아가 어떻게 근대 초기의 지식이 민족적 정체성, 네이션-스테이트, 그리고 민족주의에 대한 한국인의 근원적 인식을 창조하는 기획으로 통합되었는지를 탐구한다.[20] 조선민족을 근대의 산물로서, 그 중에서도 제국주의 침략의 위기 속에 그에 대한 반작용으로서 민족이 형성되었음을 파악하는 점에서 양자의 논지는 유사하다. 그렇지만 두 연구 사이에는 근본적인 인식의 차이가 있다. 한국의 민족주의를 식민주의의 모방으로 파악하며 양자의 논리적 동일성을 강조하는 앙드레 슈미드의 논지는 민족주의와 식민주의를 전혀 대립적으로 파악하는 1950년대 북한의 역사인식과는 구별된다. 필자가 보기에 근현대 한국의 민족 형성사는 제국주의-식민주의의 물결에 직면하여 한편으로는 이를 학습하되 다른 한편으로는 이를 극복해가는 과정이었다. 한국의 민족/사회운동은 단순한 학습·모방만으로는 힘과 지식의 우위에 있던 제국주의-식민주의를 물리칠 수 없음을 인식하고 이에 대한 대안으로 피억압민족의 연대와 근로 인민 중심의 민족적 결집이 진행되는 여정이었다. 한말에 부국강병의 패권적 민족주의에 공감하던 신채호가 1920년대 이래 무정부주의를 수용하며 피억압민족의 연대와 민중중심의 민족운동론을 펼

---

20) 앙드레 슈미드 지음, 정여울 옮김, 『제국 그 사이의 한국 1895~1919』, 휴머니스트, 2007.

친 것이 그 예이다.[21]

2) 전근대 준민족(나로드노스찌) 형성의 조선적 특징과 민족 개념 논의

1956년의 토론회에서 세 번째 쟁점이 된 것은 전근대 조선에서 '준민족'(나로드노스찌)은 언제, 어떻게 형성되었는가 하는 점이다. 백락경은 신라에 의한 삼국통일로 비로소 준민족이 형성되었다고 주장하였다. 신라의 삼국통일을 준민족 형성 시점으로 보는 견해는 같은 해에 출간된 『조선통사』 상권에 기술된 당시의 통설이었다. 『조선통사』 상권의 경우, 고구려·백제·신라 3국이 각자 준민족으로 형성되었다가 삼국통일을 계기로 통일적인 정치체제하에 들어왔다고 서술되어 있다.[22] 이 서술은 림건상의 견해를 반영한 것이었다.[23]

이에 대해 김일출[24]은 기원전 2~3세기 부여, 고조선 시기에 이미 '우리나라 문화의 민족적 형식'이 만들어져 "조선 사람이라는 하나의 공통성을 형성"하게 되었다고 하면서, 여기서 조선 사람의 공통성을 과학적 용어로 부르면 '나로드노스찌'라고 부를 수 있다고 주장하였다.[25] 그가 민족의 형성사에서 삼국통일의 의미를 부정한 것은 아니다. 그는 이미 기원전 2~3세기에 조선 나로드노스찌가 형성되었기에 뒤이은 삼국은 각각의 나로드노스찌가 아닌 공통의 언어·문화·풍습을 가진 국가들로 보았으며, 신라 통일에 의해 단일한 국가를 형성하게 된 후 나로드노스찌의 단일적

---

21) 정창렬, 「20세기 전반기 민족문제와 역사의식 – 신채호를 중심으로」, 『한국사인식과 역사이론』, 지식산업사, 1997.

22) 朝鮮科學院歷史硏究所編, 朴慶植譯, 『朝鮮通史』 上卷, 未來社, 1962, 63쪽.

23) 과학원 력사연구소 근대 및 현대사 연구실, 앞의 글, 94쪽.

24) 김일출의 생애와 학술 연구에 대해서는 도현철, 「김일출의 학술활동과 역사연구」, 『한국사연구』 170, 2015 참조.

25) 김일출, 「우리 나라에서의 민족적 문화의 형성 시기에 관하여」, 과학원 력사연구소 편, 앞의 책, 122·125쪽.

공고화가 촉진되었다고 주장했다.[26] 그러면서 그는 신라 통일 이후 조선
인민의 나로드노스찌는 서유럽과는 현저히 다른 공고성, 단일성을 가지게
되었다고 강조했다.

> 조선 인민은 신라 통일 이후로부터 최근에 이르는 동안까지 장구한
> 시기를 통하여 공통한 언어, 공통한 지역, 공통한 경제생활(물론 봉건적인
> 분산성이 지배적이었다), 공통한 문화에서 표현되는 공통한 심리적 성격
> 을 통일적 중앙 집권 국가와 함께 계속 유지 발전 공고화하여 왔으며,
> 그 동안에 외족 ─ 거란, 몽고, 왜 및 청의 수차에 걸친 대규모의 침입을
> 격퇴하는 거족적 투쟁의 전통을 쌓아 왔다. 그렇기 때문에 조선 인민의
> 나로드노스찌로서의 공고성, 단일성은 봉건적인 분산성, 고립성으로써
> 특징 지어지는 서구라파 여러 나라들의 그것과는 매우 다른 것이다.[27]

김일출은 이처럼 조선의 나로드노스찌, 즉 민족성 및 민족문화는 이미
전근대 이래 공고한 단일성을 유지해왔으며, 그로 인해 '부르죠아' 민족
형성 이전에 이미 민족으로서의 현실적 역량을 보여주는 특수성을 지녔다
고 주장했다.[28] 김일출의 조선 나로드노스찌 특수성론은 당시 전석담
등 북한 학계에서 비판 대상이 된 중국 판원란(范文瀾)의 '독특적 민족(獨特
的 民族)'론과 유사성이 있다. 판원란은 1954년도에『역사연구(歷史硏究)』
3호에서 중국민족이 진한시대로부터 통일국가를 유지하면서 국가분열
시기의 준민족도 아니며 자본주의 시기의 '부르죠아' 민족도 아닌 중국만
의 독특한 사회적 조건에서 형성된 독특한 민족이라는 견해를 피력한
바 있다.[29] 당시에 김일출의 견해는 예외적이었는데, 오늘날 북한의 고조

---

26) 김일출, 위의 글, 126~127쪽.
27) 김일출, 위의 글, 127~128쪽.
28) 김일출, 위의 글, 128쪽.
29) 전석담,「조선 민족의 형성과 그 특성에 대하여」, 과학원 역사연구소 편, 앞의
    책, 2쪽. 판원란의 학술연구에 대해서는 저우원지우,「판원란(范文瀾)의 경학과

선 성립=조선민족 형성론의 원류에 가깝다.

이상의 논의와 결을 달리하여 돌출적인 토론을 한 학자는 도유호 후보원사이다. 그는 스탈린의 민족/준민족(나로드노스찌) 구분 자체를 문제삼았다. 그는 스탈린이 언급한 민족의 4개 요소란 어느 민족에도 제대로드러난 적이 없다고 말하면서, 스탈린은 민속학적 민족과 정치학적 의미에서의 민족을 구분하지 못했다고 비판했다. 그는 스탈린의 민족론을 비판하기 위해 레닌의 민족문제론과 스탈린의 민족론이 다름을 강조한다. 레닌은민족문제를 논할 때 어디까지나 정치론상의 개념으로써, 움직이는 주체로서 정치적 활동하는 통일체로 민족을 취급하였다는 주장이다.[30]

> 그(도유호-발표자 주)는 레닌은 민족을 정치론상의 개념으로서, 움직이는 주체로서 정치적으로 활동하는 통일체로서 취급하였으나 쓰딸린은정치적인 것과 민속학적인 것을 혼동하였다고 말하였다. 그는 민족에대한 쓰딸린의 정의는 민속학적 개념을 다분히 포함하였는데 그가 지적한4개의 요인이 완전히 구비된 민족이란 실제상으로 없는 것이라고 말하였다. … 특히 민족 문제에 있어서 맑스-레닌주의 명제들을 창조적으로적용하여야 하며 쓰딸린의 민족 문제에 대한 리론을 비판적으로 보아야한다고 강조하였다.[31]

도유호는 민속학적 의미의 민족, 즉 언어와 영토, 문화의 공통성에기반한 민족은 이미 전근대에 존재했으나 이와 달리 정치적 의미를 지니는'움직이는 주체'로서의 '통일체'인 민족은 자본주의의 산물임을 명확히구분하였다. 조선민족의 경우에도 전 자본주의 시기에 일찍이 민속학적의미의 민족이 형성되었고, 정치학적 의미에서의 민족은 19세기에 자본주

사학」, 『중국사연구』 93호, 2014 참조.
30) 과학원 력사연구소 근대 및 현대사 연구실, 앞의 글, 95쪽.
31) 과학원 력사연구소 근대 및 현대사 연구실, 앞의 글, 95쪽.

의의 발생과 함께 형성되었다고 보았다. 1956년의 시점은 소련에서 이미 스탈린 비판이 이루어진 시기이지만, 북한에서 스탈린을 정면에서 비판하는 논리가 공개석상에서 개진되었음은 지극히 예외적인 장면이다.[32]

도유호는 일제하에도 민족이론에 깊은 관심을 보인 바 있다. 그는 1931년도에 『동광(東光)』 잡지에 기고한 글에서 민족문제와 인종문제를 구분해야 하며, 레닌의 민족문제론을 면밀히 검토해야 함을 강조한 바 있다.[33] 그의 민족관은 기본적으로 레닌의 민족문제론에 토대를 두고 있다. 레닌은 민족을 하나의 고정된 실체로서 이론적으로 정리하려는 자세를 취하기보다는 '민족문제'가 제기되는 그때그때의 정치적 맥락을 더 중시했다. 즉, 레닌은 반제국주의운동과 사회주의운동 등에서 민족문제가 제기되는 맥락을 중시하면서 한편으로는 이를 사회주의적 국제단결의 위협요소로 위험시하며 다른 한편으로는 반제국주의운동의 동력으로서 중시했다.[34]

민속학자 김일출과 고고학자 도유호는 이처럼 각기 다른 방식으로 스탈린의 민족/준민족론을 조선민족 형성론에 적용하기 어려움을 지적하였다. 즉, 김일출은 조선 나로드노스찌의 유구한 단일성, 공고성을 서유럽의 그것이 지닌 분산성, 고립성과 대비하면서 그 특수성을 강조하는 방식으로 사실상 한국에서는 전근대에 이미 조선민족이 문화적으로 형성되었음을 논증하였다. 도유호는 스탈린의 민족이론 자체를 비판하면서 민속학적 의미의 민족과 정치학적 의미의 민족을 구분하여, 장기 역사

---

32) 도유호는 문화권설의 관점에서 역사를 이해하였고 그로 인해 일국적인 내재적 발전을 강조하는 역사인식이 북한에서 일반화하는 1960년대에는 학계 일선에서 퇴진하게 된다. 도유호의 문화권설 등 역사인식에 대해서는 한창균, 「도유호와 한흥수 : 그들의 행적과 학술 논쟁(1948~1950)」, 『한국고고학보』 87호, 2013 참조.

33) 도유호, 「민족문제에 대한 나의 오류」, 『동광』 28호, 1931,89쪽.

34) 레닌의 민족문제론에 대해서는 홍성수, 「레닌의 민족 문제론에 대한 연구」, 『사회와 역사』 18호, 1990 참조.

과정에서 형성되는 문화공동체로서의 민족과 이와 달리 근대 민족/사회운동 과정에서 운동주체로서 형성되는 민족을 구분하는 토론을 진행했다.

서유럽과 동아시아에서 나타난 민족 형성의 성격 차이를 중시한 김일출의 논지와 민속학적인 의미의 민족과 근대의 정치적 의미의 민족을 구분한 도유호의 관점은 오늘날에도 많은 시사점을 제공한다.

이상의 토론이 진행된 다음, 마지막 토론에 나선 력사연구소 근대 및 현대사 연구실장 리청원은 조선에서는 개항 이후에야 자본주의 발전이 시작되었다고 보면서, 민족 형성의 시작을 17세기 중엽~18세기로 소급하는 견해를 비판하였다. 그리고 그는 문화의 공통성에 대한 박경수의 토론을 지지하면서 조선 '부르죠아 민족'은 계몽 사상가들에 의한 애국단체 활동, 신문예 작품, 조국 역사 편찬, 민족어 연구와 그 공통성의 공고화 등을 통해 19세기 말~20세기 초에 조성되었다고 강조하였다. 그리고 조선 '부르죠아 이데올로기' 발전에서 개화파들이 중요한 역할을 하였다고 보면서, 그들이 상업과 산업의 자유로운 발전, 인민의 평등을 주장하고 '우리 민족', '삼천만 동포', '삼천리 금수 강산' 등을 고창하여 '부르죠아 민주주의'와 민족적 감정을 표출하였음에 주목하였다.

토론회를 통해 학자들간에 의견이 좁혀진 것은 민족은 대두하는 자본주의 시기에 형성된다는 점, 조선민족 형성에 민족해방투쟁이 중요한 작용을 하였다는 점 등이었으며, 그 외에 조선민족을 유럽 민족과 구분되는 하나의 유형으로서 식민지 민족형을 설정하는 견해, 민족 형성의 시초를 개항 이전 또는 이후로 볼 것인지의 문제, 민족 형성의 완성을 19세기 말~20세기 초 또는 3·1운동 시기로 보는 견해 등 다양한 논점은 추후의 토론과제로 미루어졌다.[35]

---

35) 과학원 력사연구소 근대 및 현대사 연구실, 앞의 글, 97~98쪽.

4. 1960년대 초반 '부르죠아 민족' 형성론의
퇴조와 단일민족론의 대두

위 토론회의 내용은 이후 보완되어 1957년 5월에 력사연구소에서『조선에서의 부르죠아 민족 형성에 관한 토론집』으로 출간되었다. 그런데, 이 토론집에는 앞의 토론회에 참여한 김현수, 최영환, 도유호, 백락경, 김정도, 리청원 등 여러 학자들의 토론문이 제외되고, 다만 전석담, 권홍석, 김한주, 리능식(李能植), 김일출, 최병무, 박경수의 토론문만 수록되었다. 이들의 토론이 제외된 것은 단지 책의 분량 문제 탓은 아니라고 생각된다. 그 선별은 어떤 기준에 의한 것이었을까? 개항 이전 자본주의 발전을 인정하지 않은 전석담, 김한주 등의 글이 실려있는 점으로 보아, 이 때의 선별은 아직 역사발전에 대한 인식의 문제, 즉 내적 발전의 시각 여부에 있지 않았다. 그보다는 1956년 8월 전원회의 사건 이후 역사학계의 종파 여독 청산과정과 밀접한 관련이 있었다.

이 토론회를 주도한 력사연구소 근대 및 현대사 연구실장 리청원의 이름은 토론집의 서문과 본문 어디에도 찾아볼 수 없다. 그와 더불어 나중에 최창익의 영향력 아래 종파 활동을 합리화하는 오류를 범했다고 함께 비판받게 되는 김정도의 이름도 보이지 않는다. 리청원은 1956년에 『조선에 있어서 프로레타리아트 헤게모니를 위한 투쟁』을 출간하였는데, 이 책에 대한 합평회가 같은 해 10월에 열려 그 업적을 인정하면서도 종파문제 등에 대한 과학적 해명과 분석이 가해지지 못한 점이 지적되었다.[36] 그 다음 해인 1957년도에『력사과학』을 통해 김상룡·황장엽 등의 강한 비판이 가해졌으며, 그 해 4호(8월)를 끝으로 리청원의 이름이 력사과학 편집위원회에서 사라졌다. 그리고 5호에는 리청원·김정도가 신간회를

---

36) 편집부, 「후보 원사 리청원 저『조선에 있어서 프로레타리아트 헤게모니를 위한 투쟁』에 대한 합평회」,『력사과학』1957년 1호, 90~92쪽.

'민족통일전선체'로 날조하여 공개적으로 엠엘파의 범죄적인 종파활동을 합리화했다는 비난이 가해졌다.[37]

마르크스-레닌-스탈린주의의 원론에 충실한 리청원의 권위가 추락함에 반하여 고대사 연구자로서 민족주의적 성향이 강하며 력사연구소 소장을 맡고 있던 김석형의 권위는 더욱 높아져갔다. 그는 『력사과학』 1958년 1호에 「위대한 강령적 문헌들을 깊이 연구하자」는 글을 발표하면서, "리청원, 김정도, 허갑, 기타 몇몇 소위 '력사가', '리론가'들은 최창익을 추종하면서" 그의 '종파 유익설'을 전파했다고 비판하였다. 그러면서 반당종파분자들에 의하여 교조주의적, 수정주의적으로 왜곡되고 비속화한 조선 역사, 특히 근대 현대사의 전체 체계, 개개의 역사적 사실들에 대한 재검토 사업을 진행하여야 하며, 이를 위해서는 마르크스-레닌주의를 조선 현실에 창조적으로 적용한 당의 방침을 받아들이고 광범한 역사 자료를 체계적으로 수집할 것을 강조하였다.(2~3, 7쪽)

김석형의 주도 아래 북한의 역사학계는 마르크스-레닌주의를 전제로 하면서도 그의 창조적 적용에 초점을 맞추어 조선사를 내적 발전의 시각에서 재해석하고 조선민족의 유구한 역사적 전통을 적극적으로 강조하는 방향으로 나아가게 된다. 그러한 변화는 민족이론을 더 이상 스탈린의 도식에 얽매이지 않게 하는 방향으로 작용하였다. 그리하여 3년 뒤인 1961년부터는 『력사과학』에 조선에서는 단일민족이 유구한 역사 속에서 형성, 발전해왔음을 공개적으로 천명하는 글들이 실리게 된다. 즉, 『력사과학』 1961년 6호에 실린 권두언 「우리 당 제4차 대회가 제시한 과업 수행을 위한 력사 학계 임무」에는 "유구한 력사를 통하여 단일한 국가 체계와 단일한 민족 문화를 가지고 살아 온 조선 인민이 오늘 남북으로 분렬되어 16년이 경과하는 동안 남조선에서는 민족 문화 유산들이 계승되기는커녕

---

37) 리청원의 역사 연구에 대해서는 염인호, 「이청원·전석담」, 조동걸·한영우·박찬승 엮음, 『한국의 역사가와 역사학』 하권, 창작과비평사, 1999 참조.

파괴 유린의 일로를 걸어 오고 있다"(4쪽)는 표현이 등장한다. 그리고
『력사과학』 1962년 2호에 실린 김석형의 「해방 후 조선 력사학의 발전」에
서는 수천 년의 유구한 역사 속에서 '단일 민족'의 자주성과 독립을 고수해
왔다는 표현이 등장한다.

> 우리는 김 일성 동지의 교시에 철저히 립각함으로써 우리 인민이
> 수천 년의 유구한 력사의 매개 단계들에서 완강한 계급 투쟁을 전개함으로
> 써 력사를 전진시켰고 비할 바 없이 강대한 외적들의 침공을 받으면서도
> 단일 민족으로서의 자주성과 독립을 고수하였으며 자기의 독창적인 우수
> 한 문화를 창조하였고 고상한 도덕 품성을 견지하여 왔다는 것을 확증할
> 수 있었다.(4쪽)

위의 표현은 스탈린의 민족개념을 드러내놓고 부정하는 것은 아니지만,
사실상 민족을 근대적 산물로 보는 관점을 폐기하고 조선의 민족을 유구한
역사 속에 존재해온 하나의 변함없는 실체로 인정한 것이었다. 스탈린
민족개념이 공개적으로 수정되는 것이 1970년대이며 아예 폐기되는 것이
1980년대인 점에서 사회주의권에서의 그 개념의 영향력은 무시할 수
없는 것이지만, 내면적으로 역사학계에서는 이미 1960년대 초반에 혈연적,
문화적 민족관=단일민족론이 자리잡았다.

이러한 민족관 변화에 김일성 개인이 미친 영향은 상당히 큰 것으로
생각된다. 엄밀한 자료 검토가 필요하지만, 그의 어록을 보면 스탈린의
민족관을 수용한 흔적은 어느 때에도 확인되지 않는다. 그는 1946년
2월에 「목전 조선 정치 형세와 북조선임시인민위원회의 조직문제에 관한
보고」에서 "일본 침략자들은 우리의 민족을 소위 황국신민화하였습니다.
고유한 조선문화를 폐지하려 하였으며 민족적 감정과 민족적 정신을
영원히 말살하려하였던 것입니다"라고 하였으며,[38] 1947년 2월에는 "우

리민족의 유구한 역사"라는 표현을 사용했다.[39] 김일성은 분단이 가시화
되지 않은 시점에 북의 지도자로 등장하면서 처음부터 민족이라는 개념을
전근대 이래 지속되어온 실체로 사용하였음을 알 수 있다. 그리고 1948년
3월에는 "반만년의 찬란한 문화와 민족적 전통을 가진 우리민족"이라는
표현까지 사용하였다.[40] 1950년대에는 김일성 지도부와 대중 일반이
지니고 있던 혈연적, 문화적 민족관과 학계의 '부르죠아' 민족관이 잠시
충돌하였지만, 결국에는 학계가 지도자와 대중의 민족 감성에 부응하는
방향으로 전환해갔다고 하겠다.

5. 사회주의 분단국가들의 민족관 비교

이제 글을 마무리하기에 앞서 글머리에서 잠시 언급했던 분단국가의
민족이론에 대해 소략하게나마 검토해보고자 한다. 같은 사회주의 분단국
가였던 동독이나 북베트남, 그리고 분단과 유사한 양안관계에 처해있는
중화인민공화국은 과연 분단문제로 인해 스탈린 민족관에서 이탈하였는
가? 1970년대에 동독이 '사회주의 민족'론을 내세우며 2민족 2국가체제론
을 당의 공식 방침으로 천명하였음은 잘 알려져 있으며, 아시아의 사회주의
국가인 중국의 '중화민족'론과 베트남의 민족론이 스탈린의 민족관에서
이탈한 것으로는 보이지 않는다. 그렇다면 유독 북한만이 스탈린의 민족관
에서 이탈하여 핏줄과 언어를 강조하게 됨을 어떤 맥락에서 이해하여야

38) 김일성,『조선민주주의인민공화국 수립의 길』, 북조선인민위원회 선전부, 1947,
6쪽.
39) 김일성, 위의 책, 195쪽.
40) 김일성,『김일성장군중요논문집』, 로동당출판사, 1948, 314쪽. 이 표현은『김일성
전집 6』(조선로동당출판사, 1993)에는 "오랜 력사와 찬란한 민족문화를 가진
민족"이라고 수정되었다.(67쪽)

할까? 먼저 동서독과 비교해본다.

1960년대 후반까지 서독을 통치한 CDU/CSU(기독교민주연합, 기독교사회연합)는 흡수통일방식을 선호하였다. 두 정당은 '국가민족(state-nation)'의 관점에서 민족문제를 바라보았다. 그들은 비스마르크제국의 건설에 의해 독일 국가민족이 형성된 것으로 보았으며, 서독은 이 독일민족국가의 법적 후계자였고, 동독은 하나의 국가로 인정하지 않았다. 1민족 1국가를 지향하였다.[41] 이에 반하여 1969년에 수상에 취임한 독일사회민주당(SPD)의 빌리 브란트는 '문화민족(culture-nation)'의 관점에서 동서독의 민족적 동질성을 강조하였다. 또한 그는 언어·문화·역사, 그리고 가족 및 친척 등의 인적 유대에 기초를 둔 문화민족이라는 공통성 이외에도 그것을 일상적인 의지행위 속에서 확인하는 것을 포괄하는 '의식민족(Bewußtseinsnation)'이라는 개념을 자주 사용했다.[42] 빌리 브란트의 동방정책이 본격화하면서, 1970년에 서로 만난 동서독의 정상들은 양국이 같은 민족임을 확인하였다. 그러나 1976년에 동독은 당 강령중 통독조항을 삭제하고 동독은 '사회주의 민족'임을 선언하였다. 호네커가 사회주의민족론을 들고 나온 것은 소련의 2개 독일 원칙과 레오니드 브레즈네프 독트린에 적극 호응함으로써 소련의 지원을 계속 얻어내고 양독간 기본조약을 체결하여 2민족 2국가론에 이론적 바탕을 마련하고자 함이었다.[43]

패전국가인 독일은 전후에 민족주의를 전면에 내세울 수 있는 상황이 아니었으며, 특히 동독은 소련에 종속적인 지위에 있었고 서독의 흡수통일을 위험시하여 동서독의 분단 지속을 선호하였다. 사회주의 민족론은

---

41) 최영태, 「W. 브란트의 "문화민족" 개념과 동방정책」, 『역사학연구』 45호, 2012, 306쪽.
42) 최영태, 위의 글, 305쪽.
43) 최영태, 위의 글, 300쪽.

분단 지속의 이론적 근거를 제시해준 것이었다. 이에 비해 남북한은 탈식민지국가로서 강한 민족주의적 지향을 지니고 있었으며, 더욱이 북한은 1950년대 후반에 소련에 대한 종속관계에서 확실히 이탈하였다. 이처럼 동독과 북한이 상반된 민족관을 표현하게 된 것은 동서독의 분단체제와 남북한의 그것과의 차이점을 드러낸다.

그렇다면 독일과 달리 반제국주의운동의 역사적 기반 위에서 출범한 중화인민공화국과 (북)베트남의 민족관은 어떠한가? 그 민족관을 이해하기 위해서는 우선 두 국가 모두 한족과 킨족이라고 하는 대민족을 중심으로 하여 소수 민족들이 복속해있는 다민족국가의 성격을 지니고 있음에 유의할 필요가 있다. 다민족국가인 한에서 민족의 영속성을 강조하는 혈연적, 문화적 단일민족론을 전면 수용하기 어려우며, 그 대신 여러 민족의 문화적 다양성을 용인하되 그 위에서 사회경제적, 정치적 통합을 합리화하는 스탈린의 민족관은 이에 부합한다. 소련과 중국, 베트남 모두 다민족국가라는 공통점을 지니고 있음이다.

중국은 '통일적 다민족국가', '다민족 사회주의국가'임을 자처하고 있다. 그리고 이를 뒷받침하기 위해 스탈린 민족이론을 수용하여 '즉자적 민족'에서 '대자적 민족'으로의 전환, 즉 '중화민족'의 형성을 주장한다.[44] 중국에서 '중화민족'론은 근대적 산물이다. 그리고 킨족을 중심으로 다른 소수민족까지 포함하되 장래 국가의 영토 범위를 인도차이나 3국이 아닌 응우옌 왕조의 판도로 설정한 '베트남민족'이라는 범주가 명확히 제기된 시점은 1941년 베트남독립동맹의 성립에서였다.[45] 베트남의 '베트남민족'론 역시 근대적 산물인 것이다.

중국과 베트남은 다민족국가로서, 중심 민족의 소수민족에 대한 억압구

---

44) 최지영, 「중국의 티베트 정책 고찰(1949~2008) : 민족문제에 대한 중국 공산당의 인식을 중심으로」, 『국제정치논총』 49권 5호, 2009, 279~280쪽.

45) 유용태, 『환호 속의 경종』, 휴머니스트, 2006, 419쪽.

조가 사회주의 성립 이후에도 존재한다. 스탈린의 근대 민족 형성의 논리는 소수민족들을 포용하되 각각의 민족자치가 아닌 대민족적 통합의 논리를 세우는 데 활용되기에 용이하였다. 스탈린의 민족이론은 4개의 요소가 충족되어야 하나의 민족으로 볼 수 있다는 논리로서, 그런 요소가 결여된 민족의 자결권을 부정할 수 있게 하기 때문이다. 그렇기에 스탈린 비판 이후에도 스탈린의 민족이론은 중국과 베트남에 그대로 남았다.

이에 비해 북한은 비록 화교 등 소수민족이 전혀 없지는 않았으나 대체로 단일민족의 관념이 지배적이기에, 다민족국가에 필요한 스탈린의 민족이론을 고집할 이유가 없었다.[46] 북한 사회가 스탈린의 민족이론에서 벗어나 혈연적, 문화적 민족론인 단일민족론으로 전환한 데에는 남북통일이라는 분단극복의 과제가 중요한 영향을 미친 것은 사실일 터이다. 그러나 북한은 한편으로는 남북간에 단일민족임을 주장하면서도 다른 한편으로는 민족성의 보존에서 우열이 있음을 강조하며 남북의 이질성, 북의 우월성을 강조하고 있다. 단일민족론만으로는 그것이 곧 남북의 화해와 협력을 기반으로 한 공존과 통일의 길로 나아가게 하지 않음이다. 북한이 민족관을 전환한 것은 분단극복의 적극적 의지보다는 스탈린의 민족이론을 수용해서는 설명하기 힘든 장구한 단일국가체제 존속의 전통에서 오는 일반 대중의 강고한 민족 감정, 정치권의 김일성과 학계의

---

46) 북한에서 단일민족론을 주장한다고 해서, 한반도 주민이 처음부터 하나의 종족에서 비롯되었다고 그 혈연성을 일방적으로 강조하는 것은 아니다. 예를 들어 북한의 민속학자 황철산은 함경북도 산간의 '재가승'부락을 연구하여 "조선인, 조선민족은 고대에 있어서의 여러 종족뿐만 아니라 중세에 있어서의 전지 않은 녀진족도 포섭하여 형성된 것"이라고 결론을 내린 바 있다.(황철산, 『함경북도 북부 산간 부락(재가승 부락)의 문화와 풍습』, 과학원출판사, 1960) 현재 북한은 민족을 구성하는 "피줄의 공통성"은 "순수 생물학적과정의 산물이 아니라 사회력사적과정을 통해 형성된 것"으로 본다. 사회적 존재인 인간이 집단생활과 공동생활을 하며 소속의식, 귀속의식을 가지게 되었고 이는 "인간에게 자기 집단의 혈연적뉴대를 공고히 유지, 강화하려는 지향성을 가지게 하였다"는 논지이다.(김혜연, 『민족, 민족주의론의 주체적전개』, 평양출판사, 2002, 19쪽)

김석형 등 민족관 형성에 중요한 위치에 있던 인물들이 마르크스-레닌주의를 이성적으로 수용하면서도 정서적으로는 민족주의에 더 깊이 뿌리내리고 있었던 점, 그리고 북한 지도부가 대중의 민족 감정을 전인민적 결집과 동원에 적극 활용할 필요성이 있었던 점 등이 더 영향을 미친 것으로 보인다.

6. 맺음말

필자는 본론에서 1950년대 북한의 조선 '부르죠아 민족' 형성 논쟁을 이해하기 위해서는 그에 앞서 해방공간에서 전개된 반파시즘 민족이론을 알아 둘 필요가 있음을 언급했다. 근현대 한국의 역사에서 사회주의 또는 그에 우호적인 지식인들은 민족문제를 중시하면서도 이를 국제주의적인 계급해방, 인민해방의 흐름 속에서 해결해야할 종속적인 문제로 인식하는 경향이 강했다. 그러한 인식은 특히 모스크바 삼상회의 결정 이후 신탁통치반대운동으로 분출된 국수주의적 민족 감정이 파시즘의 온상이 될 수 있음을 우려하면서 더욱 증폭되었다. 국수주의자들이 혈연이나 지연, 역사적 운명의 공통성을 강조하며 민족을 신비화함을 비판하면서, 반파시즘의 민족이론을 정립해간 지식인들은 민족을 근대 국민국가의 주체 형성의 과정으로 이해하였다. 이러한 이해는 당시 전개되는 인민 주체의 민주주의 민족통일운동을 곧 민족 형성과 발전의 과정으로 파악하는 실천적 논리이기도 했다.

전쟁 종결 이후 북한에서 전후 복구와 사회주의 건설의 길을 탐색하는 과정에서 민족이론은 또 다시 그 중요성이 부각되었다. 소련을 축으로 하는 프롤레타리아 국제주의를 수용하면서도 다른 한편으로 북한의 주체적 관점을 정립하고 사회주의 건설과정에서 드러날 계급·계층 갈등을 민족적으로 통합하기 위해서는 민족이란 무엇이며 조선민족의 특성은 무엇인지를 해명해야 했다. 1956년 북한의 역사학계에서 진행한 조선 '부르죠아 민족' 형성에 대한 토론회는 남북을 통틀어 최초로 조선민족론을 본격적으로 다룬 학술논쟁의 장이었다. 이 토론에 참가한 학자들은 대체로 스탈린이 정식화한 민족 형성의 4개 지표론을 전제로 하면서도 조선 역사의 전개과정의 특징에 주목하면서 풍부하고 창의적인 다양한 논의를 전개했다. 특히 주목되는 점은 다음의 두 가지이다.

첫째, 조선 부르죠아 민족 형성의 기본 지표로서 자본주의 발전이라고 하는 하부구조가 강조되기는 하였지만, 그 토대 위에서 개화파-애국계몽 운동가로 이어지는 근대 지식인들의 의도적인 노력에 의해 민족이 형성되었음에 주목한 점이다. 개항 이후의 민족운동과 사회운동을 근대 시민계급의 '부르죠아 민족운동'으로 파악하면서 역사, 언어, 문화의 다방면에서 어떻게 근대적 민족의식이 형성되는지를 고찰한 점은 남한 학계보다 수십 년 선구적이라 할 수 있다.

둘째, 서유럽의 민족성이 지닌 분산성, 고립성과 동아시아의 민족성이 지닌 공고성, 단일성을 대비하는 비교 역사적 안목, 민속학적 의미에서의 민족과 근대 국민국가 형성과정에서 그 주체로서 대두하게 되는 정치학적 의미의 민족을 구분하는 안목은 오늘날의 민족이론 체계화에도 많은 시사점을 주는 탁견이라 할 수 있다.

1950년대 북한에서 민족을 근대의 산물로 인식하면서 주로 근대 주체의 형성 문제로서 민족 형성과정을 인식하는 자세는 해방공간의 반파시즘 민족이론을 계승하는 것이었다. 그러면서 정치적 의미의 근대 민족의 문제와 전근대 이래의 민족문화의 장기지속성의 측면을 구분하면서 동시에 양자를 함께 존중하는 자세는, 해방공간의 반파시즘 민족이론이 민족문화의 장기 지속성을 소홀히 한 점을 보완하는 것이기도 하다.

1960년대 이후 북한에서 민족이론은 급속히 스탈린 민족이론에서 이탈

하여 혈연을 강조하는 단일민족론으로 변해간다. 그 변화는 분단국가의
현실에서 민족통일의 필요성을 계속 강조하기 위함이기도 하겠으나,
민족의 절대화를 통해 당과 수령의 권위를 절대화하는 역동성의 소멸과정
이기도 했다. 분단국가의 민족문제는 단지 혈통을 강조한다고 해결할
수 있는 성질의 것이 아니다. 남북 분단구조의 기득권을 타파하고 남북
민중/인민이 시민적 주체가 될 수 있는 민주주의적 통일의 과정이 곧
한민족의 재구성과 자기 발전 과정일 터이다.

참고문헌

『동광』, 『력사과학』

과학원 력사연구소, 『조선에서의 부르죠아 민족 형성에 관한 토론집』, 조선민주주
　　의인민공화국 과학원출판사, 1957.
김일성, 『조선민주주의인민공화국 수립의 길』, 북조선인민위원회 선전부, 1947.
金日成, 『金日成將軍 重要論文集』, 北朝鮮勞動黨出版社, 1948.
김태우, 「북한의 스탈린 민족이론 수용과 이탈 과정」, 『역사와 현실』 44호, 2002.
김혜연, 『민족, 민족주의론의 주체적전개』, 평양출판사, 2002.
도현철, 「김일출의 학술활동과 역사연구」, 『한국사연구』 170, 2015.
朴克采, 『民族과 人民』, 朝鮮科學同盟 서울市支部, 1947.
앙드레 슈미드 지음, 정여울 옮김, 『제국 그 사이의 한국 1895~1919』, 휴머니스트,
　　2007.
역사문제연구소 편, 『1950년대 남북한의 선택과 굴절』, 역사비평사, 1998.
유용태, 『환호 속의 경종』, 휴머니스트, 2006.
윤대석·윤미란 편, 『사상과 현실 : 박치우 전집』, 인하대학교출판부, 2010.
이강국, 「'파씨즘'과 탁치문제」, 『인민과학』 2권 2호, 1946.
이종석, 「주체사상과 민족주의 : 그 연관성에 관한 연구」, 『통일문제연구』 6권
　　1호, 1994.
저우원지우, 「판원란(范文瀾)의 경학과 사학」, 『중국사연구』 93호, 2014.

정창렬, 「20세기 전반기 민족문제와 역사의식 – 신채호를 중심으로」, 『한국사
　　　인식과 역사이론』, 지식산업사, 1997.
조동걸·한영우·박찬승 엮음, 『한국의 역사가와 역사학』 하권, 창작과비평사, 1999.
최영태, 「W. 브란트의 "문화민족" 개념과 동방정책」, 『역사학연구』 45호, 2012.
최지영, 「중국의 티베트 정책 고찰(1949~2008) : 민족문제에 대한 중국 공산당의
　　　인식을 중심으로」, 『국제정치논총』 49권 5호, 2009.
한창균, 「도유호와 한흥수 : 그들의 행적과 학술 논쟁(1948~1950)」, 『한국고고학
　　　보』 87호, 2013.
홍성수, 「레닌의 민족 문제론에 대한 연구」, 『사회와 역사』 18호, 1990.
황철산, 『함경북도 북부 산간 부락(재가승 부락)의 문화와 풍습』, 과학원출판사,
　　　1960.

朝鮮科學院歷史研究所編, 朴慶植譯, 『朝鮮通史』 上卷, 未來社, 1962.

'다산(茶山)'의 초상
—최익한과 홍이섭의 정약용 연구를 중심으로—

정 종 현

1. '긴 30년대', 분단된 학술장

20세기 한국학술을 반성하고 새로운 시대의 학문을 모색하는 심포지움에서 박희병은 식민지 시기 학문을 실학 및 양명학이라는 '전통지식'과 연결된 정인보 등의 조선학(국학)과, 경성제국대학 및 (일본)유학생들의 근대학문으로 구분하고, 전통적 학문의 통합적 사유 방식을 계승한 조선학(국학)에서 한국 인문학의 기원을 찾은 바 있다.[1] 근대적 학문의 기능주의, 고립적 분과 체계에 대한 비판에서 비롯한 이 논의에서 주목하고 싶은 것은 바람직한 한국(남한) 학문의 기원을 실학(양명학)에서 찾는 계보화의 사유이다. 이 계보화의 맥락 속에서 '조선학 운동'에 관련되었던 '국학'의 계보 이외의 학문 계열, 그중에서도 사회경제사적 접근을 시도했던 백남운, 김태준, 신남철, 최익한 등의 조선학 논의는 배제된다. 그렇다면, 북한의 경우는 어떠한가? 1962년부터 2004년까지 간행된 『김대학보』, 『철학연구』 등의 철학 관련 논문을 조사한 전미영의 연구[2]에 따르면,

---

1) 박희병, 「통합인문학으로서의 한국학」, 『21세기 한국학, 어떻게 할 것인가』, 푸른역사, 2007, 45~65쪽.

이른바 '조선 철학' 분야에서 가장 많은 연구가 이루어진 대상은 조선시대였으며, 그중 조선후기 실학자들에 대한 연구가 총 26편(9편 정약용, 최한기 8편 순)으로 그 비중이 가장 컸다고 보고한다.[3] 그 연구들은 식민지 시기 정인보, 안재홍, 문일평 등의 조선학 연구를 배제하고 유물변증법적 입장에서 실학이 갖는 "진보성을 인정하는 한편, 제한성을 규명하는 내용"[4]이었다.

더 많은 사례들을 들 수 있겠지만, 두 편의 연구만으로도 해방 이후 남북한이 '실학'을 각각의 관점에서 전유하여 자기 학문의 기원적 계보로 구성하려한 사정을 충분히 알 수 있다. '실학'을 두고 자본주의 근대화와 유물변증법적 진보의 궤적으로 각기 달리 해석하는 남북한의 '실학' 담론은 학문의 분단을 증거하면서 동시에, 분단된 학술을 극복할 공통의 지반으로 '실학'이라는 대문자 학문이 자리하고 있다는 사실을 역설적으로 보여준다. 그 공통의 지반은 1930년대로 소급된다. 잘 알려져 있듯이, '실학'을 발견하여 민족주의적이고 근대적인 성격을 부여하는 데에는 1910~20년대의 최남선[5] 등을 거쳐 1930년대 정인보, 안재홍, 문일평

---

2) 전미영, 「북한의 철학」, 강성윤 외, 『북한의 학문세계』, 선인, 2009, 178쪽.

3) 전미영이 언급하는 북한 철학계의 조선철학 특히 '실학' 연구에 집중된 특징은 1960년대만의 현상은 아니다. 북한의 대표적인 역사 및 사회과학 잡지들에 수록된 논문을 인명별로 정리한 한규철의 「북한의 『력사과학』, 『력사제문제』, 『근로자』에 수록된 인명별 논문 목록」, 『역사와 경계』 17집, 부산경남사학회, 1989 ; 도진순, 「북한의 역사학술지 『력사과학』 총목차」, 『역사비평』 6호, 역사문제연구소, 1989 등을 일람해도 1950년대 북한 학계의 중요한 관심이 조선후기의 사실주의적 경향, 이른바 실학파의 사상에 있었음을 알 수 있다.

4) 전미영, 앞의 책, 178쪽.

5) 오영섭의 「조선광문회 연구」(『한국사학사학보』 3집, 한국사학사학회, 2001, 133쪽)에 따르면 최남선의 조선광문회에서 출간하거나 출간을 계획했던 도서 190여 종은 1930년대 이후 조선학 운동 참가자들이 실학자로 평가하는 이들의 저서였다. 실학이라는 명칭을 사용하진 않았지만, 조선후기의 새로운 학문 경향에 먼저 주목한 이가 최남선이었다. 류시현, 『최남선 평전』(한겨레출판, 2011, 139쪽)에 따르면, 최남선은 조선학 운동 이전에 실학의 한 흐름인 '북학'에 주목했으며

등의 '조선학 운동'이 결정적인 역할을 했다. 그렇지만, 마르크스주의의
사회경제사적 방법론을 과학으로 제시한 좌파 지식인들의 논의도 실학
담론 형성의 중요한 기원으로 간주되어야만 한다.6) 분단기의 실학 논의들
은 각각의 국가적 정체성과 냉전적 사상지리에 입각하여 식민지 시기
'실학'(혹은 조선학) 논의의 특정 부분만을 전유하였다.

　본 연구에서는 1950년대 남북한에서 실학파의 대표 학자인 정약용의
사상을 다루고 있는 최익한과 홍이섭의 비교를 통해서 남북한이 1930년대
'조선'이라는 근대적, 문화적 동일자를 구성하면서 형성되었던 실학 논의
를 각각 자신의 사상지리적 맥락에서 전유하고 있는 한 양상을 드러내
보고자 한다. 최익한과 홍이섭은 각각 남북한 최초의 실학(자) 연구 단행본
인 『실학파와 정다산』(1955), 『정약용의 정치경제사상연구』(1959)의 출판
을 통해 자기 사회에서 정약용 및 실학파 연구에 기여했다. 1950년대
분단된 남북한에서 출현한 이 두 저작은 각각 자기 사회의 맥락에서
다산 정약용을 이해하는 방식을 비교론적 차원에서 접근할 수 있다는
점에서 주목할 만하다. 특히 여기서 홍이섭이 다산에 대한 자신의 관심이
촉발된 연원으로 최익한을 거론한다는 점을 각별히 강조하고 싶다.

　　그중 『동아』에 발표된 글로는 최익한씨의 여유당전서 독후감이 감명
　　깊었던 것으로 아직도 잊을 수 없는 글이다. 뒷날 들어서 알았지만 최씨는
　　곽면우 문하의 한학자로 근대 사회과학의 소양을 겸비하였으며, 독후감

　　조부에게 들었던 같은 중인 출신 오경석, 유대치를 고평하고 이들의 지도를
　　받은 김옥균 등이 일으킨 갑신정변을 긍정적으로 평가했다.
6) '조선학'을 둘러싼 1930년대의 담론지형은 민족주의와 마르크시즘의 진영론만이
　　아니라, 아카데미즘과 민간학술, 일본 관변지식과 반식민주의 지식, 세대론 등의
　　문제가 복잡하게 얽혀 있었다. 특히 마르크스주의와 아카데미즘을 '과학'이라는
　　이름으로 공유했던 새로운 세대들의 조선 연구에 대해서는 정종현, 「단군, 조선학
　　그리고 과학-식민지 지식인의 보편을 향한 열망의 기호들」, 『한국학 연구』 28집,
　　인하대 한국학연구소, 2012 참조.

집필 때는 전서를 치밀히 읽어가며 하나하나를 정인보 선생께 왕방 질의 논담하였으며, 한편 이능화 선생의 『조선기독교급외교사』를 이용하였음은 당시로는 다산 이해의 새로운 국면을 열었던 것이다.[7]

최익한이 '하나하나를 정인보 선생께' 질의했다는 홍이섭의 진술은 스승 정인보의 한학 실력을 돋보이게 하는 존경심의 발로로 보이거니와, 중요한 것은 정인보와 최익한의 이른바 '논담'을 통해 '조선학(실학)'의 학문적 담론화에 정신주의 사학과 유물변증법적 방법론이 상호 교차하는 한 장면을 포착할 수 있다는 점이다. 이처럼 '조선학'의 성립에는 이른바 '국학적' 전통만이 아니라 유물변증법에 기반을 둔 사회경제사적 접근이 함께 작용했던 것이다. 이런 측면에서 홍이섭이 다산학에 대한 자신의 관심이 영남 유림의 거두인 면우 곽종석 문하에서 한학을 수학하고 와세다 정경학부에서 사회과학을 습득한 월북 사회주의자 최익한의 글로부터 촉발되었음을 밝히고 있는 것은 시사적이다.[8]

---

7) 홍이섭, 「학술면에서 본 동아의 업적」, 『동아일보』 1970년 4월 4일.

8) 최익한 개인 차원에서 보자면, 그가 구성한 '실학'은 전통적인 한학 소양과 마르크스주의적 사회과학이 결합함으로써 성립된 것이다. 최익한의 조카가 작성한 연보에 토대하여 송찬섭이 정리한 최익한의 생애를 간략히 정리하면 다음과 같다. 1897년 울진에서 태어난 최익한은 15세에 영남유림의 거두 면우 곽종석 문하에서 중재 김황 등과 동문수학하며 한학을 익혔다. 스승의 권유로 21세에 상경하여 중동학교를 1년에 마치고 2년간 기독교청년회관에서 신흥우에게 영문학을 배웠으며, 3·1운동 직후 임시정부 군자금 모금원으로 활동하다 1921년 4년형을 언도받고 수형생활 중 24년 감형되어 출옥했다. 이후 도일, 와세다 정경학부를 다니며 사회주의 사상을 받아들였다. 3차 조선공산당 일본부 조직 시 조선공산당에 입당, 조직부장을 맡았다. 1928년 검거 6년형을 언도받고 서대문 형무소에서 복역하다가 1932년 7월 대전형무소로 이감 도중 대전역에서 만세시위를 주도하여 징역 1년이 추가 총 7년간 옥살이를 했다. 1936년 출옥 이후 그는 학문과 저술에 전념하였다. 『조선일보』의 향토문화 조사위원, 『동아일보』의 조사부장 및 논설위원, 양 신문 폐간 이후 『춘추』지에 조선학/국학 관련의 글들을 기고하였다. 해방 이후에는 장안파의 중진으로 활동하다 재건파에 흡수되어 조선공산당에서 활동하다 박헌영의 주류파와 입장을 달리하며 사회로동당, 근로

최익한과 홍이섭은 세대는 약간 다르지만 1930년대 조선학 운동을
공유하고 있는 동시대인이며,[9] 정약용 연구에서 홍이섭은 최익한의 강한
영향을 받았다. 홍이섭이 회고하는 최익한의 「여유당전서를 독(讀)함」
(1938~1939)은 65회간 연재된 다산 연구논문이다. 최익한은 이후 논의틀
과 내용을 상당 부분 「여유당전서를 독함」에서 채용하면서도 근본적인
관점을 갱신하여 북한에서 새로 『실학파와 정다산』(1955)을 간행한다.
또한 홍이섭은 최익한의 식민지 시기 다산 논의를 참조하며 남한에서
『정약용의 정치경제사상연구』(1959)를 간행했다. 식민지와 남북한으로
이어지는 이 세 편의 저작을 통시적으로 검토하면서, 동시에 1950년대의
공시적인 지평에서 상호 비교한다면 식민지 시기 마련된 실학(자)에 대한
담론과 표상이 해방과 분단을 거치며 굴절되는 특징적인 국면을 드러낼
수 있으리라는 것이 본 연구의 기대이다. 이를 통해 남북한이 자기 사회의
정당성을 위해 전통을 전유하는 한 방식을 재구성해 보고, 식민지 시기
공통의 앎의 체계를 기반으로 삼아 남북의 학술이 심화·확장시켜온 자기

인민당 창당에 참여하고 1948년 남북연석회의에 참석하기 위해 가족과 함께
월북하였다. 송찬섭의 조사에 의해 1957년까지의 최익한의 저술 상황 등은 간단히
보고되었지만, 그의 정치적인 활동이나 1958년 이후의 소식에 대해서는 알 수
없는 실정이다. 송찬섭의 연보에 따르면, 최익한은 1954년에 『조선봉건말기의
선진학자들』(공저), 『연암작품선집』(번역)을 출판하였고, 55년에 『실학파와 정다
산』, 『강감찬 장군』을 간행하였다. 56년에는 임제의 '서옥설'을 번역한 『재판받는
쥐』, 57년에 『정약용 다산선집』을 번역 간행하였다. 이외에 최익한이 북한의
잡지에 남긴 글의 목록은 다음과 같다. 「3·1운동의 력사적 의의에 대한 재고찰」,
『력사제문제』 6, 1949 ; 「조선류교사상에 대한 력사적 고찰(상)」, 『력사제문제』
12, 1949 ; 「조선류교사상발전에 대한 력사적 고찰(중)」, 『력사제문제』 14, 1949 ;
「고대조선문화와 류교와의 관계」, 『력사제문제』 18, 1950 ; 「조선문학사와 한문
문학」, 『력사과학』, 1955. 1.
9) 홍이섭은 식민지에서 자신의 학문적 정체성을 형성한 세대이다. 그는 1938년
연희전문을 졸업하고 학구생활을 지속하여 1944년에 일본어로『朝鮮科學史』(東
京 : 三省堂, 1944)를 상재했다. 1946년 정음사에서 한글판이 재발간된 이 저서의
제5장은 '서구적 과학의 수용과 이조 봉건과학의 지양' 편으로 실학자들이 과학에
한 기여가 정리되어 있다.

인식의 모색들이 다양성의 사상으로 나아갈 수 있는 가능성을 타진해
보고자 한다.

2. 다산 표상의 한 원점, 최익한의 「여유당전서를 독함」

　최익한의 「여유당전서를 독함」[10]은 1936년 신조선사에서 『여유당전
서』를 발간한 것을 기념하여 『동아일보』에 연재한 논문이다. '전서'를
모두 소화하고 당시의 연구성과를 흡수하며, 치밀한 자료조사를 거쳐
집필되었다. 독후감 형식의 글이지만 다산 정약용의 학문적 연원을 입체적
으로 밝히고 다산이 살았던 시대의 정치적인 배경을 부조하며, 그러한
시대적 맥락과 결부된 다산의 사상을 분석하고 있는 본격적인 연구이다.
이 논문의 전체적인 구성은 다음과 같다. 먼저 정약용의 연보, 명호,
거주지 등의 개인사적 이력과 그의 저서 총목록을 소개하였다. 다음으로
당시 사회문제와 학문적 분위기, 정치적인 흐름 등을 정리했다. 정다산의
학문의 연원 경로로서 성호 이익의 학파, 서학, 무학(武學) 등을 들고
있으며, 정치적으로 영락한 근기남인, 그 남인 중에서도 채제공 중심의
'채당' 그리고 서학이 함께 작용하여 실학파가 형성되었음을 암시하고,
남인 중심의 시파를 축출하기 위한 당쟁이 천주교 박해와 관련되었음을
설명한다. 서학의 영향을 상세히 소개하며 그의 사상을 과학, 유학, 정치사
상, 경제사상 등으로 나누어서 살펴보고 마지막으로 그의 사상 전반을
다시 종합적으로 다루는 체재를 갖추고 있다. 이 글에서 논의된 내용의
상당 부분이 북한에서 씌어진 『실학파와 정다산』에서도 채용되고 있다.
　글의 내용을 개략적으로 검토해 보자. 최익한은 정약용의 『경세유표』를

---

10) 최익한, 「여유당전서를 독함」, 『동아일보』 1938년 12월 9일~1939년 6월 4일.(총65
　　회)

거론하며 그것이 "성호(星湖)의 학(學)을 거쳐 유형원의 반계수록(磻溪隧錄)에까지 그 원류를 추구할 수 있는 것"[11]이라고 실학파의 핵심 계보를 소급적으로 구성한다. 『목민심서』는 부친의 목민의 경험에서 배웠다는 측면에서 가학과 관련된 것으로 규정하고, 송학에 반대한 청의 고증학을 중요한 사상적 연원으로 거론한다. 호학의 군주였던 정조의 영향과 성호학파 및 동시대의 여타 실학자들과의 관계도 중요한 학문적 영향을 끼친 것으로 제시한다. 최익한이 정약용의 학문적 연원을 '반계-성호-다산'으로 계보화한 방식은 이후 남북한의 실학 연구에서 일반화한 설명 모델로 자리하게 된다. 이러한 내적 사상사의 계보와 함께 최익한은 정약용의 학문 형성에 중요한 영향을 끼친 서학에 관한 서술에 많은 공을 들였다.

이 글에 나타난 서학에 대한 관점은 무척 흥미롭다. 서학에 대한 태도는 해방기 및 북한으로 이어지는 최익한 저술에서 두드러지게 변화하는 부분 중의 하나이다. 앞선 인용에서 홍이섭이 지적하듯이, 최익한의 이 독후감은 이능화가 저술한 『조선기독교급외교사』에 크게 빚지고 있다. 가령, 천주교 박해가 표면적으로는 사교(邪敎) 축출을 내세우고 있지만 실제로는 당쟁에서 기인한 것이며, 남인(南人)들이 천주교 박해에서 가장 많은 피해를 입었다는 이능화의 『조선기독교급외교사』의 견해는 당쟁과 '척사(斥邪, 천주교 박해)'의 관계에 대한 최익한의 설명에 그대로 반영되어 있다. 최익한은 정약용의 학문체계에 서양학(서학)이 "가장 참신한 요소를 기여"했다고 설명한다. 그 전수의 직접적인 경로로 다산의 친우였던 광암 이벽을 언급하지만, "서학을 학문으로서 취급하여 유학의 결함을 보충하고 완미케하려는 학적충동은 광암의 전수보담 먼저 성호유서(星湖遺書)에서 인상깊게 얻었을 것"이며, "성호의 유학이 실학의 경향을 띠어 신선한 기색을 나타내게 된 것은 무엇보담 서학의 접촉으로서 정관적(井觀

11) 위의 글(26회), 1938년 2월 21일.

的) 편견을 깨트리고 비판적 과학정신을 무의식간에 부식한 까닭"[12)이었다고 설명한다. 이 글에서 최익한은 서양 학문과 종교 일반을 엄격히 분리하지 않고 '서학'으로 포괄하며 그것을 봉건 조선에 새로움을 불어넣은 정신으로 고평하는 입장을 취했다. 최익한은 "당시 천주교 신자는 물론이어니와 유지한 학자들도 천문, 물리 등 서학을 매개로 하야 서양은 개물성무(開物成務)의 성현이 만히 있는 이상적 국토로서 동경"하였으며, "학문과 이상의 불꽃이 타오르는 청년 수재인 선생은 당시 서학과 서국(西國)에 관한 감회술지(感懷述志)의 편십(篇什)이 적지 안했을 것이나 시위관계(時諱關係)로 대개는 삭제인멸(削除湮滅)해 버렸"[13)을 것이라며 정약용의 서학에 대한 경도를 강조한다.[14) 최익한은 "기독교는 박애의 서(恕)와 천(天)에 대한 경건과의 결합으로서 교리를 구성한 것"으로, 정약용이 서학자로서 기독교의 실천성과 대중성에 감격을 받았으며 그리하여 "자기 본종(本宗)인 유교에 반관(反觀)과 재검토를 가한 결과 논어의 인서(仁恕)와 중용의 계구(戒懼)를 추출하야 유교의 사천사상(事天思想)을 강조"한 것으로 파악한다. 최익한에 따르면 기독교의 영향을 거쳐 "천(天)은 요컨댄 선생에 있어서 하민(下民)과 만물(萬物)을 강림(降藍)하고 섭리(攝理)하는 규범적 존재"[15)였다고 결론내리고 있다.

이처럼 기독교가 정약용에게 끼친 영향에 대한 분석과 함께, 이 글이 보이는 서학인식에서 주목할 것은 서학을 좌우파로 구분하는 논법이다. 이것은 이후 북한에서의 저술에서 서학학파와 서학교파라는 개념으로 재정립될 터이지만 그 태도는 본질적으로 다르다. 최익한은 "이벽, 황사영,

---

12) 위의 글(20회), 1939년 2월 9일.
13) 위의 글(25회), 1939년 2월 17일.
14) 이 글에서 최익한이 정약용의 서학과의 관련을 논의하는 방식은 홍이섭이 50년대 서학(천주교)의 정다산에 대한 영향에 대해 설명하는 논법과 유사하다. 홍이섭이 최익한의 견해를 참조했을 가능성이 있다.
15) 최익한, 앞의 글(44회), 1939년 4월 7일.

정약종, 홍교만, 최창현 등"의 열렬한 신교자이자 순교자들을 서학의 "좌익분자"라 명명한다. 이후 북한에서의 저술에서 사대적이고 외세의존적인 매국행위로 격렬히 비판했던 황사영 백서 사건에 대해서 최익한은 좌익이 "신교의 자유를 획득하고 이상의 사회를 실현키 위하야 적극적 수단을 취하였으니 이른바 황사영 백서가 그 일단을 표시한 것"이라고 평가한다. 최익한은 신유사옥의 대탄압이 "그들의 육신은 분쇄하였지만 그들의 정신은 죽이지 못하였다"고 고평하며, 다음처럼 서학좌익과 동학을 직접적으로 연결시킨다.

> 그들의 遺志와 思想은 항상 그들 餘黨中에 흐르고 民衆의 底層에 浸透되고 있었다. 憲宗十二年丙午 洪州 外煙島에서 政府에 致書한 佛鑑과 高宗三年 丙寅에 江華를 功陷하던 佛兵은 모두 西學黨의 招致한 것이엇다. 그들은 憲宗己亥의 誅殺과 高宗丙寅의 大院君의 大虐殺을 慘酷無比하게 겪어가면서도 그 潛行의 形勢는 依然히 熾盛하엿다. <u>自由와 平等을 內包한 天國의 思想은 庶民과 失勢層의 無條件的 依仰을 받어 그것이 惑은 民擾民亂을 助長하고 惑은 團體的 連結力을 賦與하였다. 朝鮮近代史上에 有名한 東學黨은 歷史的 性格으로 보아서 무엇이냐 하면 결국 封建瓦解의 作用인 農民叛亂의 內容에다가 理想과 希望을 追求하는 西敎의 形式을 附加한 것이다.</u> 東學은 西學 卽 邪學이란 時諱를 避하고 同時에 從來 '弓乙' 等의 民間信仰에 迎合하야 多少改作은 잇엇을지언정 '天主造化'를 唯一한 信條와 呪文으로 하엿으니 要컨댄 <u>東學의 形式은 西學의 加工品에 不過한 것이다.</u> 그러므로 <u>東學黨의 源委를 發生學的으로 考察하면 畢竟 正純兩朝의 兩班世界를 놀래게 하던 西學左派에까지 遡及치 안흘 수 없는 것이다.</u> 다시 말하면 <u>東學은 西學의 一種國産品이었다.</u>[16](밑줄 : 인용자)

기층 민중의 저항과 체제 변화의 에너지에 대해서 기민하게 반응하는 마르크스주의적 세계관을 내면화한 최익한의 식민지 시기 글에서 봉건제

---

16) 위의 글(34회), 1939년 3월 19일.

에 대한 반대와 그것의 혁명적 전복 가능성은 다산 혹은 실학을 통해서가 아니라 민란, 동학 등을 통해서 감지되고 있다. 최익한은 서교(서학좌파)를 노론집권층에 의해 박해받는 봉건제하의 피수탈자들에게 자유와 평등, 이상과 희망을 제시하고 있는 민중에게 잠류하는 혁명적 사상으로 긍정한다. 최익한은 정조, 순조 시기 양반세계에 퍼진 서학(좌파)의 사상이 민중적인 잠류를 통해 동학으로 이어졌다고 주장한다. 이에 반해 남인의 명민한 학자들로 구성된 실학파들은 서학의 우익으로 신념은 학문적 영역에 편중하였고 실천적 욕구에는 약했다고 정리하고 있다.[17]

이 시기의 최익한에게 '서학'은 근대성의 뚜렷한 표상으로 각인되어 있다. 이 글에서 펼치는 정약용의 생애와 서양의 동시간대의 사건을 직접적으로 대비시키는 방식은 근대라는 보편성에 대한 강박과 콤플렉스를 보여주는 장면이다. 최익한은 정약용의 22세 때를 서기 1783년으로 환산한 후 "인류 초유의 이상국인 미국은 8년의 의전(義戰)을 겪고 벨사유 조약으로 독립이 완전히 승인되던 해"였다고 비교하고, "육년 후엔 서양의 천지는 또다시 1789년의 불란서 대혁명으로서 유사 이래 인류의 최대 활극을 구주(九州)의 중앙에서 전개시키던 해"라고 적는다. 이어서 제퍼슨의 독립선언과 프랭클린, 워싱턴의 혁혁한 전공 등이 "각기 황금의 결실을 세계사상에 빛내는 반면에 동양 은자국의 양반청년인 선생은 무엇을 했던가. 평화의 꿈으로서 장식한 봉건시대의 금보장(錦步障) 속에서 천천히

---

17) 최익한은 63회에서 정약용의 개혁론을 평가하며 "사물의 특히 사회제도의 실천성을 평범히 간과한 위대한 공상가의 범주에 속"한다며, 그것이 그의 계급적 지위와 역사적 한계를 반영한다고 주장한다. 봉건제도의 모순을 해결하는 방식으로 최고 권리자의 도덕적 각오와 자비적 발원에 하소연하거나, 아니면 미래의 승리를 준비하는 계급에게 하소연하는 방법이 있는데 정약용의 경우 전자를 선택했다고 본다. 이런 맥락에 이어서 정약용의 수백권의 저서가 신자였던(서학좌파) 그의 형 정약종의 함구불언의 최후 순교에 비하여 그 역사적 의의가 적은 것이라고 주장하고 있다. 여기서도 정약용의 개혁성의 한계 및 서학좌파에 대한 민중적 견지에서의 긍정적 관점을 확인할 수 있다.

걸어나오는 선생은 경의진사(經義進士)란 아름다운 화관을 쓰고 선정전 사은의 자리에서 거안(擧顔)의 영전(榮典)을 입었던 것"이라고 비판한다. 삼부회의가 소집되고 바스티유 뇌옥은 파괴되고 인권선언이 공표되었던 때에 "서천벽력(西天霹靂)에 귀먹었던 우리 선생은 이때 이십팔세의 전시(殿試) 급제로서 희정당 대학강록(熙政堂大學講錄)을 만들기에 눈과 손이 바빴던 것"이라며 "둥근 구(球)의 우에 동남(東南)의 현격(懸隔)이 이처럼 심(甚)"18)했다고 탄식하고 있다. 서구적 근대성과 그에 미달하는 조선의 특수성을 비교하는 전형적인 인식이 드러나 있다. 최익한은 이러한 서구적 근대에 대한 콤플렉스를 북한에서는 사회주의라는 현대성을 소실점으로 하여 정약용의 사상을 그 전사로 계보화하면서 이데올로기적으로 극복하려고 시도한다.(이에 대해서는 후술하겠다.)

최익한은 정약용의 개혁을 평가하면서도 그의 한계에 대해서 명확히 지적한다. 그는 정약용의 "경세론은 여전제, 공전세제(公田稅制), 기타제도 정법(政法)에 있어서 적지 않은 개혁을 주장하였지마는 이상적 혁명을 피하고 현실의 가능을 취택한 선생은 모든 개혁을 인용(仁勇)한 군주의 건단(乾斷)에 하소연" 하는 한계를 지녔다고 비판한다. "균산(均産), 평등(平等)을 이상으로 한 정책론은 지금말로하면 국가사회주의의 일종이었고 그 지도적 정신인 상례주의(尙禮主義)는 의연히 귀족본위의 치국론을 무의식적으로 주장하였던 것"19)이라고 규정한다. 정다산의 「경세유표」 등의 정치적 포부도 "주례일서(周禮一書)의 연의적주각(演義的註脚)"에 불과하며, 정약용이 "주요한 규준을 고제(古制)의 일정한 형태에 둔 이상 그것은 다시 없는 신성한 역사적 위신을 가지고 선생의 두상(頭上)에 임어(臨御)치 않을 수 없게 되었다"고 설명한다. "사유(私有)와 정제(井制)를 절충한 공전납세론(公田納稅論)은 사유를 강점하고 정제(井制)를 실현하는 것이

18) 최익한, 앞의 글(24회), 1939년 2월 16일.
19) 최익한, 위의 글(58회), 1939년 5월 7일.

현실에 불가능한 것을 간파한 명견(明見)이나 이는 당시 봉건제도의 붕괴과정에 대한 역사적 타협"이었다고 적는다. 최익한은 정약용이 낡은 국가를 혁신하려고 하였으나, 왕도, 덕정 등 옛 것에 기탁하였으며, 정약용의 사상 밑바닥에는 유교의 중용이 자리한다고 지적한다. 결론적으로 최익한이 보기에 정약용은 "사회제도에 대하야 극히 온아(穩雅)한 개량론자요 반역적 정신을 가진 혁명론자는 아니었다."[20] 흥미로운 것은 이러한 정약용의 한계에 대한 일관된 비판의 끝 지점에서 최익한이 마르크스주의자의 시각으로 정약용의 정치경제사상을 이해할 수 있는 가능성을 열어두고 있다는 점이다. 이 독후감의 마지막 결론부에서 최익한은 정약용의 「전론」을 압축적으로 설명한 후 다음과 같이 적는다.

> 閭田法은 朝鮮經濟思想史中에 重要한 地位를 占領한 것이다. 純然히 先生의 獨創的, 理想的 考案이다. 東洋從來의 經濟理論에 잇어서는 勿論 類例없는 理想의 田制論이어니와 近世西洋의 多種多樣한 經濟論에 있어서도 드물게 보는 有數한 思想이다. 現行 經濟用語로 말하면 注役簿는 勞動票制 또는 勞動帳簿制에 類似한 것이며 役日은 勞動時間의 槪念이다. 一面으로는 勞動全收權의 主張이며 他面으로는 小農分散의 대신에 農業의 社會化를 目的한 것이다. 規模의 大小는 잇을지언정 <u>閭田法은 現今 他邦의 村落共營 農場인 콜호즈에 近似한 것이므로 分配의 均平 뿐 아니라 生産力의 增進에 對하여도 最善의 政策</u>이다.[21](밑줄 : 인용자)

「원목」, 「탕론」, 「여전법」 등을 정약용의 경세적 사상의 최대 철학으로 명명하면서 그것을 당대 소련의 콜호즈와 연결시키는 이러한 결론부는 「여유당전서를 독함」이 가지고 있는 정약용 해석의 기묘한 중층성을 보여준다. 식민지 시기 최익한의 글에는 '서학'으로 대표되는 서구 근대성

20) 최익한, 위의 글(62회), 1939년 5월 25일.
21) 최익한, 위의 글(65회), 1939년 6월 4일.

에 대한 경도, 정약용을 봉건제의 내부에서 그 모순된 질서를 재조정하려는
온건한 유교적 개혁가라는 관점, 동시에 사회주의적 경제이론을 선취한
혁명가라는 관점이 그 내부에서 공존하고 있다. 최익한이 정약용에게서
사회주의 사상을 본격적으로 읽어내는 것을 억제한 것은 식민지 검열체계
때문이었을까? 그렇다고만 말하기에는 봉건체제의 한계 내부에 있는
유교적 개혁가로서의 정약용에 대한 최익한의 분석은 한결같은 측면이
있다. 우리는 이후 남북한에서 출간된 최익한과 홍이섭의 저서를 통해서
식민지 시기 최익한의 글에 내재해 있는 봉건체제의 재조정자 정다산과
사회주의 혁명의 선구자 정다산이라는 두 가지 초상이 어떻게 남북한
국가와 결부되어 이어지게 되는지 확인하게 될 것이다.

3. 최익한의 정약용 평가의 변화 :
『실학파와 정다산』(1955)

  1955년에 북한에서 출간된 최익한의 『실학파와 정다산』은 식민지 시기
와 남북한을 통틀어 정약용을 단행본의 규모로 연구한 최초의 저술이다.[22]
이 저술은 크게 상, 하편으로 나뉘어 있다. 상편은 실학의 배경을 다룬
1~3장과 정약용 이전의 중요한 실학자와 실학사상을 다룬 4~5장으로
구성된다. 하편에서는 정다산에 대한 연구에 집중하여 총 4부로 구성하고

---

22) 최익한, 『실학파와 정다산』, 북한국립출판사, 1955.(『실학파와 정다산』(영인본),
   한국문화사, 1996.) 이 저서는 남한의 청년사에서 1989년에 출판되었고, 해금과
   동시에 김영수, 「북한의 실학연구실태 : 주요 저작을 중심으로」(『통일문제연구』
   제1권 4호, 평화문제연구소, 1989)의 첫머리에서 다루어지고 있다. 이후 송찬섭이
   『최익한 전집1-실학파와 정다산』(서해문집, 2011)을 엮고 해제본을 출판하였다.
   본 논의에서는 송찬섭이 엮은 『최익한 전집1-실학파와 정다산』을 참조했으며,
   이하 약식 인용하도록 한다.

있다. 1부는 다산 사상 형성의 시대적 학문적 배경을 개관하고 서학학파와 서학교파에 대해 설명했다. 2부에서는 다산 철학의 유물론적 요소를 밝히고, 3부는 다산의 정치경제사상에 대한 분석으로 전체 저술의 핵심부이다. 4부는 다산 사상에 대한 전체 논의를 압축적으로 재론하고 그의 문학에 대해서 간단히 살핀 후, 마지막으로 부록에서는 「여유당전서를 독함」에서 썼던 연보, 일사와 일화, 저서총목을 덧붙이고 있다.

이 저술이 「여유당전서를 독함」과 차이를 보이는 네 가지 특징적 변화를 중심으로 논의를 전개하고자 한다. 첫째, 실학파의 계보 구성과 관련된 내용이 양과 질에서 확대·심화되었으며, 새롭게 기철학의 계보를 구성하고 있다. 식민지-해방기-분단기로 이어지는 최익한 사유의 통시적인 변화를 검토하기 위해 먼저 최익한이 쓴 것으로 추정되는 1948년에 간행된 『사회과학대사전』[23]의 '실학파' 항목을 검토해 보자. 사전에 실린 '실학파' 항목의 내용을 아래에 전재한다.

중국에 있어서도 명말, 청초에 고증학파가 대두한 것과 같이, 조선에도 이조말기에 들어와 실학파가 나온 것을 보였다. 실학파의 발생된 원인을 들어보면 (1) 이조말기에 와서 동양적 봉건체제가 여지없이 붕괴되어, 우에로는 權門戚家의 하극상적 세력으로 인하여 왕권이 상실되고, 아래로는 豪右(豪族)의 겸병으로 인하여, 민생이 도탄에 빠지게 되자, 학자들은 모두 경제적, 정치적 질서 개혁의 필요를 느끼었다. (2) 봉건관료층의

---

23) 이석태 편, 『사회과학대사전』, 문우인서관, 1948. 이석태가 책임편집한 이 사전은 일부 색인어들과 서술이 일본의 '경제학사전', '사회과학대사전'(1930년 改造社수정증보판) 및 '유물론사전'(1939년 백양사판), '쏘베트백과사전'(러시아문제연구소편) 등에서 간추려지고, 조선의 사정에 부합하는 새로운 항목을 간추려 서술한 "반번역반창작"(3쪽)의 사전이다. 그 새로운 항목들은 마르크스주의자들이 주목한 한국사의 중요 사건들과 인물들이 포함되었거니와 이런 점에서 당대 '좌파'의 한국사 인식을 엿볼 수 있는 사전이다. 사전의 각 항목 서술에는 사회주의 운동 경력을 지니고 있는 당대 지식인 57명이 필자로 참여하였고, 13명의 권위자가 감수했다고 밝혀두고 있다.

오랫동안 계속된 당쟁으로 인한 관료의 부패상은, 인민으로부터 유리될 뿐 아니라 일반학자들도 勳戚관료를 반대하고, 새로운 학풍을 양성함에 주력하였다. 그러므로 특히 당시 실세한 남인학자간에 이 경향이 농후하였다. (3) 고려말기의 국가적 이데올로기인 불교의 기만성이 민중앞에 폭로되매, 이조초에 유교가 이에 대신하여 등장하였고, 특히 理學(程朱學)파의 학리가 봉건전제주의를 합리화시킴에 適合하므로, 학계에서 제패하는 동시에 정주학 이외의 학문은 모두 이단으로 지명을 받았다. 그리하여 학계의 폐는 공리공담에만 흐르고, 하나도 실제적 이용에는 적합하지 않았다. 이러므로 經學과 史學에는 고증학을 숭상하며, 문학에는 過去, 科擧文體의 병폐를 교정하고 소위 고문학을 장려하며 그 외 경제학, 천문지리학, 군사학, 박물학 등 학문에도 연구를 하였다. (4) 이때까지 조선은 중국의 부속국가로서, 사대주의적 이상하에 중국에 대한 학문뿐이었고, 자국학문에는 소홀하였다. 여기에서 민족적 자각하에 조선의 역사, 지리, 정치, 경제제반학문의 연구를 시도하였다. (5) 명말청초에 와서 중국의 학풍이 일변하여, 고증학적 경향이 농후하매, 조선적 소우주에서 자라난 고루한 학자들은, 중국에 가는 사절등을 통하여 신학풍을 吸取하기 시작하였으며, 또 선조34년경 '예스이다'피(개도릭교의 일피) 敎士, 利瑪竇가 중국 북경에 들어와, 서양문물을 전파한 뒤로, 그 여파가 차차 조선에도 미치고, 그 후 인조9년에 견명사 정두원이가 귀국하여, 서양인 陸若漢에게서 얻은 화포, 천리경, 자명종, 天文儀器, 萬里全圖 등을 전하였고, 효종2년에 서양역법이 조정에서 채용된 후, 서양에 관한 지식이 차차 퍼져서, 중국 것만 학문으로 알던 학자들의 호기심을 끌었다. 이 신학파의 경향을 총칭하면 모두 실학파라고 이름지을 수 있는데, 대개 세 가지로 나눌 수 있다. (1) 효종, 현종 이후로부터, 왜호양난을 겪어온 이래 경제기구의 붕괴, 宗學사상의 부패는 당시 인사의 실학사상을 싹트게 하였으니, 유형원(磻溪)은 실로 이 학파의 선구자이었다. 그가 지은 반계수록 26권중에는 고래의 사실에 증거를 둔, 조선경제의 개조안이 많이 논의되어 있다. 반계 이후 숙종, 영조 때엔 이익(星湖)이가 나서 이 학파를 계승하였고, 그 저술로는 성호사설이 가장 대표작이다. 이 후로 이 학풍은 점점 울흥하며 거장들이 속출하였으니, 동사강목, 列朝通記의 저자 안정복(순암), 강계

지, 산수경, 동음해훈민정음도해 등의 저자 신경준(여암), 문헌비고의
주되는 편찬자 이만운(묵헌), 경도잡지 사군지 발해고의 저자 유득공(혜
풍), 해동유사의 저자 한치윤, 택리지의 저자 이중환(청담) 연려실기술의
저자 이긍익(연려실), 동국오도의 작성자 정항령 등이 그 대표적 인물이며
정조말에 와서 정약용(다산)은 그 博學精識으로써 여유당전서 백수십권을
저술하여 이 학파의 최고봉을 이루었다. (2) 종래 조선의 모든 적폐를
구하려면, 먼저 경제적 개혁을 하여야 하며, 이리하려면 외국인들의 실제
생활을 배워오고, 특히 외국의 진보된 교통무역을 본받아야 한다는 것이
다. 이것은 박지원(연암)이가 중국가는 사절에 수행하여 중국의 선진문화
를 체험하고 그것을 본받아 들여야 한다는 주장을 수창한 뒤로 홍대용(담
헌), 이덕무(아정), 박제가(초정) 등이 공명 또는 계승하였으니, 이것을
특히 북학파라 한다. 북학파의 대표적 저서는 박연암의 열하일기, 박초정
의 북학의이다. (3) 이것은 순수한 실학파와는 그 경향이 다르나, 상술함과
같이 서양학술이 동래하여 인사들의 호기심을 끓고 더욱 유형원 이래
실학파의 발전에 따라 지식을 넓이 흡취하기 위하여 중국의 편이 있으면,
신서적을 구입하게 되매, 소위 천주학은 실학과 관련이 깊으며, 또한
조선의 부패한 이데올로기를 부인한, 일종의 신사상이라 할 수 있고,
이를 통하여 서양에 관한 실학적 지식도 수입된 것이다. 서양문물의
유입된 경로는 이미 말하였거니와, 정조조 남인 채제공이 獨相 십년할
무렵에 천주학이 潛勢力을 扶植하였고 채제공이 몰락하자 서학을 사교라
하여 탄압하는 바람에 일시 좌절 되었더니 정조18년 경 蘇州人 주문모가
변복하고 경성에 잠입하여 7년 동안을 열심히 포교함에 교세가 크게
확장되었고 남인 명사 황사영, 이가환, 이승훈, 정약용 형제 등이 모두
이를 신앙하였다. 그리다가 순조원년에 황사영이 대역률에 처하고 그
외 신봉한 남인 일파가 모두 刑戮 혹은 유배를 당하였다.[24]

이 사전의 필자 명단에서 최익한이 발견되거니와, 식민지 시기 학술
경력을 염두에 둘 때 실학파 관련 항목들은 그가 작성했을 개연성이

---

24) 위의 책, 396~397쪽.

크다. 실학파의 내용 중 '천주학을 실학과 관련이 깊으며, 또한 조선의
부패한 이데올로기를 부인한, 일종의 신사상'으로 인식하는 것 등은 앞서
살펴본 최익한의 서학 인식을 그대로 보여준다는 점에서도 그의 집필
가능성은 커 보인다. 인용한 '실학파' 항목은 민족주의적이고 근대주의적
인 실학파 담론의 전형적 틀을 보여준다. 사전은 '실학파'의 발생 원인으로
조선 봉건제도의 질곡, 당쟁의 심화와 실세한 남인의 학문경향, 정주학에
대한 반발과 고증학, 고문학, 과학의 영향, 민족적 자각, 서학의 영향
등을 거론한다. 이러한 배경 속에서 탄생한 특정한 학문적 경향을 '실학파'
로 명명하며 그 계보가 '반계 유형원─성호 이익─다산 정약용'으로 이어
졌다고 설명한다. 이 글의 필자는 성호학파와 정약용을 실학파의 중심으로
하고, 여기에 연암과 북학파를 함께 거론하며, 순수한 실학파는 아니지만
천주교를 실학의 한 분파로 제시함으로써 실학과 천주교(서학)와의 관련
에도 주목하고 있다. 다산을 실학의 집대성자로 하는 이러한 계보화된
인식, 북학파와 서학의 병렬적 배치 등은 이후 1950년대 최익한의 실학파
인식의 골간으로 이어지면서 보다 정교화된다.[25] 해방기 사전에서 드러나
게 되는 '반계─성호─다산'과 북학파의 양대 실학파 계보는 최익한,
홍기문, 김하명이 1954년 공간한 『조선봉건말기의 선진학자들』[26]을 통해
서 보다 구체화된다. 이 저술에서 최익한은 유형원·이익·정약용을, 홍기
문은 홍대용·박제가를, 김하명은 박지원을 맡아 서술하였다. 최익한은
『실학파와 정다산』에서 "역사발전과 인민의 이익에 기여하는 학문"이

---

25) 정약용과 이익의 항목 서술은 보다 간단하다. 정약용의 학문이 이익의 연원을
   계승하였으며, 그가 서학 서적의 영향을 받았다고 밝힌다. 그의 타고난 천재와
   학문적 연찬으로 "고증학의 대가를 이루었고", 그의 연구가 "치민치국의 要道를
   강구하여, 저서수백권이 모두 정치, 경제의 실제적 학술의 기록"(위의 책, 575쪽)이
   었다고 적고 있다. 이익은 "영정 양조에 배출한 실학파들의 개조"(위의 책, 499쪽)
   로 명명되고 있다.
26) 최익한·홍기문·김하명, 『조선봉건말기의 선진학자들』, 평양 : 국립출판사, 1954.

진정한 실학이라고 규정하며, "근세 조선사상가 반계 유형원, 성호 이익, 담헌 홍대용, 연암 박지원, 초정 박제가, 다산 정약용 등의 학설과 학파를 우리 학계에서는 일반적으로 실학이니 실학파니 하는 명칭으로 불러왔다"[27]고 규정한다.[28] 『실학파와 정다산』은 이들 중요 6인의 실학파 중 5인을 정약용과의 관련 속에서 전사로 배치하고 실학의 집대성자로서 정다산의 면모를 부각시키는 저술인 셈이다.[29] 『선진학자들』에서 최익한이 맡아 서술한 유형원, 이익은 그대로 『실학파와 정다산』에 수록되었으며, 홍기문, 김하명이 쓴 홍대용·박제가·박지원의 항목도 이 저술에 참조된 것으로 보인다.[30]

---

27) 최익한 지음, 송찬섭 엮음, 『최익한 전집 1 – 실학파와 정다산』, 서해문집, 2011, 40쪽.

28) 최익한은 유형원, 이익, 홍대용, 박지원, 박제가, 정약용을 중요한 철학자로 다룬 후, 다음 학자들을 실학자로 명명하고 있다. 이덕무, 신작, 성해응, 서유구, 한치윤, 유희, 이긍익, 정동유, 김정희, 신경준, 위백규, 황윤석 등(최익한, 위의 책, 207~208쪽)

29) 최익한은 조선 말엽에 남인 일파 중 서학학파와 성호학파가 서로 이중, 삼중으로 교착되어 실학파를 형성하였다고 설명한다. 실학파 성립의 한 축인 남인을 당쟁사의 맥락에서 설명하는데, 당쟁의 근본적 원인을 조선 중앙집권적 봉건제의 특수성에서 찾고 있다. 즉, "토지 점유권을 물질적 기초로 한 정치적 권력과 관직의 지위에 대한 쟁탈전"(최익한, 위의 책, 290쪽)이 당쟁의 진정한 요인이었다는 것이다. 최익한에 따르면, 남인 중에서도 근기 지방 남인 일파가 실학 및 성호학파를 산출하게 된 이유는 중앙 상층부의 직접적 억압 하에 있어서 정치적 패퇴는 곧 경제적 몰락을 초래했기 때문이다. 정치문화의 중심지에 접근해 있던 만큼 견문이 고루하지 않았으며, 정치적으로 실세한 나머지 현상불만에서는 현상모순을 비교적 쉽사리 직감하게 되었고 여러 타 당파와의 교착 중에서는 사회적 자극을 항상 강렬하게 받았다. 과거길이 막혀 귀중한 정력을 유용유위한 학문방면에 주력할 시간을 부여받은 데에서 실학파 성립을 설명하고 있다.(최익한, 위의 책, 299쪽) 동일한 남인이더라도 영남 남인은 사회경제적 조건이 달랐으며, 실학파에 영남 남인은 존재하지 않았다고 설명한다. 최익한의 설명 방식은 현재의 실학파 성립에 대한 설명의 한 모델이라고도 말할 수 있을 것이다.

30) 『조선봉건말기의 선진학자들』과 『실학파와 정다산』의 관계에 대해서는 송찬섭의 비교를 참조하였다.

 최익한은 반계－성호－다산의 실학파의 주류적 계보를 세운 뒤 그
선행자로 이수광, 더 거슬러 올라가 서화담의 기일원론을 그 기원으로
제시한다. 유이론(唯理論)에 대항하여 유기론(唯氣論)을 주창한 화담 서경
덕은 유물변증법의 세계관을 선취한 선구로 평가된다. 최익한은 서화담을
그리스 변증법 창설자 헤라클레이토스에 비교하며 "형이하적 세계의
상생상극, 자기분열과 자기부정의 부단한 운동을 통하여 우주 만물이
생성발전과 변화를 수행한다는 견해로서 또한 변증법을 발견"31)했다고
주장한다. 최익한은 서경덕이 "변증법적 방식과 유물론적 경향을 자연발
생적으로 연결시켰던 것"32)이며, 서경덕의 유기론을 물질의 원소론으로
이해하고 '물질불멸론－자연과학적 유물론'이자 무신론적 유물론을 폈
다고 본다. 최익한에 따르면, 신이나 조물주를 기(氣)의 내적 계기로 파악한
서화담의 논의에서 엥겔스를 연상할 수 있지만, 서화담의 '기발이승론'은
주자학이라는 어쩔 수 없는 시대적 한계를 지니고 있었다.

 최익한이 구성하는 실학파의 계보와 그 선행자들에 대한 논의를 통해,
주자학을 공부한 한학자가 마르크스주의자가 되었을 때, 자신의 전통에서
어떠한 유물변증법의 계보를 구성해낼 수 있는가를 확인할 수 있다.
이제는 익숙해진 기철학에 대한 의미 부여와 그 계보화가 언제 어떻게
만들어졌는지 확언할 수는 없다. 어쩌면 그것은 마르크스주의의 유물변증
법 철학이 유학과 만났을 때 전면화했던 것은 아닐까. 해방기까지 실학파의
계보로 '유형원－이익－정약용'(그리고 북학파)의 계보가 마련되었다면,
현실 사회주의를 지향한 북한 국가 내에서의 최익한의 사유는 실학을
유물변증법의 전개로 이해하며 그 기원으로 서경덕을 발견했다고 말할
수 있을 것이다. 특히, 최익한은 정약용의 율곡의 '이기론(理氣論)'에 대한
평가를 논급하면서 서화담과 실학파 철학의 중간 매개자로 율곡 이이의

---

31) 최익한, 앞 책, 49쪽.
32) 위와 같음.

철학이 존재했음을 암시하고 있다. 이율곡의 사상이 비록 한계를 지니지만 유물변증법적 인식에 부합하는 철학론을 보여주었다고 고평하며, 유물변 증법적 기철학의 전개를 서경덕-이율곡-실학파로 연결시키고 있다. 1950년대 북한 철학계의 중요한 주제 중 하나가 율곡 철학에 대한 새로운 이해였는데, 최익한의 저술에서도 이러한 공통적인 관심을 확인할 수 있다. 율곡에 대한 관심도 '우리'의 전통 철학이라는 특수성을 유물변증법 이라는 마르크스주의 학술의 '보편' 학문과 조우시키려는 북한 학술의 당대적 지향과 관련된 것일 터이다.[33]

둘째로, '북학'을 박지원, 박제가에게 한정된 것이 아니라 해외유학, 선진문물 습득의 필요성을 제기한 실학파 전체의 일반적인 인식으로 외연을 확대하고 있다. 최익한은 성호 이익을 "조선사상사에서 서양의 문화를 비판적으로 섭취한 최초의 학자이자, '북학론'의 단서를 열어 준 학자"[34]로 규정한다. 그는 박제가, 박지원, 정약용이 '북학운동'의 협력자였으며, 북학을 청나라의 선진문물을 배우고 수입하는 해외유학 이라고 언급하며 정약용이 궁극적으로는 북학을 서양유학으로 이해했다고 암시한다.[35] 정약용이 '북학'을 언급하고 그와 관련한 구체적인 관청을

---

33) 신남철은 「연암 박지원의 철학사상」, 『근로자』 136호, 평양 : 조선노동당중앙위 원회기관잡지, 1957년 3월에서 연암 박지원의 사상사적 계보를 서경덕, 이율곡, 류형원, 이익의 유물론적 사상 유산 속에 맥락화하고 있다. 그에 따르면 선행 철학자들의 선진적 이론과 사상을 계승 심화 발전시켜, 그것을 이덕무, 박제가, 정약용 및 19세기 말 20세기 초의 계몽사상가들에게 전수한 것이 박지원의 공이라는 것이다. 그의 윤리학이 유물론적 자연관과는 달리 관념론적 성격을 가지고 있는 것이 그의 철학의 한계라고 설명하며, 그것을 "자신의 계급적 출신과 봉건적 농민의 입장과의 모순의 반영"으로 이해하고 있다. 뒤에서 살펴보겠지만, 이러한 해석은 계급적 출신과 농민 입장의 대변이라는 모순을 통해 톨스토이를 이해하는 레닌의 견해를 원용하여 연암을 설명하는 최익한의 방식과 동일하다. 무엇보다도 실학자 연암의 선행 철학자를 계보화하는 논법에서 최익한 저술의 영향을 가늠할 수 있다.
34) 최익한, 앞의 책, 148쪽.
35) "이 '북학'은 연암의 「허생전」 가운데도 이미 그 필요를 역설하였을 뿐만 아니라

설치하려고 제안했다는 것은 「여유당전서를 독함」에서도 지적된 바 있다. 이러한 견해를 더욱 보강하여 그는 실학을 개화운동의 선구로 설정하며 박제가의 『북학의』로 대표되는 연암 일파의 견해만이 아니라 실학파 일반의 서학에 대한 관심을 광의의 '북학'으로 이해한다.[36] 이러한 서술을 통해 북학파의 고유성은 약화된다. 알다시피, 상공업을 강조한 북학파는 1960년대 이래 남한의 실학파 담론에서 중요한 비중을 차지한다.[37] 최익한의 저술에서는 이후 자본주의 맹아론과 관련될 북학파의 상업론 등에 대한 관심이 부재하며, 심지어는 적대적이기까지 하다. 최익한은 자본주의적 화폐 경제가 주는 혼돈에 대해서 다산이 부정적인 견해를 가지고 있었음을 강조한다. 또한 집단적이고 사회주의적인 혁명 사상에 보다 부합했다는 점에서 연암보다 다산에 대해 고평한다. 최익한은 다산을 매개로 충분히 발전하지 못한 자본주의 단계를 거치지 않은 1950년대 '지금-여기'의 북한의 혁명을 긍정하는 근거를 제시한다고 할 수 있다.

셋째는 서학교파와 서학학파를 구분하는 인식이다. 최익한은 이 저서에서 집요하게 '서학교파'와 '서학학파'를 구분한다. 그는 기독교에 대해

다산도 자기 노작 「경세유표」 가운데 이용후생 정책을 강구하기 위한 관서로서 이용감을 특설하는 동시에 외국의 과학기술을 배워오기 위하여 북학법을 인정할 것을 한 항목으로 내세웠다."(최익한, 위의 책, 203쪽)

36) "북학은 당시 실학파의 새로운 애국주의적 구호였는데 이를 기탄없이 표현하면 북경 유학이나 중국 유학에 그치지 않고 서양 유학 즉 서양의 과학과 기술을 배워야 함을 의미한다."(최익한, 위의 책, 329쪽)

37) 해방기 김성칠이 남긴 박지원의 열하일기 서평은 박지원 등의 북학파의 실학이 근대성과 관련하여 의미화되는 한 양상을 알려주는 자료이다. 김성칠은 조선후기 "극도로 마비된 생산의 터전 위에서 시민사상의 맹아조차 움돋아 나지 못하였으며" 다만 연암이 "숨막힐 듯한 봉건의 도가니 속에서, 오직 한사람 시민사회의 이념을 암중모색한 학자"이며 "그 대표적 저술이 열하일기"라고 적고 있다.(김성칠, 「연암의 열하일기」, 『학풍』, 1949년 3월) 「양반전」, 「호질」 등을 통해 신분제와 주자학을 비판하고 자전론을 주장한 그의 실학은 '시민 사회 이념'으로 호명되고 있는데, '실학=근대성(시민사회)'라는 '우리 안의 보편성'을 찾는 식민지 시기의 '조선학'과 1960년대 남한의 실학 논의의 연결 고리를 확인할 수 있다.

비판하며, 기존의 실학파와 천주교와의 관계를 분리시킨다. 즉 서학에서 과학부분만을 섭취하려는 자주적 애국사상을 가진 '서학학파'와 천주교를 종교로 신봉하는 '서학교파'를 구분하여 실학파를 서학학파로 한정하였다. 앞서 살펴보았듯이, 식민지 시기에는 서학을 서학좌파와 서학우파로 구분하며 좌우파를 막론하고 서학을 조선 봉건제에 충격을 준 새로운 사상으로 간주했으며, 무엇보다도 서학좌파를 민중에게 잠류하여 동학에까지 이어지는 일종의 혁명적인 사상으로 암시한 바 있다. 해방기 『사회과학대사전』에서 볼 수 있듯이, 이러한 서학관은 여전히 남아 있어서 서학을 직접적인 실학은 아니지만, 실학의 세 번째 분파로 배치하고 있다. 이러한 관점은 『실학파와 정다산』에서는 극적으로 뒤바뀐다. 서학좌파는 서학교파로 변경되며, 실학과는 명확하게 다른 종교로 국한된다. 최익한에 따르면, 성호 이익 이하 홍대용, 박지원, 정약용 등 실학자 일반은 인민생활에 필요한 과학과 기술은 전폭적으로 접수하고 '설교-교리, 귀신설, 천당'은 일고의 가치도 없는 것으로 단정했다. 특히, 정약용에 이르러 비로소 과학과 종교가 완전히 별개로 인식되었다고 설명한다.[38] 최익한은 정약용이 천주교를 신앙하지 않고 학구적으로 접근한 증거로, 말년의 정약용이 자신과 동류의 실학자들의 묘지명을 쓰면서도 천주교도로 순교한 자신의 형과 매부인 정약종, 이승훈의 묘지명을 쓰지 않은 사실을 거론한다.

---

38) 최익한은 이 저술 도처에서 정약용을 서구 철학자, 사상가들과 비교하거니와, 종교와 철학을 분리한 서학학파로서의 정약용의 면모를 설명하면서는 다산이 종교와 철학을 분리한 칸트처럼 철학상의 진리와 종교상의 진리를 구분하는 "이중진리"(최익한, 앞의 책, 385쪽)를 구현했다고 설명하고 있다. 최익한은 해박한 지식을 바탕으로 서양에서의 중국붐의 동기를 설명한다. 즉, 서양에서 중국의 유교와 사회체제에 대한 관심과 찬탄이 일어난 이유는 동양에서는 이미 고통의 질곡이 된 유교도덕과 전제주의를 자기 사회의 사상적, 정치적 투쟁의 무기로 도입한 것이 18세기 프랑스 등지의 중국붐의 원인이었다는 것이다. 최익한은 동양에서의 기독교 수입도 같은 맥락으로 설명한다. 특히, 이러한 맥락에서 보면 서학교파의 순교는 서구 인민의 에너지가 이단으로 표출하는 현상과 마찬가지 현상으로 이해할 수 있다고 설명하고 있다.(최익한, 같은 책, 271쪽)

이러한 서학교파와 서학학파의 분리 이후 황사영 백서사건 등을 통해 서양 군대 및 청나라 황제에게 탄원하여 천주교 탄압을 해결하려 한 사대성을 매국으로 비판하며, 서학교파의 인식이 병인양요 등으로 이어지는 천주교파의 외세의존성을 증거한다고 비판하고 있다. 급기야 서학교파의 사대성은 개화운동의 외국 의뢰주의로 이어진 것으로 설명된다. 이러한 서학교파의 사대성에 비추어 정다산의 사상은 '자주적인' 정치경제 사상으로 대비된다. '비합법적 혁명적 사상으로 인민의 사상에 잠류'한 것도 서학좌파가 아니라 비전(秘傳)되는 「별본 경세유표」로 대표되는 정다산 등의 실학사상으로 바뀌며, 그것과 동학과의 관련성이 새롭게 고찰되고 있다. 최익한은 서학좌파-동학으로 이어지던 '혁명 사상'의 잠류를 「별본 경세유표」라는 일종의 설화적 전승을 매개로 하여 다산(실학파)-동학으로 이어지는 새로운 계보로 조정한다. 최익한은 「강진읍지」라는 현존하지 않는 참고문헌을 통해 정약용이 세상에 알려진 경세유표와 다른 비합법적인 별본을 밀실에서 저작했다고 전한다. 이 별본에는 만민평등의 새 사회를 상세히 묘사하고, 그 실현방법이 표시되었으며, 그것이 초의 선사와 제자 이청을 거쳐 동학의 김개남, 전봉준에게 이어지고 개화파의 남상교(남종삼) 부자에게 전달되었다는 것이다. 정약용의 핵심적인 사상인 「원목」, 「탕론」, 「여전제」 등은 이 「별본 경세유표」의 일부로 동학의 군정과 집강소 이론이 다산의 저술과 관련되어 있다고 설명한다.[39] 이러한 조정을 통해

---

39) 최익한은 『강진읍지』 중 「명승초의론」에서 별본 경세유표의 내용을 다음과 같이 옮겨 놓았다. "초의(草衣)는 정다산의 시우(詩友)일 뿐 아니라 도교(道交)이다. 다산이 유배로부터 고향으로 가기 직전에 『경세유표』를 밀실에서 저작하여 그의 문생 이청(李晴)과 친승 초의에게 주어서 비밀히 보관 전포할 것을 부탁하였는데, 그 전문은 중간에 유실되었고, 그 일부는 그 후 대원군에게 박해당한 남상교, 남종삼 부자 및 홍봉주 일파에게 전하여졌으며, 그 일부는 그 후 강진의 윤세환, 윤세현, 김병태, 강운백 등과 해남의 주정호, 김도일 등을 통하여 갑오년에 기병한 전녹두(全綠豆 : 전봉준-인용자), 김개남 일파의 수중에 들어가서 그들이 이용하였는데, 전쟁 끝에 관군은 정다산 비결이 녹두 일파의 '비적(匪賊)'을 선동하

최익한은 다산 정약용에게 혁명가의 형상을 부여할 뿐만 아니라, 그를 동학혁명과 연결지음으로써 혁명적 사상의 토착성을 강조한다.

　이러한 변화의 중요한 원인으로 무엇보다도 최익한이 발딛고 있던 세계사적 냉전 지형을 거론할 수 있을 것이다. 서구 자본주의(제국주의)와 결부된 '서학'은 냉전의 진영 논리 속에서 긍정적인 표상으로 자리할 수 없었다. 특히, 북한에서는 1955년을 전후하여 '우리식 사회주의'의 제창과 자주성과 주체성을 강조하는 사회적 변화가 일어나고 있었다. 김일성은 1955년의 당 선전선동원 대회에서 '사상사업에서 교조주의와 형식주의를 퇴치하고 주체를 확립할 데 대하여'라는 연설에서 "조선의 혁명을 옳게 수행하기 위하여 소련이나 중국의 경험을 통째로 삼킬 것이 아니라 조선의 특수성에 맞게 적용해야 한다."[40]고 강조했다. 독자적인 활로를 찾아야 했던 정치 외교적 상황에서 태동한 이러한 주체와 자주성이 강조되는 사회적 변화 속에서 서구 천주교를 새로운 사상으로 고평하고, 서구 기독교 국가에 포교를 위한 군함의 파견을 요청한 천주교파를 긍정했던 식민지 시기 서학관은 용납되기 어려웠다. '자유와 평등의 이상을 지닌 서학―서학의 일종 국산품인 동학 혁명'으로 이어지는 일종의 서구적 혁명의 이념은 '자생적 실학파 사상―동학 혁명'이라는 토착적(주체적) 혁명의 계보로 조정되었던 것이다.

　넷째로, 가장 중요한 변화는 봉건질서의 재조정자인 유교 개혁가에서 사회주의를 예비한 혁명사상가로의 전환이다. 저서에서는 자본주의 정치·경제 발전사의 연표와 조선 봉건사회를 대조시켜 서술하는 방식이 반복된다. 정조 즉위 원년과 북아메리카 독립, 순조시대와 영미에서 철도의

　　　였다 하여 정다산의 유배지 부근의 민가와 고성사(高聲寺), 백련사(白蓮寺), 대둔사
　　　(大芚寺) 등 사찰들을 수색한 일까지 있었다."(최익한, 위의 책, 500쪽)
　40) 고태우, 「'우리 식 사회주의'를 찾아서」, 『북한현대사 101장면』, 가람기획, 2001,
　　　142쪽.

개통 시기 등이 직접적으로 비교된다. 이를 통해 서양의 자본주의의
발달과 동양의 봉건주의의 암흑이 대비된다. 이러한 봉건 조선과 근대
서구의 대비는 앞서 살펴보았던 「여유당전서를 독함」에서부터 확인된다.
그러나 식민지 시기에는 조선 대 서구 간의 격차를 전제로 한 위계적
비교였으며, 특히 18세기 서구 부르주아 사회 및 사상과의 우열의 대비였다
면 『실학파와 정다산』에서는 그 비교 대상이 서구 근대와 러시아의 두
차원으로 확장될 뿐 아니라, 비교의 태도도 위계와 우열 관계가 아닌
대등한 위치를 주장하는 것으로 변화한다. 최익한은 실학을 서구의 르네상
스로 비유하고, 다산을 프랑스 계몽주의의 이성사관 학자들의 반열에
위치시키는가 하면, 동시에 러시아 혁명의 볼셰비키의 전사에 해당하는
나로드니크 혁명가와의 유비관계 속에서 맥락화하기도 한다. 서구적
근대성의 척도 속에서 실학의 사상사적 맥락을 이해하는 한편, 러시아에서
의 문학과 사상사의 변화에 대한 레닌의 평가를 교차시키며 실학과 실학자
를 이해하는 이중의 방식을 취한다.

　실학파 지식인을 서양 혹은 특정시기 러시아의 지식인과 비교하는
서술은 이 저술의 전편에서 확인된다. 조선 실학자들은 서구 인문주의자들
이 밟아온 사상적 과정을 예외 없이 밟아 온 것으로 설명된다.[41] 홍대용의
우주생성설은 칸트, 라플라스의 성운설과 비교되는가 하면,[42] 연암은
노론 양반가 출신으로 자기 계급을 넘어서 당대 민중 생활의 모순을
재현한 점에서 지주귀족 출신으로 자신의 출신 계층의 세계관을 넘어서
농민혁명을 반영하는 '톨스토이적 모순'(레닌)을 드러낸 것으로 비교된
다.[43] 프랑스 부르주아지의 『목양자』와 다산의 『목민심서』가 비교되는가

---

41) 최익한, 앞의 책, 175쪽.
42) 위의 책, 153쪽.
43) 위의 책, 39쪽. 연암 박지원은 비판적 사실주의의 선구자로 명명되며, 그의 「방경각
　　외전」은 푸시킨의 「역관지기」와 비견되고, 변산군도 농민봉기는 푸시킨의 「대위
　　의 딸」에 나오는 푸가초프 농민반란과 비교된다.(위의 책, 195쪽)

하면,[44] 다산의 중농경제사상은 유럽 근대 정통파 경제학과 견주어 고평된다.[45] 그의 「원목」, 「탕론」의 논의는 루소의 『인간불평등기원론』과 직접적으로 비교되며, '덕정(德政)', '사공주의(事功主義)'는 벤덤의 공리주의와 비교된다.[46] 이처럼 자본주의 사회의 부르주아 사상을 대변하는 서구의 계몽주의 이성사관과 정약용을 견주면서 자본주의가 부재한 곳에서 순전한 지력과 이성의 힘으로 동일 또는 우월한 정치, 경제 사상을 피력한 정약용을 고평함으로써 서구적 근대사상이 조선의 실학파에도 존재했음을 강조한다.[47] 최익한은 이러한 서구 부르주아의 혁신적 사상을 여러 환경상 정약용이 접할 수 없었다고 반복함으로써 그 자생성을 강조하고 있다.

서구적 근대와 비교하는 한편으로는 러시아 혁명사의 사적 전개에서

---

44) 위의 책, 418쪽.

45) 위의 책, 429쪽.

46) 최익한이 파악하는 정약용의 정치경제론의 핵심은 「원목」, 「탕론」, 「전론」에 대한 해석에 압축되어 있다. 최익한에 따르면, 「원목」과 「탕론」에서는 입법의 인민기원설과 왕권신수설이 부정되고 있다. 정약용은 유가가 전통적으로 고평하는 요순보다 하극상으로 평가되는 '탕'과 '무'의 군주 폐지를 고평한다. 권력 자체가 인민의 양도에 의해서 이루어졌으므로 무도한 임금을 폐지하는 인민협의권을 행사한 것으로 이해하고 있다는 것이다. 이처럼, 「원목」, 「탕론」을 「경세유표」 별본과 함께 다산 사상의 핵심으로 파악하며, 정약용이 민주제도를 주장하고 군주제도의 왕권신성설을 근본적으로 부정했다고 최익한은 평가하고 있다. 루소의 논의와 견주어 손색이 없는 혁명적 민주주의 사상으로 고평되고 있다.

47) 최익한은 "실학을 조선조의 문예부흥기"라고 규정하며, "그들은 이단의 낙인과 사문난적의 장작불 더미를 달게 받으면서 성리학의 공담주의와 부문허례의 형식주의를 반대하고 동양 고대문명과 원시유교를 찾았으며 민족의 언어, 역사 민속과 인민성의 특징을 자기들의 반봉건적 문학예술 분야에서 살리려고 하였다. 이는 유럽의 15, 16세기 이후 인문주의자와 프로테스탄트에 의하여 '로마 교황의 정신적 독재가 파탄나고 고대 그리스가 각성되고 또 그와 함께 새로운 시대의 예술에서 가장 높은 발전이 실현되고 낡은 시야가 파괴되고 지구가 비로소 처음으로 발견'된 위대한 시대(엥겔스)"가 시작되었던 것과 자못 유사하다고 비교하고 있다.

볼셰비키 혁명의 전사에 위치한 선구적 혁명가들의 면모를 다산을 통해
읽어내는 작업을 병행한다. 가령, 최익한은 체르니세프스키에 대한 레닌
의 평가를 원용하며 정약용을 '혁명적 민주주의자'로 규정한다. 그렇지만,
"다산은 체르니세프스키와 같이 '옵시나'의 낡은 반봉건적 농민공동체에
의거하여 사회주의로 넘어가려 하지 않고 그가 천재적으로 창안한 여전제
즉 농업 집단화 조직을 통하여 계급적 착취가 없는 이상사회로 넘어가려
한 것"[48]이라고 평가하며, 정약용을 체르니세프스키로 대표되는 러시아
혁명의 중요한 전사인 나로드니크들 보다도 더욱 진보적인 혁명가로
자리매김한다. 식민지 시기 서구 근대와 조선 봉건이라는 직접적인 대비에
서 벗어나 조선의 사상사를 서구 및 러시아의 근대성과 대등하게 견줌으로
써 '조선사(상사)'의 보편성을 주장하려는 이러한 시도는, 그렇지만 냉정
하게 말하자면 조선사의 특수성 혹은 지체성에 대한 무의식을 감추고
있는 측면이 있다. 탈식민지 북한 사회에서 다산을 '조선의 누구'라고
비교하는 것은 다산의 사상을 이해하기 위해서 불가피한 측면이 있으면
도, 여전히 조선이라는 특수성에 대한 콤플렉스와 '보편성'에 대한 강박을
드러내 주는 측면이기도 하다.[49] 최익한은 다산이 산 조선의 역사적,
물적 조건과 서구와 러시아와의 차이에 대해서 섬세하게 변별하고 있으며,
다산 사상의 특수성을 강조하고 있음에도 불구하고 다산을 '조선의 루소',

48) 최익한, 앞의 책, 488쪽.
49) 이를테면, 식민지 시기 조선의 실학파들을 일본의 국학자들과 대비하며 다산을
   일본 국학의 모토오리 노리나가(本居宣長)의 위치에 둔 것과 비슷한 맥락에서
   이해할 수 있다. '다산=모토오리 노리나가'라는 비교는 제국의 학지 안에서
   다산의 진보성이 맥락화되는 방식이었다. 하가 야이치(芳賀矢一)는 독일문헌학을
   습득하고 일본으로 귀국하여 문헌학으로서의 국학을 발견하고 그것을 계승하는
   일본문헌학을 구축하면서 노리나가를 매개로 국학과 일본의 근대문학을 계보
   화했다. 안재홍 등의 조선학에 대한 인식과 담론에서는 이러한 하가 야이치의
   논의와 유사한 담론 구조가 엿보이거니와 모토오리 노리나가의 위치에 다산이
   놓여져 있다. 이에 대해서는 정종현, 앞의 논문 중 3장을 참조할 것.

'조선의 밴덤', '조선의 체르니셰프스키', '조선의 게르첸'으로밖에는 설명
할 수 없었다.50) 이러한 사상사적 비교에서 1955년의 북한이라는 '지금-여
기'의 위치에서 자신(조선)의 역사를 세계사적 보편의 맥락과 접속시키려
는 저자의 의도를 엿볼 수 있다. 최익한의 이러한 의도는 정다산의 여전법
해석에서 보다 분명히 드러난다.

　최익한은 토지의 균분과 농자수전(農者受田)의 원칙을 강조한 여전법을
농민문제의 최종적 해결안이자 다산의 최대 성과로 평가한다. 여전법은
토지의 촌락 공동소유, 공동경작, 노동시간 계산에 따른 노동 보수제,
만민개로를 그 핵심 내용으로 하는, '농민혁명적' 이념이다. 정약용은
여전제를 설명하며, 8~9년 동안 이익을 쫓아 농민이 자유롭게 이동하는
것을 허용하고, 이러한 개인의 이익 추구에 따른 이동에 의해 인구분포가
균평화되면 등기/문권을 통해 이동을 관리하는 방식을 제안하고 있다.
이러한 정약용의 여전제를 최익한은 서구 정통 경제학자들의 자유방임주
의와 일맥상통하는 것으로 인식한다. "서구의 정통파 경제학자들 역시
봉건전제를 반대하는 입장에서 개인의 경제적 이익에 대하여는 개인
자신이 가장 현명한 지도자인 동시에 개인의 자유를 철저히 방임함으로써
만 사회의 질서를 구성할 수 있다는 원리 밑에서 산업의 자유와 무역의
자유를 주장"51)했다는 것이다. 서구의 경제적 자유주의 측면의 효율성을
일정하게 인정하며 그러한 개인의 자발성을 조직하여 집단적 경제조직으
로 재구성하는 다산의 합리적인 측면을 강조한다.52) 1950년대 중반 집단농

---

50) 앞서 살폈듯이, 연암의 경우는 레닌적 비평의 맥락에서 톨스토이에 비견되곤
　　한다.
51) 최익한, 앞의 책, 470쪽.
52) 이러한 장면은 1950년대 북한 사회 및 지성사의 역동성을 보여준다. 이를테면,
　　1950년대 신남철의 논의에서는 서구적 철학사상, 근대성과 합리성을 표상하는
　　다양한 사상가들의 저작에 대한 깊은 사유를 배제하지 않고 그것을 저작하여
　　그 근대를 극복하는 마르크스주의와 연결 짓고자 하는 시도들을 보인다. 최익한의
　　저술에서도 이러한 면모가 엿보인다. 서구 근대의 다양한 정치, 경제 사상에

장제로의 전환과 결부되며 다산은 북한 사회와 직접적으로 연결되고 있다. 최익한의 여전제 해석에서는 자신이 속한 '지금-여기'의 북조선 사회의 역사적 정당성을 구성하는 담론의 정치학이 엿보인다.

여기서 주목할 부분은 최익한이 다산의 정치경제학을 맥락화하면서 처한 어떤 딜레마이다. 마르크스주의자답게 최익한 역시 서구의 부르주아 민주주의에 대한 양가적인 감정을 지니고 있다. 사회주의자에게 자본주의는 거쳐야 할 역사단계이면서 지양해야할 부정적 타자이다. 최익한은 정약용과 실학파들이 살아간 시대는 철저하게 봉건제 사회로 파악하고 있으며, 자본주의가 부재하거나 부정적인 맹아가 엿보였던 사회로 파악한다. 그러한 물적 조건과는 괴리되게 실학파들의 학설 속에서는 서구 부르주아 철학의 단계를 거쳐 그것을 극복하여 사회주의적 경향으로 발전해간 흔적을 찾아내고자 했다. 가령, 최익한은 서양의 이성주의자들과 정약용을 변별하는 한 방식으로 "다산은 18세기 계몽학자들과 같이 동일한 반봉건적 민주주의 사상가로서 출발하여 개인주의적 사상의 방향으로 일주하지 않고 비록 희박한 것이나마 사회주의적 색채의 방향으로 기울어졌"[53]다고 적는다. 여전제 역시 토지의 공유 및 노동의 집단화와 결부한 사회주의적 특징을 보이는 것으로 설명된다. 최익한은 정다산의 사상에 중농주의와 상공업 부흥의 주장이 겹쳐 있다고 언급하긴 하지만, 동시에 그가 다산 사상에서 상업자본의 폐해에 대한 경계를 강조하는 맥락을 주목할 필요가 있다. 최익한은 다산 일파가 자본주의적 경제발전을 예감하였으나 실학파 중농주의자들에게 상업자본의 필연적 산물들은 국가적 폐해로 보여 자유방임정책 대신에 정부의 엄격한 통제 밑에 두려

대한 깊은 이해와 더불어 그러한 개인의 욕망을 충분히 고려한 경제 정책을 구상한 것으로 정다산을 해석하는 대목에서 이러한 사상사적 유연성을 엿볼 수 있다. 이후 주체사상의 관철로 이러한 사상적 유연성은 폐색된다고 할 수 있겠다.

53) 최익한, 앞의 책, 416쪽.

했다고 설명한다. 즉, 봉건주의 경제를 반대하는 동시에 자본주의적 자유경제 발생도 지지하지 않았다는 것이다. 결론적으로 최익한은 다산이 "의식적인 봉건제도 반대와 함께 무의식적인 자본주의 반대경향으로 진출"[54]하였다고 주장한다. 최익한은 "사유재산권리와 자유와 이에 근거한 빈부의 계급적 차별은 부르주아 혁명이념의 본질적 원리"[55]라고 설명하며, 다산의 여전제 이념의 최대 적대적 원리가 자본주의였다고 주장한다. 이로써 다산의 정치경제철학은 특정한 역사적 발전단계에 이르러 자본주의를 근본적으로 반대하는 프롤레타리아트 혁명 이념에 종속되는 사상으로 맥락화되었다. 이 대목에서 우리는 최익한이 다산을 해석하는 1950년대 북한이라는 역사적 컨텍스트를 이해할 필요가 있다. 최익한은 "오늘 우리나라 인민민주주의적 혁명과정에서도 특히 토지와 농민의 문제에 관련된 반제반봉건적 혁명과업이 전국적으로 완전히 해결되지 않고 있는 한(남반부의 농촌사정을 가리킨 것) 다산의 전제 개혁론은 의연히 사상적 의의를 잃어버리지 않아서 한 시각이라도 더 논의할 필요가 없는 그러한 과거에 붙여 버릴 수는 없는 것"[56]이라고 적고 있다. 최익한의 논법에서 다산의 정치경제학은 북한으로 계승되며, 남한은 반제반봉건의 과업이 해결되지 못한 공간으로 맥락화된다.

최익한은 정다산을 통해서 자본주의의 폐해를 거치지 않고 지양해 버린 혁명, 일종의 변종된 탈근대론을 펴고 있다. 즉 자본주의 근대를 비판하고, '현대' 사회주의의 전사이자 북한 사회의 원형으로 정다산의 정치경제학을 소환한다. 최익한은 혁명가 다산의 초상을 통해 1950년대 북한 사회의 역사적 필연성을 구축하고자 한 것이다.

---

54) 위의 책, 571쪽.
55) 위의 책, 574쪽.
56) 위와 같음.

4. 체제 내부에서의 개혁과 법치 : 홍이섭의 '다산학'

홍이섭의『정약용의 정치경제사상연구』[57]는 남한에서 최초로 출판된
정약용 연구 단행본이다.[58] 홍이섭은 서문에서 1936년 다산서세백년
기념행사 때의 저널리즘의 선전과 기사를 접하며 정약용에게 관심을
가졌으나 1954년에야 여유당전서 전질을 손에 넣게 되어 비로소 연구를
시작하게 되었다고 밝히고 있다.[59] 이러한 서문의 진술과 1장에서 살펴본
『동아일보』의 회고를 통해서 그의 다산학이 식민지 시기의 '조선학 운동'
과 함께 최익한의「여유당전서를 독함」의 영향을 받았다는 것을 확인할
수 있다. 그는 이 책이「경세유표」와「목민심서」의 형성과정과 그 이념을
가려 뽑아 놓은 것이라고 저술의 성격을 규정하며, 구체적으로는 "국가재
정 확립과 농민경제의 안정책을 강구하는 데 있어 제도-기구의 법제사적
내지 현실적인 비판, 이에서 추출되는 개혁안과, 방책을 거의 피상적으로
통관하였고, 농민경제 안정에 있어 권귀(權貴), 수령, 이서(吏胥)의 협잡,
또 사호(土豪)와 일반민의 협잡을 배제하려고 분석비판함과 그것을 배제하
기 위한 행정 관리 방안을 적출 소개하는"[60] 것을 개략적으로 이해한

---

57) 홍이섭,『정약용의 정치경제사상연구』, 사단법인 한국연구도서관, 1959.(여기서
는『홍이섭 전집2』, 연세대학교출판부, 1994를 인용함.)
58) 홍이섭의 다산 연구가 이 시기 최초의 실학 연구라고 말할 수는 없다. 이를테면
천관우의「반계 유형원 연구(상)」(『역사학보』 2, 역사학회, 1952. 10) 등 실학파의
계보를 구성하며 그 기원을 연구하는 앞선 연구들이 존재하기 때문이다. 이
글에서는 따라서 홍이섭의 다산 연구가 1950년대 남한의 실학 연구를 대표하는
것으로 인식하고 있지는 않다는 점을 부언해 둔다.
59) 홍이섭은 조선학 운동의 의의를 "1936년 서세 백주년 기념에 제하여 간행중의
여유당전서의 소개와 아울러 그의 생애 학 사상에 관하여 신문 잡지에; 당시
우리 학인 저널리스트의 휜전 논술함이 있어 다산학의 인식 도정에 한 도표를
세웠으니, 이것은 오직 식민지 치하에 있던 민족적인 울분을 다산학의 현실성,
정약용의 비판정신에 기탁하여 일본제국주의 약탈 정치에의 반항의식을 잠재
심화시킨 것"(15쪽)이라고 규정하고 있다.

것이 이 책의 내용이라고 밝힌다. 홍이섭은 정다산 연구의 의의로 "그가
생존하던 시대에 못지않게 조국 운명에 불안을 느끼는 오늘에 그의 사상을
살피게 된 인연에 우연이 있지는 않은가 하지만, 그 때부터 오늘까지
그가 우려하던 바는 그대로 이 사회의 진운을 가로막아 왔다"며, "그가
우려한 조국 강토에 '이중민생(以重民生) 이존국법(以尊國法)'의 생각이
굳건히 자리잡고 전개되기를 바라며, 그의 생각을 현대적으로 이해하는
데서 평탄하지 않은 우리들의 진로에 새로운 길이 있게 하자는 것"[61]이라
표명한다. 홍이섭은 다산이 살았던 봉건제의 조선 왕조와 자신이 살고
있는 1959년의 남한을 대위법적으로 교차시키며 조국의 새로운 길을
개척하기 위해 다산을 현대적으로 이해하자고 제안하고 있다.

그렇다면 1950년대 남한의 위치에서 이해하는 정약용의 사상은 어떠한
것인가. 홍이섭이 포착하는 다산 정약용 사상의 특징은 "국가재정의
합리적인 정비확립을 위하여 강력한 관리안을 제시함에 있어 의거한
사상적 고향은 유교주의 이념이었고, 제도상의 본거는 주례적(周禮的)
체제의 '조선현실'에서의 수정적 적용이었다. 즉, 그의 유학=경학적 예치
사상으로의 주자학적 전통과 주례적 자연으로 돌아가고자 하던 중국적
혁명사상의 전개를 곧 「유표」와 「심서」에서 제시함에 있어 '이중민생,
이존국법'의 정신"[62]에 있었다. 앞질러 말하자면, 홍이섭은 정약용을
유교주의 이념에 근거한 체제 내적 개혁자, 특히 행정적 개혁론자로
인식하고 있다. 홍이섭이 이해하는 정약용은 유교적 체제 내에서 윤리적인
개혁을 모색한 개혁가이다. 홍이섭은 "제(諸) 경전의 연구에서 지니는
제한된 유교적 세계를 그대로 전제하고 구축된 그의 정치 경제의 학에
있어 그대로 '이지수기(以之修己)'함이다. 이렇게 윤리적인 데서 출발하는

60) 홍이섭, 앞의 책, 4쪽.
61) 위의 책, 6쪽.
62) 위의 책, 12쪽.

정치 경제적인 경세학"[63]이라고 다산학을 규정한다.

홍이섭의 다산학은 정약용의 정치사상을 '수기(修己)' 후의 '경세(經世)'로 이해했던 식민지 시기 최익한의 다산학과 동일한 인식을 보여준다. 홍이섭은 정약용을 봉건적 질서의 관리자로 묘사한다. "제도 법제사 내지 정치·경제·법·국방, 역사지리에서 자연지리를 통한 조선=이씨조 봉건제 사회를 이해 관리하자 하는 데 집중되었었으니, 이러한 현실적인 정신은 곧 관료적 학자이었던 그로 하여금 경세학을 정치 경제의 이념으로, 이것을 조선의 현실 사회에 결부시키고자 힘쓰게 하였다"고 적는다. 홍이섭이 파악하기에 정약용은 "조선의 현실 정치를 위선 유교적 윤리의 정신에 호소"하고 "유교적인 절약−금욕적인 정치·경제의 개혁론을 개진"했다.

홍이섭이 파악하는 다산 실학의 핵심은 '실용학'인데, 그 실용학은 국가재정책의 확립과 관련되어 있다. 홍이섭은 유형원과 이익, 정약용으로 이어지는 국가 기구 검토의 실용학을 실학파의 계보로 제시한다. 이러한 실용학을 통해 정약용이 뜻한 바는 "조선 현실에 맞춘 국가기구의 간소화, 국가 재정의 절약, 농민경제의 재정비, 법의학적 검증과 재판 등에 있어 민본적인 입장=유교주의 윤리에서 청백(淸白) 곧 무사공정을 기하여 개혁하고자 하는 것"[64]이었다. 식민지 시기 이래 구성된 '유형원−이익−정약용'으로 이어지는 실학파의 계보를 북한의 최익한과 그대로 공유하면서도 홍이섭은 실학을 유교적 윤리를 기반에 둔 '국가 기구 검토의 실용학'이라는 범주로 제한하고 있다.

정약용의 「목민심서」와 「경세유표」에 대한 해석도 이러한 맥락 위에 놓여 있다. 홍이섭은 「목민심서」의 의의를 규정하며 "농민경제 정비 확립에 있어 관료로서 구유할 개인적인 덕성, 행정기술, 이것을 수행할 능력을

---

63) 위의 책, 28쪽.
64) 위의 책, 35쪽.

욕구하였던 것이다. 여기서 덕성은 유교주의 윤리에서 전개되는 수행으로 요청되며, 행정기술에 있어서는 사무상 협잡의 배제에서 일체를 문서로 정리, 이것을 통한 속리론의 전개는 한편 부패한 관료사회의 비판과 함께 농민경제의 정비를 위한 개혁안과 연결되는 것"[65]이라고 정의한다. 관리들에게 유교주의 윤리인 덕성을 요구하고, 문서화하는 것을 「목민심서」의 개혁의 내용으로 해석하고 있다.

홍이섭이 파악하는 정다산의 경세적 사상은 한마디로 '관리론(管理論)'이라고 요약할 수 있다. 국가재정 확립을 위한 '소작관리', '환곡관리', 호적론을 통한 농병일치의 인구 관리, '왕세보호'를 위한 조세관리 등이 정약용 사상의 핵심으로 이해된다. 정약용의 여전법도 관리론의 차원에서 이해되기는 마찬가지이다. 홍이섭 역시 "그의 전론은 국가 재정책의 출발점이었고 또 결론적인 소산"[66]이라고 천명하며 그 중요성을 강조하였다. 그렇지만 전론에 대해서 인구에 비율한 토지분배론, 경작자에 한한 토지 소유 정책임을 지적하면서도 그 의의를 "토지 경작을 위한 <u>노동력의 관리</u>에 치중한 것"으로 파악한다. "최대한의 노동력을 경작에 투하하고자 하며, 이로서 최대한의 생산 능률로 민의 부를 기함에서 <u>토지관리</u>의 최상의 방법으로 여겼다"고 적는다. 요컨대 최익한에게 봉건체제를 해체하고 사회주의적 토지 관념과 집단 농장제와 연결되었던 여전론은 홍이섭에게는 "정약용의 토지관리의 결론적인 도달"[67]로 파악되고 있는 셈이다.

이처럼 홍이섭에게는 다산학에서 체제를 넘어서는 혁명적 사상을 읽어내는 독법에 대한 강한 경계가 잠재해 있다. 홍이섭은 정약용을 철저하게 봉건 체제 질서 내부의 행정적 개혁가로 묘사한다. 홍이섭은 "정약용의 토지제도 개혁론으로 전론을 이해함이 곧 그의 경제정책에 접근하는

---

65) 위의 책, 101쪽.
66) 위의 책, 122쪽.
67) 위의 책, 126쪽.

것이며, 그가 생각한 바를 찾을 수 있겠으나, 이 자체가 현실적인 당시의 조선 사회의 유동에 어떤 작용을 하였었다는 상상에까지 추리할 필요는 없을 것이다."68)라고 주장한다. 이러한 진술은 당대 북한의 정다산론에서 제시된 혁명가로서의 정약용 해석에 대한 의식적인 반발이 포함되어 있다. 실제로 홍이섭의 이 진술이 당대 북한의 다산론에 대해서 의식하고 있다는 사실을 위의 내용에 붙어 있는 다음 주석을 통해서 확인할 수 있다.

> "North Korean scholars in fartetched attempts to find native precedent for communist programs have fastened on the Yojeongo as an adumbration of the Kolkhoz" '북한의 학자들은 집단 농장의 약도라고 볼 수 있는 閭田考를 쥐고 늘어졌으며,…'(G.H. Henderson, Chong Ta-San, The Journal of Asian Studies Vol. XVI, No.3, 1957, p.385. 『思想界』, 1958년 4월호, 148쪽 譯文)하듯, 후대적인 어떤 '생각'에서 붙잡는다든지 당시의 가정적인데 추리하는 자료로서 볼 것은 아니다.69)

위의 인용은『정약용의 정치경제사상연구』의 한 각주인데, 홍이섭이 사상계에 번역된 그레고리 헨더슨(G. H. Henderson)70)의「정다산론」중

---

68) 위의 책, 101쪽.

69) 위와 같음, 각주31).

70) Gregory Henderson(1922~1988)은 하버드대와 동대학원을 졸업했다. 1948년 26세의 나이로 주한 미국 대사관 부영사로 서울에 왔다. 1948~50년과 1958~63년 두 차례 한국에 머물던 7년 동안 국회연락관·문정관·대사특별정치보좌관 등을 지내며 국내 주요 인사들과 친분을 쌓았다. 동양미술을 전공한 헨더슨은 특히 한국 도자기에 관심이 많았고, 그는 문화재를 직접 수집하거나 선물 받았다. 고려와 조선의 최고 명품 도자기 150여 점과 불화·불상·서적들을 모은 헨더슨은 1963년 한국을 떠나면서 한국 문화재 수집품을 반출했다. 1968년『소용돌이의 한국 정치』를 펴냈으며, 69년에는 자신의 컬렉션을 소개한 도록『한국 도자기 - 다양한 예술』을 출간하기도 했다. 헨더슨은 1988년 집 지붕을 수리하다가 낙상해 사망했다. 그의 아내는 도자기들을 하버드대 아서 새클러 미술관에 판매했으며,

여전론에 대한 문장의 일부를 인용한 것이다. 헨더슨은 「정다산론」에서
이 '여전고(閭田考)'가 정약용의 모든 저서 중 놀라운 논문이라고 감탄한다.
그럼에도 그는 이 논의에 대해서 "공산주의의 정강을 위해 자기 나라에서
이미 해놓은 선례를 찾아보려고 무리한 노력을 하는 북한의 학자들"이
"집단농장(콜호즈)의 약도(전조)"라고 볼 수 있는 여전제를 붙잡고 늘어지
고 있으며, "다산의 시는 일종 공산주의 이전의 사회개혁자의 시라고
내세우고 있다"[71]라고 비판한다. 헨더슨은 다산 작품의 중요성을 공산주
의와는 무관한 서구적 사회비판과 유사한 것으로 이해하고 있다.[72] 이러한
핸더슨의 논의는 명백히 최익한의 저작을 염두에 둔 것이라고 할 수
있으며, 홍이섭은 헨더슨을 인용하며 정약용의 여전론을 "후대적인 어떤
'생각'에서 붙잡는다든지 당시의 가정적인데 추리하는 자료로서 볼 것은
아"니라며 헨더슨을 매개로 최익한의 논의를 비판하고 있다. 이처럼
홍이섭은 북한 학계에서 정다산의 전론, 그 중에서도 여전제를 집단농장론
과 결부시켜 해석하는 내용을 잘 알고 있었으며, 그러한 해석을 경계하고
반대하고 있다. 이런 점에서 그가 이 저술에서 하고 있는 많은 발화들은
냉전과 분단의 맥락에서 정다산에 대한 해석의 사상지리적 측면을 보여준
다고 할 수 있다. 앞서 식민지 시기의 최익한론을 상기한다면, 그의 논의에
서 충돌되어 있던 봉건 질서의 재조정자로서의 정다산과, 콜호즈와 연동되

미술관은 '하늘 아래 최고—한국 도자기 컬렉션'이라는 제목으로 단 한 번 일반에
도자기를 공개한 바 있다.(이상의 내용은 Naver 지식백과 '그레고리 헨더슨'
참조) 그의 저서는 그레고리 핸더슨 지음, 이종삼·박행웅 옮김, 『소용돌이의
한국 정치』, 한울아카데미, 2013으로 완역되었다.

71) 그레고리 핸더슨, 김동길 옮김, 「정다산론」, 『사상계』 57호(사상계출판사, 1958년
4월호), 11~12쪽.

72) 핸더슨은 이 논문에서 정약용의 사회비판을 스탕달의 소설과 비교하거나 스위프
트의 풍자 스타일과 견주기도 한다. 그에게 정약용은 자기 시대의 한계를 가지고
있지만, 그 합리적인 비판정신에 의해 잘만 육성되었다면 서구 사상에 대해서
관심을 가졌던 당대 조선인들의 좋은 지반이 되었을 사상가로 고평되고 있다.

는 여전제의 혁명적 사상가 정다산의 중층적 표상 중에서, 홍이섭은 전자의 정약용의 초상을 취하고 있으며, 식민지 시기 최익한 보다도 더욱 체제 내적인 '관리론'의 행정가로 그리고 있다고 말할 수 있을 것이다.

홍이섭이 정약용을 봉건 체제 내부의 주자학적 세계관의 한계 속에 있는 인물로 파악하고 있는 또 다른 사례로 '속리론'을 들 수 있다. 홍이섭은 정약용이 속리대책으로 (1) 지방관 자신의 개인적인 덕성에 호소 경제적으로 절약 청백을 요구 (2) 서리를 엄격히 단속하고 법에 의거하여 처벌하기를 주장했다고 파악한다. "서리의 악폐인 수탈에서 농민들을 보호하고자 한 논의가 곧 정약용의 속리론의 본질"73)이라는 것이다. 흥미로운 것은 홍이섭이 저술의 중간 중간에 정약용이 지방에서 이루어지는 수탈에 대해서 중앙관리들은 모른다거나, 감사 등이 간악한 이서들에게 속임을 당한다고 말하고 있는 부분을 강조하고 있는 점이다. 실제 정약용의 사상이 무엇이었는가에 대해서 가릴만한 한문 전적 해독에 대한 역량이 필자에게는 부재하지만, 담론의 구성과 서술의 분량에서 보자면 홍이섭의 논의가 청백사상(淸白思想), 절검론(節儉論) 등의 유교도덕을 과도하게 강조한다는 점만은 지적할 수 있을 듯하다. 정다산이 목민심서에서 관리의 청백사상을 강조한 것은 사실일 터이지만, 그가 당대 봉건사회의 구조적인 모순과 그것에 대한 해결책으로서 사회경제적 혁신을 언급한 측면을 과도하게 삭제하면서 결국은 사대부 및 관리 개인의 도덕적 결단에 의한 해결을 모색한 것으로 제시하고 있다. 이것은 홍이섭이 정약용의 정치경제 사상이 지니는 혁명성을 강조하는 북한을 지나치게 의식하여 정약용을 행정법제사의 내부, 유교 도덕론의 내부로 유폐한 결과라고도 말할 수 있겠다.

최익한이 북한에서 펼친 다산론에서는 실학파의 혁명적 사상이 잠류하

---

73) 홍이섭, 앞의 책, 211쪽.

여 민란 및 농민전쟁으로 이어지는 것으로 설명했거니와 홍이섭은 이와는 정반대의 설명을 제시한다. 홍이섭은 정약용이 「경세유표」, 「목민심서」, 「흠흠신서」에서 세밀히 주장하는 기본적인 과제가 "법질서의 유지"였다고 주장한다. 또한, 군사력의 정비도 이민족에 대한 국방과 대내적으로 정치적인 권력쟁탈이나, 농민들의 반란에 대처하기 위해서였다고 적는다. 홍이섭은 "이 극도의 부란(腐亂)상에서 그가 질서 유지에 있어 다시 군력의 정비를 '위국지법(爲國之法)'으로 보고 이미 경사진 이씨조 봉건제사회의 유지책은 우선 국가-농민경제의 재확립에서 모색하며 이것을 확립하는 힘으로 법질서의 준수에 '이존국법(以尊國法)'을 제시하였고 그 기반으로의 '이존민생(以重民生)'의 대책을, 물론 농촌 경제의 정비에 두었었지만, 이와 함께 살기 좋은 법의 세계로서 자리를 잡는 데는 경사－전락되는 봉건제를 유지하는 데 필요한 군력을 중시하지 않을 수 없었던 것"[74]이라고 결론짓는다. 이처럼 홍이섭은 정다산을 유교적 민본주의와 애민사상을 지닌 법치주의자로 구성한다.

1950년대 남한에서 이러한 정약용 사상의 해석은 어떤 의미를 지니는 것일까? 북한의 최익한이 정다산을 통해 봉건질서를 해체하는 혁명의 사상, 특히 집단농장제와 유사한 여전제를 강조하며 그 혁명성을 강조한 것이 1950년대 북한 사회주의와의 관련 속에서 이루어지듯이, 홍이섭은 이러한 혁명가로서의 정다산을 피하면서 체제 내에서 법질서의 준수와 모순적 제도의 정비를 통한 개혁적 사상가로서 정약용을 구성한다. 분단과 한국전쟁을 거치면서 냉전의 사상지리는 더욱 고착되었다. 다산을 봉건제를 부정한 혁명가로 구성하고 있는 북한(최익한)의 다산론을 의식할 수밖에 없었던 홍이섭은 정약용을 유교적 덕성을 통한 관리 개인의 도덕적 결단, 국가 기구 및 각종 제도의 합리적인 관리를 통해 사회 기구를

개혁하려한 사상가로 구성하였다. '사바사바'라는 용어가 유행할 정도의
부패와 국가 기구의 문란과 혼란이 극심했던 이승만의 자유당 정권의
통치에 대한 비판과 그것의 조정에 대한 염원이 홍이섭의 다산론의 저변에
놓여 있다고도 이해할 수 있을 것이다. 당대 남한 사회에서 홍이섭의
다산론이 지니는 의미에 대해 이해하기 위해서, 정약용을 둘러싼 서학적
분위기에 대한 홍이섭의 설명에 주목할 필요가 있다. 앞서 최익한이
북한에서의 저술에서 서학교파와 서학학파를 구분하여 정약용을 집요하
게 천주교와 분리시키려는 시도를 살핀 바 있다. 이에 비해 홍이섭은
정약용의 천주교와의 관련성을 강조한다. 홍이섭은 종교와 과학의 분리
없이 천주교를 '서학'으로 일반화한다. 최익한과 홍이섭의 서학과 정약용
의 관계에 대한 설명은 정약용이 쓴 동일한 묘지명에 대한 해석에서
분명하게 갈린다. 최익한은 정약용이 이가환, 권철신, 정약전 등 서학학파
들의 묘지명만을 작성하고, 그 안에서 자신들이 천주교와 무관하다고
강조한 내용을 그대로 받아들인다. 이에 비해 홍이섭은 정약용의 묘지명에
서의 배교의 강조를 액면 그대로 받아들이지 않고 그 자신이 서학에
영향을 받았던 것을 암시하며 당대의 정치적인 지형에서 어쩔 수 없었던
것으로 이해하고 있다.75) "정약용이 제술한「정헌묘지명」을 위시로 일련
의 반가톨릭적 제(諸) 묘지명에서 '반서학적' 기치를 선명하게는 하였으나,
이러한 표명의 근저에는 오히려 서학의 정신 내지 서학적 풍조가 흐르게
하는데 원동력이 되었고 또 그 중심이었다"76)는 것이다. 이러한 서학관은
식민지 시기 최익한이 지니고 있었던 조선학 운동의 지평에서의 실학과
서학의 관계를 계승한다. 다만, 최익한이 실학좌파에게서 혁명적 에너지
를 포착했던 데 비해서 홍이섭 논의에서 서학은 그러한 맥락은 소거된
채, 서구적 근대성의 이미지로 정리된다. 홍이섭은 정약용의 근대적인

75) 위의 책, 257쪽.
76) 위의 책, 263쪽.

사상이 서구적인 사상으로서 가톨릭의 영향과 관련되어 있음을 주장하며, 문헌으로 증빙하기는 어렵지만 그 문헌 증거가 없다는 것이 반증의 증거일 수는 없다는 논리를 편다.[77] 홍이섭이 정약용과 천주교를 관련지으려는 시도는 1950년대 이른바 미국 진영 안에 편제되어 있는 남한의 위치와 관련된 것은 아닐까? 서학은 진영론적 논리 속에서 자유진영의 핵심 가치 중의 하나이며, 근대성의 표상으로 제시되고 있었던 셈이다.[78] 이러한 기독교 표상은 이 저술이 이루어질 수 있는 물적 조건과 결부시켜서도 이해될 수 있다. 이 저술은 한국연구도서관의 한국연구 보조금에 의해 집필되거니와, 그 재단이사장은 연희전문 시절 홍이섭의 스승이었던 백낙준이었다. 여기서 한국연구도서관의 설립과 활동 지원에 미국의 민간 기구인 아시아재단이 개입하고 있었다는 사실은 각별히 강조될 필요가 있다. 이 재단은 '자유 아시아 위원회(Committee for Free Asia)'라는 이름으로 1951년에 출범하여 1954년 아시아재단으로 개명하였다. 샌프란시스코에 본부를 두고 아시아 각국 주요도시 14군데에 지사를 설립하여 지부 차원에서 각종 지원을 수행하였다. 이 재단은 반공과 자유주의를 중심에 두고 활동하였다. 1951년 이후 한국에도 인쇄용지 지원 이래,

---

77) 이러한 주장은 요령부득의 다음의 문장을 통해서 이루어진다. 원 발표문과 전집 모두 비문에 가깝게 기술되어 있어서 원저서를 인용했다. "서학적 분위기 속에서 살아온 정약용이 외면 서학을 신봉치 않았고, 기교의 변명에 있어 뚜렷한 문자를 남기며, 내재적인 정신에의 영향까지 배제하려고 하였다 하더라도 그의 서학적인 흔적은 유교적인 것과 공통된 점도 있어 가리어내기 어려우나, 불의(국가 사회에 대한 행정적인 협잡, 농민들의 고뇌의 생활, 일체의 사회적 불합리)에 대한 배격적인 태도, 정열적인 조선사회에의 애착심은 자기 중심에의 인식이 근대적인 선을 중간에 두고 전후출입함이 없지 않았으며 일면 서구적인 양상을 띠고 있었음이 서구적인 사상으로의 카토릭시즘에서 영향됨이 아닌가 하게 됨은 본론 이외의 다른 방법에 의할 다른날의 연구에서 기대할 바이나, 이제까지 문헌으로 서구적인 것의 문헌학적인 확증이 용이치 않은 것이 반드시 부정적인 반증의 자료일 수만은 없으리라고 본다."(원저서, 239쪽)

78) 이에 대해서는 Cho Tong-jae and Park Tae-jin, *Partner for Change : 50 Years of The Asia Foundation in Korea*, 1954~2004, Seoul Korea : The Asia Foundation, 2004.

출판, 교육, 문화, 예술, 체육 그리고 커뮤니케이션 관련 지원에 주력했다. 광범위한 아시아재단 지원 프로그램의 하나가 한국연구도서관 설립을 통한 한국학 자료 수집과 학술지원이었다. 한국연구도서관의 이사진은 이사장 백낙준(연세대)을 위시하여 김활란(이화여대), 유진오(고려대), 윤일선(서울대) 등이었으며 초창기 7년간 운영 보조금 약 7만 달러가 지원되었다. 중요한 사업으로 문서와 도서 수집을 수행하였으며, 1950년대와 1960년대 초반까지 매년 5~10인의 학자에게 연구비로 5만~7만원이 지급되었는데, 그 성과를 '한국연구총서'로 출판하였다. 홍이섭의 이 저작은 '한국연구총서' 제3권으로 간행된 것이다. 반공주의를 배경에 둔 아시아재단의 지원 프로그램의 수혜를 통해 홍이섭의 저작이 출간된 것을 곧바로 그 저작의 내용과 등치시키는 것은 위험하다. 그렇지만, 홍이섭의 다산론에서 읽히는 북한에서의 최익한이 주조한 공산주의 혁명의 전사로서의 다산의 초상에 대한 강한 거부감과 정약용의 기독교에 대한 부인을 오히려 기독교에 대한 강한 긍정으로 읽는 데에서 아시아재단의 지향과 조응되는 측면이 발견되는 것 역시 부정하기 어려워 보인다.

5. 소결 : '실학' 논의의 담론성과 현재성

이상으로 식민지 시기 최익한의 「여유당전서를 독함」에서 구성된 중층적인 정약용의 형상이 분단 이후 1950년대의 남북한에서 간행된 최익한의 『실학파와 정다산』(1955), 홍이섭의 『정약용의 정치경제사상 연구』(1959)로 각각 어떻게 전유되었는가를 검토했다. 식민지 시기 최익한의 다산론에는 봉건제의 내부에서 모순된 질서를 재조정하려는 온건한 유교적 개혁가라는 관점과 사회주의적 경제이론을 선취한 혁명가라는 관점이 공존하고 있었다. 1950년대 분단과 냉전의 사상지리 속에서 발간된『실학파와 정다산』에서 최익한은 이전에 만들었던 '유형원-이익-정약용'으로 이어지는 실학파의 계보를 보다 정교화했다. 그는 서경덕-이율곡-실학파로 이어지는 '기(氣)철학'의 계보를 주조하였으며, 자본주의적 화폐경제와 관련된 부정적 사상으로 북학파를 주변화하였다. 식민지 시기의 서학좌파와 서학우파를 서학교파와 서학학파로 재조정하면서 기독교의 영향을 실학에서 배제하였으며, 무엇보다도 정약용을 체제 내부의 유교 개혁가에서 북한 사회주의를 예비한 자생적 혁명사상가로 전환시켰다. 정다산에 대한 관심이 식민지 시기 조선학 운동, 특히 최익한의 정다산론과 관련되었음을 밝힌 바 있는 홍이섭의『정약용의 정치경제사상 연구』는 1950년대 남한이 위치한 냉전의 사상지리의 맥락을 잘 보여주는 저작임을 살펴보았다. 홍이섭은 정약용을 체제 내적인 행정적 개혁론자로 이해했다. 특히 그는 북한에서 간행된 최익한 등의 저술이 다산의 전론을 사회주의권의 콜호즈 등을 선취한 혁명적 이론으로 파악하는 상황을 알고 있었으며, 그에 대한 반감을 드러내고 있다. 그에게 다산은 관료들이 유교적 윤리를 통해 도덕적으로 각성하기를 촉구했던 사상가였으며, 그의 사상은 국가기구를 개혁하는 '관리론'으로 이해되었다. 홍이섭은 다산의 기독교와의 관련을 특히 강조하였는데, 이러한 그의 다산론은 저술의 출판을 지원한 미국의 민간기구 아시아재단의 이념인 반공과 기독교 복음주의와도 무관한 것은 아니었음을 살펴보았다.

다산 표상의 변화를 검토한 이상의 논의는 실학이 단지 '실재'로서만이 아니라 특정한 역사적 맥락에서 자기 시대의 의제를 투영한 담론으로서 이해될 가능성을 제기하고 있다. 식민지 시기의 최익한의 정다산론과 해방 이후 분단된 남북한의 냉전의 사상지리에서 제기된 최익한과 홍이섭의 정다산론의 지속/변형의 담론과 표상은 식민지-분단의 한국 학술사에서 실학이 논의되어 온 한 양상을 보여준다. 이후 북한에서 다산과 실학은 사회주의적 기준에 근거하여 그 진보성과 한계를 함께 문제삼는 방식으로 논의된다. 알다시피 남한에서는 1960년대 봉건(주자학)과 대척점에 있는 근대성의 형상이 실학에 부여된다.[79] 조선학 운동 이래 실학은 각각의 특수한 역사적 컨텍스트에서 자기 사회와 사상의 활로를 모색하면서 담론적으로 구성되어 변형되어 왔다고 할 수 있을 것이다. 이런 점에서 실학은 '실재'로서의 이해 못지않게 특정한 역사적 맥락에서 자기 시대의 의제를 투영하고 있는 현재적 '담론'으로서의 가능성에 보다 주목해야 하는 대상일지도 모른다.

---

[79] 최근의 한국 학계에서는 실학에 과도하게 부여된 근대성의 형상에 대해서 비판적 거리를 두려는 입장이 강화되는 듯하다. 강명관은 「다산을 통해 다시 실학을 생각한다」(임형택 엮음, 『한국학의 학술사적 전망』 1, 소명출판, 2014)에서 '주자학=중세, 실학=반중세'라는 대쌍 도식을 실학 논의의 중요한 특징으로 제시하며, 이것이 한국사의 발전단계에서 조선시대사 내부에 반드시 '근대'를 설치하려는 20세기 한국 내셔널리즘의 요구에서 고안된 것임을 지적한 바 있다. 그는 다산과 주자학의 관계를 검토하며 정약용이 유교국가를 넘어서려는 상상력을 보여준 적이 없으며 중세적 질서의 재조정이라는 보수적 개혁 프로그램을 모색했다고 주장한다. 요컨대 다산학은 주자학의 대척적 지점에서 성립한 것이 아니며, 다산학을 실학이라 한다면 실학은 주자학의 대척적 타자가 될 수 없다는 것이다. 강명관에 따르면, 주자학과 실학의 대립이란 '내재적 근대'를 서술하기 위해 20세기 민족주의 역사학이 고안한 장치일 뿐이다. 한영우는 『다시 실학이란 무엇인가』(푸른역사, 2007, 7쪽)에서 조선시대 자체를 봉건사회라는 틀에서 벗어나 이해하며, 성리학(주자학)을 이념지향, 의리지향으로 끌고 가려는 학풍(비실학)과 실용지향으로 끌고 가려는 학풍(실학)으로 구분하며, 이 두 학풍의 역할 분담을 통해 조선후기 사회의 중흥이 이루어졌다고 설명한다. 한영우는 한우근의 1950년대 작업을 통해 이러한 논의의 입각점을 마련한다. 한우근은 조선왕조실록과 문집의 실증적인 분석을 통해 주자학이 실학으로 불린 용례를 통해 사장학과 대비하여 유학 본래의 정신인 수기치인을 실천하는 주자학이 진정한 유학이라는 뜻에서 실학이라는 명명이 이루어졌다고 피력한 바 있다. 한영우는 여기서 더 나아가 조선왕조 자체를 봉건으로 바라보는 근대화론의 논점에 문제를 제기하고 '국리민복과 부국강병'의 추구와 함께 '공동체의 도덕적 자기완성'을 추구했던 실학을 유교문명과 유교적 이상주의의 특성으로 내세우며 탈근대적 사유의 거점으로 제안하고 있다. 강명관과 한영우의 논의는 맥락이 다르고 그 구체적인 내용에서도 여러 차이들을 가지고 있지만, 근대성에 경도된 기왕의 실학 논의에 대한 반성적 성찰에서 비롯하고 있다는 점에서는 공통된다고 할 수 있다.

참고문헌

단행본

강명관, 「다산을 통해 다시 실학을 생각한다」, 임형택 엮음, 『한국학의 학술사적
　　　전망』 1, 소명출판, 2014.
고태우, 「'우리 식 사회주의'를 찾아서」, 『북한현대사 101장면』, 가람기획, 2001.
류시현, 『최남선 평전』, 한겨레출판, 2011.
박희병, 「통합인문학으로서의 한국학」, 『21세기 한국학, 어떻게 할 것인가』, 푸른역
　　　사, 2007.
이석태 편, 『사회과학대사전』, 문우인서관, 1948.
전미영, 「북한의 철학」, 강성윤 외, 『북한의 학문세계』, 선인, 2009.
최익한, 『실학파와 정다산』, 평양 : 북한국립출판사, 1955.(영인본, 한국문화사,
　　　1996.)
최익한 지음, 송찬섭 엮음, 『최익한 전집1－실학파와 정다산』, 서해문집, 2011.
한영우, 『다시 실학이란 무엇인가』, 푸른역사, 2007.
홍이섭, 『정약용의 정치경제사상연구』, 사단법인 한국연구도서관, 1959.
홍이섭, 『朝鮮科學史』, 三省堂, 1944.
Cho Tong-jae and Park Tae-jin, *Partner for Change : 50 Years of The Asia Foundation
　　　in Korea*, 1954-2004, Seoul Korea : The Asia Foundation, 2004.

논문

그레고리 핸더슨, 김동길 옮김, 「정다산론」, 『사상계』 57호, 1958년 4월호.
김성칠, 「연암의 열하일기」, 『학풍』, 1949. 3.
김영수, 「北韓의 實學硏究實態 : 주요 저작을 중심으로」, 『통일문제연구』 제1권 4호,
　　　평화문제연구소, 1989.
도진순, 「북한의 역사학술지 『력사과학』 총목차」, 『역사비평』 6호, 역사문제연구
　　　소, 1989.
신남철, 「연암 박지원의 철학사상」, 『근로자』 136호, 조선노동당중앙위원회기관잡
　　　지, 1957. 3.
오영섭, 「조선광문회 연구」, 『한국사학사학보』 3집, 한국사학사학회, 2001.

정종현, 「단군, 조선학 그리고 과학―식민지 지식인의 보편을 향한 열망의 기호들」, 『한국학 연구』, 인하대 한국학연구소, 2012.

최익한, 「與猶堂全書를 讀함」, 『동아일보』 1938년 12월 9일~1939년 6월 4일(총65회 연재).

한규철, 「북한의 『력사과학』, 『력사제문제』, 『근로자』에 수록된 인명별 논문 목록」, 『역사와 경계』 17집, 부산경남사학회, 1989.

홍이섭, 「학술면에서 본 동아의 업적」, 『동아일보』 1970년 4월 4일.

제3장

남북의 성장 이데올로기와 국가 기획

해방기 한치진의 빈곤론과 경제민주주의론

김 예 림

1. 해방과 분단 그리고 지식의 지형

산업주의와 생산성중심주의[1]를 통치의 제일원리로 전면화하고 이것의 실제운용을 통해 체제 정당화와 경쟁에 돌입했다는 점에서, 남북한은 생존의 원리와 기술을 공유했다고 할 수 있다. 그러나 공통의 원리와 기술이 다른 방식으로 구현되는 과정에서, 서로 대응하는 차이 역시 발생했다. 이 점에서는 지식의 장도 예외가 아니다. 냉전의 시작과 더불어 남북한은 다른 세계 해석과 자기 설명의 체계를 갖게 되었다. 한국전쟁 시기까지 지속되었던 인적 이동이 그치면서 지식의 분단도 공고해졌다. 특히 정부수립을 전후하여 남한 지식계에 나타난 현상 가운데 하나로 마르크시즘적 인식틀의 부침을 들 수 있다. 어떤 이론을 갖거나 갖지 않는다는 것은 어떤 문제를 발견하거나 발견하지 못할 가능성, 또는 달리 발견할 가능성을 갖는다는 것을 뜻한다. 이 글이 마르크시즘적

---

1) 자본주의와 사회주의가 공유한 "근대적 강박관념"으로서의 산업주의와 생산성 중심주의에 대한 연구로는 차문석, 『반노동의 유토피아』, 박종철출판사, 2001 참고.

인식틀에 시선을 두는 것은 남한의 지식계를 단지 결여태로 진단하기 위해서도 아니며 마르크시즘의 이론적 역능이나 전망에 가치론적 방점을 찍기 위해서도 아니다. 이 틀의 존재 혹은 부재의 상태를 통해 냉전기 반공국가의 지식 생산 및 조절의 메커니즘을 파악할 수 있기 때문이다.

일제 말기를 제외하면 1920년대 이래 마르크시즘적 인식틀은 철학의 언어로, 경제학의 언어로 또 문학의 언어로 분산, 확장되면서 조선의 담론장을 관통하고 두텁게 채웠다. 해방기에도 그러했음은 물론이다. 이 같은 역사적 상황을 고려할 때 해방 이후 남한의 지식-담론장에서 일어난 변화의 핵심을 '마르크시즘을 피하며 말하기'라고 정리해도 좋을 것이다. 그 결과, 남한의 지식계에는 다룰 수 없거나 다루지 않게 되어 비어버린 자리가 생겨난다. 일종의 인식론적 사각지대 같은 것이 형성된 것인데, 이러한 현상에 대해서는 이미 몇 차례 언급된 바 있다. 마르크스 이론 자체가 터부시된 점,[2] 해방 이후 1960년대 이전까지 계급·계층연구나 사회불평등에 관한 연구가 거의 진전되지 않은 점[3]에 대한 지적들이 그것이다. 역으로, 1980년대에 이루어진 대대적인 이론적 전회와 새로운 앎의 생산은 마르크시즘을 지워버린 그간의 풍토에 대한 거대한 반작용으로 볼 수 있다.

식민지 시기와 해방기의 담론장을 장악한 후 오랫동안 소거상태에 있다가 다시 재진입하는 마르크시즘의 긴 출입국 기록을 배경으로 삼아,

---

2) 전병재, 「사회학과 마르크스주의의 상관성 해명을 위하여」, 전병재 엮음, 『사회학과 마르크스주의』, 한울, 1985. 이 책은 마르크스주의 사회학과 비마르크스주의 사회학에 관한 동구권 학자들의 글을 묶고 있다.

3) 해방 후 사회학에서 계급·계층 연구가 진전하지 못한 이유로 첫째 해방 이후에도 사회학자의 수가 매우 적었다는 점, 둘째 해방 직후 좌우익 이념대립이 심했지만 사회학자 자체는 이러한 대립에서 비켜나 있었다는 점, 그리고 일제시대와 마찬가지로 사회현실을 분석할 수 있는 방법론이 없었다는 점을 들고 있다. 이에 대해서는 신광영, 「한국 계층과 계급연구사」, 이화여자대학교 한국문화연구원 편, 『사회학 연구 50년』, 혜안, 2004.

1945~1950년 무렵의 사회학자 한치진의 사유에 접근해 보자. 해방 후의 한치진은 남한이라는 정치적 공간의 인식론적 굴곡과 한계를 보여주는 존재다. 그를 통해, 경제적 문제가 그 어느 때보다도 격렬하게 전면적으로 표출되던 시기에 남한의 지식인이 어떤 식으로 마르크시즘을 대타적으로 의식하고 이것과 거리조절을 하면서 사회문제를 조망하려 했는지 파악할 수 있기 때문이다. 그리고 이 과정에서 어떠한 인식론적 가능성과 한계를 드러내는지 볼 수 있기 때문이다. 가능성과 한계 모두 주체의 개인적 차원을 넘어서는 것으로, 세계해석과 지향의 이데올로기적 무기를 '오른쪽'으로 한정하도록 조성한 남한이라는 공간 자체의 제한과 연관되어 있다. 이러한 환경에서 활동한 한치진은 전체적으로 보면 이론적으로 남에 안착한 존재라 할 수 있다. 상당히 일관되게 구사해온 종교·심리·사회철학적 언어·개념·틀을 되돌아 볼 때 그가 1920년대 이후 지속적으로 '마르크시즘을 피하며 말해온' 지식인 가운데 한 명으로 분류되는 것은 타당하다.

실제로 한치진은 1930년대 즉, 소수의 사회학 전공자들이 활동하기 시작한 사회학 진흥운동의 시기에[4] 개량주의 사회학의 흐름을 형성한 대표적인 인물로 평가되고 있다.[5] 당시 그의 사회 해석과 전망의 틀을 구성한 기반적인 요소는 앞서 언급했듯 1910~20년대 미국 사회학의 경향성을 타고 있다.[6] 조선의 내부 지형에서 보면 그의 이론은 동시대

---

4) 1930년대 사회학 전공자들의 활동과 저서에 대한 실증적인 분석으로는 최재석, 「1930년대 사회학 진흥운동」, 『민족문화연구』 12호, 고려대학교 민족문화연구원, 1977 참고.

5) 이준식, 「일제 침략기 개량주의 사회학의 흐름」, 『사회학연구』 4, 한국사회학연구소, 1986.

6) 1920년대 성장과 번영의 도정에 선 미국의 지적 풍토는 진화론적 자유주의로 설명된다. 이 시기에 미국 사회학은 자기 고유의 방법론과 지적 체계를 갖추려는 시도를 하면서 학계에 진입한다. 사회학은 방법론적 측면에서 과학성과 전문성을 강조하면서 학계의 시민권을 얻는데, 현지조사 지향적 연구와 통계조사연구가

조선에 형성되어 있던 사회 "상상"[7] 그리고 서구와 일본 유학파 사회학자들의 사회(학)론과 공재하고 있었다.[8] 중국 남경 금릉대학과 남가주대학에서 철학박사 학위(사회학, 철학)를 취득하고 1928년에 조선으로 돌아온[9] 그는 1929년부터 여러 매체에 유심론, 단자적 개아주의론, 인생론 등의 글을 게재한다.[10] 그리고 사회학을 소개하는 『사회학개론』(철학연구사, 1933)과 미국사회학의 현황을 간략하게 훑는 「미국사회학적 사상의 현단계」를 발표한다. 『사회학개론』의 서문에서 밝히고 있듯이 그의 연구나 저술에는 유학 시점의 미국 사회학(자)의 영향이 직간접적으로 반영되어 있다.[11] 한치진에 대한 기존의 연구는 그의 이론이 갖는 개량주의적

정비되기 시작하면서 주제론적 변화도 시작된다. 즉 "철학적 에세이나 분절된 의견 조각들을 지닌 논문은 거의 사라지고 무관심한 관찰자의 자세를 지닌 논문"의 비율이 증가하기 시작했다는 것이다. 이에 따라 현상유지적이고 체제유지적인 보수성이 강화된다. 이에 대해서는 마이클 디 그라임즈, 김규원 외 역, 『계급연구와 미국 사회학 – 지식사회학적 해명』, 파란나라, 1995.(Michael D Grimes, *Class in twentieth-century American sociology : an analysis of theories and measurement strategies*, Praeger, 1991) 특히 1장~2장 참고.

7) 1910년부터 1920년대 중반까지 조선의 공론장에서 사회라는 것이 어떻게 "상상" 되었는지를 규명한 연구로는 김현주, 『사회의 발견』, 소명, 2014 참고. 지식인 개인의 사회관뿐만 아니라 제국의 통치 권력이 사회 및 사회에 대한 상상을 주조하는 데 개입하는 양상, 이에 대한 식민지 공론장의 반응 등을 복합적으로 파악하고 있다는 점에서 시사적이다.

8) 최재석은 김현준(독일유학), 공탁(프랑스유학), 한치진의 사회학 관련 저서의 내용과 입장을 비교분석하면서 한치진의 사회진보의 이념과 공탁의 "사람주의" 가 서로 만나고 있음을 분석한다. 그리고 일본이나 조선에서 수학한 동시대 여타 사회학자나 사회연구자들이 명확한 대상을 잡아 사회사적 연구를 진행한 데 비해, 서구 유학파는 사회학 일반론이나 입문서를 썼다는 점에서 다르다고 설명한다. 최재석, 앞의 글 참고. 더불어 한국 사회학자의 등장과 사회학의 제도화에 대한 상세한 연구로는 박명규, 「한국 사회학의 전개와 분과학문으로서의 제도화」, 이화여자대학교 한국문화연구원 편, 『사회학연구 50년』, 혜안, 2004.

9) 한치진의 학위 수여 소식과 조선 귀국 소식은 『동아일보』 1927. 7. 11.

10) 미국 체류 당시에 쓴 글로는 「내가 본 사람, 사람마다 解決할 수 있는 人生問題 眞理 그것으로 探究한 絶對론 主張」, 『동광』 7, 1926. 11 ; 「新人間主義란 何뇨?」, 『동광』, 1927. 5.

성격12)을 규명해 왔는데, 이런 면은 당대 미국 사회학의 풍토와 결코 무관하지 않은 것이다. 식민지기 이후의 활동과 관련해서는 좀더 주의 깊게 살펴볼 부분이 있다. 1948년부터 1950년까지 그는 철학, 심리학, 종교학 관련 저서들을 펴낸다. 그리고 1947년에는 1933년의『사회학개론』이 원형 그대로 재간행된다. 이 무렵의 가장 중요한 저작으로는 총 4권에 달하는『민주주의원론』(남조선과도정부 공보부여론국정치교육과, 1947~1948)과『현대사회문제』(조선문화연구사, 1949)를 꼽을 수 있다.13)

이와 같은 학술적·이념적 경력에서 한치진은 약간의 변화를 보이기도 한다. 특히 1945~1948년 사이가 그러하다. 이 시기에 그가 어떤 문제에 응대하려 했으며 또 어떤 응대의 기술을 구사했는가를 물음으로써 변화가 갖는 의미를 탐색할 수 있을 것이다. 조선이 총체적인 격변에 노출되어 있던 1945년 이후, 이전까지는 상대적으로 이론적 성격이 강했던 그 역시 동시대의 첨예한 문제에 나름의 지적 개입을 수행하게 된 것이다. 이 과정에서 지배적이거나 잔여적이거나 부상하는 지식소·이념소들이 움직이면서 어떤 서사를 만들어냈는지 검토해야 할 것이다. 이때 주목해야 할 점은 그가 남쪽의 공중(公衆)을 대상으로 민주주의라는 시대적 아젠다에

11) 『사회학개론』의「자서」에서, 집필할 때 워드(Ward), 로스(Ross), 보가더스(Bogardus)의 논저를 특히 많이 참조했다고 밝히고 있다. 본문에서 논의하겠지만 외국 이론가의 저서를 바탕으로 일종의 다시-쓰기 혹은 겹쳐-쓰기를 하는 패턴은 이후의 그의 다른 저작에서도 나타난다.
12) 한치진 자신이 미국사회학의 개량주의를 설명한 바 있다. 그는 "미국 사회학의 특색"으로 과학주의, 심리주의 그리고 휴머니즘을 꼽는다. 더불어 (미국의) "일반 사회학가"는 "점진적 개량주의자"이기 때문에 "사람을 뜨더고치기 전에 제도부터 혁신하는 것을 믿지 아니"하며 "이 까닭에 사회주의같은 것은 사회학가들의 비난배척의 적"이라고 설명하고 있다.「미국 사회학적 사상의 현단계」,『조광』, 1940. 5, 127쪽.
13) 연구 및 기타 활동에 대한 설명으로는 홍정완,「일제하~해방 후 한치진의 학문체계 정립과 '민주주의'론」,『역사문제연구』24, 역사문제연구소, 2010을 참고할 수 있다.

관해 '해설'할 수 있는 공적 위치를 점했었다는 사실이다.14) 이것이 미군정 통치의 이데올로기적 인준 절차를 거쳐 부여된 정치적 '자격'임은 두말할 것이 없다. 식민지기와 해방기를 거치면서 연속되고 있는 미국이라는 계기는 한치진의 사유 및 사유 구성의 경위를 파악하는 데 기본적으로 고려되어야 할 부분이다.

그러나 중요한 것은 단지 '사상자원'으로서의 미국의 영향을 확인하는 게 아니라, 그가 이 같은 골조를 안고 조선(남한)이라는 특수한 로컬적 조건에의 실감을 작동시켜 무엇을 자기시대의 문제로 구성했는지를 규명 하는 일이다. 실감은 지식 구성의 장에 감촉성, 가변성, 불규칙성을 생성하 고 작동케 하는 생동하는 유동적 계기다. 한치진의 인식도 이런 방향에서 읽으면 새롭게 눈여겨 볼만한 면모가 나타나는데, 『사회학개론』(1933)의 "빈궁"에서 시작하여 『민주주의원론』(권2)(1947)의 "경제민주주의"와 『현 대사회문제』(1949)의 "경제문제("빈궁")로 이어지는 문제계가 특히 그러 하다. 해방 이후 조선의 민주주의론의 전개도를 작성한다면, 한치진의 민주주의론도 남으로 분기되어 내려가는 계보에서 빠질 수 없는 대표적인 텍스트일 것이다. 그의 민주주의론에 대해서는 이미 면밀한 연구가 이루어 졌는데, 주로 자유주의적 정부형태론과 자주로서의 민주주의 논의에 초점 을 맞춰 분석되고 있다.15) 민권의 확립과 민주정의 수립은 해방기 국가 구상론의 중추였던 만큼, 정치적 민주주의에 관한 논의는 해방기 담론장 도처에서 나타난다.

---

14) 민주주의 대중 교육의 내용은 남조선과도정부 공보부 여론국 정치교육과에서 발행한 『새조선의 민주정치』(클리란드, 1947)와 『민주주의적 생활』(J. E. 피쉬, 1947)을 통해서 살펴볼 수 있다. 전자는 그림과 함께 대중적으로 쉽게 쓰인 해설서로, 민주적 사법정치의 원칙을 설명하는 데 주안점을 둔 것이라 밝히고 있다. 후자는 가정, 학교, 상점 등 구체적인 생활 현장에서 민주주의 원리의 구현을 설명한다.

15) 해방 후 한치진의 미군정 공보부 활동에 대해서는 홍정완, 앞의 글. 이 논문은 해방 후 한치진에 관한 본격적이고 상세한 연구로 평가할 수 있다.

물론 한치진에게서도 정치적 민주주의는 매우 중요하게 다뤄졌지만, 그의 민주주의론이 당대의 전반적인 인식 지도에서 드러내는 흥미로운 면이 있다면 그것은 "경제적 민주주의"라고 명시한 문제적 장소에서 비롯된다고 생각한다. 그의 경제민주주의론은 경제관계의 재질서화를 통한 (정치)공동체의 (재)구축이라는 시대의 공통된 열망과 요구를 나누어 -말하는, 공분(共分)의 한 방식이었다고 평가할 수 있다. 그의 전망의 시대적 위상이나 징후적 의미도 이 지점에서 발견되므로 경제민주주의론에 대한 조명은 나름의 의미가 있을 것이다.16) 1920년대 말 조선으로 돌아와 활동을 시작할 때부터 제기했던 "빈궁" 문제와 해방기에 천착한 "경제민주주의" 문제는 동일한 차원의 것은 아니지만 그의 인식 체계 내에서는 깊은 의미론적 연관을 갖는다. 따라서 이 글에서는 먼저 식민지 시기에 전개한 빈곤론을 간략하게 검토한 후 해방기에 본격화된 경제민주주의론을 검토한다. 한치진은 경제민주주의를 말하면서 해방기에 분출한 새로운 감각 및 이념(어)과 절합, 단속(斷續)하게 되는데, 그 전반적인 양상을 살펴봄으로써 빈곤이라는 정치-경제-사회적 핵심 사안에 접근하는 남한 사회이론가의 전망의 지형을 가늠해볼 수 있을 것이다. 이 작업은 마르크시즘이라는 이론적, 실천적 틀과 긴장관계를 유지하면서 빈곤과 경제적 비민주성의 해소를 역설한 한 사회학자의 인식이 이념적으로 또 학술사적으로 어떤 위치를 점하는지에 대한 파악이기도 하다.

2. 빈곤론의 구조와 전개

사회과학 지식의 생산자는 인간적 불행과 고통의 현장에 어떻게 다가가

---

16) 민주주의론에 대한 연구에서 경제민주주의 부분이 별도로 논의된 적은 없다. 홍정완의 경우도 이 부분은 간략한 논평에 그치고 있다.

는가? 피에르 부르디외의 『세계의 비참』은 이 질문에 대해 뜻깊은 답을 준다. 그는 "각 사람들이 겪는 모든 불행들을 사회 전체가 겪는 커다란 불행과 떨어뜨려서 생각하는 태도는 특정의 사회부류에서 겪는 고통의 일부를 제대로 목격하고 이해하는 것을 스스로 금하는 태도"라고 비판하면서 "자신들의 위치와 삶의 궤적에 의해서 찢겨지고 분열된 시각을 갖고 있는 사람들"에게 그들의 "관점을 내놓을 공간을 마련해"[17]주고자 했다. 조사는 질적인 방법으로 이루어졌고 그 결과는 방대한 기록과 분석의 병렬을 통해 불행을 말하는 언어와 그것을 해석하는 언어로 직조된 두터운 사회적 고통의 지(知/誌)로 남았다. 마르크스를 떠올려 봐도, 인간적 불행과 고통을 포착하고 그것을 증명하기 위한 방법론을 동원하는 지식의 기술은 낯선 것이 아니다. 한치진을 놓고 시공간적으로 멀리 떨어져 있는 부르디외나 마르크스의 작업을 떠올린 것은 식민지 사회학자의 인식, 의도, 기술을 파악하는 데 이들의 작업이 멀리서 시사해주는 바가 있기 때문이다.

한치진의 빈곤론은 사회적 불행에 대한 접근이라는 성격을 분명히 갖고 있다. 바로 이 점 때문에 전체적으로 교과서적 평평함을 지닌 『사회학개론』에서 현장감이 느껴지기도 하고 문제 발견자로서의 주체의 시선을 감지하게도 되는 것이다. 책 앞부분의 「자서」에서도 밝히고 있듯이 빈곤은 그에게 상당히 내화된 주제였던 것으로 보인다. 그는 사회학 연구를 선택하게 된 경위와 관련하여 "필자가 사회학을 연구하여 보겠다는 동기를 가지게 된 때는 지금으로부터 15년 전 중국 남경 유학시였다. 중국인의 빈궁도 빈궁이려니와 필자 자신의 정신적 경제적 고통이 나로 하여금 나 자신의 결함과 사회의 결함을 느끼게 하여 이 방면에 헌신적으로 연구하여 보려고 하얏다. 그리하야 1921년에 중국을 떠나 미국으로 가서

---

17) 피에르 부르디외, 김주경 역, 『세계의 비참』, 동문선, 2000(Pierre Bourdieu, *La misère du monde*, Paris : Seuil, 1998, c1993), 14~15쪽.

남가주대학에 입학하게 될 때에도 사회학과를 전공과로 택하고 철학과를 부과로 정하였"[18]고 적고 있다. 그리고 "그때에 마침 미국 사회학계의 태두라 할 쁠랙마와 엘우드 제선생이 해(該)대학에 와서 교편을 잡는 기회를 이용하는 동시에 로쓰 교수의 상호사회자극이론을 공명하야 주장하는 해(該)대학 사회학부장 보깔더쓰 교수의 이론을 많이 청취"[19]했다고 한다.

개인적 체험으로서의 빈곤을 학적 대상으로서의 빈곤으로 전환하는 과정에서 미국 계층 연구와의 접속은 중요한 역할을 한 것으로 보인다. 한치진이 『사회학개론』에서 자신의 수학(修學)과 집필에 영향을 주었다고 소개한 일련의 사회학자들 가운데 특히 로스와 워드는 미국 사회의 계층 불평등 현상에 집중한 대표적인 인물로 알려져 있다. 이들은 1차 대전 후의 사회학자들에 비해 계층 불평등 현상이 갖는 중대성을 분명히 인식했으며, 동시대 다른 사회과학자들과 견주어볼 때도 이 문제에 훨씬 더 높은 관심을 갖고 있었던 것으로 평가된다.[20] 이런 까닭에 미국 계층 연구의 계보에서 이 초기 사회학자들은 뚜렷한 위치를 점하고 있다. 이들을 통해 마르크시즘의 계급론과는 궤를 달리하는 미국의 불평등 해석체계가 성립한 것으로 파악할 수도 있다. 한치진의 빈곤에 대한 문제제기도 주로 이러한 지적 배경과 자원을 바탕으로 형성된 것으로 볼 수 있다.

빈곤론에서 주목할 점은 그가 빈곤을 "개인의 결함"과 "사회의 결함"이라는 고리로 이어서 풀고 있다는 것이다. '결함'이 '병리'의 상상력을 발동시켜 퇴치, 개조, 개선, 개량을 지향하게 되는 경로에 대해서는 굳이

18) 한치진, 『사회학개론』, 조선문화연구사, 1947, 1쪽.
19) 위의 글, 1쪽.
20) 마이클 디 그라임즈, 앞의 글, 47쪽. 워드, 로스 외에 섬너, 스몰, 기딩스, 쿨리가 그러하다.

긴 설명이 필요치 않을 듯하다. 이 오랜 문법이 한치진의 빈곤론에서도 고스란히 나타난다. 이러한 맥락에서 그는 사회학을 사회에 대한 점검을 하는 학문, 즉 병폐를 찾아 해결책을 찾는 일을 맡는 학문으로 설정한다. 그에 따르면 "사회학은 사회동력이 무엇인가를 발견하며 사회 행복과 장성의 법칙이 무엇인가를 작성하야 지적하려는" 지식이며 "현실의 모든 사회적인 기근, 미신, 불의, 불구자, 죄인 문제를 해결하고 고상한 사회적 인격을 양성하는 사회가 되게 할가"[21]를 고민하는 지식이다. 빈곤 문제 역시 「사회병리론」 장에 배치된다. 빈곤은 모든 문제를 낳는 근본 문제로, 이로부터 개인 삶의 파괴와 사회의 부패가 발생하는 것으로 설명되고 있다. "빈궁과 직접 연계된 빈민문제"는 범죄라는 "가장 비참한 결함"과 함께 "사회적 결함 중에 제일 불행한 종류"[22]에 해당한다. 이 "수난적 사회사실"은 "비록 사람이 생길 때부터 존재하였으나" 오늘날에는 "빈부 양계급"이 서로를 적대시하여 "협동"하지 못하는 까닭에 "사회적 부조화"[23]가 심해지고 있다는 것이 그의 설명의 핵심이다.

  한치진이 제시하는 빈곤의 원인과 퇴치 전략에서 주의 깊게 봐야 할 지점은 아무래도 빈곤의 사회적 원인을 분석하는 부분이다. 그는 빈곤의 원인을 내적 원인(열등한 유전성과 개인의 악습)과 외적 원인(사회적 원인/자연적 원인)으로 나누어 설명하는데, 이 가운데 사회적 원인으로 들고 있는 항목은 사업방법의 불완전, 부상, 질병, 아동노동, 기술교육의 결핍, 사회 공정의 결여, 노동방법의 변경, 법률의 결여로 총 8가지다. 특히 그는 빈곤의 핵심에 노동과 실업이 있음을 여러 차례 강조했다. 따라서 어떻게 하면 노동(자)이 처한 상태를 개선할 것인가가 빈곤론의 주요한 축이 되었다. 인간의 "내적 원인"을 해결할 방법이 본격적으로

---

21) 한치진, 앞의 책, 14쪽.
22) 위의 책, 142~147쪽
23) 위의 책, 145쪽.

따로 길게 논의되지는 않는다. 사회적 원인 가운데서도 그의 관심은
주로 자선, 아동노동, 부녀노동("취업부인") 항목을 향해 있다. 우선 자선과
관련해서는, 직접적인 물질적 지원보다는 공적 시설과 제도의 마련을
강조하고 있으며 이 같은 사회 안전망의 강화를 통해 "착취하지 않고
빈민이 되지 않게 하는" 방향으로 나아가야 함을 역설한다. 그리고 아동노
동과 부녀노동에 대해서는 법률적 제한 못지않게 아동-부녀자 노동 증가의
복합적 원인을 해소해야 함을 강조한다.[24] 결론적으로 그는 "모든 과학적
무기를 이용하여 가지고 생활 곧 빈궁과의 투쟁을 격증시"키는 데 유효한
"비결"을 "기술의 숙련과 협동정신의 보급"[25]에서 찾고 있다.

한치진의 빈곤론과 노동(자)론에는 공공성의 확립과 제도화를 통해
사회적인 것=사회보장을 구축한다는 지향이 불규칙하게나마 깔려 있다.
서구의 역사에서 사회보장은 자유주의 및 마르크시즘의 '사이'에서 '사회
적인 것'을 구성함으로써 국가의 정당성 계기를 창출하려 한 공화주의
통치이념의 핵심이었다.[26] 한치진 역시 자신의 입장이 사회주의적 전망과
는 다르다는 것을 분명히 한다. 사회주의의 "장단점"을 논하는 자리에서
그는 경제적 공평의 고조, 산업의 과학적 조직 등을 "장점"으로 드는
한편, "여러 가지" 단점 역시 지적하는데 실현가능성 빈약, 개인성의
소거, 노동가치설의 허점, 정신성에 대한 과소평가가 그것이다. 이와
같이 사회주의에 대한 비판적 정리를 마친 후에 그는 사회주의와는 다른
"사회학의 견지"를 제시한다. "사회학의 견지"는 "생산수단의 절대개인주

---

24) 아동노동의 원인으로는 부모의 욕심, 빈궁, 아동의 노동욕, 아동노동의 요구,
   사회의 무정을 꼽는다. 아동노동과 부녀노동의 해결에 대해서는 위의 책, 158~162
   쪽 참고.
25) 위의 책, 149~162쪽.
26) 이에 관해서는 자크 동즐로, 주형일 역,『사회보장의 발명』, 동문선, 2005(Jacques
   Donzelot, L'invention du social : essai sur le déclin des passions politiques, Paris : Seuil,
   1994) ; 다나카 다쿠지, 박해남 역,『빈곤과 공화국』, 문학동네, 2014(田中拓道,
   『貧困と共和國 : 社會的連帶の誕生』, 人文書院, 2006) 참고.

의적 소유를 부인하는 동시에 그 절대사회적 소유를 역시 부인"한다. 더불어 "개인의 독창력을 주장하는 동시에 사회의 통제력을 인정"함으로써 "어떠한 사회조직이든지 일개인을 위하는 동시에 전체 개인들을 이롭게 하는 것이 되어야 한"다는 입장을 취한다.[27] 이런 식으로 마르크시즘과는 거리를 두면서 개인과 공동체가 선순환하는 사회상을 옹호하고 있다.

전반적으로, 한치진의 빈곤론이 일관된 논리를 갖거나 정합적인 방식으로 구사되어 있다고 평가하기는 어렵다. 원론적인 학술어가 텍스트를 지배하고는 있지만 여전히 초기 계몽주의자들의 개조론에서 익숙하게 볼 수 있는 느슨한 이념어들이 나오는가 하면, 당시 공론장에는 흔히 등장하지 않는 개념과 이슈들이[28] 외삽되어 있기도 하다. 또 인간의 내적 개조 부분이 언급되는가 싶다가도 곧 노동조건과 환경의 개선이라는 제도적이고 구조적인 차원에 대한 지적이 전면화되기도 한다. 어떤 것이 다른 어떤 것보다 지배적이라고 말하기 어렵게 만드는, 인식소들의 잦은 교체와 불규칙한 배열이 일어나고 있는 것이다. 이 같은 현상이 나타나는 이유는 여러 각도에서 생각해볼 수 있겠지만, 그의 사유가 때로 아주 직접적으로 외부 텍스트를 참조, 반영하고 있기 때문이기도 하다. 『사회학개론』에서 중요한 빈곤론 부분(「빈궁의 원인과 퇴치」)과 사회개조론 부분(「사회개조론」)[29]은 보가더스의 *An Introduction to the Social Sciences*(1913)의 내용과 체제를 빌려와 변형을 가하면서 쓴 것이다. 대조해서 읽어 보면 특히 여성보호와 아동보호, 산업재해, 실업을 포함한 불확실성의 (사회적) 보장 목록은 보가더스의 입장과 설명에 상당 부분 기대고 있음을 알

---

27) 한치진, 앞의 책, 202~205쪽.
28) 예를 들어 아동노동 문제가 그렇다. 식민지기 신문을 살펴보면 일반적으로 아동노동은 '노동'에 방점이 찍혀있다기 보다는 아동 '학대'라는 관점에서 거론되고 있는 것으로 파악된다.
29) 「사회개조론」장은 민족주의, 자본주의, 사회주의, 공산주의를 설명하고 있는 부분이다.

수 있다.[30]

따라서 1945년 이전과 이후를 관계지어 파악하기 위해서라면, 우리는 이질적인 요소들로 이루어진 울퉁불퉁한 담론의 표면을 살피면서 부동의 확정적 입장이란 것보다는 이접과 부정합 상태에 잠재되어 있는 가능성을 포착해야 할 듯하다. 잠재되어 있는 가능성은 해방과 더불어 방향을 잡아 발현될 것이다. 잠재되어 있는 가능성을 요약해 보면 우선 빈곤을 노동 '구조'에 중심을 맞춰 규명함으로써, 노동윤리나 주체의 내적개조[31] 같은 계몽적 도덕률을 일방적으로 강조하는 수준에서는 벗어날 가능성을 들 수 있다. 두 번째로 여러 갈래의 "사회개조" 방식을 비교하면서 선택과 배제를 통해 나름의 (개조) 모델을 구성할 가능성이다. 세 번째로, 전반적으로는 미국 사회학 자원에 기반을 두되, 사회나 국가 구상에서 나타나던 마르크시즘과의 거리가 다소간 조절될 가능성이다. 한치진의 인식을 해방기로 연장해서 살펴볼 때 이 가능성들이 어느 쪽으로 기우는가를 관찰하는 것이 유효한 방법인 것이다. 1930년대 『사회학개론』이 발신하는 지식의 틀은 그것이 겨냥하고 있는 '조선'이라는 대상=현실에 잘 맞지 않고 다소 헐거웠던 것으로 보인다.[32] 좌파 이론가들이 해석적 경합의

---

30) Emory Stephen. Bogardus, *Introduction to the Social Sciences*, Ralston Press, 1913. https://archive.org/stream/introductiontos02bogagoog#page/n90/mode/2up의 DB화된 첫 판본 원문에 따른다. 이 책에 제시되어 있는 총 100개의 논제 가운데 한치진의 빈곤론의 논지와 연계되어 있는 부분은 여성보호와 아동보호를 다루는 session 33~34, 공장제, 노동, 산업사회, 보험, 조합운동을 비롯한 사회운동을 다루는 session 41~48, 그리고 사회주의의 유형 및 "장단점", 경제문제에 접근할 때 사회학적 관점에서 고려해야 하는 바를 제시하는 49~50항이다.

31) '내적개조론'에 대한 비판으로는, 「내적개조론의 검토」 1~3, 『동아일보』 1921. 4. 28~4. 30.

32) 그는 빈곤론을 시작하면서 "오직 조선의 사정을 빚우어" 논구할 것임을 밝히고 있다. 그리고 논의 과정에서 조선의 빈곤 상태를 세민과 실업자 수 그리고 농촌의 상황을 들어 설명한다. "조선의 부는 느러가나 조선인의 부는 도리혀 주러가는"(152쪽) 현실을 비판한다. 따라서 내가 그의 이론이 '헐겁다'고 한 것은 그가 조선 현실을 다루지 않는다거나 고려하지 않는다는 의미는 아니다.

장에 등장한 지 꽤 상당한 시간이 흐른 시점에 제출된 그의 빈곤론의
어떤 부분은 지나치게 정태적이며 '고전적'이다. 또 사회보장 원리에
입각한 노동보호론 같은 것은 식민지 경제구조에서는 실현의 여지가
거의 전무했다는 점에서 현실로부터 상당히 멀리 있다. 그렇다면 해방기의
한치진의 전망과 기획은 그의 이론의 역사에서 앞 시기보다 '적확'해지거
나 '강해'졌다고 할 수 있을까. 다음 절에서는 이에 관해 고찰할 것이다.

3. 경제민주주의론의 부침

주지하듯, 해방과 함께 새로운 국가 및 공동체 형성의 원리가 급진적으
로 상상되기 시작했다. 적산과 토지 등 식민의 사슬에서 '놓여나온' 공공재
를 중심으로, 소유와 분배 구조 재편에 관한 전망과 요구가 지식인과
인민의 자리 곳곳에서 분출하고 있었다. 공공재는 말할 것도 없이 통치권에
서도 주요한 통어 및 관리 대상이었다.[33] 이러한 복잡한 움직임을 지식인
이나 언설 생산자에 초점을 맞춰 살펴보면, 붕괴된 조선의 경제를 재건하기
위해서 정시해야 할 실상을 알리는 것이 당시에 중요한 과제가 되고
있었음을 알 수 있다. 이들은 '참상'을 알아야 함을 강조했다. 식민화가
초래한 구조적 파탄을 확인할 필요가 있는 것이다. 이에 대한 확인을
바탕으로 새로운 질서(화)를 기획하며 실현할 수 있기 때문이다. 증명되어

---

33) 해방기에서 정부수립기까지의 경제 정책에 대해서는 김재호, 김용직 편저, 「대한
민국 정부수립의 경제적 기초와 근대적 재정제도의 성립」,『대한민국 정부수립과
국가체제 구축』, 대한민국역사박물관, 2014 ; 이혜숙, 「미군정기 일본인 재산의
처리와 농업정책」,『사회와역사』 23권, 한국사회사학회, 2009 ; 정청세, 「해방
후 농지개혁의 사회적 조건과 형성과정」, 연세대학교 박사논문, 2003 ; 김기원,
『미군정기의 경제구조-귀속기업체의 처리와 노동자 자주관리운동을 중심으로』,
푸른산, 1990.

야 하는 문제적 현실이 의욕적으로 언어화되고 수치로 표시, 분석되었다. 일례로『조선경제』(조선경제사, 1946. 4~1948. 6)는 이 같은 시도가 품은 과학, 열정, 곤란을 함께 보여준다. 첫 호에는 "외국에서 범(範)을 구한다면 소련의『발가연보』영국의『에코노미스트』일본의『동양경제』등을 양식에 있어 항상 염두에 두려한다. 그러나 그 엄정한 의미에 있어서의 방법론은 스스로 따로 잇을 것이니 이는 조선의 현실과 우리들의 노력과 제언(諸彦)의 노력으로 이루어질 것"34)이라는 동인들의 포부가 실려 있다.『조선경제』는 식민지 시기에 이루어진 각종 통계 그리고 출간 당시 이루어진 조사 자료를 동원하여 식민지기와 해방기 경제 현실을 분석, 전망하는 많은 기사를 실었다. 현실을 명징하게 '실체화'하기 위한 근거를 얻는 게 필수적이었지만,35) 이것이 용이하지만은 않았다. 동인들은 자료를 구하기가 어렵다는 호소도 하고 다양한 통계 자료를 보내달라는 사고(社告)도 낸다.36) 자료의 부재로 인한 어려움 속에서,37) 식민 권력이 쌓아놓은 기성 자료를 다른 식으로 전유하고 활용하는 현상이 나타난다.38)

34) 「동인언」,『조선경제』, 1946. 4, 16쪽.
35) 라승표, 「조선농촌에 관한 숫자적 고찰」,『민중조선』, 1945. 11도 마찬가지다. "토지문제와 농촌조직문제를 중심으로 하야 추상적인 것보다 구체적으로 그리고 통계적인 기록을 많이 참조하며 이론과 실천을 통해서 좀더 배우고 연구하여 전인구의 근 팔할을 점한 농민을 그 빈곤의 극점에서 구하고 문화의 혜택을 입게 하야 하로바삐 비참의 도탄에 빠진 그들을 일으키어 그를 기반으로 하야 전조선의 앞날을 개척할 것"(28쪽)을 목적으로 했다. 이를 위해 "조선총독부에서 발행한『1943년 조선의 농업』, 조선농회조사표, 1944년과 1945년 조선연감 그리고 전위사에서 선일인(鮮日人) 기업세력과 비교에 대한 귀중한 자료를 얻었"음을 밝히고 있다.
36) 위의 책, 9쪽.
37) 이상록, 「최근의 노동자 임금」,『조선경제』, 1948. 6. 역시 그러하다. 필자는 불충분하나마 자료가 허락하는 선에서 남조선의 임금사정을 알아보았는데 임금 수준의 연령별 사정, 공장의 경영 규모별 비고 등등 더 알고 싶은 사안이 많으나 "자료의 전무로 여기서는 단념하는 수밖에 없"(24쪽)음을 밝히고 있다.
38) 「조선농촌의 계급구성」,『조선경제』, 1946. 6. 필자는 일본의 농업통계가 조선

경제구조의 파탄과 함께 직시해야 할 또 하나의 사실은 인민 생활의
파탄이다. 지나간 식민통치권만이 아니라 현재의 통치권 역시 제대로
보호하지 않는 민생의 실상 말이다. 민주주의 민족전선의 『해방조선연감』
(1946. 10)에는 '독신노동자의 1개월 표준생계비'를 추산하면서 "남조선
노동자의 생활상태"를 분석하는 글이 실린다. 이에 따르면 "최저생활을
보장할 수 있을 정도의 생활비"는 제1생활비(생활필수품=음식비, 주택비,
연료등화비), 제2생활비(사회생활비=보건위생비, 교제비, 교통운반비,
부담금), 제3생활비(문화비=수양비, 향락비), 임시비를 합친 2,690원 30전
이다.[39] 이 추산서 뒤로 <산업별 노동자 임금 및 실생활비 조사표>,[40]
<서울시 물가 임금 지수 월별 대조표>,[41] <실질 임금지수 월별 대조표>
가 이어진다. 각종 지수 분석을 통해 도출되는 것은 노동자가 추산된
생활비의 3분의 1 수준의 임금밖에는 받지 못하고 있는 현실이다. 여기에
더하여 <후생시설 정비, 확충문제> 조사 목록은 8·15 이후에 후생환경이
오히려 더 악화되어 버린 상황을 전하고 있다.[42] 국가통계·조사[43]와는

농촌 계급구성의 과학적 분석의 시도가 아니라고 지적하면서 현실적 모순을
제대로 파악하지 못하게 하는 부분들을 지적한다. 그러나 한편 "조선농촌계급
구성의 내용을 해명할 수 잇는 자료를 가지지 못하엿고 또 기성 통계자료로써는
이러한 요구에 적응될 지표가 결핍한 현상"(5쪽)임을 언급하고 있다. 그래서
기성통계를 바탕으로 계급구성 재분석을 시도하고 있다.

39) 목록에는 열무3단(30원), 콩나물100그램씩 20회(8원), 북어10마리(35원), 참외
한개(25원), 목욕 한번(6원), 활동사진 구경 1회(20원) 등 각 항목마다 세세하게
예가 제시되어 있다.

40) 이 표는 "조선 각지의 임금, 또는 산업별, 직장별 임금을 비교제시하고 싶으나
자료가 미비하므로 여기선 직장을 마친 후 전평에 청강생으로 나오는 노동자들의
7월중 생활상태를 개별적으로 조사하여 감자, 죽, 수수로 끼니를 이어나가면서
생활하는 데 실제로 들어가는 비용"을 조사한 것이다. 인용은, 민주주의 민족전선
편집, 『해방조선』 2, 과학과사상, 1988, 406쪽.

41) 이것은 남조선은행 조사표에서 인용한 것으로 밝히고 있으며 "본 지수의 기준은
1937년 6월 평균으로 함. 물가지수는 1946년 4월부터 기준을 1946년 연평균으로
개정함"이라는 비고를 달고 있다. 위의 책, 407쪽.

의도를 달리하는 대항통계·조사가 인민의 붕괴된 생활을 증명하고 있었다. 2,690원 30전 이하로 "단축"된 삶은 "인간 이하의 생활을 의미하는 것 이외에는 아무것도 아니"[44]라는 점에서, 인민의 생활에 관한 자료는 '인간적 삶'이라는 이념을 역으로 명시하고 있다고 봐도 좋다.

해방기에는 구조적 파탄과 그로 인한 삶의 파탄을 새롭게 질서화하기 위한 원리로 계획경제가 강조되었다. 계획경제론이 단지 생산과 관련된 산업적 재건만을 겨냥한 것은 아니었다. 여기에는 산업, 재산, 자본의 소유 및 분배 체계를 전적으로 달리 하라는 요구가 담겨 있었다. 토지개혁, 산업의 국유화, 진보적 노동법의 실행이 계획경제론의 주된 사안이었다.[45] 계획경제론은 적산, 토지, 기업을 가로지르면서 배치와 소속(귀속)

---

42) 8·15 이전과 이후를 총 9개 항목으로 구체적으로 비교하고 있다. 세탁장 확대, 휴게실 설치, 여공을 위한 특수 위생시설, 병원시설, 운동 및 오락시설, 식당의 공원 증원, 사감과 공원의 합숙 방식, 전기다리미 시설, 식사 개선이 비교 항목으로 두고 각 항별로 달라진 점을 해설하고 있다.

43) 통계 및 지식의 정치학이라는 문제의식과 관련해서는 제국의 지식국가적 성격과 식민지 사회과학자의 조선 (농)경제사회 해석의 경합을 분석한 김인수, 『일제하 조선의 농정 입법과 통계에 대한 지식국가론적 해석－제국 지식체계의 이식과 변용을 중심으로』, 서울대학교 박사학위논문, 2013 ; 김인수, 「식민지 지식국가론 －1930년대 '조선사회성격논쟁'에 대한 재고」, 한국사회학회 2012 후기 사회학대회, 2012 참고. 그 외, (노동)통계-지식의 장에서 벌어지는 역학 관계를 지식국가 개념을 통해 고찰한 연구로는 최정운, 『지식국가론』, 삼성출판사, 1991. 지식국가 통계는 국가 통치권에 의해서도 또 혁명세력에 의해서도 모두 적극적으로 사용된다. 핵심은 통계의 방식, 해석, 활용을 놓고 국가와 함께 다양한 지식-실천 집단이 경쟁을 벌인다는 점이다. 더불어 새로운 세계체제적 이해를 위해 새로운 지도제작법과 통계학이 필요하다는 맥락에서 '앎'의 재편을 논하는 이매뉴얼 월러스틴, 성백용 역, 『사회과학으로부터의 탈피』, 창작과비평사, 1994(Immanuel Maurice Wallerstein, *Unthinking social science : the limits of nineteenth-century paradigms*, Cambridge : Polity Press, 1991) 특히 2부 4절 참고.

44) 「남조선 노동자의 생활상태와 노동쟁의의 동향」, 민주주의 민족전선 편, 앞의 책, 406쪽.

45) 장석만, 「민주독립은 민주개혁으로부터」, 『(주보)민주주의』, 조선과학동맹서울지부, 1947. 8 ; 윤행중, 「건국경제의 구상」, 『협동』, 1946. 8. 그는 토지문제 해결,

체제의 총체적이고 전면적인 변화를 촉구했다. 그런 점에서 계획경제의 실시가 갖는 의미와 효과는 경제 영역에 한정된 것이 아니었다. 시대의 도덕적 분할선을 따라 친일파, 모리배로 상징되는 "반동세력"의 불의를 제거하는 정치적 효과도 가진 것이었다. 생산, 소비, 분배의 공공적 성격을 최대화하여 독점, 사유, 착취, 불평등의 폭력을 제거하는 것이 계획경제 모델의 핵심이었다.46) 계획경제는 민주주의 이념과 결합되어 "경제적 민주주의"47)라는 말로 압축되곤 했다. 이 경제적 민주주의라는 이념 혹은 경제민주주의론은 해방기에 대두한 '민주주의'라는 거대한 시대어와 분리시킬 수 없을 것이다.

제국주의의 붕괴와 함께 열린 새로운 역사적 국면에서 '민주주의'는 제일의적인 시대어가 되었다. '민주주의'는 인민대중의 열망과 지식-담론 생산자의 지향 그리고 통치권의 논리 모두를 관통하는 개념이자 이념이었다. 민주주의론은 신생국가의 근본 원리라는 차원에서 넓게 제출되었을 뿐만 아니라, 정치영역과 경제영역에 초점을 맞춰 분기되면서 중층화되고 두터워졌다. 정치 영역에서의 이슈가 국민 주권(행사), 정부형태와 통치기구의 문제들을 포함한다면, 경제 영역에서의 이슈는 경제민주주의론이

공업재건, 농공업의 유기적 연관, 노동자에 대한 사회적, 국가적 보장, 농업생산력 증가를 건국 경제의 핵심으로 들고 있다. 김병순, 『건국요강』, 문화보급사, 1947.

46) 민주주의와 경제계획에 관해서는 윤행중, 「민주주의와 계획경제」, 『개벽』, 1946. 4. 일본인 소유 재산과 주요생산 및 금융기관의 국유화를 통한 모든 생산수단의 국유화, 진정한 민주주의 원칙에 의하여 토지혁명과 민족소유 생산수단의 적절한 국유화, 조선경제 전반에 대하여 국가의사에 의한 종합적 계획적 운영, 생산력 증진을 위한 기술혁명의 기도(125쪽)를 제시한다. 김오성의 「민주주의와 인민전선」, 『개벽』, 1946. 4는 자유경쟁을 철폐하여 부의 독점을 방지하는 것, 국민의 경제생활의 균등향상을 위한 계획경제 도모를 강조한다.

47) 일례로 『협동』(1946. 8)의 권두언에서는 "생산 소비면에서 오늘과 같이 영리적, 자본주의적으로 생산과 교역이 실행됨으로 말미아마 생기는 모든 폐해를 제거, 광정(匡正)하야 약한 처지에 있는 생산자 혹은 소비자의 공통된 이익을 협동의 힘으로 옹호하고 증대시"키는 것이 시급한데, 이를 "조직적으로 구명하야 전개식히는 것"이 곧 "경제적 민주주의 원칙"에 따르는 것임을 표명한다.

제시해주듯이 생산구조, 노동(자), 분배 문제 등을 포괄한다. 그러나 민주주의를 파악하는 데 있어 무엇보다 중요한 것은 이 시기 '민주주의'가 하나의 통일된 기의를 가진 기표가 아니었다는 점이다. 미군정과 함께 들어온 미국식 자유민주주의와 좌파의 인민민주주의가 벌였던 치열한 경쟁을 돌이켜볼 때, 이 개념-이념이 정치적 경쟁과 갈등을 반영하는 의미론적 분기와 균열의 장소였다는 점은 부인의 여지가 없다.

경제민주주의 이념 역시도 복수였기 때문에, 하나의 시각으로 통일되어 있었다고 보기는 어렵다. 게다가 남한에서의 경제민주주의론을 파악하기 위해서는 좌우 이념 분할 못지않게 이론(언설)과 현실 사이의 극심한 간극 역시 염두에 두어야 한다. 경제적 개혁과 재구조화를 위한 정책들이 빠르게 추진된 북한과는 달리 남한에서는 정체와 역행이 계속되고 있었기 때문이다. 경제민주주의에의 요구는 강력하게 제기되었지만, 실현은 요원했다. 북에서 진행되는 개혁을 바라보면서 남의 현실을 한탄하는 목소리가 자주 들리는 이유도 여기 있다. "북조선에 있어서는 거년(去年) 말까지의 일년 수개월동안에 임이 정치적 경제적 사회적 민주체제의 수립과 일제에 의하야 파괴된 산업시설의 부흥을 승리적으로 끝맞이고 금년부터는 새로운 건설과 발전에 만난(萬難)을 돌격하고 있"는데, 남쪽은 "기아 실업 경제적 총파탄과 정치적 경제적 사회적 문화적 파괴 이러한 남조선의 현실에 대하야 새삼스러히 구구한 설명을 할 필요가 없을"[48] 지경에 처해 있다는 진단은 이런 맥락에서 나온 것이다.

민주주의를 가장 상위의 범주로 본다면 경제민주주의는 민주주의의 '경제적 조건'을 문제 삼는 하나의 하위범주로 놓을 수도 있겠지만, 구조적인 관점에서 생각해보면 이를 단지 하위의 부분적인 것으로만 파악하는 것은 적절치 않다. 실제로 해방기에 경제민주주의 문제는 새로운 국가

---

48) 이순기, 「민주개혁과 독립」, 『(주보) 민주주의』 24, 1947. 6. 28, 9~10쪽.

건설의 중차대한 과제로 인식되고 있었다. 오늘날 우리가 보기에도 이 사안은 '어떤' 국가 또는 '누구'의 국가를 만들 것인가라는 훨씬 더 결정적인 문제와 맞닿아 있다. "민주주의 자주독립조선국가의 건설"을 과제로 하는 남로당 강령은 '어떤'과 '누구'의 문제를 둘러싸고 지향점을 뚜렷하게 표명했다.[49] 그 핵심은 식민주의적 경제체제에서 파생된 갖가지 모순을 해소하기 위해서는 토지개혁, 노동권과 노동복지의 확립, 국유화 등 전면적인 변혁이 필수적이라는 것이다. 경제관계의 재편은 "조선의 민주주의적 발전과 평화수호 국가로서의 성장을 위한" "물질적 토대"[50]를 마련한다는 점에서 중차대한 것으로 강조되고 있다. 이는 해방기를 채웠던 변혁에의 요구를 가장 밀도 높게 응축하고 있는 좌파 경제민주주의론의 지향을 들려준다. 하지만 해방기 남한의 경제민주주의론을 형성하는 목소리가 이뿐만은 아니었다. 또 다른 방향에서 전개된 경제민주주의론이 있는 바, 우파에 의해 구성된 이념이 그것이다. 한치진의 입론은 이 경로를 대표하는데, 당시의 공통의 의제를 공유하되 다른 정향(定向)의 방식을 보여주고 있다.

한치진은 『민주주의원론』(권2) 제3부에서 "경제적 민주주의"라는 개념 자체를 명시적으로 언급하면서 논의를 전개한다. 그의 경제민주주의론은

---

49) 강령 가운데 "二. 조선에서 봉건잔재를 청산하기 위하야 일본인과 조선인 지주들에게 속한 토지를 반드시 몰수하야 토지 없는 농민과 토지 적은 농민에게 무상으로 난호와주는 토지개혁을 주장한다", "三. 근로인민의 근본적 민주주의적 권리를 보장하며 근로인민의 물질적 복리를 향상하기 위하야 우리 당은 8시간 노동제 실시와 노동자와 사무원의 사회보험과 성별연령의 차별없는 남녀노동의 동등임금제를 위하야 투쟁한다", "四. 강력한 민주주의 국가의 물질적 토대의 창설을 목적하고 일본국가와 일본인과 조선민족반역자에 속한 산업, 광산, 철도, 해운, 통신, 은행과 금융기관 상업기관 급 문화기관의 국유화를 주장한다" 등에 뚜렷하게 제시되어 있다.

50) 이여송, 「북조선 인민경제의 건설계획」, 『(주보) 민주주의』 1947. 6. 11, 15쪽. 토지개혁, 주요산업의 국유화, 진보적 노동법 실시의 의의에 대해서는, 장석만, 「민주독립은 민주개혁으로부터」, 『(주보) 민주주의』 1947. 8.

1930년대의 빈곤론과 만나지만, 해방기의 강렬한 시대어들이 인식체계에
들어오면서 이론적인 면에서나 입장의 강도면에서 훨씬 더 본격화된다.
빈궁문제를 민주주의와 맞물려 논제화시킴으로써 자본주의의 노동－생
산－분배 체계에 보다 사회과학적이고 구조적인 관점에서 접근하게 된다.
그는 "약자의 생존경쟁을 그대로 방임하는 현자본주의 사회"의 문제를
지적하면서 "일종 약자의 구제책에 불과"한 일련의 법안 마련 수준에
그치지 말고 "일터의 마련과 최소한도의 대중생활을 확보하도록 생산소비
의 조정"51)을 실시할 것을 주장한다. 이를 위해서는 "민의에 의한 강력한
중앙세력에 의한 통제 혹은 계획경제가 필요"하다고 강조하면서 경제관계
의 "대수술"을 요구했다. 이 과정에서 사회주의가 빈부문제에 어떻게
개입하고 있는지가 중요하게 소개되고 있다.

> 종래의 모든 정치사상은 다 인간의 빈궁을 퇴치하자는 것이 그 근본목적
> 이었다. 가령 소위 신진파이니 보수파이니 하는 정치운동도 여러 가지
> 사회경제난의 구제책을 제창하여 왔으며 그 근본가정은 빈궁계급의 존재
> 는 피할 수 없으되 그 현격(懸隔)에서 생기는 참상을 다소 완화한다는
> 것이여 근본적 퇴치는 불가피하다는 것이다. 여기서 실업대책, 빈민대책,
> 고아원, 양로원, 퇴직보험료의 지불같은 대책을 강구하여 왔으나 이는
> 있는 자가 없는 자에 대한 동정시은(施恩)책에 불과하였다. 사회주의는
> 이러한 개혁책 구제책의 노선을 떠나 이 기성사회의 조직기구를 뿌리
> 채 뜨더끊지므로서 빈부문제를 해결하려는 것이 그 강령이다.52)

그는 "빈궁"을 논하면서 사회주의를 중요하게 소개하는 이유를 "빈부의
현격이 심하여진 현대에 와서 사회주의적 사상은 직접 선전의 형식만이
아니라 모든 사회정책에 침윤하야 현대인으로 그 주의의 내용을 알지

---

51) 한치진, 『민주주의원론』, 過渡府政治敎育課, 1947, 124~126쪽.
52) 위의 책, 188쪽.

않고는 사회문제를 운위할 자격조차 없게 되었"53)기 때문이라고 제시한
다. 그러면서 사회주의적 "(사회)개조자들이 부의 공평한 분배를 주장하는
것은 부자의 소유를 그대로 빼앗어 구차한 사람들에게 노나준다는 것이
아니라 부자 자기네의 힘이 아닌 다른 모든 노동자들이 항상 제작하고
있는 부의 근원을 소유했다는 이유로 그 생산의 과정과 분배 교류를
지배하야 지금 생산한 물품만이 아니라 장래 영원히 생산될 부까지를
소유하고 지배하는 특권을 문제삼는 것"54)임을 다시한번 강조한다.

  이후에 언급하겠지만 한치진은 마르크시즘의 혁명론에는 동의하지
않는다. 그러나 부의 생산, 소유, 분배 방식이나 이 방식 자체를 낳는
구조 자체가 부유한 자 또는 자본가에 의해 결정-전유되는 심층의 모순을
지적한다는 점에서 그리고 이 모순을 설명하는 과정에서 마르크시즘과
사회주의를 주요하게 거론한다는 점에서, 그가 마르크시즘을 향해 일정한
거리를 둔 대화적-참조적 관계를 형성했다고 볼 수 있다. 그는 '부의
근원'의 공평한 소유와 분배라는 측면을 강조하면서 「부의 기원」, 「부의
분배」, 「자본의 기원」, 「자본의 성질」로 이어지는 설명체계를 구성한다.
이 절들에서 한치진은 "자본가는 일하지 않고도 부를 얻는 유산자가
되고 노동자는 매일 일해야 겨우 생계밖에 할 수 없는 무산자가 되"55)는
상황을 지적하고(「부의 기원」), "부는 당연히 그 생산자에게 소속되어야
할 터이나 그렇지 못하고 웨 소수 무생산자 소위 자본가에게 다부분이
들어가"56)게 되는지를 물으며(「부의 분배」), "자본은 노동자가 창조한
가치를 임금외에 모두 혼자 자치하려 모인 것"으로 "이는 자본가가 직접
피땀을 흘리지 않고 얻은 것이니만큼 사회주의자의 주장과 같이 약탈이요

---

53) 위의 책, 187쪽.
54) 위의 책, 196쪽.
55) 위의 책, 192쪽.
56) 위의 책, 196쪽.

노동착취라 할 수 있다"⁵⁷⁾(「자본의 기원」)고 명시한다. 해방기의 그의 논의는 식민지 시기의 『사회학개론』과 비교해볼 때 훨씬 높은 구조 분석력과 비판력을 갖는다. 마르크시즘이나 사회주의의 문제점을 지적하는 부분도 확연하게 줄어든다.

그렇다면 이와 같은 문제 발견과 문제 설정을 시작으로 그는 궁극적으로 어떤 해결의 전망을 제시하는가? 자본주의의 경제적 비민주성에 대항하는 "사회주의자와 기타 진보주의자들"의 "사회조직 개혁"(204)의 방향을 논하면서 한치진은 경제민주주의("민주적 경제관"⁵⁸⁾)의 핵심을 "인민 누구든지 다 소유자가 되게 하므로써 반사회적 소유권 즉 전매특허권을 부인하는 것", "공동으로 쓸 수 있는 물건을 공동소유로 하므로써 한사람도 빼놓지 않고 다 소유자가 되게 하려는 것"⁵⁹⁾이라고 압축한다. 따라서 종래의 "비민주적 자본사회"의 모순에서 벗어나기 위해서는 일반 인민이 생산수단을 공동협의 하에 자유 활용하도록 하고 산업기관을 국영화와 주식제도를 통해 인민전체, 노동자 전체에 적용하는 것이 필요하다.⁶⁰⁾ 구체적인 내용은 아래와 같이 부연되고 있다.

> 민주주의의 경제조직은 이미 시행하고 있는 국영과 주식제도를 인민전체 즉 노동자 전체에게 적용하자는 것에 불과하다. 토지나 자본을 공동관리와 활용에 둔다고 그것이 개인소유를 부인하는 의미는 아니다. 돌이어 이렇게 하므로써 개인소유를 확장하는 것이 된다. 이는 생산자본을 협동하의 개인소유로 인정하자는 가장 적당한 소유제도일 것이다. 웨그러냐하면 사람마다 기업주가 되게하는 민주주의처럼 *입**권을 강화해가는 제도는 다시없기 때문이다. … 산업민주주의하에서는 유산무산, 자본주의와

57) 위의 책, 199쪽.
58) 위의 책, 220쪽.
59) 위의 책, 220쪽.
60) 위의 책, 221~222쪽.

노동자의 대립투쟁이 있을 수 없다. 생산수단을 인민들이 공평히 소유하고 활용하니 모두 주인이요 자본의 노예가 없다. 다같이 자본주요 노동자다. 생산의 이익분배는 각자의 소유재산이 되며 쓰고 남은 것이 있으면 공동기업과 *리의 재산이 될 것이다. 한사람의 단독적 착취행동은 할 수도 없고 또한 필요도 없다.[61]

국영과 주식제도의 내화 및 전면화를 통한 개혁으로 "자본의 노예"(222)가 없는 민주주의가 시작되는 것이다. 이처럼 그의 경제민주주의론은 자본주의의 생산, 소유, 분배 메커니즘 자체를 문제화함으로써 해방기 집합의사가 집중되었던 계획경제론에 나름의 방식으로 접속하고 있다. 이 과정에서 한치진은 "세계인류의 장래할 행복은 민주주의와 맑쓰주의가 결탁하야 인류문화를 향상시키는데 있다"[62]는 입장을 표하기도 한다. 그리고 "노동자 문제는 일종 소비 란(欄)에서 취급할 것이요 이익란에서는 제외할 것으로 계산되어 있다. 이러한 견해는 하필 사회주의의 주장일 뿐 아니라 인류의 평등과 자유를 믿는 모든 진보사상의 관찰"[63]이라는 견해도 표명한다. 더불어 "사회주의가 토지와 자본을 개인의 절대소유 지배에서 인민에게 돌리어 공동활용하여서 생산노동의 부자유가 없게 하고 생산물은 인민의 공동협동하에 제조, 배급, 교환하자는 것이니 이 점은 민생문제 해결의 가장 진보적 견해라 할 수 있"지만 "이 견해의 장점-차라리 단점은 공동협동의 가능성과 개인노동자들의 자기책임 이행을 전제로 한 것인데 이 전제 조건의 과소평가는 경솔하다"[64]는 인정과 한계를 함께 언급한다. 이러한 진술들의 화법을 통해 확인하게 되는 것은 우선 그가 마르크시즘의 문제계와 공유하는 바를 갖는다는

---

61) 위의 책, 222쪽.
62) 위의 책, 292쪽.
63) 위의 책, 199쪽.
64) 위의 책, 212쪽.

점과 공유경향에 대해 그 스스로 의식하고 있다는 점 그리고 동시에 마르크시즘에 전적으로 동의하거나 자기를 투기하지는 않음으로써 거리두기를 하며 이와는 다른 노선을 상정할 여지 또한 드러낸다는 점이다.

『민주주의원론』(2) 단계에서, 사회주의와 긴장관계 및 대화관계를 형성하면서 구축되는 경제모델은 "민주주의"라는 용어로 명명되고 있다. 여기에 다른 개념이 동원되면서 그 실체가 명확해지는 것은 『현대사회문제』(1949)[65]에 이르러서다. 이 텍스트에서 한치진은 자신이 구상하는 경제민주주의 체제가 "사회민주주의"에 가까운 것임을 표명한다. 즉 그가 말하는 "민주주의와 마르크스주의의 결합체"라는 것이 "온건한 영국식 사회주의"임을 주장하고 있는 것이다. "종래 사회주의"는 "현 사회제도를 전적으로 부인하여 계급투쟁, 경제적 결정론, 유혈혁명을 고취하여 건설보다 파괴와 분열을 위주한 것이니 온건한 사상가로서는 수긍키 어려운 점"이 많기 때문에, "사회생활의 모든 조건을 공동 통제하자는 것이라면 이는 역사의 구궁하는 목적과 일치하는 것으로 반대할 성질의 것은 아니"[66]지만 '무혈'의 노선이 더 바람직하다는 것이다. 정부 수립 후, 해방기 특유의 현실적·인식론적 판도에서 벗어난 그는 "종래의 사회주의"를 벗어나 "온건한" 사회주의에서 자신의 지향점을 표현할 이념적, 개념적 틀을 찾아 더 분명히 표현할 수 있게 된 것이다. 이 무렵에 거론하고 있는 것은 노동자 보호시설 마련, 기업공유와 개인기업의 조정, 재원 마련을 위한 세제 실시 등의 "자본주의의 폐해 타개책이다.[67]

---

65) 서문에 따르면 『현대사회문제』는 찰스 엘우드의 *Sociology and Modern Social Problems*(1910)의 국역 번역본을 본 후 일부만 개정하여 싣고 대부분을 새로 써서 묶은 것이다. 그는 찰스 엘우드의 책 제목을 *Social Problems*라고 적고 있는데 이는 착오인 듯하며 *Sociology and Modern Social Problems*가 원제다. 이 책에서 다루고 있는 미국 사회 문제는 이민, 흑인, 도시, 범죄, 빈곤 문제 등이다. 한치진이 조선의 사회문제로 제기하는 것은 정치경제 문제, 아동취학과 문맹문제, 직업부인 문제, 실업문제, 민족단결과 지도자문제다.

66) 한치진, 『현대사회문제』, 조선문화연구사, 1949, 42~43쪽.

해방기 남한에서 잠시 열렸던 가능성 즉 민주국가 건설이라는 공적 기획, 삶의 근원적인 질적 변화에의 기대, 체제의 전면적 전환이라는 바람이 대부분 소거된 1949년 가을, 그는 이미 "빈궁은 혁명 없이 제거될 수 있는 인도적 문제"(43)라는 명제로 다시 돌아와 있던 것인지도 모른다. 그는 이중으로 "사회를 위하려"(34)는 의지 혹은 딜레마를 갖고 있었다. 노동착취, 부의 불공정 분배, 물질만능적 인생관이라는 "자본주의의 악"(35)으로부터도 '사회를 보호해야' 했지만, 동시에 폭력적인 "급진적 혁명"으로부터도 '사회를 보호해야' 했던 것이다. 무엇으로부터의 보호가 더 절박하고 중대한 것인가라는 질문 앞에서 그는 '혁명'으로부터 사회를 보호할 것을 선택한 듯하다. 혁명으로부터 사회를 보호하려 할 때, 비민주적 경제관계와 그것의 해소는 "인도적 문제"로 축소 환원되고 마는 것이다. 물론 한치진은 국가가 교정기구가 되어 "계급증오의 발달격화"(34)를 완화해야 한다는 주장을 유지하고 있다.(68) 그러나 남한의 구체적인 현실을 가장 많이 언급하면서 논의를 전개하고 있는 『현대사회문제』는 실상

---

67) 위의 책, 35~40쪽 참고.
68) 이 점에서 그가 구상한 '사회보호'와 국가의 역할은 미국의 뉴딜 정책의 이데올로기와 만나는 면이 있다. 한치진이 실제로 뉴딜 정책에 대해 어떤 언급을 했었는지 혹은 어떤 영향을 받았는지는 실증적으로 규명되어야 할 부분이라 생각된다. "사회적으로 정향된 뉴딜의 정책들과 집단성을 강화하는 파시스트 사상들 사이"의 "많은 유사성"을 규명하면서 뉴딜, 파시스트 이탈리아, 나치 독일의 공통성("집산주의, 경제적-사회적 계획에 기초한 그리고 카리스마적 지도자와 기념비적인 공공사업")을 밝힌 논저로는 볼프강 쉬벨부시, 차문석 역, 『뉴딜, 세 편의 드라마』, 지식의풍경, 2009(Wolfgang Schivelbusch, *Three new deals : reflections on Roosevelt's America, Mussolini's Italy, and Hitler's Germany, 1933~1939*, New York : Picador, 2007) 참고. 그는 대중들이 전체주의적 정권에 이끌린 것은 "자신들이 무시받지 않고 동등한 존재로서 취급받는다는 느낌 때문이었으며 자신들이 더 이상 혼자 힘으로 살아가지 않아도 되며 국가라는 새로운 계급 없는 공동체가 제공하는 보호, 안전, 연대를 향유할 수 있다는 느낌"(40쪽)때문이었다고 파악한다. 대중의 기대 그리고 우파 지식인의 사회보호론과 국가론은 이런 점에서 서로 공유하고 소통하는 바가 있을 듯하다.

이론적 전망과는 꽤 차이가 나는 단순한 해법을 제시하곤 한다. 빈곤과
공산화의 위험을 연결짓거나, 배급이라는 구민책을 제안하는 등 반공주의
에 기반한 조악한 판단과 단순한 해법이 여기저기 흩어져 있을 뿐이다.

4. 지식의 소거 또는 패러다임의 전환

해방기에 분출했던 인간적 삶에의 열망과 그 실현을 위한 구조적 변혁에
의 요구는 어떻게 되었는가? 이 질문은 이러한 열망과 요구가 남과 북에서
맞은 정황을 염두에 두고 생각해야 할 듯하다. 토지개혁, 노동법, 산업국유
화, 그리고 공업재건은 북한에서 급속도로 실행되었다.[69] 이 과정에서
인민의 열망과 요구는 통치권의 자장 안으로 빠르게 흡수되면서 체제
내화되었다.[70] 그리고 국가는 인민의 요구와 열망을 시스템 상에 안착시키
고 삶과 안전을 보호해준 데 대해, 그에 걸맞는 도덕적 조응을 피통치
집단에 요구했다.[71] 물론 제대로 응하지 않는 자들이 일으키는 균열과
이들에 대한 처벌이 상존하고는 있었다.[72] 어쨌든 이것이 북한 체제의

---

69) 산업시설의 복원과 정비가 이루어지는 북조선 풍경 그리고 이 건설과 재건의
　　스펙터클을 목격한 주체의 감동은 온낙중,『북조선기행』, 조선중앙일보출판부,
　　1948과 서광제의『북조선기행』, 청년사, 1948에 잘 나타나 있다. 관련 글로는
　　김려수,「노동생산률 제고와 단기단축운동의 승리를 위하여」,『인민』, 1948.
　　10(『북한관계사료집』XIV, 국사편찬위원회, 1993). 북한의 노동규율, 노동보호
　　등과 관련해서는 석일,「노동규율에 대하여」와 김성률,「노동보호와 안전시설」
　　참고. 모두『인민』, 1948. 7. 소수(『북한관계사료집』XIV, 국사편찬위원회, 1993)
70) 사회주의가 지향하는 해방의 정치가 국가주도의 발전주의와 대중동원의 정치로
　　전환되는 구조를 규명한 연구로 김무용,「해방 후 사회주의세력의 경제체제
　　구상」,『한국사학보』20, 고려사학회, 2005.
71) 안지인,「생산의식의 제고와 창발력 발휘를 위하여」,『인민』, 1948. 7.(『북한관계사
　　료집』XIV, 국사편찬위원회, 1993.)
72) 사회주의 국가 노동자들의 "디오니소스적" 저항에 대해서는 차문석, 앞의 책 ; 홍

성립과 정당화 메커니즘이었다면, 남한은 어떠했는가? 북과는 달리 열망과 요구는 원활하게 흡수되지 않았다. 국가가 뜨거운 바람을 흡수할 능력과 의지를 온전히 발휘하지 않았기 때문에[73], 인민의 정치경제적 욕망은 사실상 가닿을 곳 없이 흩어져 버린 셈이다.

한치진의 경제민주주의 전망이 이 두 체제의 어디쯤 자리 잡을 수 있을지 가늠해본다면 어떨까. 그의 경제민주주의론은 북의 관점에서는 미흡하고 미달한다. 반대로 남의 관점에서는 과하고 부담스럽다. 한치진의 빈곤론이나 경제민주주의론이 국가를 직접 호명하는 문구를 취한 것을 아니지만, 여러 보장 정책의 입안과 실행의 실질적인 주체로 상정한 것은 당연히 국가였다. 자크 동즐로는 사회보장제도(론)의 정치적 의미를 고찰하면서, 보장보험 같은 사회연대의 제도가 국가에 부여하는 역할은 사회구조를 의지적으로 변모시키는 대리인의 역할이 아니라 기존 구조의 내부에서 가능한 한 연대적인 관계를 만들어 내는 역할임을 규명한 바 있다.[74] 이런 법제는 사회의 결핍을 복구하고 가난의 결과를 보상하며 억압의 결과를 줄일 뿐이라는 점에서 체제를 단지 '교정'할 뿐이지 '재구성' 하지는 않는다는 것이다.[75] 이에 비추어 보면 남한의 국가는 '재구성'은 절대불가한 것으로, '교정'은 미뤄도 되는 것으로 여긴 거나 마찬가지다. 그래서 국가를 향해 있던 정치적 열정의 주체들은 국가가 별다른 제스처를 취하지 않자 삶이 단지 생존 투쟁으로, 안전에의 추구로 위축되어 전락하는 풍경을 목도해야 했다.

민, 「북한체제의 '도덕경제'적 성격과 변화 동학」, 『진보평론』 24, 진보평론, 2005.

73) 남한의 정책적 시도가 전무했던 것은 물론 아니다. 정부수립 초기의 경제정책에 대해서는 정진아, 「제1공화국 초기(1948~1950)의 경제정책 연구」, 『한국사연구』 106, 한국사연구회, 1999.

74) 자크 동즐로, 앞의 책, 123쪽.

75) 위의 책, 112쪽.

해방기의 한치진은 지식과 이념이라는 측면에서 미국이라는 오랜 자기 전거를 유지하면서 어떤 식으로든 마르크시즘과 사회주의를 참조적 대화 상대로 놓고 자본주의 문제를 천착하는 인식의 문법을 보여준다. 모순적이고 자가당착적인 과정을 거치면서 사회문제를 발견하고 해결의 방법론을 궁굴렸다는 점에서, 1945년 이후의 남한 사회의 문제, 문제발견의 인식론적 조건, 인식론적 조건의 사회정치적 조건을 고찰할 때 그는 징후적인 표본이 될 수 있다. 그렇다면 한치진 이후에는 어떤 일이 일어났는가? 1950년 무렵 지식계에서 마르크시즘적 인식틀과의 거리 조절이 어떻게 진행되고 있었는지를 검토할 때 한치진과 더불어 살펴볼 만한 중요한 인물이 바로 이상백이다.[76] 1950년 『학풍』은 「사회학 특집」을 마련하면서 남한의 학자들이 집필한 6편의 글과 미국사회학을 소개하는 2편의 글 그리고 「학설중심 사회학자군상」을 싣는다. 「사회학 특집」은 이 저널의 「경제학 특집」과 「정치학 특집」의 뒤를 잇는 기획이었다. 게재된 글 가운데 이상백의 「질서와 진보」는 사회학의 패러다임이 바뀌는 흥미로운 풍경을 보여준다. 이 글은 콩트의 질서와 진보 개념을 중심으로 근대 사회학이 갖는 의의를 구명하는 것을 목적으로 하고 있다. 그는 마르크스가 "매우 가치 있는 사회학을 건설"했고 그런 면에서 "사회학 건설자의 일인으로 보아야만 당연"하다고 하면서 "마르크스의 후기의 경제학의 우월과 그 학설의 계급성 때문에 그 진리를 간과 무시하는 것은 학문으로서 정당한 태도가"[77] 아니라고 표명한다. 하지만 그럼에도 불구하고 마르크

76) 이상백은 1924년 와세다대학 문학부 철학과에 입학하여 사회철학을 전공한다. 1936년까지 사회학 연구생으로 수학하면서 당시 와세다대 철학과의 학풍과 와세다계 정치학의 영향을 받은 것으로 평가된다. 1945년 서울대 법문학부 사회학 전공 교수로 부임한 후(『동아일보』 1945. 12. 28), 사회학(과)의 제도화에 중심적인 역할을 한다. 이에 대해서는 박명규, 앞의 글 참고.

77) 이상백, 「질서와 진보」, 『학풍』, 1950. 6, 12쪽. 그는 1948년 9월 『학풍』 창간호에 「과학적 정신과 적극적 태도」를 게재한다. 이 글은 콩트의 이론을 바탕으로 "과학적 정신"과 "적극적 정신"이 결합된 "실증적 정신"에 기반하여 "같이 살고

시즘을 기준으로 학문의 진보/반동을 가늠하는 경향은 문제가 많다고 비판하면서, 마르크시즘과는 전혀 다른 맥락에서 진보의 자질을 찾아온다. 즉 "사회학이란 학문 내부에 있어서의 진보적 또는 반동적 입장은 위에 말한 바와 같은 마르크스주의적 기준을 고집하지 않고도 생각할 수"[78] 있는 바, 사회학에서의 진보는 과학연구로서 합리적이고 정밀한 조사방법을 갖고 풍부한 실증적 성과를 내고 있는지 여부로 판단되어야 한다는 것이다.

이것은 남한의 (사회학) 학문의 장에서 '마르크시즘을 피하며 말하는' 방식이 선명하게 출현하는 인상적인 장면이라 할 수 있다. 이처럼 이상백에 의해 과학적 방법론과 실증성에 뚜렷한 의미부여가 이루어진 뒤 수년 후,[79] 사회문제를 인식하고 탐구하는 사회학계의 지식생산 방식은 크게 바뀐다.[80] 주지하듯이 미국으로부터의 사회조사방법론 도입이 변화를 초래한 결정적인 계기였다. 이상백이 행한 '사회학의 탈마르크시즘적

활동하는 현재의 인간"을 탐구할 것을 강조한다.

78) 위의 글, 13쪽.

79) 사회학과 사회 연구에서의 경험주의 및 실증주의에 대한 검토로는 라이트 밀즈, 강희경 외 역, 『사회학적 상상력』, 기린원, 1977(Mills, C. Wright, *The sociological imagination*, New York : Oxford University Press, 1959) ; 존휴즈·웨슬리 샤록, 이기홍 역, 『사회연구의 철학』, 한울아카데미, 2000(John A. Hughes, Wesley W. Sharrock, *The Philosophy of social research*, London ; New York : Longman, c1997)

80) 1952년에 출간된 변시민의 『사회학』(박영사)에는 사회조사방법론 부분이 포함되어 있다. 그러나 주지하듯이, 이 방법론이 실제 연구에 적용되어 한국 사회의 '사실'을 구성하기 시작한 것은 이만갑이 미국에서 돌아온 1950년대 후반부터다. 그가 사회조사방법론에 기반하여 제출한 첫 연구는 "한국사회 자체에 대한 과학적 접근"을 목적으로 한 『한국농촌의 사회구조』(한국연구도서관, 1960)이다. 이 연구는 "우리는 우리 자신이 살고 있는 사회에 관해서는 너무 모르고 있었다"(1쪽)는 성찰을 동반하고 있다. 이후 이만갑은 『사회학보』 등에 사회조사방법론의 의의와 관련해서 글을 발표하고 『사회조사방법론』(진명출판사, 1963)을 쓴다. 1950년대 후반~1960년대 초반에 본격적으로 열린 '사회조사연구의 시대'에 사회현장, 소집단에 밀착하려 한 지적 욕망이 어떤 의미를 가졌는지는 연구가 좀더 필요하므로 이 글에서는 생략한다.

진보성 선언'에 의하면 사회 연구에서 중요한 것은 이념적 위치잡기를
통해 이루어지는 진리주장이 아닌 것이다. 진리도, 진리주장의 방식도
크게 변화하고 있었다. 이것은 패러다임의 전환을 뜻한다. 1946년 한
논자는 사회과학(자)과 그것이 추구해야 할 진리의 관계를 "현재에 있어서
미래를 대표하는 도덕이 가장 많은 **성을 가지고 있는 것이 확실"한
"마르크스, 엥겔스 파의 주장"[81])에 기반하여 생각하라고 강력하게 권한
적이 있다. 그로부터 4년 후 우리는 사회학을 논하는 남한의 학술논단에서
이상백의 글을 만난다. 전자에서 후자로 이어지는 장면 이동의 경계선
어딘가에, 희미한 문턱으로서의 한치진이 있다.

참고문헌

1차 자료

『동아일보』, 『학풍』
국사편찬위원회 편, 『북한관계사료집』 XIV, 국사편찬위원회, 1993.
김남식 외 편, 『한국현대사자료총서』, 돌베개, 1986.
김병순, 『건국요강』, 문화보급사, 1947.
민주주의 민족전선 편집, 『해방조선』 2, 과학과사상, 1988.
변시민, 『사회학』, 박영사, 1952.
이만갑, 『한국농촌의 사회구조』, 한국연구도서관, 1960.
한치진, 『사회학개론』, 조선문화연구사, 1947.
한치진, 『민주주의원론』(2), 과도정부정치교육과, 1947.
한치진, 『현대사회문제』, 조선문화연구사, 1949.
Charles A. Ellwood, *Sociology and Modern Social Problems*, American book company, 1910.
Emory Stephen Bogardus, *Introduction to the Social Sciences*, Ralston Press, 1913.

---

81) 임취유, 「사회과학의 계급성 문제」, 『혁명』, 1946. 1, 29쪽.(김남식 외 편, 『한국현대
사자료총서』 9, 돌베개, 1986, 732쪽.)

(https://archive.org/stream/introductiontos02bogagoog#page/n90/mode/2up)

단행본

김기원,『미군정기의 경제구조 – 귀속기업체의 처리와 노동자 자주관리운동을
　　　중심으로』, 푸른산, 1990.
김현주,『사회의 발견』, 소명, 2014.
다나카 다쿠지, 박해남 역,『빈곤과 공화국』, 문학동네, 2014.
라이트 밀즈, 강희경 외 역,『사회학적 상상력』, 기린원, 1977.
볼프강 쉬벨부시, 차문석 역,『뉴딜, 세 편의 드라마』, 지식의풍경, 2009.
이매뉴얼 월러스틴, 성백용 역,『사회과학으로부터의 탈피』, 창작과비평사, 1994.
자크 동즐로, 주형일 역,『사회보장의 발명』, 동문선, 2005.
존휴즈, 웨슬리 샤록, 이기홍 역,『사회연구의 철학』, 한울아카데미, 2000.
차문석,『반노동의 유토피아』, 박종철출판사, 2001.
피에르 부르디외, 김주경 역,『세계의 비참』, 동문선, 2000.
최정운,『지식국가론』, 삼성출판사, 1991.

논문

김무용,「해방 후 사회주의세력의 경제체제 구상」,『한국사학보』 20, 고려사학회,
　　　2005.
김인수,「식민지 지식국가론 – 1930년대 '조선사회성격논쟁'에 대한 재고」, 한국사
　　　회학회 후기 사회학대회, 2012.
김인수,「일제하 조선의 농정 입법과 통계에 대한 지식국가론적 해석 – 제국 지식체
　　　계의 이식과 변용을 중심으로」, 서울대학교 박사학위논문, 2013.
김재호, 김용직 편저,「대한민국 정부수립의 경제적 기초와 근대적 재정제도의
　　　성립」,『대한민국 정부수립과 국가체제 구축』, 대한민국역사박물관,
　　　2014.
이혜숙,「미군정기 일본인 재산의 처리와 농업정책」,『사회와역사』 23권, 한국사회
　　　사학회, 2009.
정청세,「해방 후 농지개혁의 사회적 조건과 형성과정」, 연세대학교 박사논문,
　　　2003.
박명규,「한국 사회학의 전개와 분과학문으로서의 제도화」, 이화여자대학교 한국

문화연구원편, 『사회학연구 50년』, 혜안, 2004.

신광영, 「한국 계층과 계급연구사」, 이화여자대학교 한국문학연구원 편, 『사회학연구50년』, 혜안, 2004.

이준식, 「일제 침략기 개량주의 사회학의 흐름」, 『사회학연구』 4, 한국사회학연구소, 1986.

전병재, 「사회학과 마르크스주의의 상관성 해명을 위하여」, 전병재 엮음, 『사회학과 마르크스주의』, 한울, 1985.

정진아, 「제1공화국 초기(1948~1950)의 경제정책 연구」, 『한국사연구』 106, 한국사연구회, 1999.

최재석, 「1930년대 사회학 진흥운동」, 『민족문화연구』 12, 고려대학교 민족문화연구원, 1977.

홍 민, 「북한체제의 '도덕경제'적 성격과 변화 동학」, 『진보평론』 24, 진보평론, 2005.

홍정완, 「일제하~해방 후 한치진의 학문체계 정립과 '민주주의'론」, 『역사문제연구』 24, 역사문제연구소, 2010.

'과학입국'의 유토피아 : 두 개의 한국, 하나의 꿈

김 태 호

 과학기술은 산업 역량의 바탕이 되지만, 그 못지않게 특정한 가치를 담은 이데올로기로서 사회에 영향을 미친다. 과학기술이 배태된 서구 사회에서도 과학기술은 계몽주의의 토대가 되었고, 현대에도 과거에 종교가 가졌던 영향력을 부분적으로 대체하며 많은 사람들의 신념과 선택에 영향을 미치고 있다.

 과학기술의 이데올로기적 면모는 비서구 사회에서 더욱 극적으로 드러 났다. 대부분의 비서구 사회는 산업혁명 이후 강대한 군사력과 압도적인 생산력으로 무장한 서구 열강과 조우하면서 근대를 접하게 되었고, 과학기 술이 그 바탕에 깔린 힘이라고 인식하게 되었다. 비서구 사회의 지식인들은 서구 열강 앞에서 자기네 나라가 무력한 이유를 과학의 부재에서 찾고자 했고, 여러 가지 형태로 그에 대한 해결책을 찾았다. 중국 5·4운동의 구호가 "민주와 과학"이었던 것은 이러한 모색의 가장 솔직한 형태라 할 수 있다. 실제 서양 과학과 기술의 발전 양상을 보면 자연과학이 본격적으로 산업 기술과 영향을 주고 받기 시작한 것은 19세기 말이 되어서야 나타나는 현상이다. 하지만 서양과 조우하면서 전통적 세계관의 해체, 군사적 패배, 경제적 침탈, 정치적 간섭 등의 충격적인 사건들을 한꺼번에 겪어야 했던 동아시아의 지식인들은 과학, 기술, 산업 등을 구분할 여유가 없이 뭉뚱그려 받아들였고, 그 근본적 원인이라고 여긴 "과학"에 대한 일종의 신앙을 갖기에 이르렀다. 많은 지식인들이 사회주의에 우호적이었던 것도 그 주요 명제와 세계관 등이 "과학"을 표방한 것과 무관하지 않다.

이보다 조금 더 완곡하고 세련된 형태의 모색 가운데는 "사실은 과학이 부재했다고는 할 수 없으니, 우리는 전통을 살려 조금만 더 노력하면 된다"는 류의 담론이 있다. 이 형태의 담론은 한중일 삼국에서 다양한 형태로 변주되어 오늘날까지도 쉽게 찾아볼 수 있다. 일본은 에도 시대 장인문화의 전통을 부각시킴으로써 자신들의 성공적인 산업화가 역사적으로 뿌리를 가진 일이었다는 주장에 힘을 싣고 있다. 중국은 니덤의 기념비적인 저작 『중국의 과학과 문명』을 앞세워 중국 과학의 유산을 과시하고, 나아가 자신들이 20세기에는 서구의 과학기술을 수입하는 입장에 잠시 놓이기는 했으나 그보다 훨씬 오랫동안 세계의 과학기술에 이바지했음을 강조하고 있다. 한국도 자신들이 낳은 세계 최초의 발명과 발견의 목록을 내세워 유구한 과학기술의 전통을 이어 왔음을 호소하고 있다. 이들 담론은 전통 사회에서 과학기술의 "맹아"를 찾아 긍정적으로 재평가한다는 면은 있으나, 과학기술을 당위적인 지상명제로 상정하고 그것의 부재냐 존재냐를 따지고 있다는 면에서 과학기술의 이데올로기적 역할에 대해서 근본적 비판을 제기하지 못하고 있다는 한계가 여전하다.

어떤 형태의 담론에 기대든, 근대 한국에서 과학기술 담론이 발현되는 양상은 두 가지 특징을 공유한다. 첫째, 과학기술의 부재 또는 결핍을 전제하고 그 원인을 사회에서 찾는다. 둘째, 따라서 과학기술의 보급과 정착을 위해서는 과거 그것을 가로막았던 원인들을 제거해야 한다는 주장을 편다. 결과적으로 과학기술에 대한 관심은 사회 개조를 요구하는 것으로 귀결되고, 과학기술 담론은 일종의 사회 개혁 이데올로기로 작동하게 되는 것이다. 이는 남한과 북한 양쪽에서 공통적으로 일어났던 일이다. 두 개의 한국에서 과학기술은 국가 건설을 위한 실제적 힘으로 작용했을 뿐 아니라, 국가 건설을 위한 주요한 이데올로기적 자산으로 쓰였다. 특히 남북한의 사례를 비교하면 자본주의와 사회주의 체제의 차이점 못지않게 공통점을 볼 수 있어 더욱 흥미롭다.

이 글은 남북한의 과학기술 담론의 공통점과 차이점을 몇 가지 사례를 들어 비교 분석해 보고자 한다. 우선 남북한이 과학기술 담론의 전제로 공유하는 결핍감과 갈망의 근원을 역사적으로 추적하고, 남북 분단을 거치면서 과학기술계는 어떻게 재편되었는지 살펴볼 것이다. 그리고 전후 복구 시기 북한 과학기술계가 괄목할 만한 성과를 거두고, 이것이 어떻게 북한 과학기술 담론의 자신감으로 이어졌는지 추적할 것이다. 이어서 남한의 경제성장 과정에서 과학기술계가 어떻게 동원되었고, 과학기술 담론은 이를 어떻게 뒷받침했는지 살펴볼 것이다. 마지막으로 현재의 남북한의 과학기술 담론의 단면을 들여다보고, 이를 통해 다시 남북한 사회의 특징을 생각해 보고자 한다.

1. 이상과 현실의 괴리가 낳은 갈망

과학기술에 대한 동경은 한국인이 근대를 접하고 근대성에 대한 선망을 갖게 되면서 자연스럽게 나타났다. 증기선과 대포, 전신, 외과수술 등으로 상징되는 서구 근대의 물질적인 힘은 조선의 지식인들을 매료시켰고 개화사상의 현실적 토대를 제공하기도 했다. 즉 근대 과학기술은 한국에 처음 소개되었을 때부터 서양의 무시무시한 생산력의 물질적 토대이자, 그 막강한 생산력을 가질 수 있도록 서양 사회를 조직한 사상으로 받아들여졌다. 이는 동아시아 지식인들이 자기네 사회의 모순에 대해 품고 있었던 불만과 연결되어, 전통 사회 비판과 사회 개조를 부르짖는 수많은 논설이 자라나는 토양이 되었다. 이광수가 『무정』(1917)에서 작중 인물의 입을 빌어 "조선사람에게 무엇보다 먼저 과학을 주어야 하겠어요"라고 부르짖은 것도, 과학기술이 지닌 생산력의 측면보다도 기존의 미신과 인습 또는 관념론에 대비되는 사상으로서의 측면에 더 큰 기대를 걸었기 때문이다. 이와 같은 사상으로서의 과학기술에 대한 기대는 일제강점기를 거치면서도 꾸준히 유지되었다. "과학" 또는 "과학적"이라는 호칭은 많은 경우 전통에 맞서 근대가 약속하는 미래상을 추구한다는 의미를 함축했다.

그러나 "과학" 또는 "과학기술"에 대한 동경이 나날이 커져 간 것에 비해, 개화기로부터 일제강점기에 걸쳐 한반도에서 실제로 과학 지식이나 과학기술 활동을 접할 수 있는 기회는 매우 제한되어 있었다. 이러한 이상과 현실의 괴리는 한반도의 지식인들이 품은 "과학"에 대한 갈망을 더 크게 하였고, 과학은 지금 현실에는 없지만 언젠가는 절대적으로 추구해야 하는 목표로 각인되었다.

개화기의 과학기술 도입 시도는 대부분 성과를 거두지 못한 채 단명하였다. 과학기술에 대한 담론도 뚜렷한 형태를 갖추지 못하고 산발적으로 개진되는 데 그쳤다. 신문이나 잡지의 논설에는 지구와 태양계의 구조와 같은 단편적인 과학지식이나 위대한 과학자의 일생 등이 소개되기는 했으나, 이는 과학기술을 어떻게 볼 것인가에 대한 논의와는 거리가 멀었다.

과학기술에 대한 전반적인 인식은 국권을 상실한 1910년대에도 크게 달라지지 않았다. 일제강점기 식민 권력기관은 과학 또는 과학기술의 이름을 전면에 내걸고 인민을 훈육하고 동원하는 데는 많은 관심을 보였지만, 정작 과학기술 교육을 진흥하거나 교육기관에서 양성된 과학기술자가 일할 수 있는 일자리를 마련하는 데에는 별로 적극적이지 않았다. 무단통치 시기에 설립된 과학기술 관련 교육기관은 경성공업전문학교(1915, 1907년 설립된 공업전습소를 승격), 경성의학전문학교(1916, 1899년 설립된 의학교를 승격), 수원농림전문학교(1918)에 지나지 않았다. 그리고 1920년대 들어 토지조사사업과 광산개발 등이 진행되자 비로소 한반도에서 과학기술을 익혀 일자리를 구하는 것이 현실이 되었다. 그 일자리도 측량 등을 보조하는 하급 기술인력에 지나지 않았다.[1] 즉 앞에서 예를 든 『무정』에서, 이광수가 "생물학이 무엇인지도 모르면서 새 문명을 건설하겠다고 자담하는 그네의 신세도 불쌍하고 그네를 믿는 시대도 불쌍하다"고 자탄한 것은 1917년의 현실에서 큰 과장은 아니었다.

그 결과 과학이라는 낱말이 널리 유통되었던 것에 비하면, 정작 한국인이 체득하거나 익힐 수 있던 과학기술은 별 것이 없었다. 일제강점기를 통틀어 이공계(의학 제외) 대학을 정상적으로 졸업한 이는 일본에서 204명(이학 63명, 공학 141명), 미국에서 50여 명(추산)에 지나지 않았다. 이공계 박사학위를 딴 이는 그보다도 훨씬 적어서 일본에서 여섯 명, 유럽과 미국 등지에서 여섯 명 뿐이었다. 얼마 되지 않는 이들 과학기술 전문인력이 자신의 역량을 펼칠 수 있는 기회조차 한반도 안에서는 찾기 어려웠다. 과학기술계 고등교육기관도 얼마 되지 않았거니와 그 교수진은 거의 모두 일본인이었다. 공학계 인력을 수용할 산업시설도 흥남비료공장 등을 빼고는 거의 없었다. 따라서 고등교육을 받은 과학기술자들은 귀국과 동시에 자신들이 교육받았던 환경과 단절되어 연구에 대한 꿈을 접을 수밖에 없었다.

과학기술 담론은 그 사회의 과학기술의 현재를 반영할 수밖에 없기 때문에, 일제강점기 한반도의 과학기술 담론도 당시의 열악한 현실의 제약을 벗어나지 못 했다. 과학기술의 본질과 사회 속에서의 역할에 대한 구체적인 논의 같은 것은 찾아보기 어려웠고, 과학이 한국인을

1) 「일제의 식민 지배와 과학 교육」, 박성래·신동원·오동훈 저, 『우리과학 100년』, 현암사, 2001, 82~103쪽.

계몽하고 한국 사회의 개화에 이바지할 것이라는 선언 또는 믿음 수준의 이야기들이 간간이 눈에 띌 뿐이었다. 이는 일본의 과학기술 담론과 대비되는 부분이다. 일본은 19세기 말이면 대학 수준의 과학기술 교육이 제도화되었고, 20세기 초에는 상당한 수의 과학기술 엘리트를 보유하게 되었다. 이들이 법학 교육을 받은 관료로 대표되는 문과계 엘리트와 대립하며 스스로의 정체성을 확립해 나가는 과정에서 "과학기술"이라는 용어가 적극적으로 사용되었다.[2] 따라서 일본의 과학기술 담론은 과학기술이 일본의 국가 형성에서 어떤 자리를 차지해야 하는지, 또 테크노크라트는 일본의 관료 사회 또는 지식인 사회 안에서 어떤 역할을 맡아야 하는지에 대한 과학기술계의 요구이자 제안이었다. 이에 비해 일제강점기의 한반도에는 "테크노크라트"로 부를 수 있는 집단이 형성되어 있지 않았다. 한국인 과학기술자의 수도 적었지만 정치 권력에서 철저하게 소외되어 있었기 때문이다. 이러한 현실의 제약은 과학에 대한 갈망과 대비되어 더욱 절실하게 다가왔다. 과학이 없음에도 불구하고, 아니 과학이 없기 때문에, 과학에 대한 갈망만이 더욱 깊어갔던 것이다.

과학기술자 커뮤니티가 없는 과학기술 담론이라는 한계를 우회하기 위해, 식민지 지식인들은 일본과는 다른 층위에서 다른 형태의 과학기술 담론들을 만들어 냈다. 한편으로는 과학의 부재를 강조한 식민사관에 대한 반발로 전통 사회의 위대한 발명 발견을 열거한 "천재민족론" 같은 것이 나오기도 했다. 최남선과 같은 저명한 문인들은 거북선, 고려청자, 훈민정음, 측우기 등 한국사에 기록된 세계 최초의 발명품들을 찾아내어 청년들에게 희망을 가질 것을 설파했다. 이렇게 촉발된 "겨레의 슬기"에 대한 관심은 사실 식민사관에 대한 반작용이라는 수세적 대응이었고, 결국에는 조선 사회가 성리학에 얽매여 정체되었다는 식민사관의 기본

---

2) Hiromi Mizuno, *Science for the Empire : Scientific Nationalism in Modern Japan*.(Stanford, CA : Stanford University Press, 2009)

구도를 극복하지 못한 채 그대로 빌려 오는 데 머물렀다. 그러나 이러한 한계에도 불구하고 이런 이야기들이 상처 입은 민족적 자존심을 어느 정도 달래주었던 것도 사실이다. 이들이 이때 "조선인의 천재성"의 예로 든 거북선, 측우기, 훈민정음, 금속활자 등의 사물들은 대부분 오늘날까지도 그 상징적 가치를 잃지 않고 살아남아 있다. 이러한 주장에 공명한 당시의 언론에서도 과거의 탁월한 발명품과 현재(1930년대)의 한국인 신진 발명가들을 연결하여 민족의 장래를 논하기도 했다.[3]

다른 한편으로는 이론적인 과학보다 기술과 발명을 강조하는 담론도 생겨났다. 오랜 기간의 추상적 훈련이 필요한 이론과학보다는 예리한 관찰력과 성실한 노력만 있으면 식민지의 척박한 교육 환경에서도 나름의 성과를 거둘 수 있는 발명이야말로 조선의 실정에 맞는 과학기술의 형태라는 것이다. 김용관(1897~1967)을 위시한 일군의 지식인들이 1920년대 중반 이후 '발명학회'와 '과학지식보급회' 등의 단체를 설립하고 '과학데이' 행사를 열었던 것 등이 그 사례다. 김용관은 일본에 유학하여 1919년 도쿄 고등공업학교 요업과를 졸업하고 귀국하여 엔지니어로 활동하다가, 1924년 발명학회를 설립하고 민중을 위한 발명 컨설턴트를 자처하였다. 고등교육이나 산업기반이 취약한 한반도에서 한국인이 두각을 나타낼 수 있는 분야는 첨단 연구보다는 실생활에 밀착된 소소한 발명이므로, 지식인들은 법적, 제도적 자문을 통해 이러한 민중의 발명 활동을 도와야한다는 것이 그의 주장이었다.[4] 그는 1933년 잡지 『과학조선』을 창간했고, 1934년에는 과학지식보급회를 결성하여 과학 데이 행사를 시작하였다. 비록 일제 말기 전쟁 체제로 돌입하면서 이들 활동이 결실을 거두지는

---

3) 「발명조선의 귀중한 수확 : 혁혁한 선인 유업에 천재적 창안」, 『동아일보』 1936. 1. 1.

4) Jung Lee, "Invention without Science : 'Korean Edisons' and the Changing Understanding of Technology in Colonial Korea," *Technology and Culture* 54 (2013), pp.782~814.

못했지만, 학문적 탁월함보다는 생활 속의 실용에 초점을 맞춘 김용관의 활동은 식민 지배국인 일본과 비교하여 한반도의 과학기술 담론이 어떻게 다른 형태로 발전했는지 알 수 있는 실마리를 보여준다.[5] 이렇게 "조선 사람이 잘 할 수 있는 것"을 찾던 끝에 실용 중심으로 과학을 사고하는 경향은 일제강점기 연구 성과를 낼 수 있었던 몇 안 되는 과학자인 석주명(곤충분류학)과 도봉섭(식물학, 약학) 등에서도 발견할 수 있다.[6]

요컨대, 국권 상실이라는 근본적인 제약에 의해 근대 초기의 과학기술은 균형 있게 발전하기 어려운 상황이었으며, 그에 따라 지식인과 대중의 과학기술에 대한 이해와 과학기술 담론도 단편적인 것에 머물렀다. 일제강점기 과학기술에 대한 이야기의 대부분이 텍스트로는 "과학"을 이야기하고 있지만 실제로는 "기술"과 "산업"을 가리키고 있는데, 이러한 불합치 또는 미분화 상태도 이상과 현실의 괴리라는 맥락 안에서 이해해야 한다.

2. 과학기술계의 분단과 남북한 과학기술의 평행 발전

광복 후의 정치사회적 혼란 속에서 과학기술 담론이 사회의 주요 의제가 되기는 어려운 일이었다. 분단과 전쟁을 거치면서 결국 두 개의 한국은 서로 다른 길을 가게 되었다. 남북한의 과학기술과 과학기술 담론도 그에 따라 각자의 길을 가게 되었는데, 특기할 만한 점은 남북한의 정치

---

5) 박성래, 『한국사에도 과학이 있는가』, 268~271쪽 ; 임종태, 「김용관의 발명학회와 1930년대 과학운동」, 『한국과학사학회지』 17(2), 1995, 89~133쪽.

6) 석주명에 대해서는 「나비분류학에서 인문학까지 : 석주명식 확산형 학문의 전개와 의미」, 『탐라문화』 40, 2012, 33~75쪽을 비롯한 문만용의 일련의 연구들을, 도봉섭에 대해서는 이정, 「식민지 조선의 식물연구, 1910~1945 : 조일 연구자의 상호작용을 통한 상이한 근대 식물학의 형성」, 서울대학교 박사학위논문, 2013을 참조.

경제 체제의 차이에도 불구하고 남과 북의 과학기술 담론은 몇 가지 특징들 – 결핍감과 갈증, 실용적 가치에 대한 강조, 과학과 기술의 개념 미분화 등 – 을 공유하고 있었다는 사실이다.

과학기술계의 분단에서 분수령이 되었던 것은 이른바 '국대안 파동', 즉 '국립서울대학교설치안'을 둘러싼 갈등이었다. 국대안 전후의 대규모 월북, 그리고 한국전쟁기의 이주까지 세 차례에 걸친 과학기술자들의 북한행이 있었고, 그 결과 한국전쟁 종전 즈음에는 상당한 수의 과학기술인이 북으로 터전을 옮겼다.[7] 국대안 파동에 대해서는 적지 않은 연구가 있으므로 여기에서 그 자세한 경위를 다시 다룰 필요는 없겠으나, 국대안 파동에서 드러난 과학기술계의 입장은 짚고 넘어갈 필요가 있다.[8] 이후 남한에서 계속해서 변주되어 나타나는 "순수 과학의 진흥" 대 "실용 분야의 우선 육성"이라는 대립구도의 원형이 보이기 때문이다.[9] 이는 어떤 의미에서는 일제강점기에 형성된 "이상과 현실"이라는 대립 구도의 맥을 잇는 것이기도 하다.

미군정이 처음으로 국대안을 발표했을 때 좌우익을 떠나 대다수의 과학기술자들이 반발했던 까닭은, 그것이 한국의 과학기술계의 존재 자체를 진지하게 고려하지 않았다는 점이었다. 미군정의 기준으로는 일본인 교수들이 퇴거한 뒤 대다수의 관립학교들은 독자적으로 존속할 수 있는 역량이 없었다. 또한 미군정은 해방 후의 혼란 속에서 국가로서의 존립 자체가 불투명한 남한에 과학기술 고등교육을 위한 수요도 별로

---

7) 김근배의 연구에 따르면, 1946년 당시 경성대학(구 경성제국대학) 이공학부에 몸 담았던 교수와 졸업생 가운데 40퍼센트 가량이 뒷날 북으로 이주하였다. 김근배, 「빛바랜 사진 속의 근대과학」, 『과학과 기술』 2008년 3월.

8) 국대안 파동에 대해서는 여러 연구가 있으나, 과학기술계를 중심으로 한 간단한 요약은 김태호, 「1950년대 한국 과학기술계의 지형도」, 『여성문학연구』 29, 2013, 37~69쪽을 참조할 수 있다.

9) 홍성주, 「해방 초 한국 과학기술정책의 형성과 전개」, 『한국과학사학회지』 32, 2010, 1~42쪽.

없다고 판단하였다. 따라서 이들을 합쳐서 하나의 국립학교로 재편하자는 미군정의 안은 냉정하기는 하지만 현실을 감안하면 반드시 틀린 것이라고 할 수만은 없는 것이었다. 그러나 미군정이 간과한 것은 한국 엘리트들의 눈높이가 미군정이 판단한 현실보다 훨씬 높았다는 사실이었다. 한국의 과학기술계가 작기는 했지만 그 구성원들은 일본 제국대학 체제 안에서 세계적 수준의 연구 활동을 경험했고, 따라서 광복 후 접수한 관립학교들도 그와 같은 수준으로 키워 내겠다는 강한 의지와 욕구를 가지고 있었다. 이를 무시한 채 당장 과학기술계의 현실이 열악하니 대학 수준의 연구와 교육을 포기하라는 식의 태도는 민족적 자존심을 건드리는 것이었으므로 강력한 반발을 부를 수밖에 없었다.

　이렇게 한국(남한)에서 객관적 조건이 허용하는 것보다 더 높은 수준의 과학기술을 요구하는 경향은 시대가 바뀌어도 일관되게 관찰할 수 있다. 한국전쟁 후 복구 사업에서 미국의 지원이 응용 분야에 집중되었을 때도 서울대학교의 문리대 교수진은 의예과 강의에 참여한다는 명목으로 지원받은 연구 기자재를 자연과학 실험에 사용하였다. 또한 1950년대 후반 설립된 원자력원과 원자력연구소의 운영 방향을 놓고도, 순수과학 기관으로 성장하기를 기대한 과학자들과 정부 지원이 아깝지 않도록 실용적 성과에 집중하기를 기대한 관료들 사이의 의견 충돌이 있었다.[10] 다만 이렇게 엇갈리는 의견이 실제로 서로 경쟁하는 과학기술 정책으로 이어졌던 것은 아니다. 1960년대 말까지도 남한의 과학기술계는 막 형성되는 단계였으므로 과학기술계는 정부의 후원에 일방적으로 의존할 수밖에 없었고, 교육을 위한 수준의 실험을 넘어선 본격적인 연구를 할 역량을 갖추지 못했던 과학기술계는 기초과학을 진흥해야 한다는 주장을 선언적으로 되풀이했을 뿐 실제 정책에 영향을 미칠 수단을 갖지 못했기 때문이다.

10) 김성준, 「한국 원자력 기술 체제 형성과 변화, 1953~1980」, 서울대학교 박사학위 논문, 2012 중 특히 제3장을 참조.

3. 전후 복구 시기 북한 과학기술의 성과와 자신감

그 사이 북한에서는 과학기술자들이 체제에 적극 결합하여 자신들이 국가에 기여할 수 있음을 보이고, 그 성과를 바탕으로 정책에도 영향을 미치기 시작했다. 과학기술 담론도 북한에서 더 일찍부터 짜임새를 갖추고 국가권력과 밀접하게 결합된 형태로 정립되기에 이르렀다.

한국전쟁이 아직도 한창이던 1952년, 남한에서는 과학기술에 국가적 지원과 투자가 필요하다는 소수 과학기술자들의 읍소가 별다른 반향을 이끌어내지 못하고 있었던 데 반해, 북한은 지하벙커에서 창립총회를 열고 독립된 국가 기구로서 과학원을 발족시켰다. 남한의 첫 번째 과학기술 담당 정부 부처인 과학기술처가 설립된 것보다 15년 이른 일이었으며, 유엔군의 폭격이 집중되던 전쟁 중이었다. 전쟁이 끝나지 않았는데도 위험을 무릅쓰고 과학을 중심에 놓은 대규모 집회를 연 것은 주목할 만하다. 이처럼 북한이 일찍부터 과학기술을 국가적 의제로 격상시킨 데 대해서는 대략 세 가지 배경을 생각할 수 있다. 첫째, 방직공장 등 소수의 경공업 설비밖에 없었던 남한에 비해 북한의 일부 지역은 일제강점기를 거치며 만주 침략의 배후기지로서 상당한 수준의 공업화가 진행되었다. 둘째, 그 덕분에 북한은 남한에 비해 과학기술자들에게 그들의 전문 역량을 활용할 수 있는 일자리를 제공할 현실적 여력이 있었던 반면, 남한에서는 국대안 파동 등을 거치면서 적지 않은 최상급 과학기술자들이 소외되어 있었다. 셋째, '과학적 사회주의'를 표방한 마르크스 이래 사회주의 사상가들은 대부분 과학기술의 역할을 긍정적으로 평가했고, 소련에서는 과학기술이 사회 변혁의 기본 원동력 중 하나라는 주장이 교조적 권위를 획득하기도 했다. 따라서 '과학원'은 단순히 자연과학을 후원하는 기관이 아니라 인문학과 사회과학까지 아우르는 학술원의 역할을 하였다.

북한의 과학기술자들이 단순히 사회주의 이데올로기의 덕을 입은 것만은 아니다. 이들은 북한의 전후 복구와 1950년대 경제개발계획이 국제적으로 주목받는 성과를 거두는 데 실질적으로 기여함으로써 자신들이 새 사회주의 국가 건설에 기여할 수 있음을 보여주었다. 특히 월북 과학기술자들이 전후 복구와 경제 개발에 직접적으로 기여할 수 있는 성과를 내며 북한 과학기술과 산업의 발전을 주도하였다. 리승기(1905~1996)가 주도한 합성섬유 '비날론'의 공업화 연구가 가장 유명하지만, 그밖에도 계응상(1893~1967)의 누에 유전학과 양잠학 연구, 려경구(1913~1977)의 폴리염화비닐(PVC) 연구, 마형옥(1917~1993)의 갈대 섬유를 이용한 인견사 생산 연구 등이 실용적인 성과를 거두었다. 비슷한 시기의 남한에서 과학기술자들이 과학기술의 가치를 강조하는 추상적 언설에 매달렸지만 국가가 진지하게 호응하지 않았던 것과는 대조적으로, 북한에서는 과학기술자들이 실용성 높은 연구 성과를 내놓고 국가가 과학기술의 이념적 가치를 강조함으로써 그에 화답하는 양상을 보인 것도 흥미로운 차이점이다.

특히 비날론 연구는 1960년대뿐 아니라 오늘날까지 이어지는 북한 과학기술의 특징과 과학기술 담론의 기조를 이해하는 데 결정적으로 중요하다. 리승기가 비날론을 개발한 것은 교토제국대학에서 연구원으로 재직하던 1939년의 일이다. 그는 전쟁이 끝나기 전에 비날론의 대량생산 공정을 만드는 데 이르지는 못했으나(군수 연구로 전용될 것을 우려하여 태업을 했다는 주장도 있다), 교토제대 자신의 연구실에 모여든 한국인 학생들과 함께 주요 공정의 실험을 진척시켜 상당한 기술적 지식을 보유하게 되었다. 이때 형성된 한국인 연구자 집단은 광복 후 리승기가 서울대학교 공과대학 교수로 부임했을 때, 그리고 1950년 북한으로 이주했을 때 대부분 리승기와 뜻을 같이 했다. 이들은 이미 보유한 지식과 1930년대 후반 조선질소비료 주식회사가 건설한 흥남 공장의 설비를 이용하여 비날론의 대량생산 공정을 완성했다. 비록 비날론 공업화에 기여한 요소들 가운데 연구자 집단의 인맥이나 일부 공업 설비 등은

일제강점기에 그 뿌리를 두고 있지만, 북한 정부는 비날론을 순수한
사회주의 공업화의 성과로 규정하고 대대적으로 홍보하였다. 그에 따르면
비날론은 한국인이 개발한 기술을 바탕으로, 한국에 풍부한 재료(석회석
과 무연탄)를 이용하여 만든 섬유인 데다가, 흡습성이 높아 한국인에게
가장 친숙한 섬유인 면 대용으로 쓰였기 때문에 순수한 북한의 기술이었다.
더욱이 비날론 공업화에 성공한 시점은 김일성이 정치와 경제에서 자립노
선을 천명하기 시작한 때였기 때문에, 비날론은 과학기술에서도 자립경제
노선이 성공할 수 있다는 사례로 해석되어 대대적으로 각광받았다. 이
때문에 비날론은 1960년대 이후로 "주체섬유"라는 별명으로 불리며 북한
체제의 주요한 이데올로기적 구성 요소의 하나로 녹아들어갔다. 비날론의
성공 사례는 북한이 과학기술에서 자신들의 방식으로 "주체를 세우는"
것을 정당화해 주었다. 실제로 '주체'라는 말은 정치 영역에서 전면적으로
쓰이기에 앞서 이미 비날론의 성공 사례를 언급할 때 처음으로 쓰이기
시작했다. 주체과학은 주체사상을 과학 영역에 적용한 것이 아니라, 어쩌
면 주체사상과 함께 형성되었거나 주체사상의 형성에 실마리를 제공했다
고도 할 수 있다.[11]

　비날론 공장을 건설하는 과정도 북한 과학기술의 자신감을 높이는
데 기여했다. 흥남의 구 조선질소비료 공장은 일제강점기 한반도에 건설된
공업시설 가운데 단연 최고 최대였지만, 또한 그것을 건설하고 운영하는
과정에서 조선인 노동자들을 가혹하게 착취한 것으로 악명이 높았다.
그런데 한국전쟁기 유엔군의 퇴각과 이후 폭격 과정에서 흥남의 공장들은
심대한 피해를 입었고, 그것을 소련과 동독 등 사회주의 우방국의 도움으로
복구함으로써 제국주의의 수탈의 수단이라는 과거의 정체성을 벗어던지
고 '사회주의 조국'의 건설에 기여하는 산업 설비라는 새로운 정체성을

11) 김근배, 「'리승기의 과학'과 북한사회」, 『한국과학사학회지』 20 : 1, 1998, 4~25
　　쪽.

1961년 2.8 비날론 공장의 준공식에서 기념 테이프를 자르는 김일성 수상. 김일성의 왼편 뒤에 서 있는 이가 비날론 공업화 연구를 총지휘한 리승기이다.(출처 : 중공업 위원회 제5건설사업소, 비날론 공장 건설, 평양 : 국립건설출판사, 1961)

얻게 되었다. 리승기의 주도 아래 건설한 '2·8 비날론 공장'은 흥남에 새롭게 보수한 공장들 옆에 설비를 추가하여 지은 것이므로, 북한의 기술자들에게 "우리 힘으로 세계적 수준의 공업설비를 건설했다"는 자신 감을 심어주었다. 이것은 북한에서 처음 겪은 대규모 공장 건설 사업이었으므로 그 과정에서 크고 작은 혁신들을 통해 북한 기술자들의 역량이 성장하였다. 북한에서 회고하듯 비날론 공장은 "사회주의 산업 궁전"이었고, 그 건설장은 "우리의 대학"이었던 것이다.12) 소련과 동독의 기술자들이 적지않은 기술 원조를 제공했지만, 북한의 공식 서술에는 북한 기술자들이 스스로의 힘으로 만들어낸 혁신들이 주로 소개되어 있다. 김일성도 다음과 같은 연설로 비날론 공장 건설의 의의를 규정하고 기술 자립 노선의 정당성을 재확인하였다.

---

12) 중공업 위원회 제5건설사업소, 『비날론 공장 건설』, 평양 : 국립 건설 출판사, 1961, 275쪽.

… 계속 신비주의를 타파하고 모든 것을 다 우리 힘으로 만들 수 있다는 확고한 신심만 가지고 대담하게 실천한다면 설계도 할 수 있고 만들 수 있고 또 만들어낸 것을 갔다가 장치할 수 있습니다.[13]

북한이 종합적인 사회경제적 역량에서 남한을 앞서던 1960년대 초, 비날론은 북한의 자신감의 상징이었다. 특히 북한에서 김일성의 유일지도 체제가 공고해지던 이 시기 남한에서는 4·19 혁명으로 이승만이 실각하면서, 흡사 2000년대 남한 사회 일각에서 흡수통일을 당연시하는 목소리가 나오던 것과 비슷하게, 북한 주도의 통일이 머지않았다는 낙관적 예측이 범람했다. 김일성은 비날론 공장의 준공에 즈음하여 "우리가 쌓아 올린 인민 경제의 토대는 조국의 통일된 후 파괴된 남조선 경제를 복구하며 령락된 남조선 인민들의 생활을 향상시키는 결정적인 밑천으로 될 것"이라고 자신감을 보였다.[14] 북한 정부는 "기아에 시달리는 남조선 동포를 구원하기 위해" 비날론의 생산 증대를 독려하였고, 비날론 공장에는 조만간 남북 인민이 함께 "오색 영롱한 비날론 천을 필필이 휘감고" 통일의 기쁨을 누릴 것이라는 기대감이 팽배하였다. 요컨대 1960년대 북한 사회에서 비날론은 사회주의 과학기술의 현재를 상징하는 훈장이었으며 동시에 사회주의로 통일된 한반도의 밝은 미래를 보장하는 언약이기도 했다.

실용성 있는 연구가 국가의 추인을 받은 또 하나의 사례는 계응상의 누에 유전학 연구다. 일본 규슈제국대학 농학부를 졸업한 계응상은 1946년 10월 월북 후 김일성종합대학에서 누에를 소재로 유전학을 가르쳤다. 그런데 1940년대 소련에서 리센코주의가 득세하면서 북한에서도 그에 호응하는 일군의 연구자들이 등장했고, 이들은 고전 유전학을 가르치던

13) 「비날론 도시는 일떠선다」, 위의 책, 214쪽.
14) 김일성, 「화학 공업의 가일층의 발전을 위하여」, 위의 책, 20쪽.

계응상을 "반동적인 멘델-모르간주의자"로 탄핵하였다.[15] 이미 연로하였
던 계응상은 유전학 강의를 빼앗기고 두문불출 실험에 몰두하였다. 하지
만, 계응상의 전기를 비롯한 북한의 공식 문헌에 따르면, 이 소식을 전해
들은 김일성 수상은 직접 그의 복권을 지시하였다. 평생을 잠사학 연구에
헌신한 계응상이 북한 인민을 위해 기여할 수 있도록 존중해야 한다는
것이 이유였다. 그에 따라 계응상은 강의를 되찾았고, 얼마 지나지 않아
리센코가 실각함으로써 계응상의 공로가 재평가된 것은 물론 김일성의
혜안도 다시금 입증되었다는 것이 북한에서 계응상의 일화를 이야기할
때 전형적인 해석이다.[16] 그런 점에서 계응상의 전기소설에 실린 김일성의
다음과 같은 말은, 실제로 한 것이라기보다는 사후에 상황에 맞게 삽입한
것으로 보아야겠지만, 과학기술에 대한 북한의 실용주의적 관점이 공식적
으로 드러난 것으로 볼 수 있어 흥미롭다.

… 계응상 선생은 그 론문에서 지구상에 번식하고 있는 수백 종의
누에를 출발재료로 리용하여 수천수백만의 실험을 거듭한 끝에 그 어떤
환경에도 변하지 않는 백여가지의 형질을 찾아냈다고 강조하고 있습니다.

---

15) 리센코주의는 소련의 생물학자 트로핌 데니소비치 리센코가 미추린의 학설을
이어받아 주창한 유전학 이론으로, 생물이 주변 환경의 영향을 받아 형질에
변이를 일으키면 그것이 다음 대로 유전된다는 것을 골자로 한다. 획득형질이
유전된다고 주장한 점에서 당시 학계의 주류였던 멘델주의 유전학과 충돌했다.
리센코를 비롯한 소련의 생물학자들은 획득형질이 유전되지 않는다는 멘델주의
유전학은 변증법적 유물론을 거부하는 반동적 과학이라고 주장했고, 이를 스탈린
이 추인하자 1948년 멘델주의를 옹호하던 생물학자들을 숙청하기 시작했다.
주요 작물의 유전적 계보에 대한 학설을 집대성한 바 있는 파필로프와 같은
저명한 생물학자가 이 와중에 목숨을 잃기도 했다. 미추린주의에 바탕을 두고
추진된 육종 프로그램이 대흉작으로 이어지면서 리센코는 결국 실각하게 되었지
만, 일부 사회주의 국가에서는 그가 실각한 뒤에도 그의 연구 프로그램을 계승하고
자 시도하였다.

16) 리규택, 『(장편실화소설)탐구자의 한생』, 평양 : 문예출판사, 1989 ; 任正烁, 『現代
朝鮮の科學者たち』, 東京 : 彩流社, 1997.

그런데 그것을 보고 그의 리론이 반동적이라고 규정할 수 있겠습니까? … 내가 리해한 데 의하면 쏘련 생물학계에서 두 개의 유전학이 날카롭게 대립하게 된 데는 무엇보다 먼저 그 나라의 특수한 조건에서 산생된 점이라는 것입니다. … 그러나 항상 다수파가 진리의 체현자로 되지 않는다는 것을 기억해둘 필요가 있소. 조선 속담에도 먼데 단 냉이보다 가까운데 쓴 냉이가 낫다는 말도 있지 않소. … 우리는 과학적 론쟁을 사회학적으로 분석하고 그를 정치적 비난의 근거로 삼는 것을 반대합니다. 때문에 우리도 과학적 론쟁에 대해서는 절대로 결론을 하지 않습니다.[17]

사후적으로 위인전 형태로 정돈된 것임을 감안하더라도, 계응상의 일화는 여러 가지 점에서 흥미롭다. 첫째, 김일성이 계응상을 복권시킨 것은 그의 연구가 지닌 실용적 가치 때문이었다. 모건의 초파리 연구와 비교하면 계응상의 누에 연구는 순수 유전학의 사례 연구로서만 중요한 것이 아니라 실제로 누에 육종에 적용할 수 있는 것이므로 실용적 가치가 높았다. 김일성이 계응상을 옹호한 명분도 과학적 논쟁에서 어느 쪽이 옳다는 것이 아니라 "새 조국 건설에 절실히 필요한 훌륭한 비단실 누에 품종을 수많이 육종하여 우리의 수백만 농민들에게 안겨주었"다는 점이었다.[18] 둘째, 소련 생물학의 독재자로 군림하던 리센코의 학설에 맞서 김일성이 계응상을 보호했다는 북한의 공식적 서술은 주체사상과 떼어 생각할 수 없다. 계응상의 수난과 복권이 1949년에 일어났다는 것을 생각하면, 이것을 실제로 주체사상의 대두와 연결하는 것은 무리다. 하지만 뒷날 비날론을 '주체 섬유'로 부르게 되었듯, 계응상의 일화도 "과학기술에서 주체를 세우려는" 모색의 하나로 사후적으로 재해석된 것이다. 셋째, 일제강점기 경력을 쌓은 구세대와 사회주의 체제 수립 후 교육받은 신세대 사이에 갈등의 여지가 있었으며, 적어도 1950년대까지는 북한

---

17) 『탐구자의 한생』, 416~417쪽.
18) 위의 책, 422쪽.

지도부가 "오랜 인텔리"들의 손을 들어주었음을 알 수 있다. 북한 지도부는 국가 건설 초기에 적극적인 과학기술자 유치 정책을 펴면서 그들의 과거 경력에 대해 비교적 관대하게 용인하였다. 식민지 현실에서 부득이하게 식민 통치기구 또는 관립학교에 몸을 담았던 것에 대해 반성한다는 형식적인 자술서를 제출하면 더 이상의 책임은 묻지 않았다. 정치적 친일행위에 대한 엄격함과 대비되는 이러한 유연성 덕분에, 일제강점기 교육받은 많은 과학기술자들이 북한 과학기술계의 기반을 닦아 놓고, 다음 세대를 사회주의 이념 아래 교육시켜 연구 현장에 투입할 수 있었다.[19]

4. 원자력이라는 아련한 꿈

이에 비해 남한에서 과학기술 담론이 사회적 중요성을 얻은 것은 1970년대 이후의 일이다. 물론 과학기술자들은 광복 직후부터 줄기차게 과학기술의 중요성을 설파하고 정부와 사회의 관심을 촉구했다. 하지만 과학기술의 중요성을 일종의 교리로 확립한 북한과 달리, 산업화가 요원했던 남한에서 과학기술에 대한 투자는 현실적인 요구로 받아들여지지 않았다.

이승만 정부가 유일하게 관심을 가졌던 과학기술 관련 사업은 원자로 설치였다. 정치적 구호로서 북진통일론에 집착했던 이승만은 미국이 주도한 "평화를 위한 원자력(Atoms for Peace)" 사업을 원자폭탄 개발의 기회로 이용하고자 하는 기대를 숨기지 않았다. 이승만의 의도를 간파한 미국은 원자로의 목적을 연구용으로 못박고, 향후 군사적 활용을 방지할 수 있는 여러 가지 장치를 덧붙였다. 결과적으로 이승만의 의도는 성공하지 못했지만 이 사업은 남한 과학기술계에 중요한 전환점이 되었다. 국가

---

19) 이 과정에 대한 자세한 논의는 강호제, 『북한 과학기술 형성사 I』, 서울 : 선인, 2007 참조.

수립 후 최초로 실질적인 과학기술 활동을 관장할 수 있는 국가 기관이 생겨난 것이다. 연구용 원자로 트리가 마크 투(TRIGA Mk-II)를 관리하기 위해 설립된 원자력원과 원자력연구소는 1960년대 중반까지 남한에서 연구비를 지원할 수 있는 사실상 유일한 국가기관이었고, 실제로 1967년 과학기술처가 정식으로 발족할 때까지 과학기술 정책의 지휘소 역할을 대신하였다.[20]

원자력이 남한에서 거의 전적으로 긍정적인 이미지만 갖게 된 것도 이와 무관하지 않다. 체르노빌 사건 이전까지 남한은 세계적인 반핵운동의 흐름에서 비껴나 있었다고 할 수 있는데, 이는 남한 사람들이 원자력에 대한 인상을 형성하게 된 계기가 대부분 긍정적인 사건들이었기 때문이라고도 할 수 있다. 한국인이 처음 원자력의 위력을 접한 것은 일본이 원자폭탄 공격을 받고 무조건 항복을 선언한 일이었다. 따라서 어떤 이들은 원자력이 한국을 "해방시켜주었다"며 긍정적으로 회고하기도 했다.(한편 재일조선인 또는 한국인 피폭자 등에 대한 이야기는 철저히 주변화되었다) 그리고 십여 년 뒤에 원자력의 평화적 이용을 권장하는 미국 주도의 원조 프로그램이 시작되면서, 남한 사람들은 원자력이라는 이름이 붙은 각종 사업에 대해 보고 듣게 되었다. 대중들이 인식하는 원자력병원은 당시 가장 최신의 첨단 병원이었고, 방사선육종은 (실제로 큰 성공을 거두지는 못했음에도 불구하고)혁신적인 "원자쌀"을 만들어 보릿고개라는 말을 없앨 수 있는 첨단 과학기술로 여겨졌으며, "제3의 불"로 일컬어진 원자력발전으로는 무궁무진한 에너지를 얻을 수 있다는 이야기들이 무성했다. 국제원자력기구와 남한 정부는 원자력이 열어줄

---

20) 원자력 관련 사업의 전개 과정에 대해서는 김성준, 「1950년대 한국의 연구용 원자로 도입 과정과 과학기술자들의 역할」, 『한국과학사학회지』 제31권 제1호, 2009 ; 고대승, 「한국의 원자력 기구 설립과정과 그 배경」, 『한국과학사학회지』 제14권 1호, 1992, 62~87쪽 등을 참조.

1955년 스위스 제네바에서 열린 '원자력의 평화적 이용에 대한 국제 회의'에서 미국이 사용한 "평화를 위한 원자력(Atoms for Peace)" 휘장. 원자력을 응용하여 과학, 의학, 기술, 농업(위부터 시계 방향으로)을 발전시킬 수 있다는 메시지를 담고 있다.

희망찬 미래상을 만화나 포스터 등으로 요약하여 대중에게 살포했다. 그 결과 실제 남한이 보유한 원자력 기술의 수준과는 전혀 별개로, 원자력의 힘에 대한 환상은 전국민에게 확산되었다.

과학기술자들에게도 '원자력'이라는 말은 당시 연구비를 받거나 해외 연수를 갈 수 있는 유일한 통로에 접근하게 해 주는 마법의 열쇳말이었다. 다만 원자력 사업에 대한 지원이라는 한정된 자원을 어떻게 배분하여 사용할 것인가에 대해서는 앞에서 다루었듯 관료와 과학자의 의견이 엇갈렸다. 과학자들은 TRIGA Mk-II가 저출력의 연구용 원자로이니만큼 기초과학을 위한 지원 위주로 활용해야 한다고 주장했다. 반면 관료들은 이와 같은 '상아탑' 과학자들의 자세에 대해 불만이 많았다. 과학자들이 국가의 자원을 이용하는 만큼 자신들의 지적 호기심을 채우는 데 골몰할 것이 아니라, 원자력을 곧바로 산업에 활용할 수 있는 응용 기술을 우선 연구해야 한다는 것이 그들의 주문이었다.

정부 관료들의 이러한 원자력에 대한 인식은 사실 정부와 국제기구를 통해 대중들에게 확산된 것과 비슷했다. 대중들이 원자력에 대해 구체적으로 기억하는 것은 전자가 핵 주변 궤도를 도는 모식도 정도였지만, 그와 무관하게 원자력의 엄청난 위력에 대해서는 이미 많은 이야기를 들어왔기 때문에 원자력이 도입되면 바로 실용적으로 이용될 수 있으리라고 가정하고 있었던 것이다. 원자력 사업에 대한 논의가 진행되던 1955년

한 국회의원이 국회에서 "미국 원자 온실에서 시험한 결과 복숭아를 땅에 심어서 이것이 움이 트고 잎이 나서 꽃을 피우고 열매가 익는 데까지 15분이 걸린다는 이야기를 들었다"고 발언한 웃지 못할 기록이 있는데, 그 이해의 수준을 평가하는 것보다는 원자력에 대한 환상이 그만큼 널리 퍼져 있었다는 하나의 사례로 받아들이는 것이 좋을 것이다.[21]

5. 과학입국, 기술자립

과학기술계 전체가 원자력에만 기대야 했던 1950~60년대와는 달리, 1960년대 말이 되면 과학기술이 남한의 국가 건설에서 비로소 독립된 의제로 자리잡기 시작했다. 하지만 그 양상은 강단 과학자들이 기대했던 순수과학의 진흥과는 사뭇 달랐다. 일제강점기 이래로 '과학', '기술', '공학' 등이 엄밀히 구분되지 않은 채 '과학' 또는 '과학기술'이라는 한 낱말로 뭉뚱그려 인식되어 오던 추세가 계속되었다. 따라서 1960~70년대의 '과학진흥' 또는 '과학화'라는 구호 아래 이루어진 국가 사업은 대부분 공학 또는 기술을 후원하는 것이었다.

그림은 경제개발 5개년 계획의 대강을 남한 지도 위에 표시한 것으로, 발전된 근대국가를 세우겠다는 박정희 정부의 청사진이 집약적으로 드러나 있다. 그런데 이와 같이 국토를 '개조'하고 '건설'하여 '경제부흥'에 이르기 위해서는 결국 기술적 역량이 필요하다. 따라서 이 그림은 경제개발의 청사진인 동시에 남한이 확보해야 하는 기술적 역량의 목록이기도 하다. 이와 같은 기술적 역량-농업기술, 건축기술, 토목기술, 생산 및 가공기술, 보건학과 의술 등-을 확보하기 위해 남한은 미국 원조에

---

21) 박성래, 『한국사에도 과학이 있는가』, 교보문고, 1998, 286~290쪽.

'대한민국 경제개발 5개년 계획 도표'(1963). 전국 지도 위에 철도와 도로
건설 계획, 산업 분야별 생산 목표, 보건 가족계획, 국토건설 현황 등이 빼곡하게
그려져 있다.(성남 토지주택박물관 소장)

의존하였다. 1961년 설립된 충주비료공장은 외국 원조로 건설된 대표적인
산업 설비였다. 아래 그림의 우표와 같이, 충주비료공장은 식량문제를
해결할 수 있는 지름길로 국민적 기대를 받았다. 또한 북한의 비날론
공장과 비슷하게 기술자들의 학교 역할도 했다. 충주비료공장은 남한
최초의 대규모 화학공학 설비였고, 그 건설과 운영 과정에서 미국의
기술자들과 함께 일하면서 남한의 기술자들은 화학공학의 실제적 경험을
쌓을 수 있었던 것이다.

　　1960년대 남한의 경제성장은 저임금에 바탕을 둔 경공업 제품의 수출을

토대로 이루어졌다. 그 성과를 바탕으로 1970년대에는 전방위적인 중화학공업화가 진행되었고, 그에 따라 과학기술 진흥이라는 과제도 비로소 진지하게 고려되기 시작하였다. 1967년 과학기술처와 한국과학기술후원회(현 한국과학문화재단)이 설립되었다. 과학기술처의 두 번째 장관 최형섭은 1971년 6월부터 1978년 12월까지 7년 6개월 동안 장기 재임하며 과학기술

경제개발 5개년 계획을 주제로 한 연작 우표 중 '비료'(1965). 충주비료공장의 시설과 그곳에서 생산한 비료, 그것을 이용하여 길러낸 알곡 등이 함께 담겨 있다. 충주비료공장이 당시 한국을 대표하는 산업 설비였음을 알 수 있다.

정책에서 강력한 영향력을 행사했다. 1966년에는 한국과학기술연구소(KIST)가 설립되어 해외에 나가 있는 우수 과학기술 인력을 적극적으로 유치하기 시작하였다.

한편 대중적인 과학기술 보급 운동도 다각도로 추진되었다. 1972년에는 새마을운동의 일환으로 과학기술자를 주축으로 한 '새마을기술봉사단'이 결성되어, '1마을 1과학기술 결연사업'을 벌였다. 수천 명의 과학기술자가 참여한 기술봉사단은 농수산, 환경개선, 보건위생, 새마을공장, 생활과학 등 광범위한 분야를 망라했으며, 현장출장지도, 방송, 통신에 의한 기술지도, 기술교범의 발간 등 다양한 방식으로 농어촌의 생활 환경과 작업 효율 개선을 추구하였다. 1973년 1월에는 박정희 대통령이 연두기자회견에서 '전국민의 과학화운동'을 주창하였다. 박정희는 "모든 국민이 사고와 생활습성을 과학화함으로써 앞으로 닥쳐올 고도의 산업사회에 적응할 합리적이고 능률적이며 창조적인 국민기풍을 진작해야" 한다고 운동의 필요성을 주장하고, "이에 목표를 두고 정부 모든 부처는 물론 과학기술계, 산업계, 매스컴 등 범국민적 협조를 얻어 '전 국민의 과학화운동'을 추진하겠다"는 방침을 밝혔다. 그밖에 학생을 대상으로 한 과학 행사들도 자리를 잡았다. 전국과학전람회는 1964년(제10회)부터 국립과

학관에서 주관하고, 1969년(제15회)부터는 문교부에서 과학기술처로 소관 부서가 바뀌어 본격적인 과학기술 행사가 되었다. 또한 1979년에는 국립과학관이 제1회 전국학생과학발명품경진대회를 열고 발명에 대한 학생들의 관심을 유도하였다.

그런데 이와 같은 과학기술 진흥의 열기 아래 가려진 사실은, '과학', '기술', '과학기술' 등 비슷하지만 다른 이름들의 차이 또는 그것을 구별해야 하는 이유 등에 대해서는 거의 논의가 이루어지지 않았다는 것이다. 한국을 무대로 활동하는 과학기술자의 수가 크게 늘어나고 과학기술 진흥을 목표로 내건 행사들이 속속 생겨났지만, 과학기술 자체의 본질에 대한 논의는 거의 찾아볼 수 없었다. 과학과 기술을 뭉뚱그려 한 단어로 일컫는 '과학기술'이라는 개념은, 그것이 배태된 일본 제국주의 시기와 마찬가지로, 부국강병을 위한 도구로서만 받아들여지고 있었다.

이렇게 국가가 과학 진흥을 독려하던 1970년대에 실제로 두드러진 성과를 낸 것은 응용과학과 응용기술이었다는 점은, 이런 맥락에서 시사하는 바가 크다. 특히 육종학을 비롯한 농학의 발전이 주목할 만하다. 서울대학교 농과대학 교수 허문회는 필리핀의 국제미작연구소(IRRI)에서 연수하던 중 동남아시아의 '녹색혁명'의 선봉이 된 다수확 벼 IR8의 개발에 참여하고, 그 다수확성을 한국에 도입하고자 연구한 끝에 온대 기후에서 자랄 수 있는 다수확 벼 IR667을 만들어내는 데 성공하였다. IR667은 한국에 도입되어 '통일'이라는 품종명을 얻었고, 1970년대 후반의 쌀 증산에 결정적으로 기여하였다. 통일벼가 주도한 남한의 녹색혁명은 농업과 경제에서 중요한 뉴스였을 뿐 아니라, 당시 한국 과학기술계가 국제협력을 통해 거둔 성과로 대대적으로 선전되었다. 오늘날의 관점에서 회고하는 1960~70년대의 과학기술계 주요 뉴스는 KIST의 설립이나 과학기술처의 설립 등이겠지만, 당시 대중들에게는 녹색혁명이 이 시대에 가장 도드라졌던 과학기술 뉴스라고 해도 과언이 아닐 것이다.

오늘날 과학기술계의 주요 사건으로 좀처럼 언급되지 않는 또 하나의 사례는 '기능올림픽'이다. 정식 명칭이 '국제 직업훈련 경연대회(International Vocational Training Competition)'인 이 행사(현재는 WorldSkills Competition)는 동아시아 3국(남한, 일본, 타이완)에서는 '올림픽'이라는 이름으로 불리며 국가간 자존심 대결의 장으로 이용되었다. 박정희 정부는 수출 증대와 산업화의 밑바탕이 되는 기능 교육에 많은 관심을 쏟고, 기능 교육에 대한 국민적 관심과 지지를 끌어내기 위해 기능올림픽이라는 이벤트를 활용했다. 재주와 야망을 지닌 청년들이 자신의 운명을 바꾸려는 꿈을 품고 기능의 길로 들어섰으며, 정부는 기능 교육기관과 기능올림픽 참가자들을 전폭적으로 지원했다. 남한은 1967년부터 기능올림픽에 선수단을 보냈으며, 금세 대회를 주도하기 시작했다. 남한은 1977년 위트레흐트 대회를 시작으로 최근 2015년 상파울루 대회까지 단 두 차례만 빼고 종합 우승을 놓치지 않았다. 최근에는 기능올림픽의 결과 자체가 전국 뉴스에서는 찾아보기 어렵고 울산이나 창원과 같은 공업도시의 지방 뉴스로만 보도되는 경향이 있지만, 1970년대 기능올림픽의 입상자들은 올림픽의 입상자 못지 않은 포상과 환대를 받았다.

1970년대 '과학'을 앞에 내건 각종 운동의 열기는 뜨거웠지만, 위에서 살펴보았듯 그 내용은 오늘날 좁은 의미로 사용하는 '과학'과는 사뭇 달랐다. 당시 과학자들 사이에 이에 대한 불만도 없지 않았다. 과학자는 아니지만 과학사학자로서 과학계의 입장을 잘 알았던 박성래는 신문지상에서 "청소년이 과학자를 지망하는 것은 … 인류에 공헌하겠다는 꿈 때문이지 자기집 전기밥솥을 고쳐보겠다는 현실 때문은 아니기 때문"이라며 직설적으로 과학과 기술 개념의 혼동을 비판했다. 그리고 전국민의 과학화 운동이나 새마을기술봉사단 운동이 결과적으로는 유신독재 체제를 지탱하는 동원 운동의 한 갈래로 이용된 것도 부정할 수 없다.

그러나 '과학', '기술', '공학' 등을 오늘날 사용하는 의미와 똑같이

기능올림픽 출전 선수단을 격려하는 박정희 대통령(출처 : 국가기록원)

사용하지 않았다고 해서 그것이 틀렸다고 할 수는 없다. 오히려 오늘날 우리가 사용하는 개념들이 과거에는 다른 의미로 사용되었음을 인정하고, 그 차이로부터 무엇을 읽어낼 수 있는지를 생각해 보는 것이 유익할 것이다. 이들 개념을 엄밀하게 구별했고 다른 이들에게도 구별할 것을 요구한 이들은 단 두 부류를 꼽을 수 있다. 순수과학자와 행정 관료들이다. 순수과학자들은 경제 개발 과정에서 공학 분야로 정부 지원이 집중되고 공과대학이 집중 육성되는데 위기감을 느꼈기 때문에 과학과 기술/공학을 구분할 것을 요구하고 과학에는 공학과 다른 잣대와 우선순위가 있다는 점을 강조했다. 한편 행정 관료들은 교육 정책과 인력 양성 정책을 세우기 위해서는 고급/중급/하급 인력을 나누어야 하기 때문에 과학자/공학자(고급), 기술공(중급), 기능공(하급)을 늘 구별했다. 그러나 이들을 제외한 대부분의 사람들은 이런 구별에 큰 의미를 두지 않았다. 특히 대다수의 대중에게 과학의 발달, 기술의 발달, 경제성장은 동시대에 한꺼번에 일어나는 일이었다. 이들이 살았던 1960~70년대에는 실제로 그러하기도 했다.

박정희가 19년의 집권 기간 동안 여기저기에 남긴 붓글씨들 가운데는 '과학'이나 '기술'이 들어가는 것이 적지 않다. 아래의 두 그림에서 드러나듯이 그도 과학과 기술을 오늘날의 용례와 같이 엄격하게 구별하지는 않았던 것으로 보인다. "과학입국"과 "기술자립"은 각각 다른 뜻이 있다기보다는 대구를 맞추는 정도로 호환 가능하게 쓰였다. "과학하는 농촌"에서 말하는 과학도 오늘날 말하는 의미의 과학이 아니라 새마을기술봉사단이나 전국민의 과학화 운동에서 보급하던 그 "과학", 즉 농가 주택 개량,

개량 못자리 조성, 축사 개량과 같은 것들을 뜻했을 것이다. 박정희에게서 대표적으로 드러나는 이 시기의 지배적 과학관은 과학(과 기술)을 성장을 위한 도구로 생각하는 것이다. 이는 개화기 이래 줄곧 이어져 온 한국인의 과학관 가운데 한 갈래이기는 하지만, (순수)과학자들이 견지해 온 또 다른 한 갈래의 과학관—사회를 바꾸는 정신적

박정희 대통령이 과학기술 관련 기관에 보낸 붓글씨들.
왼쪽 : 과학기술처에 보낸 '과학입국 기술자립'(1976).
오른쪽 : 농협중앙회에 보낸 '과학하는 농촌'(1966)

힘으로서의 과학—은 이와 공존하지 못하고 고도성장의 시대 내내 주변화되었다.

6. 맺으며 : 과학기술 담론이 보여주는 남북 사회의 단면

북한 과학기술의 성공은 국제적으로 많은 관심을 끌었다. 그에 자신감을 얻은 과학기술계와 정치지도자들은 긴밀한 관계를 형성하고, 이윽고 1970년대에는 주체사상과 결합된 "주체과학"이라는 독트린이 정립되기에 이르렀다. 주체과학은 과학기술의 목표가 "국가와 인민의 필요와 요구"에 이바지하는 것이며, 그 목표를 나라 안의 지식과 자원을 이용하여, 현장의 경험을 중심으로 집체적인 연구를 통해 달성하는 것이라고 규정하고 있다.[22] 비날론의 성공이 주체과학의 모범을 제시했고, 계응상과 같은

---

22) 김근배, 「북한 과학의 역사적 변천 : '주체 과학'」, 『물리학과 첨단기술』 8 : 9, 1999.

사례들이 그 정당성의 근거로 동원되었음은 말할 나위도 없을 것이다.

그러나 때이른 성공은 북한의 과학기술 담론을 교조화하였고, 이는 이후 북한 과학기술의 발전에 오히려 장애가 되었다. 주체과학이 과학 활동을 하는 한 가지 방법이 아니라 모든 과학 활동의 지도원리가 되면서, 북한 과학기술은 전체적으로 활력을 잃게 되었다. 주체과학의 원리에 따르면 해외 유학을 하여 최신 학설을 배워 올 필요가 없으며, 개인 연구자의 탁월성 또한 중요한 덕목으로 인정되지 않는다. 그 결과 주체과학 은 "갈수록 지식수준과 작업형태의 차이를 없애는, 사실은 그것을 한층 더 하향 평준화시키는 중요한 수단이 되었다."[23] 주체과학은 과학의 내용에 대한 것이 아니라 연구 주제를 선정하고 다루는 방식을 지도하는 쪽으로 형식화되었고, 북한의 과학기술 담론도 초창기의 실용주의에서 벗어나 활력을 잃고 교조화되는 경향을 보였다.

물론 북한 과학기술의 침체를 주체과학 탓으로만 돌릴 수는 없다. 사회주의권 전체의 정체와 몰락이 무엇보다 큰 원인일 것이며, 그밖에 경직된 사회 제도나 정치적 요인들이 복합적으로 작용한 결과일 것이다. 하지만 과학기술 담론이 지나치게 정치적 강령과 결합되었을 때 유연성을 잃어버리고 창의적 연구를 오히려 저해할 수 있다는 점은 생각해 볼 필요가 있다. 특히 최근 북한에서 비날론 공장에 대대적인 재투자를 단행하는 모습은 그 경직성이 외부에서 상상했던 것보다 더 강할 것임을 시사한다. 흥남의 2·8비날론연합기업소는 1961년 준공 당시에는 최신 공법과 설비를 갖추었지만, 기본적으로 구 조선질소비료공장과 마찬가지 로 다량의 수력 전기를 이용하여 석회석과 무연탄을 건류(乾溜)하여 기본 탄소화합물을 만들어 내는 공정에 바탕을 두고 있었다. 이 기술은 이후 전세계적으로 화학공학의 주류가 석탄화학에서 석유화학으로 넘어가면

---

23) 김근배, 위의 글.

서 시대에 뒤떨어진 것이 되고 말았다. 그러나 석유 수입원이 없는 북한에서는 석탄화학을 고수하는 것이 불가피한 선택이었고, 주체과학은 그 선택을 정당화하기 위해 동원되었다. 특히 석탄화학 최대의 단점인 높은 전력소모로 인해, 2·8비날론연합기업소는 김일성 주석 사후 "고난의 행군" 시기를 거치며 가동이 멈추었다. 그런데 지난 2010년, 김정일 국방위원장이 와병설을 잠재우기 위해 모습을 드러낸 곳이 바로 이 공장이었다. 김정일은 2·8비날론연합기업소를 언론에 공개하고, 지난 3년간의 대대적 보수를 거쳐 최신 설비로 가동을 재개했음을 선언했다. 그가 생전의 마지막 공식 행사 중 하나로 후계자 김정은을 대동하고 이곳을 찾았다는 사실은 비날론이 북한 사회에서 지금도 정치적으로 매우 중요한 상징이라는 것을 여실히 보여준다. 위 사진은 그것을 보는 모든 북한 사람들에게 김일성이 1961년 2·8비날론연합기업소에서 비날론 솜을 들고 웃는 사진을 연상시켰을 것이며, 김일성 사후 멈추었던 비날론 공장이 다시 가동하여 북한 체제와 정신의 연속성이 유지되고 있다는 느낌을 전했을 것이다. 그러나 제삼자의 입장에서 보자면, 이미 시대에 뒤진 공정을 계속 보수하고 규모를 확장하는 것이 과연 산업으로서 가치 있는 선택인지 냉정히 묻지 않을 수 없다. 비날론은 이제 그 자체가 정치적 상징이 되어서, 다른 분야에 돌아갈 자원을 집어삼키고 있는 것인지도 모른다.

이에 비해 남한에서는 국가 건설 초기에 과학기술계가 상대적으로 소외되어 있었는데, 결과적으로는 그 덕분에 어느 정도의 자율성을 유지할 수 있었다고도 해석할 수 있다. 비록 사회적 호소력은 약했지만 과학자 집단은 도구주의적 과학관과 대비되는 자신들의 과학관을 유지해 왔고, 그것이 국지적인 긴장관계를 형성하면서 과학기술 담론이 변화할 수 있는 여지를 남겨 왔다고 할 수 있다.

오늘날 과학기술 담론은 점점 경제담론과 결합되고 있다. 과거와 비교하면 생산력으로 이해되는 측면이 강화되었다고도 할 수 있는데, 생산력이나 경제력을 논하는 단위가 현실의 민족국가이기 때문에 민족주의 담론과 쉽게 결합하는 양상을 보인다. 특정 기업의 기술적 역량을 국력과 등치시키고 애국주의적 관점에서 그것을 옹호하는 관점은 드물지 않게 볼 수 있다. 이것은 과학관이라기보다는 경제 이데올로기라고도 할 수 있고, 두 가지의 경계가 모호해졌다고 할 수 있을 것이다.

한편 과학을 사회를 바꾸는 정신적인 힘, 또는 근대화의 이데올로기로서 받아들이는 관점 또한 몇 가지 점에서 바뀌기는 했지만 살아남아 있다. 일견 "전국민의 과학화 운동"을 부르짖던 때에 비하면 근대화 이데올로기로서의 과학이라는 관점은 많이 부각되지 않는 경향을 보인다. 사회의 근대화가 이미 진행되었고, 과학의 이름을 내걸고 맞서 싸워야 할 미신이나 인습이 이제는 힘을 잃었기 때문일 수도 있다. 하지만 이 과학관은 공학이나 기술에 맞서 '순수과학'을 옹호하는 이들에 의해 변형된 형태로 동원되고 있다. 순수과학에 대한 지원을 늘릴 것을 주장하는 이들은 언제나 과학의 효용이 수치로 표현되는 경제적 가치를 넘어선다는 점을 강조한다. 그들은 과학이 본질적으로 진리를 탐구하는 활동이므로 경제적 득실에 매달려 과학 활동을 지원해서는 안 된다고 주장한다. 한국과학기술원이 초기에는 기업의 산업활동을 지원하는 연구소로 출발했다가 점점 교육과 첨단 연구로 그 초점을 옮겨간 것은 이러한 과학자들의 주장이 관철된 결과라고 할 수 있다.[24]

그리고 산업 연구 분야에서 선진국을 어느 정도 추격하게 된 최근 들어, 이러한 과학관은 "이제 우리도 노벨상을 타야 할 때"라는 왜곡된 형태로 발현되고 있다. 원래 과학의 진취성과 개혁성을 강조하는 관점에서

---

24) Kim Dong-Won and Stuart W. Leslie, "Winning Markets or Winning Nobel Prizes? KAIST and the Challenges of Late Industrialization," *Osiris 2nd Series, Vol. 13, Beyond Joseph Needham : Science, Technology, and Medicine in East and Southeast Asia*, 1998, pp.154~185.

노벨상 같은 것은 중요한 목
표가 아닐 테지만, 지금의 남
한 사회에서는 경제적인 성
과를 넘어선 "선진국"의 지
표를 바라는 기대가 이런 형
태의 과학관으로 표출되기
도 한다. 2005년의 이른바

황우석 전 서울대교수 연구팀의 '환자맞춤형 배아줄기세포'
개발 성공을 기념한 우표(2005). 그러나 황우석 연구팀이
발표한 논문은 허위로 밝혀지면서 한국 사회에 큰 혼란을
몰고 왔다.

"황우석 사태"는 이렇게 과학기술의 탁월함을 요구하는 기대가 민족적
자부심과 결합했을 때 얼마나 파괴적인 힘이 될 수 있는지 보여준 극단적인
사례라고도 할 수 있다. 최근에도 황우석과 그의 복제 연구소, 또는 당시
제보자의 근황에 대한 기사들이 간간이 보도되곤 하는데, 인터넷 기사에
달리는 댓글들은 여전히 황우석의 몰락을 아쉬워하고 그에게 다시 한번
기회를 주어야 한다고 주장하는 한편 제보자의 "배신"을 비난하고 있다는
점에서, 10년 전에 비해 별반 달라지지 않았다. 지금의 한국인에게, 과연
과학이란 무엇인가? 우리는 과학에서 무엇을 기대하고 있는가?

참고문헌

「발명조선의 귀중한 수확 : 혁혁한 선인 유업에 천재적 창안」, 『동아일보』 1936.
　　　1. 1.

강호제, 『북한 과학기술 형성사 I』, 서울 : 선인, 2007.

고대승, 「한국의 원자력 기구 설립과정과 그 배경」, 『한국과학사학회지』 제14권
　　　1호, 1992.

김근배, 「'리승기의 과학'과 북한사회」, 『한국과학사학회지』 20 : 1,   1998.

김근배, 「북한 과학의 역사적 변천 : '주체 과학'」, 『물리학과 첨단기술』 8 : 9,
　　　1999.

김근배, 「빛바랜 사진 속의 근대과학」, 『과학과 기술』 2008. 3.

김성준, 「1950 년대 한국의 연구용 원자로 도입 과정과 과학기술자들의 역할」,
    『한국과학사학회지』 제31권 제1호, 2009.

김성준, 「한국 원자력 기술 체제 형성과 변화, 1953~1980」, 서울대학교 박사학위논
    문, 2012.

김태호, 「1950년대 한국 과학기술계의 지형도」, 『여성문학연구』 29, 2013.

리규택, 『(장편실화소설)탐구자의 한생』, 평양 : 문예출판사, 1989.

문만용, 「나비분류학에서 인문학까지 : 석주명식 확산형 학문의 전개와 의미」,
    『탐라문화』 40, 2012.

박성래, 『한국사에도 과학이 있는가』, 교보문고, 1998.

박성래·신동원·오동훈 저, 『우리과학 100년』, 서울 : 현암사, 2001.

이정, 「식민지 조선의 식물연구, 1910~1945 : 조일 연구자의 상호작용을 통한
    상이한 근대 식물학의 형성」, 서울대학교 박사학위논문, 2013.

任正烋, 『現代朝鮮の科學者たち』, 東京 : 彩流社, 1997.

임종태, 「김용관의 발명학회와 1930년대 과학운동」, 『한국과학사학회지』 17(2),
    1995.

중공업위원회 제5건설사업소, 『비날론 공장 건설』, 평양 : 국립건설출판사, 1961.

홍성주, 「해방 초 한국 과학기술정책의 형성과 전개」, 『한국과학사학회지』 32,
    2010.

Kim, Dong-Won and Stuart W. Leslie, "Winning Markets or Winning Nobel Prizes? KAIST
    and the Challenges of Late Industrialization," *Osiris 2nd Series, Vol. 13, Beyond
    Joseph Needham: Science, Technology, and Medicine in East and Southeast Asia*,
    1998.

Lee, Jung, "Invention without Science : 'Korean Edisons' and the Changing Understanding
    of Technology in Colonial Korea," *Technology and Culture* 54, 2013.

Mizuno, Hiromi, *Science for the Empire: Scientific Nationalism in Modern Japan*, Stanford,
    CA : Stanford University Press, 2009.

국가형성기 북한의 주체 노선과
노동통제 전략의 변화

강 진 웅

1. 들어가며

이 논문은 해방 이후부터 1960년대까지 북한의 주체 노선이 공고화되는 국가형성 과정에서 '테일러주의(Taylorism)'가 노동통제 전략으로서 변용되는 역사적 궤적을 추적한다. 마르크스의 예언과는 달리 사회주의 혁명은 1917년 후진 농업사회였던 러시아에서 일어났고 소비에트 사회주의의 영향력 하에서 북한과 같은 많은 후발 사회주의 국가들이 들어섰다. 대량생산의 산업화 체제를 구축한 자본주의 국가의 생산력을 따라잡기 위해 소련은 신경제정책을 시작으로 테일러주의 등 자본주의적 운영원리를 사회주의적 산업경영 방식에 도입했다. 남북간 체제경쟁 하에서 전쟁으로 인한 산업 파괴와 노동력 부족을 극복하며 경제발전을 도모했던 북한 역시 이러한 경제 노선에서 예외는 아니었다. 소련과 유사하게 '내핍경제'의 모순 속에서 생산력 우선주의의 노선을 펼치며 북한은 '선진과학기술'이라는 미명하에 소비에트식 제도들을 수용했던 것이다. 특히 기술혁신과 공정 합리화와 연계된 노동통제 전략은 노동생산성 향상과 생산력 증진에 필수적으로 고려되어야 할 요소였고 이에 '노동 표준화'를 지향하는 과학적 관리의 노동통제 전략이 북한에서 적극적으로 모색되었다.

그러나, 북한의 소비에트 노선과 제도는 1950년대 중반 이후 주체 노선의 등장과 함께 변화했다. 1972년 신헌법에서 제도화된 북한의 주체 노선은 역사심리적 기원으로는 1930년대로까지 거슬러 올라갈 수 있지만,[1] 한국전쟁의 사회적 여파에 이어 정치경제적으로 직접적인 발단의 계기가 된 것은 중소갈등의 와중에서 일어났던 1956년 '8월 종파사건'이었다. 이 사건에서 외세를 등에 업은 내부 파벌들의 도전을 경험한 김일성은 중소의 갈등과 외압에서 비롯된 정치적 위기와 함께 원조의 급감에 따른 경제 축적의 위기를 맞아 '천리마운동' 등 새로운 대중노선들을 제시하며 이러한 위기들을 돌파하고자 했다. 주체 노선의 새로운 가버넌스 방식에서 기존의 소련식 유일관리제는 폐지되었고, 노동통제 방식으로 활용된 과학적 관리법은 김일성에 의해 제기된 '대안의 사업체계'로 흡수되었다. 주체 노선의 발전과 함께 '과학성'의 담론보다 '사상성'의 담론이 우위에 놓이는 가운데 소비에트식 테일러주의에서 강조된 '인간의 기계화'라는 육체노동의 통제 방식이 주체의 초인적 인간을 이상화하는 정신노동의 통제 방식으로 전환되어 갔다. 따라서 과학적 관리, 합리적 공정, 노동 표준화라는 담론적 구호에도 불구하고 인간 노동은 생산력 증진을 위한 수단으로 전락하게 되었고 이에 따라 과정보다는 성과가 중시되고 육체노동의 합리적 계산과 보상보다는 개인적 헌신과 사상적 혁신에 의존하는 군중노선이 주체의 노동통제 방식으로 자리매김되었던 것이다. 결과적으로 북한의 산업경제에서 과학적 관리의 합리성이 사상 중심의 비합리성과 충돌하여 단기적인 경제적 성과에도 불구하고 장기적으로는 과학적 관리의 후퇴와 비효율적인 시스템을 낳았던 것이다.[2]

---

1) H. Han, "Wounded Nationalism : The Minsaengdan Incident and Kim Il Sung in Eastern Manchuria," Ph.D. Dissertation, University of Washington, 1999.

2) 김보근, 『북한 '천리마 노동과정' 연구 : '소련식 테일러주의'의 도입·변질 과정』,

　본 논문은 미국의 테일러주의를 수용한 소련의 과학적 관리 방식이 다시 북한의 노동통제 전략에서 어떻게 활용되었고 주체 노선이 공고화되는 국가권력과 이데올로기의 작동 속에서 어떠한 지식과 담론들이 산출되며 변형되었는가 그리고 이러한 변용 과정은 전체 산업경영에 어떠한 영향을 미쳤는가를 분석하고자 한다. 이러한 분석을 통해 노동통제 전략으로서 테일러주의가 자본주의, 소비에트 사회주의, 주체 사회주의에 걸쳐 근대국가의 유사한 산업경영 방식으로 활용된 측면과 함께 주체 노선의 발전이라는 북한의 특수성 속에서 변용되는 과정을 탐색하고자 한다.

2. 북한의 국가형성과 사회변동

　해방 이후 진작되었던 북한의 산업경제는 한국전쟁(1950~1953)으로 인해 거의 마비되었고 전체 인구 역시 급격히 감소했다. 북한의 총인구는 1949년에 962만명에서 1953년에 849만명으로 감소했고 이중 남성 인구가 398만명, 여성 인구는 450만명이었다.[3] 반면, 전후 베이비붐에 의해 전체 인구는 꾸준히 증가하여 1965년 총인구는 1225만명이었고 이중 남성 인구는 598만명, 여성 인구는 625만명이었다.[4] 이러한 인구변화에서 북한

고려대학교 경제학과 박사논문, 2005. 김보근은 소련식 테일러주의의 도입, 변질 과정을 중심으로 북한의 '천리마 노동과정'을 분석한 바 있다. 본 논문과 전체적인 유사성을 갖고 있으나 본 논문은 자본주의, 소비에트 사회주의, 주체 사회주의로 변화되는 과정에서 과학성과 사상성, 육체노동과 정신노동의 분리와 재구성을 중심으로 과학적 관리가 주체 노선 속에서 단순히 변질된 것이 아니라 그 체제 속에 녹아들어 변화되는 과정을 분석한다. 따라서 본 논문은 유사한 방식에서 활용된 근대국가의 노동통제 전략을 부각시키면서 사회주의 국가형성과 주체 노선의 관계 속에서 북한의 노동통제 전략의 변화를 탐색한다.

3) 이홍탁, 「한국전쟁과 출산력 수준의 변화」, 한국사회학회 편, 『한국전쟁과 한국사회변동』, 풀빛, 1992, 51쪽.
4) 북한연구소, 『북한총감』, 북한연구소, 1983, 893쪽.

정권은 경제성장과 주민동원을 위해 전체 인구를 통제하고 전후 노동력을 확보, 재배치하는 것에 일차적인 관심이 있었고 이러한 배경에서 여성 노동력의 광범한 인입과 동원이 이루어졌다.[5] 이러한 인구정치는 푸코가 주장했듯이 전체 인구를 통제하여 개인을 세밀히 지배하려 했던 근대국가의 전형적 특성을 드러낸 것이었다.[6] 그러나 여성 노동력의 동원은 양적 노동력의 확보에 필수적인 것이었지만 전반적인 산업경영과 노동과정의 합리화를 위해서는 질적인 노동통제 전략이 필요했다.

북한의 초기 국가형성에서 이러한 노동통제 전략은 소련의 제도들에 의해 크게 영향을 받았다. 해방 이후 북한 정권은 토지개혁과 주요 산업의 국유화에 성공하면서 일제 식민지 체제의 정치경제구조를 혁파하고 스탈린 체제를 모델로 하여 정치, 경제, 산업, 노동, 공중보건 등 전사회 분야를 개혁해 나갔다. 인민민주주의의 기치 아래 1946년 토지개혁을 단행하여 토지의 국가적 지배를 강화했고, 1954년부터 1958년까지 농업협동화를 완료하고 상공업을 포함한 모든 산업시설을 국유화했다. 특히 산업경영에서는 해방 이후부터 소비에트식 테일러주의와 유일관리제, 독립채산제, 도급임금제 등을 받아들였다. 토지개혁부터 농업협동화에 이르는 농업경영은 물론 유일관리제와 과학적 관리법 등 산업경영에서도 북한의 사회주의 개혁은 소비에트 모델을 모방했던 것이다. 짧게는 1950년대 중반까지, 길게는 1970년대까지 소련의 거시적, 제도적 시스템은 북한의 가버넌스 방식에 지대한 영향을 주었고 이중에서 경제관리와 노동통제 방식에 대한 영향력이 두드러졌다. 이처럼 북한의 국가형성과 산업경영에서의 자본주의적 원리의 도입은 소련의 노선과 제도들을 수입하는 과정에서 이루어졌다. 레닌은 혁명과 전쟁으로 피폐해진 사회를 복구하고 후진적인

---

5) 『근로자』, 1958. 11(156호), 34~35쪽.

6) M. Foucault, *Security, Territory, Population : Lectures at the College de France, 1977~1978*, London : Palgrave Macmillan, 2007.

농업사회에서 급속한 공업화를 통해 공산주의 사회로 이행하고자 했는데, 자본주의적 생산력을 능가하려 했던 소비에트 정권은 국가 주도의 계획경제를 고수하면서도 신경제정책과 서구식 테일러주의 등 자본주의적 요소를 도입했던 것이다. 특히 소비에트 사회주의에서 테일러주의의 활용은 레닌이 제기한 '과학적 사회주의' 속으로 용해되어 사회주의적 '사상성'과 자본주의적 '과학성'이 결합되는 형국이었다.[7] 북한 역시 적어도 1950년대 중반까지는 이러한 소련식 모델을 수용하여 과학적 관리를 통한 전반적인 산업경영 전략을 실천했다. 과학적 사회주의의 기치 아래 노동통제 전략에서 사회주의와 자본주의가 자연스럽게 결합될 수 있었고 북한 역시 빠른 공업화를 통한 생산력 증진과 중공업의 발전을 위해 이러한 전략을 채택했던 것이다.

그러나, 산업경영에서 북한의 소비에트 노선은 1950년대 중반 이후 제기된 주체 노선에 의해 새로운 전환을 맞았다. 1956년 8월 종파사건에서 김일성은 외세를 등에 업은 연안파와 소련파의 도전에 직면했고 중소를 견제하면서 정치와 경제에서 자립적인 노선을 견지하기 시작했다. 1956년 12월 당 중앙위원회 전원회의에서 사회주의 건설의 총노선으로 천리마운동이 제기되었고, 12월 28일 김일성의 강선제강소 현지지도를 기점으로 '자력갱생'의 천리마운동이 본격화되었다. 1957년부터 대외적 원조의 감소와 함께 축적의 위기를 맞은 북한은 '증산과 절약'의 구호를 내세우며 대중들을 동원하기 시작했던 것이다.[8] 김일성은 천리마운동을 제기하면서 '현지지도'를 통해 대중의 자발성과 창발성을 이끌어내어 사상적 동원과 통합을 우위에 놓는 방식에서 경제관리와 노동통제 전략을 발전시키고자 했고 이를 통해 당면한 정치경제적 위기를 극복하고자 했다.[9] 이러한

7) 김보근, 앞의 책, 2005, i쪽.

8) 조선로동당 력사연구소, 『조선 로동당 력사 교재』, 조선로동당 출판사, 1964, 373~374쪽.

천리마운동의 노선은 1959년 '천리마작업반운동,' 1960년 '청산리 정신/방법,' 1961년 '대안의 사업체계'와 같은 군중노선으로 이어져 전반적인 사상적 동원은 물론 경제관리와 노동통제에서 새로운 가버넌스 방식으로 자리매김되었다. 이러한 배경에서 1950년대 중반 이후 주체 노선의 등장과 함께 경제관리 방식에서 소련식 유일관리제가 폐지되고 대안의 사업체계가 등장했으며 노동통제 양식에서는 소련식 테일러주의가 '과학적 선진기술'이라는 기치 아래 천리마 노선과 대안의 사업체계로 흡수되었다.

3. 테일러주의와 노동통제

테일러주의는 '과학적 관리(scientific management)'의 주창자였던 프레드릭 테일러가 19세기 말에 이론적으로 정립한 것으로서 20세기에 들어 포드주의(Fordism)와 결합되어 전세계로 확산된 경영관리/노동통제 방식을 뜻한다. 산업화 이전에는 생산을 위해 어떤 노동을 할 것인가를 '구상'하는 과정과 실제로 노동을 '실행'하는 과정이 많은 경우 결합되어 있었다. 수공업적인 방식에서 다양한 직무들은 대체로 통합되어 있어 분업화의 정도는 낮았으며 대량생산을 가능하게 하는 기계화의 수준 역시 높지 않았다. 그러나 19세기를 거쳐 20세기에 들어서면서 자본주의 산업화와 기술혁신에 힘입어 대규모 공장과 설비가 마련되고 분업화, 전문화의 시스템이 요구됨에 따라 전통적인 노동과정은 이에 맞게끔 수정되어야 했다.

테일러주의의 핵심은 노동과정에 통합되어 있던 '구상'과 '실행'을

---

9) 김연철, 『북한의 산업화과정과 공장관리의 정치, 1953~1970 : '수령제' 정치체제의 사회경제적 기원』, 성균관대학교 정치외교학과 박사논문, 1996 ; 이태섭, 『김일성 리더십 연구 : 수령 체계의 성립 배경을 중심으로』, 들녘, 2001.

분리시키고 사용자가 구상 기능을 담당하여 노동과정을 과학적으로 통제하는 것이었다.[10] 따라서 테일러의 과학적 관리는 노동자들의 직무를 세분화하고 각각에 대해 정교한 시간 및 동작 연구를 수행함으로써 노동과정의 모든 요소를 계획하고 통제하는 것이 주목표였다. 19세기 후반 미국은 미숙련 노동자의 태업과 노동력의 낭비로 생산성이 저하되는 문제를 안고 있었고 이런 배경에서 인간 노동의 능률화와 생산방법의 합리화를 추구하는 '능률증진운동'이 전개되었다. 만성적인 조직적 태업 등 비효율적인 노동통제로부터 비롯된 생산성 저하를 극복하기 위해 테일러는 과학적 관리를 주장하며 작업의 개별 요소에 대해 과학을 추구하는 것, 과학적으로 노동자를 선별, 훈련, 교육시키는 것, 과학의 원리에 따라 작업을 진행하는 것, 관리자-노동자간 일과 책임을 균등배분하는 것을 주요 원리로 제시했다.[11] 이러한 과학적 관리에서 노동통제의 주된 초점은 '노동 표준화'로서 '시간과 동작의 연구'와 '방법과 공구의 표준화를 통한 기능적 관리'가 유기적으로 결합되는 것이었다.[12] 개별 노동자들의 노동 시간과 육체노동의 동작을 통제하고 이를 생산공정의 합리화와 연계시켜 노동생산성을 높이는 것이 경영관리의 주된 목표이자 노동통제의 주된 방식이었다.

20세기 초 구상과 실행 즉 경영과 노동의 분리, 생산공정의 합리화를 추구하는 과학적 관리 방식은 생산공정에 부품의 표준화와 컨베이어벨트를 이용한 생산 및 축적 방식인 포드주의와 결합되었다. 대량생산을 목표로 하는 생산 합리화를 위해 노동관리와 자본축적의 방식이 자연스럽게 결합된 것이다. 이러한 측면에서 테일러의 과학적 관리법은 산업경영과

10) 김보근, 앞의 책, 2005, 28쪽.
11) 프레드릭 테일러 지음, 신영철 옮김, 『과학적 관리법』, 한국능률협회, 1988 (Frederick W. Taylor, *The Principles of Scientific Management*, Harper & Row, 1911), 65~66쪽.
12) 테일러, 위의 책, 1988, 181쪽.

노동통제의 방식이자 자본축적과 결합된 하나의 다목적적 전략으로 활용된 것이다. 따라서 중요한 것은 자본주의는 물론 사회주의 국가에서 테일러주의가 산업경영과 자본축적을 위해 노동통제의 핵심적인 전략으로 활용되었다는 점이다. 이러한 테일러주의는 산업구조와 그 배경에 영향을 받으면서 노동과정을 지배, 통제하는 원리로 작동했던 것이다.[13] '생산의 정치'에서 노동과정의 상대적 자율성 등 작업장에서의 새로운 정치경제적 관계가 형성되고 억압적 노동통제를 극복하는 흐름도 존재할 수 있지만,[14] 소련과 북한의 노동통제에서 국가와 산업구조의 영향력은 기본적으로 간과될 수 없는 것이다. 문제는 노동의 숙련화와 생산성 향상을 도모했던 테일러의 과학적 관리법이 '육체노동'과 '정신노동'의 분리를 통해 발생되는 탈숙련화와 노동소외를 어떻게 극복할 수 있는 것인가였다. 거대한 자본주의의 축적방식인 포드주의와 결합되면서 아래로부터는 실질적인 노동통제 전략으로 활용되었던 테일러주의는 노동관리와 생산 합리화를 통해 비약적인 생산성의 향상을 가져왔지만 노동자들이 '구상' 즉 '경영'에서 소외되고 다시 탈숙련화되는 문제를 안고 있었다. 이런 배경에서 1936년 제작된 찰리 채플린의 「모던 타임즈(Modern Times)」는 근대 자본주의 산업화의 대량생산 체제에서 노동자들이 경험하는 소외와 암울한 사회상을 풍자했던 것이다. 자막과 함께 화면을 가득 채운 시계 바늘이 6시를 향해 움직이는 것을 배경으로 시작하는 이 영화에서 테일러가 강조했듯이 시간과 동작 통제는 생산량과 이윤을 좌우하는 핵심이다. 칼출근한 노동자들은 각자의 정해진 장소에 자리를 잡고 무미건조하게 작업을 수행하며 사장은 집무실 스크린을 통해 노동자들의 작업과 그 속도까지 점검한다. 인간 노동은 무한 생산력을 달성하기 위한 수단으로

---

13) H. Braverman, *Labor and Monopoly Capital*, New York : Monthly Review Press, 1974.

14) M. Burawoy, *Politics of Production : Factory Regimes under Capitalism and Socialism*, London : Verso, 1985.

기능하며 속도를 높이면 이에 본능적으로 적응해야 하는 것이다. 그러나 컨베이어 벨트를 따라 흘러가는 기계에 너트를 조이는 단순 작업을 반복하는 채플린은 결국 가속도의 작업공정을 따라가지 못하고 기계 속으로 빨려 들어가며 종국엔 너트를 조이는 환각 노동을 되새김질하며 정신병원으로 끌려가게 된다. 이 영화는 사용자의 통제와 시계추에 길들여진 노동자들을 묘사하면서 포드주의와 결합된 테일러주의의 어두운 단면을 묘사한 것이다.

포드주의와 결합된 테일러의 과학적 관리 방식은 생산력의 혁명을 낳으며 전세계로 확산되었고 생산력의 증진에 힘썼던 사회주의 체제 역시 자본주의적 테일러주의를 수용하게 되었다. 러시아혁명 전 레닌은 테일러주의를 '기계에 의한 인간의 노예화,' 즉 시간 및 동작 통제를 통해 노동력을 착취하는 자본주의적 수단으로 비판하면서 테일러주의의 활용에 유보적인 태도를 보였다.[15] 그러나 혁명과 내전을 거친 후 민생과 경제를 안정시키기 위해 소련은 테일러의 과학적 관리법 등 자본주의적 요소를 불가피하게 수용해야 했다. 레닌은 "우리는 테일러 시스템에서 과학적이고 진보적인 것들을 적용해야 하는 문제를 제기해야만 한다."며 사회주의 건설과 생산력의 증진에 과학적 관리 방식을 적극적으로 도입할 것을 주장했던 것이다.[16] 테일러주의를 활용하는 이러한 생산력 우선주의는 생산관계에서의 혁명을 경시하고 자본주의적 노동통제를 강화한다는 비판에도 불구하고 레닌으로부터 스탈린에 이르는 소련 사회주의 경제발전의 기본 노선이 되었다. 북한 역시 생산력 우선주의와 노동생산성의 원리를 절대화했고 이를 마르크스, 레닌, 스탈린의 노선을 계승한 것으로

15) V. I. Lenin, "The Taylor System : Man's Enslavement by the Machine," *Collected Works* (Moscow : Foreign Languages Publishing House) Vol.20, 1914.

16) V. I. Lenin, "The Immediate Tasks of the Soviet Government," *Collected Works* (Moscow : Foreign Languages Publishing House) Vol.21, 1918, p.258.

정당화했다.[17]

　실제로 레닌은 기술자, 경영자 없는 산업운용과 경제발전은 불가능한
것이라고 믿었고, 이러한 레닌의 기술주의적 볼셰비즘을 가장 충실히
계승한 인물은 '소련의 테일러'라 불리는 가스쩨프였다. 가스쩨프는 테일
러주의의 여러 원리 중에서 '일상과 조화되는 노동 동작의 통제'를 통한
집단주의적 사회주의 문화를 형성하는데 관심을 가졌고 '인간의 기계화'
를 내세우며 전면적인 혁신과 '생산력의 혁명'을 이루고자 했다.[18] 레닌과
가스쩨프는 육체노동과 정신노동의 분리라는 서구의 테일러주의를 극복
하면서 새로운 사회주의적 인간형을 창조하려고 노력했다. 특히 가스쩨프
는 생산성 향상만을 강조한 것이 아니라 노동자의 육체와 일상이 역동적인
삶의 과정을 그리며 노동 그 자체가 수단이 아닌 삶의 목적이 되게 하고자
했다.[19] 노동 동작의 효율적 통제 속에서 노동 윤리와 일상의 문화를
생산하는 훈련의 과정이 강조되었고 이는 기술이나 조직보다도 인간
자체의 능력과 본질을 강조하는 마르크스의 노동관을 충실하게 따른
것이었다. 가스쩨프의 테일러주의의 문화적 개혁은 정신노동과 육체노동
의 통합의 관점에서 노동소외를 극복하고 새로운 사회주의적 인간형을
창출하려 한 유토피아적 실험이었다. 그러나 급속한 공업화와 생산력
증진에 매몰된 스탈린 체제 하에서 이러한 실험은 성공할 수 없었다.
1930년대의 급속한 공업화를 통해 자본주의를 따라잡으려 한 스탈린의
목표는 첫째도 생산력, 둘째도 생산력의 증진이었다.[20] 비록 신공업도시
를 건설하며 새로운 노동과정과 정체성 형성에 기여한 측면도 있었지만

---

17) 『근로자』 52호, 1950. 3.
18) 노경덕, 「알렉세이 가스쩨프와 소비에트 테일러주의, 1920~1929 : 이론적 구성
　　요소를 중심으로」, 『서양사연구』 27집, 2001.
19) 노경덕, 위의 글, 2001, 87~88쪽.
20) S. Kotkin, *Magnetic Mountain : Stalinism as a Civilization*, Berkeley, Los Angeles, and
　　London : University of California Press, 1995, p.42, 123.

스탈린의 공업화 속에서 정신과 육체의 통합, 노동과 일상의 조화를
통한 노동자의 인간다운 삶은 보장될 수 없는 것이었고 서구식 테일러주의
에서 억압적인 노동통제의 수단으로 비판되었던 '동작 통제와 인간의
기계화'라는 관점만이 부각되었던 것이다.

이러한 소련식 테일러주의는 1929년부터 스탈린의 산업화 정책에 본격
적으로 적용되었고 1931년에는 도급임금제가 도입되어 실시되었다. 더욱
이 이러한 생산성 향상 노선은 1935년 붐이 일었던 '스타하노프 운동'과
연계되어 생산성과 사상성의 담론이 결합되는 방식으로 발전했다.[21]
1935년 독자적으로 고안한 채탄공정의 혁신을 통해 작업 기준량의 13~14
배가 넘는 생산량을 산출한 광산노동자 스타하노프의 초과달성을 이벤트
화한 이 운동은 생산공정의 합리화를 통해 생산성 향상과 사회주의 노동의
사상성을 강조했다. 실제로 제2의 스타하노프 찾기 운동이 전국가적으로
벌어져 스타하노프 노동자 수가 급증하고 스타하노프 작업반운동도 활성
화되었다.[22] 스타하노프 운동의 성과에 따라 1935년 12월 볼셰비키 중앙위
원회 총회 결정에서 스타하노프 운동가들의 경험을 토대로 기술적 표준화
를 통해 전체 생산량을 재조정할 것이 결의되기도 했다.[23] 이는 '과학적
관리'의 통제와 계산 속에서 생산의 능동적 요소인 '노동력'을 강조하는
전략이었다. 자본주의적 노동통제 양식을 수용하여 생산성을 향상시키면
서 당시 만연해 있던 노동자들의 노동의욕 감퇴와 규율 해이 등을 사상의
혁신을 통해 극복하고자 했던 것이다. 경제적 생산성과 정치적 사상성을
동시에 노린 이른바 '작업장의 정치화' 작업이었다. 과학성과 사상성을
결합하는 레닌의 노선이기도 한 이러한 소비에트 노선은 사상성에 무게중
심을 둔 북한의 천리마운동의 모델이 되었다. 소련과 북한 모두 과학적

21) Kotkin, 위의 책, 1995, p.213.
22) 김보근, 앞의 책, 2005, 89쪽.
23) 『인민』, 1949. 2.

관리 방식에 의한 생산공정의 합리화, 노동 표준화 전략과 함께 인간
노동의 능동성을 강조하는 생산성 향상 노선을 추구했던 것이다. 그러나
소련의 스타하노프와 북한의 진응원 같은 영웅적 모델 찾기 운동은 초인적
노동을 이상화하는 형태로 발전하여 생산력 증진을 위한 육체노동의
동원을 의도했고, 북한은 더 나아가 이러한 기제를 주체 노선의 사상적
동원과 연계시켜 과학적 관리의 합리성을 넘어서려 했다.

4. 북한의 소련식 테일러주의와 노동통제

해방 직후 북한 정권은 건국사상총동원운동을 벌이면서 사회 전반의
개혁을 주도했다. 농민 소유를 인정한 토지개혁에서도 드러나듯이 북한
정권은 당시 사회성격을 사회주의로 가는 과도기로 규정하고 공산당과
반일/반지주/반자본가 세력과 연립하는 정권을 세워 주요 산업시설을
국유화하고 소련의 사회주의 제도를 정착시키는 인민민주주의적 개혁에
주력했다. 이후 한국전쟁을 거치면서 북한의 사회주의 개혁 담론은 인민민
주주의론에서 사회주의론으로 이행되었고 농업협동화와 제반 상공업의
국유화 등 소비에트식 사회주의가 정착되면서 소련의 노선과 제도들이
커다란 영향력을 미치게 되었다. 일례로 김일성의 주체 노선이 강화되는
1959년 생산현장에서도 '전기화 방침에서의 레닌적 원칙의 구현'이 강조
되기도 했다.[24] 특히 해방 이후 소련의 과학적 관리 방식은 북한의 경제관
리와 노동통제에서 큰 힘을 발휘했다.

정확하고 과학적인 노동조직과 올바른 임금제와 상금제를 실시한

---

24)『경제건설』 68호, 1959. 1, 30쪽.

것이다. 그릇된 노력조직은 과로와 태공을 조성하게 되며 부정확한 임금은
노동에 대한 열의를 식게 하며 노동력 이동을 가져오게 한다. 모범 노동자
를 표창함에 있어서 노동규율의 엄격한 준수여부는 가장 중요한 여건의
하나로 되어야 할 것이다. 노력조직을 합리적으로 개편하여 불필요 노동력
을 제거하며 매개 노동자의 도급임금제와 상금제를 광범히 실시하여
그들의 노력과 기능을 옳게 평가함으로써 그들의 생산의욕을 북돋아주며
자각적으로 노동규율을 준수하게 할 것이다.[25]

　위의 예시에서 보이듯이, 「노동규율에 대하여」라는 『인민』의 한 논문은
선진기술로서 해방 직후 도입된 소련식 테일러주의의 일부분을 설명해
주고 있다. 과학적 관리를 위해 타당한 임금제와 상금제를 실시하고
이러한 제도를 통해 노동의욕을 고취시켜 생산성 향상을 모색하고자
한 것이다. 육체노동에 대한 정당한 보상과 노동의욕의 고취는 테일러주의
의 중요한 내용이며 이러한 과학적 관리는 '자각적으로 준수되는 노동규
율' 즉 정신노동의 사상성을 담보하고 또한 그 역도 가능해야 하는 것이다.
김일성 역시 1949년 조선 최고인민회의 제2차회의 총결 연설에서 "로동자
들의 생산의욕을 더욱 향상시키며 그들의 열성을 더욱 발휘하게 위하여서
는 도급제와 상금제를 올바르게 조직확립하여야 하겠습니다."라며 노동
생산성 향상을 위해 과학적 관리를 강조한 바 있다.[26] 이러한 과학적
관리를 위해 "종업원은 범주별 및 로동생산성의 시간적 비교연구에 의하
여 합리적으로 배치관리할 뿐만 아니라 … 로동자 특히 숙련공의 류동을
퇴치하고 직장에 고착시키며 로력에서의 정량제를 엄수"할 것이 요구되었
는데, 시간과 동작 통제라는 테일러주의의 핵심적 기제를 통해 '로력
정량제'를 정착시키는 노동 표준화 작업이 이때부터 강조되었다.[27] 여기

---

25) 『인민』, 1948. 7, 88쪽.
26) 『인민』, 1949. 2, 9쪽.
27) 『근로자』 22호, 1948. 12, 89쪽.

서 시간을 통제하는 표준화 작업이 중요한 이슈였고, "8시간 노동일을 480분으로 7시간 노동일을 420분으로 환산하여 매분 매초를 생산에 완전히 리용하는 문제"가 중요한 문제로 부각되었다.[28] 특히, 3교대 근무에서 노동시간의 효율화는 '480분 가동운동'으로 전개되기도 했다.[29] 이와 관련하여 이북명의 1947년 단편소설 「노동일가」는 당시 북한의 노동 규율 및 노동관리 방식을 다음과 같이 묘사했다.

> 선반공장은 2/4분기에 접어들자 주철공장과 단조공장을 상대로 책임량을 초과 달성할 것과 출근율 제고와 직장 청소―이 세 가지 조목을 내세우고 삼각경쟁을 시작하였던 것이다. 물론 이것은 노동자 동무들 간의 자발적 건국 증산 경쟁이었다. 흥남 인민공장과 함흥 철도부와 광산 새(사이)에 맺어진 삼각경쟁의 교훈과 전투력을 이 세 공장이 본받은 것이다. 삼각경쟁이라는 것은 창의성의 발휘와 계획성의 구체화와 단결된 노동력에 의한 기능적 분업화와 과학적 노력 조직과 건국정신의 앙양 학습 열의 제고 … 등등 인민경제 부흥의 튼튼한 터전을 닦는 정치적 의의를 가진 일시적이 아닌 운동이다.[30]

이 소설은 1947년 인민경제계획 목표 달성을 위해 고군분투하는 한 선반공장 노동자들의 노동규율을 소재로 했다. 스타하노프의 노동 규율을 이상화한 선반공장 노동자들은 자발적인 증산경쟁 운동을 발기하며 노동 과정의 계획성과 기능적 분업을 추구하고 과학적 노력 조직을 구축할 것을 주장하면서 당대의 산업현장에서 발휘되었던 소비에트식 테일러주의를 실천하고자 했다.

해방 이후부터 도입되었던 이러한 소련식 테일러주의는 한국전쟁 이후

---

28) 『인민』, 1949. 9, 78쪽.
29) 공산권문제연구소, 『북한의 노동자』, 공산권문제연구소, 1972, 68쪽.
30) 이북명, 「노동일가」, 남원진 편, 『이북명 소설 선집』, 현대문학, 2010, 233쪽.

본격적으로 관철되기 시작했다. "위대한 쏘련에서 생산 혁신자"라는 제호의 1955년 6월 2일자 『로동신문』 기사는 소련의 뜨루뜨네브와 같은 생산 합리화 운동가들을 예시하며 선진기술로서 생산공정의 합리화 운동을 소개했다. 이 신문에서 뜨루뜨네브는 낡은 선반기의 기술적 혁신을 통해 생산공정의 합리화를 달성한 혁신자로 소개되었다. 뜨루뜨네브의 기술혁신에 의해 "드디어 1분 동안에 1천회의 기계 회전을 달성하고 기술적 기준량을 1000%로 수행했다."는 것이다.[31] 또한 당시 소련으로부터 도입된 기술혁신을 소개하는 다양한 브리가다(brigade)가 조직되어 활동하고 있었다. 일례로 1957년 직업총동맹 8명의 선진노동자들로 구성된 '선진경험보급 브리가다'가 신의주 고무공장에 파견되어 생산공정의 합리화를 지도하기도 했다.[32] 이러한 노력에 힘입어 분업공정과 노동생산성 향상에 변화가 일기 시작했고, 이것은 1955년 함흥 고무공장에서 도입된 '흐름식 작업방법'에서 확인될 수 있다.[33]

함흥 고무공장 원시숙 브리가다에서는 흐름식 작업방법을 도입, 적용하여 적지 않은 성과를 거두고 있다. 초기에 매개 로동자는 고무신 제작의 첫공정인 재단으로부터 미시미에 이르는 전 공정을 혼자서 진행하는 극히 수공업적인 방법에 의하여 작업하여 왔다. 작업과정에서 이것은 극히 불합리하다는 것이 표현되었다. 매개 로동자는 작업에서 거의 절반 이상 불필요한 동작을 하게 되었으며 일에 속히 숙달하지 못하였으며 작업 능률을 높이지 못하였다. 작업 공정을 세분화하며 매개 노동자를 작업에서 전문화시키도록 생산조직을 개편하는 것은 무엇보다 중도 중요한 과업으로 나섰다. 동 브리가다원들은 행정측에 제기하여 교대별로 4개의 브리가다를 조직하고 6인조로 작업을 진행하게 하였다. 6명으로

---

31) 『로동신문』 1955. 6. 2, 3쪽.

32) 『근로자』 136호, 1957. 3, 41쪽.

33) H. Choi, "Rationalizing the Guerilla State : North Korean Factory Management Reform, 1953~61," *History and Technology* Vol.20, No.1, 2004.

조직된 브리가다원들은 재단, 접기, 피형, 창 붙이기, 풀칠, 미시미를 각각 전문적으로 분담하여 작업하는 데서 현저한 성과를 가져왔다. … 행정측에서는 기술일꾼들을 동원하여 매 공정의 소요 시간을 측정케 하였다. 측정의 결과는 고무신 한 켤레당 재단 작업은 평균 30초 걸리며 접기 작업은 60초, 피형은 120초, 창 붙이기 및 창 풀칠은 40초, 미시미 작업은 60초 걸린다는 것이 판명되었다.[34]

　함흥 고무공장의 흐름식 작업방법은 수공업적인 방식을 지양하여 생산 공정을 전문화, 합리화하고 노동 동작과 시간을 통제하여 생산성을 제고했다. 기존의 방식에서는 불필요한 동작이 많아 노동 시간이 지체되고 숙련화와 노동 능률을 저하시키는 문제점을 안고 있었는데 흐름식 작업방법을 통해 노동의 동작과 시간이 계산되고 생산공정이 전문적으로 통제되어 노동생산성 역시 향상시킬 수 있었다는 것이다. 소비에트식 테일러주의를 실천하는 이러한 생산공정의 합리화 작업은 '기술적 기준화'와 '노동과정의 합리화'를 중심으로 하부 생산단위로 확장되고 있었다. 다음은 1954년 흥남 비료공장 생산협의회에서 제기된 토론 항목 및 건수들에 대한 예시이다.

빈도순위	토론 항목	토론건수
1	생산 및 건설계획 수행	802
2	작업의 기계화	717
3	표준조작법 제정	715
4	노동규율 강화	698
5	원료 자재의 절약 및 이용	651
6	시공 및 생산 오작 퇴치	525
7	작업의 선진기술 도입	498
8	노동생산 능률 제고	491
9	기술 기능수준 제고	418
10	노력 조직 및 합리화	418

34) 『로동신문』 1955. 3. 18, 2쪽.

11	원료 및 공구 보장	178
12	비생산 노력의 축소	178
	기타	678

위의 표35)에서 드러나듯이, 당시 흥남 비료공장에서 과학적 관리를 위해 제기된 문제들은 기계화, 표준조작법, 선진기술, 기술 기능수준과 관련된 '기술적 기준화'와 생산 계획, 노동 규율, 노동생산성, 노동 합리화와 관련된 '노동과정의 합리화'로 축약될 수 있다. 여기서 노동과정의 합리화는 기술적 기준화와 함께 공급이 원활히 보장된다면 사용자의 노동통제를 통해 생산성 향상이 가능할 수 있는 핵심적인 부분이다. 흥남 비료공장에서 대부분의 토론 안건은 생산공정과 노동과정의 합리화를 위한 노동통제에 초점이 맞춰져 있었고 이는 하부 생산단위에서 과학적 관리의 핵심으로 노동통제가 적극적으로 활용되고 있었다는 것을 드러낸 것이다.

이처럼 해방 이후부터 시작되어 1950년대로 이어지는 소련식 테일러주의는 선진작업방법으로서 북한의 노동통제 방식으로 전이되었고 이에 따라 기술적 기준화와 이에 부합하는 노동 표준화의 전략이 더욱 강조되었다. 이러한 노동 표준화의 기본은 기술적 기준화에 따라 노동 기준량을 합리적으로 책정하는 것에서 비롯되는 것이었다.

> 로동 기준량은 과거의 생산 실적의 통계에 근거할 것이 아니라 기술적 기준화 방법에 의하여 해당 기업소의 모든 생산적 가능성을 엄격히 검토하고 로동 생산 능률을 제고시킬 수 있는 모든 요인들을 적발한 기초 우에서 제정되어야 한다. 이와 같이 제정된 로동 기준량은 로동에 의한 분배 원칙에 적응한 임금 조직과 그의 부단한 장성을 위하여 중대한 의의를 가질 뿐만 아니라 그것은 로동 시간의 절약, 로동력의 합리적 배치 및

---

35) 김연철, 앞의 책, 1996, 189쪽.

선진적 작업 방법의 도입에 의한 로동 조직의 가일층의 개선을 위한
수단으로 된다. 또한 그것은 기업소들에 있어서 내부계획 작성의 기초로
되는 바 정확히 설정된 로동 기준량에 근거하여서만 로동력의 소요량과
그에 따르는 임금 폰드를 규정할 수 있으며 제품의 생산량과 로동 생산
능률의 수준을 계산할 가능성이 있기 때문이다.[36]

노동 기준량의 사정에는 '추정식 규정방법,' '경험 통계에 의한 규정
방법,' '기술 기준화 방법' 등이 있는데, 전전부터 시작되어 전후에 본격적
으로 기술적 기준화 방법이 강조되어 이 기준에 따라 작업 공정과 동작별로
소요되는 시간이 측정되고 노동 기준량과 도급임금이 결정되었다.[37]
위의 글에서 알 수 있듯이, 기술적 기준화는 노동 기준량을 측정하는
기본이며, 노동시간 통제, 노동력 배치 및 임금 책정 등도 이에 기반을
두어야 한다. 따라서 생산공정을 합리화하는 것은 생산수단과 노동의
유기적 결합, 기술혁신에 따른 '공칭능력'(생산수단/기계설비의 최대산출
능력)의 재조정을 통해 노동 기준량을 정확하게 책정하는 것이 필수적이었
고 새롭게 책정된 노동 기준량에 따라 도급임금 등 합리적인 보상이
이루어져야 했다. 이에 북한 정권도 내각결정 제140호를 공포하고 선진작
업방법을 지속적으로 도입, 연구하여 노동 기준량을 새롭게 책정하고
생산 능률을 제고할 것을 결의했던 것이다.[38] 이로써 '노동 기준량 재사정
사업'은 '과학적 사업'이자 '대중적 사업'으로 위치되었던 것이다.[39]
이러한 기술적 기준화와 노동 표준화 작업은 당시 공업 분야에서 노동생
산성 향상을 위한 대대적인 혁신으로 평가, 실행되었고 이러한 작업과

---

36) 윤의섭·차순헌, 『공화국에서의 임금 조직과 로동의 기준화』, 국립출판사, 1955,
    206~207쪽.
37) 『근로자』 107호, 1954. 10, 89~90쪽.
38) 『경제건설』 67호, 1958. 12, 11~13쪽.
39) 『근로자』, 1954. 2.

관련된 조사연구와 각종 통계 자료들이 『인민』, 『근로자』, 『경제건설』
등 국가형성기 정부 정기간행물의 핵심적인 내용을 구성했다. 판유리를
생산하는 한 건재 공장에서의 '률동적 작업조직'에 대한 연구조사가 이를
예시해 준다. 이 율동적 작업조직은 기술적 기준화를 지향하는 선진작업방
법을 분석하고 단위 시간, 분의 세분화된 시간당 생산량을 계산하여
생산성을 높이고자 했다.40) 판유리 생산을 위해 한 교대 480분간 투탄,
포킹 작업을 18회씩 실시하여 포킹 작업시간 13분을 표준으로 최저율동계
수 1.5를 측정했고 이것을 표준으로 삼아 임금을 책정하고 노동생산성을
향상시키고자 했다.41) 노동생산성과 임금간 관계에 관한 1957년의 한
조사에서도 평양 전구공장 유리직장 노동자 2명의 노동 시간은 1일 450분
노동에서 준비 및 종결 작업이 6분, 기본 생산작업 333분, 휴식시간 80분,
기계사고와 기타가 31분이 되는 것으로 분석되었고 이러한 시간 분석과
노동생산성에 따라 임금이 책정되어야 한다고 주장되었다.42) 이러한
노력의 결과로 제1차 5개년 계획 기간에 공업 생산액 증가의 63%가
노동생산성에 의해 그리고 나머지 37%는 근로자의 절대적 증가치에
의해 구성될 것으로 전망되었다.43) 실제로도 1956년 대비 1957년 공업
생산액 증가에서 70%가 노동생산성 향상의 결과로 밝혀졌다.44)

이와 같이, 전후 북한의 노동통제 전략은 생산공정의 합리화와 노동
표준화 작업이 근간을 이루었고 이러한 생산과 노동의 합리화가 전반적인
계획경제의 핵심으로 부각되었다. 특히 1950년대까지 유지되었던 소련식
도급임금제의 실행에는 기술적 기준화와 노동 표준화 작업이 필수적이었

---

40) 『경제건설』 52호, 1957. 9, 21쪽.
41) 『경제건설』 52호, 1957. 9, 25쪽.
42) 『경제건설』 52호, 1957. 9, 40쪽.
43) 『경제건설』 62호, 1958. 7, 89쪽.
44) 『경제건설』 66호, 1958. 11, 15쪽.

다. 그러나 노동의 양과 질에 따라 임금을 차등화하기 위해 1947년에 도입된 도급임금제는 전후 공업화시기에 쉽게 정착되지 못했다. 1956년 9월 공업/건설 부문에서 도급제 참가율이 약 40%에 머문 것이 이를 반증해 준다.[45] 원조 감소와 공급의 악화, 노동 표준화를 위한 시스템과 기술 인력의 미비와 함께 초과달성의 업적주의와 이벤트주의의 만연 속에서 생산량의 초과달성 이후 임금의 변동 없이 노동 기준량만 재조정되어 도급임금제가 무의미한 경우가 많았다.[46] 더욱이, 정확한 계산과 보상이 불투명한 상황에서 월말 또는 분기말에 몰아치기 작업으로 부족분을 만회하려는 관행이 전반적인 생산의 파행을 낳기도 했다.[47] 따라서 형식적 초과달성만을 위한 노동 기준량과 도급임금의 임의적 산출, 노동자들의 실적 맞추기와 형식주의적 노동 관행 등으로 인해 노동의 양과 질에 대한 합리적인 계산과 평가가 어려웠던 것이다. 사실 태업과 결근 등 노동규율의 해이[48]와 몰아쳐서 생산량의 실적을 맞추는 '깜빠니아식, 돌격식 방법'[49] 등은 전전부터 지속되어 온 관행적 문제였다. 천리마운동 이 개시될 즈음인 1957년의 한 조사에서도 돌격식 관행에 의해 생산 실적이 월 상순 18~29%, 월 중순 30~36%, 월 하순 41~56%로 심한 파동을 드러낸 것으로 나타났다.[50] 정신노동과 육체노동의 결합을 통해 노동규율을 확립하여 생산성을 향상시키려 했던 김일성의 대안의 사업체 계 노선은 궁극적으로는 이러한 생산 파행과 과학적 관리의 왜곡을 가중시 켰다. 그러나 궁극적인 실패와 과정에서의 시행착오에도 불구하고 과학적 인 노동통제를 합리적인 생산공정과 임금체계와 연관시키고 또한 사상과

---

45) 『경제건설』 52호, 1957. 9, 30쪽.
46) 공산권문제연구소, 앞의 책, 1972, 120쪽.
47) 김연철, 앞의 책, 1996, 142~143, 146쪽.
48) 『로동신문』 1947. 1. 17.
49) 『인민』, 1953. 10.
50) 『경제건설』 50호, 1957. 7, 8쪽.

도 연계, 발전시키려 했던 노력이 북한의 초기 개혁과정에서 두드러졌던 것이 사실이다. 자본주의와 사회주의를 가로지르는 유사한 노동통제 전략인 테일러주의가 북한의 산업체제에 스며들어 주체 노선과 어떻게 결합되고 변화되었는가 그리고 이러한 변용과정은 북한의 산업경영에 어떠한 영향을 미쳤는가? 이러한 질문의 유용성은 단지 물질적 인센티브 의 부재 및 계획경제의 비효율성이라는 사회주의 산업체제에 대한 전통적 인 비판을 재론하는 것에 있는 것이 아니라 주체 노선과 테일러주의의 상호관계 속에서 실질적으로 일어난 개혁의 과정과 여파를 노동통제의 맥락 그 자체에서 탐색하는 것에 있을 것이다.

5. 주체 노선의 등장과 노동통제 방식의 변화

북한의 초기 국가형성 과정에서 노동 시간과 동작의 통제 전략은 합리적 인 노동과정을 통해 생산성을 높이려 했던 과학적 관리의 전형이었고 궁극적으로는 노동생산성 제고를 통해 양적 경제성장을 노린 것이었다. 북한사회에서 이러한 노동통제의 원리는 국가가 통제하는 계획경제하에 서 생산력 우선주의를 구현하는 과정에서 적극적으로 도입, 시행되었고, 이러한 맥락에서 소비에트식 계획경제의 '과학성', '통계' 및 '계산가능한 합리성'의 원리와 부합하는 것이었다.[51] 이러한 배경에서 1950년대까지 소련식 모델이 북한의 산업경영 제도를 지배했다고 해도 과언은 아니다. 1950년대 후반이 북한 경제의 황금기였던 것 역시 소련으로부터 들어온 원조와 기술협력에 힘입은 바가 컸으며 따라서 소련의 것은 모두 선진기술 로 선전, 포장되어 북한의 경제제도에 이식되었다. 그러나 한국전쟁으로

---

51) 『근로자』 285호, 1965. 12, 27, 30쪽.

폐허가 된 사회를 복구하고자 했던 북한 주민들의 건국 열의와 김일성의 카리스마적 리더십 또한 외적 요인들과 결합하여 북한의 경제발전과 독특한 산업경영 방식을 낳았다.

이러한 배경에서 1950년대 중반에 비롯된 소련의 탈스탈린 노선과 이에 따른 중소갈등의 여파는 북한의 국내 정치에서 '8월 종파사건'으로 이어졌고, 북한에 대한 중소의 내정 간섭과 원조의 삭감은 북한의 심각한 정치경제적 위기를 초래했다. 이러한 위기 속에서 그동안 적용되었던 소비에트식 제도 역시 김일성의 새로운 노선 속에서 변화되어야 했다. 대표적인 것이 소비에트식 테일러주의와 함께 도입된 것으로 공장/기업소의 경제관리의 방식인 유일관리제이다. 소비에트식 유일관리제는 상−관리국장−기업소 지배인으로 이어지는 위계적인 행정관료 조직을 통해 중앙으로부터 기업소에 이르는 중앙집권적 지도를 관철시키는 제도였다.[52] 스탈린의 모델을 따른 초기 북한의 유일관리제는 당 조직이 아니라 중앙집권적인 국가 행정관료 조직을 통해 중공업 우선의 급속한 공업화를 추진했던 것이다. 그러나 유일관리제 하에서 관료제적 지도의 형식주의, 지배인의 실무능력 부족과 노동자들의 참여의 형식화 등의 문제들이 발생했고,[53] 이러한 소비에트식 관료제는 사상으로 무장된 대중의 자발성과 창발성을 통해 생산의 혁신을 이루고자 했던 김일성의 주체 노선과 갈등을 일으키고 있었다.[54] 이러한 맥락에서 김일성은 1956년 8월 종파사건 이후 정치경제적 위기를 돌파하기 위한 전략으로 대중참여와 사상의 혁신을 통한 속도 창조를 모색했던 것이다. 이에 1961년 대안의 사업체계가 등장하면서 1950년대 후반 명목상으로 존재했던 유일관리제가 실질적으로 폐지되고 최고지도자−하급당단체−노력혁신자로 이어지는 수령의

---

52) 이태섭, 앞의 책, 2001, 97쪽.
53) 『근로자』 118호, 1955. 9.
54) 이태섭, 앞의 책, 2001, 124쪽.

직할관리체제가 성립되었다.55) 뷰러웨이가 '생산의 정치'로 불렀듯이, 노동관리에서 생산을 둘러싼 새로운 정치경제적 관계양식이 등장한 것이다.56)

이러한 생산의 정치는 노동자들의 경영 참여를 보장함으로써 생산에서의 혁신을 일으키는 개혁이면서 동시에 레닌-스탈린의 소비에트 노선에서 김일성의 주체 노선으로 무게중심을 옮기는 과정이었다. "이 (대안의 사업) 체계 하에서 일하는 모든 일꾼들이 과학적 타산을 더욱 더 세밀히 할 줄 알며 계획 작성, 생산 지도, 기술 관리, 자재 보장, 로동 행정, 재정 활동 등 모든 측면과 고리들에서 통계적 방법에 의한 관찰과 분석을 더욱 강화하여야 한다는 것을 의미한다."는 『근로자』의 한 논문을 보면, 과학적 관리 노선과 대중참여의 주체 노선이 결합되고 있음을 알 수 있다.57) 그러나 대안의 사업체계로 흡수된 테일러주의는 선진기술담론으로 옹호되어 생산현장에서 일반화된 원리로 통용되었지만, 더 중요했던 것은 명목상의 '과학성'의 담론을 치고 올라왔던 '사상성'의 담론이었고 이는 빨치산의 주체 노선이 과학적 관리 노선 위에 존재함을 나타낸 것이었다. 주체 노선의 기치 아래 「대안 체계와 새 인간의 형성」이란 논문 역시 항일 빨치산의 전통인 김일성의 대중노선을 부각시키면서 대중들이 집체적 지도 체제의 일원으로 모든 생산공정에 적극적으로 참여할 것을 독려했다.58) 각 작업반에서 노동자들에 의해 '자체 정량위원회'가 조직되어 그들 손에 의해 노동량 등 노동계획이 수행되고 노동자들이 직접 기업관리에 참여함으로써 노동에 대한 책임과 능률이 향상되어야 한다는 주장이었다.59) 대중의 자발성과 노동에서의 생산과 경영의 통합을

---

55) 김연철, 앞의 책, 1996, 36~37쪽.
56) Burawoy, 앞의 책, 1985, pp.7~8.
57) 『근로자』 285호, 1965. 12, 29쪽.
58) 『근로자』 183호, 1961. 2.

강조하는 이러한 사상 혁신의 전략에는 김일성의 '빨치산 노선의 재발견'과 '생산에서의 혁명전통의 복원'이 작동하고 있었다.[60] 사실 "하부에 접근시키여 일반적 지도와 개별적 지도를 결합시키며 군중을 교양 설복하면서 근로 대중의 창발성을 전면적으로 발동시키는 군중적 사업 방법"이라는 현지지도사업 역시 항일 빨치산의 전통을 되살린 것이었다.[61] 전반적인 경제노선에서 항일 빨치산의 전통이 되살아났고 따라서 경제노선의 핵심은 사상성이었다. 이러한 맥락에서 "육체적 및 정신적으로 조화롭게 발전한 공산주의적 새 인간의 육성이 없이는 고도로 조직된 사회주의 경제가 옳게 운영될 수 없다"며 '주체의 인간형'을 형상화하는 한 논문은 천리마운동을 통해 '육체와 정신에서의 개성'을 전면적으로 발전시킬 것을 강조했던 것이다.[62] 이러한 정신개조의 노동 규율은 주체사상과 함께 하는 '혁명적 규율'로 승화되며 사상교양은 결국엔 인간의 사악한 본성을 인간 스스로 자각하고 제어하는 규율적인 '통제사업'으로까지 발전했다.[63]

이러한 북한의 노동통제 방식의 변화에서 두 가지 사실에 주목할 수 있다. 하나는 북한 정권이 과학적 관리를 대중참여의 주체 노선과 결합하여 노동에 있어 생산과 경영의 통합을 이루고자 했다는 점이다. 앞서 지적했듯이, 생산계획과 노동정량 및 임금결정 등 노동자들이 생산과 경영에 집단적으로 참여할 수 있는 혁신 담론이 공론화되었고 궁극적으로 실패하기는 했지만 제한적이나마 제도적인 개혁의 흐름이 있었다는 것이다. 이것이 바로 자본주의 체제의 테일러주의의 활용과 구분되는 측면이며

59) 『근로자』 215호, 1963. 1.
60) 이태섭, 앞의 책, 2001, 209쪽.
61) 조선로동당 력사연구소, 앞의 책, 1964, 375쪽.
62) 『근로자』 247호, 1964. 5, 25, 28쪽.
63) 『근로자』 416호, 1976. 12.

또한 형식적인 담론적 구호에 그친 소비에트식 테일러주의와도 비교되는 측면이다. 다른 하나는 이러한 주체의 대중노선을 통해 북한의 산업경영에서 아래로부터 적지 않은 성과가 있었던 점이다. 일례로 대중들의 자발성과 창발성을 자극, 고무함으로써 1959년 한 생산현장에서 노동생산성 향상을 위한 '창의 고안과 합리화 제안'이 150여 건에 이르러 그 전 해에 비해 2.2배가 증가된 것으로 보고되었다.[64] 또한 만성적인 설비부족을 극복하기 위해 대중의 창발성과 혁신적 사상의 모범으로 1959년부터 '공작기계 새끼치기 운동'이 전개되었고 대안 전기공장에서는 113대의 공작기계의 새끼가 쳐져 활용되었다.[65] 이처럼 소련의 원조를 바탕으로 천리마운동 등의 군중동원이 결합되어 1950~1960년대 북한사회는 혁신적 대중참여와 경제성장의 황금기를 이룩할 수 있었다. 실제로 북한은 제1차 5개년 계획을 1년 앞당겨 초과달성하는 등 경이적인 성장률을 기록했고, 1946년 기준으로 1960년 국민소득은 거의 7배, 공업 생산액 증가는 2배를 상회했던 것으로 보고되었다.[66]

그럼에도 불구하고 이러한 사상 중심의 생산성 향상 노선은 장기적인 합리성의 관점에서 테일러주의의 과학적 관리와 상충될 수밖에 없었다. 기술적 기준화와 함께 한 시간/동작의 통제는 육체노동의 기계화라는 문제에도 불구하고 육체노동의 산술적 계산과 보상을 가능하게 하는 기본이 될 수 있었다. 그러나 과학적 원리를 넘어서는 사상 우위의 노선은 생산수단의 공칭능력과 육체노동의 합리적 계산과 통제를 교란했던 것이다. 실제로 북한 정권은 제1차 5개년 계획에서 1957년부터 생산설비의 공칭능력을 최대 10% 초과달성하기 위해 '공칭능력 돌파운동'을 벌였고, 이 운동은 1959년 공작기계 새끼치기 운동이 전개되기 시작했던 시점까지

---

64) 『경제건설』 72호, 1959. 5, 45쪽.
65) 『경제건설』 76호, 1959. 9.
66) 『조선중앙년감』, 1965, 477쪽.

지속되었다.[67]

　　현대홍은 출선시간을 단축하는 데서 공칭능력을 깨뜨린다고 그럴듯한
발기를 해 나섰었다. 그래서 용해공들과 기술자들이 모두 달라 붙었었는데
뜻밖에도 큰 사변을 겪게 되었다. 공칭능력은 고사하고 용광로를 위험에
빠뜨리는 비상사태를 빚어 놓았다. 기술자들도 기를 잃고 온 제철소가
근심에 싸여 그의 시도를 단연코 막아 나섰다. 그런데 오직 대홍이만은
반드시 된다고 억척같이 내뻗치는 바람에 성에서까지 과학자, 기술자들이
내려오고 일대 소동을 일으켰다. … 이번에 19만톤의 공칭능력의 용광로에
서 27만톤의 선철을 뽑는 기적도 바로 어버이 수령님께서 마련하여 주신
것이었다. 력사적인 당중앙위원회 12월 전원회의를 여시고 온 나라에
대고조의 불길을 지펴주신 위대한 수령님께서는 또 다시 제철소를 찾아주
시어 자력갱생, 간고분투의 혁명정신을 힘있게 불러 일으켜 주시었으며
용해공들과 함께 폭포 치는 쇠물을 보아주시며 이것이 우리의 힘, 조선의
힘이라고 과분한 치하의 말씀까지 주시었다. 바로 그 믿음, 그 사랑이
그대로 충성의 열정이 되고 용맹의 날개가 되어 27만톤의 선철고지 우에
날아 오른 것이다.[68]

　　소설『용해공들』은 기술혁신에 대한 기술자, 노동자들의 보수주의와
소극적 태도를 비판하고 항일 빨치산의 사상을 계승하면서 공칭능력을
뛰어 넘는 초과달성의 영웅들을 만들고자 했다. 그러나 낡은 생산설비에
무리한 공칭능력의 돌파 시도는 설비의 오작동과 파괴 등 역효과를 불러
일으켰던 것이 사실이다.[69] 사상 혁신과 동원을 통해 단기적인 성과를
얻는 데는 성공할 수 있었지만 계산가능한 생산 시스템을 교란하고 인간
노동의 합리적 표준화를 통한 생산과 통제를 불가능하게 함으로써 장기적

---

67) 공산권문제연구소, 앞의 책, 1972, 49쪽.
68) 리택진, 『용해공들』, 문예출판사, 1982, 32~33, 316쪽.
69) 공산권문제연구소, 앞의 책, 1972, 50쪽.

으로는 비효율적인 시스템과 생산성의 파괴를 낳았던 것이다. 공칭능력을 무시하고 생산량의 초과달성에 집착한 결과 김책제철소, 강선제강소 등에서 생산수단과 기계설비의 파괴와 오작동이 빈번했고 표준조작법이 축소되고 노동 표준화에 입각한 임금제가 정착되지 못했다.70) 공칭능력 돌파운동의 실패에 이어 시도된 공작기계 새끼치기 운동 역시 북한의 공작기계 보유대수의 51.8%가 이 운동에 의해 만들어질 정도로 양적인 팽창을 가져왔지만 과도한 실적 맞추기에 급급해 표준규격이 무시되고 치명적인 질적 결함을 갖는 문제를 안고 있었다.71) 이러한 구조적 왜곡 속에서 북한의 경제성장은 제3차 7개년 계획을 3년 연장하는 등 1960년대 후반부터 하강곡선을 드러냈고 이후 장기적인 침체에 접어들었다.72) 소련식 과학적 관리에서 강조된 과학성과 사상성의 결합에서 더 나아가 사상성으로의 무게중심의 이동은 정신노동 그 자체가 육체노동을 동원하기 위한 수단으로 전락함을 의미했고 동시에 노동소외와 노동규율의 문제를 해결하지 못하고 육체노동에 대한 정당한 보상을 제공하지 못함에 따라 사회주의 계획경제의 만성적인 비효율성과 침체를 극복하지 못했다. '기계적 인간형'에서 '주체적 인간형'으로 변화되는 가운데 과학성과 사상성의 모순이 심화되고 과학적 관리의 순기능이 퇴색되어 갔던 것이다.

6. 나오며

포드주의와 결합하여 대량생산의 시대를 연 테일러주의는 생산력의 증진을 위해 자본주의와 사회주의 국가 모두가 수용한 노동통제에 관한

---

70) 김보근, 앞의 책, 2005, 244~255쪽.
71) 공산권문제연구소, 앞의 책, 1972, 51쪽.
72) 북한연구소, 앞의 책, 1983, 598쪽.

과학적 관리 방법이다. 테일러의 시각에서 자본주의 산업화 과정에서 조직적 태업과 노동규율의 해이 등으로 빚어지는 노동생산성의 저하는 기업의 생산성 저하와 국민경제의 악화로 이어졌고 따라서 이것을 통제하여 과학적으로 관리하고 노동생산성을 향상시켜 경제발전을 이끄는 것이 사용자의 주된 책무가 되어야 했다. 노동의 구상과 실행이 노동하는 사람에게 귀속되어 통합되었던 것이 자본주의 산업화와 과학적 관리에 의해 분리되었고 노동자는 육체노동만을 담당하고 사용자는 노동자의 육체노동을 과학적으로 관리하고 통제하는 방식으로 전환되었던 것이다. 이에 미국사회의 새로운 노동자형은 테일러가 빗대었던 '훈련된 원숭이'로 조롱당할 수 있었고 이것은 정신성을 상실한 육체의 노동만이 강조된 결과로 비쳐졌다.[73] 미국의 생산 합리화 작업이 주류 양조, 판매를 금지하면서 노동자들의 숙련화와 규율화를 도모하는 등 정신적 훈육의 기제를 활용하기도 했지만 이것 역시 효율적인 육체노동을 위한 부가적인 동원으로 평가되었다.[74] 결국, 자본가 혹은 국가는 생산성 향상을 위해 감시와 규율의 기제를 활용하는 노동의 통제 전략을 필요로 했고 노동자는 의도하던, 의도하지 않던 생산력 발전의 도구가 되어야 했다. 기든스가 주장했듯이, 근대국가는 폭력의 수단과 감시의 기제를 독점하면서 사회를 지배해 나갔고 국가의 폭력 독점은 작업장에서의 일탈을 막는 기제로 작동했다.[75] 스탈린의 국가 역시 폭력의 독점과 중앙계획적 경제운영에서 작업장에서의 혁신을 통해 새로운 노동자형을 창출하고자 했다.[76] 푸코가 말한 감시와 규율의 근대 권력은 하나의 작업장에서 자본주의와 소비에트 사회주의에 걸쳐 작동할 수 있었던 것이다.[77] 이런 방식에서 근대국가의

73) A. Gramsci, *Selections from Prison Notebooks*, International Publishers, 1971, p.302.
74) Gramsci, 위의 책, 1971, pp.301~306.
75) A. Giddens, *The Nation-State and Violence*, Berkeley and Los Angeles : University of California Press, 1985, p.312.
76) Kotkin, 앞의 책, 1995.

권력의 기제와 산업화의 과학적 관리의 기술은 교묘히 결합될 수 있었다. 그러나 이러한 권력의 작동에서 자본주의와 사회주의는 궁극적으로 상이한 결과를 낳았고, 이것은 노동소외의 문제와는 별개로 정치경제적 합리성에서 서로 다른 역사적 발전 경로를 보여준 것이었다.[78]

푸코는 노동의 기능을 생산, 상징, 훈육의 기능의 복합물로 보았다.[79] 테일러주의의 관심은 기본적으로 생산에 놓여 있었지만 과학적 통제를 통한 생산의 증진을 위해 상징과 훈육의 기제에도 관심을 기울였던 것이 사실이다. 더욱이 후기 자본주의 국가는 유연화된 형태의 자본축적과 노동통제를 구사하면서 그 정당성을 확보해 왔다.[80] 테일러주의에서 비롯된 포드주의의 가장 큰 한계점인 노동의 비인간화를 극복하기 위해 포스트 포드주의는 노동자의 능동적인 참여를 촉구하는 새로운 축적 전략을 모색한 것이다. 이러한 측면에서 노동통제에서 비롯되는 부작용과 역기능을 극복하고자 한 시도는 자본주의와 사회주의 체제 모두에서 발견될 수 있는 특성이었다. 소비에트 사회주의에서 가스쩨프가 이상화했던 노동과 일상의 조화가 바로 상징과 훈육의 기제가 생산의 기제와 맞물려 유기적으로 결합되는 사회주의적 노동의 모습이었고, 이러한 생산 혁신의 작업은 소련과 북한의 사회주의 체제의 담론과 현장에서 어느 정도 실천되었다. 특히 북한의 사회주의 노동 혁신은 과거의 전통을 호명하면서 대중참여를 유도했던 주체 노선에서 구현되었고 노동자의 생산과 경영의 통합 즉 '생산의 정치'의 실험을 통해 노동의 인간화를

---

77) Foucault, *Power/Knowledge : Selected Interviews and Other Writings 1972~1977*, New York : The Harvester Press, 1980, p.160.

78) Foucault, *Security, Territory, Population and The Birth of Biopolitics : Lectures at the College de France, 1978~1979*, New York : Picador, 2008.

79) Foucault, 앞의 책, 1980, p.161.

80) 위르겐 하버마스 지음, 임재진 옮김, 『후기 자본주의 정당성 문제』, 종로서적, 1983.(Juergen Habermas, *Legitimation Crisis*, Beacon Press, 1975)

이룩하며 생산성을 향상시키려 했던 것이다. 그러나 자본주의 체제가 유연한 노동과정과 축적의 전략을 통해 생산력의 비약적 발전과 함께 제한적이나마 노동자의 물질적 삶과 복지를 보장해 준 반면, 사회주의 체제는 이러한 생산의 보상에서 실패했고 결과적으로 육체와 정신의 희생만을 강요했다. 사상의 혁신을 통한 육체와 정신 노동의 통합 그리고 이를 바탕으로 생산을 혁신하고 노동소외를 극복하기 위한 북한의 주체 노선과 두 마리 토끼 잡기 전략은 '내핍의 경제'에서 비롯된 구조적 문제를 극복하지 못하고 더 궁핍한 결과를 초래하게 된 것이다.

1930년대 스탈린과 볼셰비키는 철강단지 육성에 남다른 집착을 드러내면서 철강단지를 건설하면 다른 것들은 모두 따라올 것이기에 '철강단지'가 곧 '문명'이라고까지 주장했다.[81] 그러나 스탈린의 산업화 속에서 생산력 우선주의와 교조적인 관리방식이 주입되면서 과학적 동작 통제를 통한 인간의 기계화라는 테일러주의의 어두운 그림자만이 남게 되었다. 여기에 더해 전대미문의 식량난을 경험한 북한은 '쌀이 곧 사회주의'라고 까지 주장했고 과학기술의 발전을 통한 '단번도약'과 '강성대국'의 건설을 내세우기도 했다.[82] 그러나 소련과 북한 모두 단기적인 성장 효과에만 집착한 결과 정치경제적 동원과 이데올로기적 강압에는 성공했지만 정치경제적 합리성과 아래로부터 확장되는 권력의 실행과 지식-담론의 산출 그리고 이에 기반을 둔 합리적인 노동통제와 장기적인 체제의 효율성을 제고하는 데는 실패했다. 소련은 육체의 통제라는 서구적 모델에 그나마 가까웠고 북한은 육체의 통제는 물론 정신의 통제를 강조하면서 사실상 초인적 영웅을 만드는 인간 노동의 고강도 통제를 실행했던 것이다. 사회주의 권력과 이데올로기는 테일러의 과학적 관리 전략을 자신의 입맛에 맞게 각색하고 새로운 것으로 포장하면서 이를 정당화하는 지식과

---

81) Kotkin, 앞의 책, 1995, p.123.
82) 『로동신문』 2001. 1. 7, 2쪽.

담론들을 정책에서 그리고 현장에서 끊임없이 생성해 냈다. 그러나 소비에트 유산의 문제점에 더해 돌격식 동원과 규율적 통제를 통한 사상 중심의 정신노동으로 위기를 극복하고자 했던 김일성의 프로젝트는 장기적으로는 과학적 관리 전략이 경계하고자 했던 결과들을 낳고 배가시켰다. 이처럼 사회주의 체제에서 자본주의적 통제 전략이 변용된 것은 진리를 생산하는 권력의 기제가 사회주의 체제에서도 유사한 양상으로 존재했던 과정을 보여주는 것이며, 동시에 이러한 유사성에도 불구하고 굴락제도의 특수성으로 인해 사회주의적 근대성이 근대국가의 합리적 통치에서 멀어진 여정을 드러낸 것이다.[83]

결론적으로 국가형성기 북한의 노동통제 전략은 소련식 테일러주의에서 김일성의 사상 우위의 주체 노선으로 전환되는 과정에서 변화되었다. 이 과정에서 육체의 통제가 정신의 통제로 전환되고 정신노동이 예측 불가능한 육체노동의 수단으로 기능하게 되었으며, 따라서 육체노동의 정확한 계산과 보상이라는 과학적 관리의 본원적 의미와는 멀어지게 되었다. 주체 노선은 새로운 국가이념과 이데올로기로 발전하여 체제의 권력을 강화할 수 있었지만 경제관리/노동통제의 비효율성과 경제적 후퇴의 대가를 치러야 했다. 결국, 북한사회에서 노동통제 전략의 변화는 자본주의, 소비에트 사회주의, 주체 사회주의로 이어지는 체제의 변화 속에서 테일러주의가 주체 노선의 권력과 이데올로기의 작동 속에서 용해되며 부작용과 저항을 낳고 변용되었던 것이다.

---

83) Foucault, 앞의 책, 1980, pp.133, 135~136.

참고문헌

1. 사료

『경제건설』, 1957. 7/1957. 9/1958. 7/1958. 11/1958. 12/1959. 1/1959. 5/1959. 9.

『근로자』, 1948. 12/1950. 3/1954. 2/1954. 10/1955. 9/1957. 3/1961. 2/1963. 1/1964.
        5/1965. 12/1976. 12.

『로동신문』 1947. 1. 17/1955. 3. 18/1955. 6. 2.

『인민』, 1948. 7/1949. 2/1949. 9.

『조선중앙년감』, 1965.

2. 연구서 및 연구논문

공산권문제연구소, 『북한의 노동자』, 공산권문제연구소, 1972.

김보근, 『북한 '천리마 노동과정' 연구 : '소련식 테일러주의'의 도입·변질 과정』,
        고려대학교 경제학과 박사논문, 2005.

김연철, 『북한의 산업화과정과 공장관리의 정치, 1953~1970 : '수령제' 정치체제
        의 사회경제적 기원』, 성균관대학교 정치외교학과 박사논문, 1996.

노경덕, 「알렉세이 가스쩨프와 소비에트 테일러주의, 1920~1929 : 이론적 구성요
        소를 중심으로」, 『서양사연구』 27집, 2001.

리택진, 『용해공들』, 문예출판사, 1982.

북한연구소, 『북한총감』, 북한연구소, 1983.

위르겐 하버마스 지음, 임재진 옮김, 『후기 자본주의 정당성 문제』, 종로서적,
        1983.(Juergen Habermas, Legitimationsprobleme im Spaetkapitalismus, Frankfurt
        am Main, Suhrkamp Verlag, 1973)

윤의섭·차순헌, 『공화국에서의 임금 조직과 로동의 기준화』, 국립출판사, 1955.

이북명, 「노동일가」, 남원진 편, 『이북명 소설 선집』, 현대문학, 2010.

이태섭, 『김일성 리더십 연구 : 수령 체계의 성립 배경을 중심으로』, 들녘, 2001.

이홍탁, 「한국전쟁과 출산력 수준의 변화」, 한국사회학회 편, 『한국전쟁과 한국사
        회변동』, 풀빛, 1992.

조선로동당 당력사연구소, 『조선 로동당 력사 교재』, 조선로동당 출판사, 1964.

프레드릭 테일러 지음, 신영철 옮김, 『과학적 관리법』, 한국능률협회, 1988.(Frederick

Winslow Taylor, *The Principles of Scientific Management*, Harper & Row, 1911)

Anthony Giddens, *The Nation-State and Violence*, Berkeley and Los Angeles : University of California Press, 1985.

Antonio Gramsci, *Selections from Prison Notebooks*, International Publishers, 1971.

Harry Braverman, *Labor and Monopoly Capital*, New York : Monthly Review Press, 1974.

Hongkoo Han, "Wounded Nationalism : The Minsaengdan Incident and Kim Il Sung in Eastern Manchuria," Ph.D. Dissertation, University of Washington, 1999.

Hyungsub Choi, "Rationalizing the Guerilla State : North Korean Factory Management Reform, 1953~61," *History and Technology* Vol.20. No.1, 2004.

Michael Burawoy, *Politics of Production : Factory Regimes under Capitalism and Socialism*, London : Verso, 1985.

Michel Foucault, *Power/Knowledge : Selected Interviews and Other Writings 1972~1977*, New York : The Harvester Press, 1980.

Michel Foucault, *Security, Territory, Population : Lectures at the College de France, 1977~1978*, London : Palgrave Macmillan, 2007.

Michel Foucault, *The Birth of Biopolitics : Lectures at the College de France, 1978~1979*, New York : Picador, 2008.

Stephen Kotkin, *Magnetic Mountain : Stalinism as a Civilization*, Berkeley, Los Angeles, and London : University of California Press, 1995.

Vladimir I. Lenin, "The Taylor System : Man's Enslavement by the Machine," *Collected Works* (Moscow : Foreign Languages Publishing House) Vol.20, 1914.

Vladimir I. Lenin, "The Immediate Tasks of the Soviet Government," *Collected Works* (Moscow : Foreign Languages Publishing House) Vol.21, 1918.

제4장
동아시아 지식 연쇄와 남북공생의 전망

주변부의 근대 :
남북한의 식민지반봉건론을 다시 생각한다

홍 종 욱

1. '식민지근대'와 '식민지반봉건'

'식민지＝악', '근대＝선'의 구도를 넘어 '식민지＝근대'라는 새로운 인식의 지평을 연 '식민지근대론'이 제기된 지 오래다. 다만 '"식민지근대"에서 "식민성"이란 무엇인가'[1]가 새삼스럽게 물어지고 있는 데서 알수 있듯이, 식민지-주변부의 근대에서 '식민성'의 양태나 효과를 밝힌다는 것은 쉬운 문제가 아니다. 그 탓일까, 식민지근대론을 표방하면서도 실제로는 식민지에도 근대가 있었다는 것을 보이는 데 그치는 연구가 적지 않고, 또 그러한 연구에 대해 식민주의의 존재를 놓치고 있다는 비판이 일고 있는 것 또한 사실이다.[2]

한편 조경달(趙景達)은 '침투론적, 포섭론적인 논의를 전개하는 "식민지근대론"을 식민지근대성론'으로 규정하고, '근대성도 황민성도 쉽게 내면

---

1) 高岡裕之·三ツ井崇,「東アジア植民地の「近代」を問うことの意義」,『歴史學研究』802, 2005. 6, 4쪽.
2) 도면회,「〈주제서평〉식민주의가 누락된 '식민지근대성'」,『역사문제연구』7, 2001. 12.

화하지 못하고 고민이 깊어 가던 조선 민중의 정신세계'의 존재에 주목할
것을 주장한 바 있다.[3] 다만 조경달의 경우도 근대를 특정한 양식으로서
이해하고 있다는 점에서, '식민지근대성론'과 근대가 침투한 범위나 그에
포섭된 정도를 다툴 뿐 결국은 같은 지평에 서 있는 것이 아닌가 생각된다.
이에 대해 필자는, '양식으로서의 근대'에만 주목하여 식민지나 농촌을
근대의 외부로서 상정하기보다, 농촌이 도시에 의해 소외되고 또 식민지가
종주국을 지탱하고 있는 점을 중시하여, '구조로서의 근대'라는 관점에서
식민지근대를 바라볼 것을 주장한 바 있다.[4]

  이처럼 '식민지=근대'라는 인식의 원점으로 돌아가 식민지를 서구와
아시아라는 이질적인 시간과 공간이 겹쳐지는 장소로서 파악한다면,
묘하게도 1980년대 한국의 지식계를 강타했던 '식민지반봉건'론의 문제
의식이 되살아나는 듯한 느낌을 받게 된다. 최신 이론인 식민지근대론과
낡은 이론인 식민지반봉건론은 일원적·평면적 역사상을 반대하고, 근대
혹은 자본주의의 비대칭성·불균등성을 놓치지 않으려고 한다는 점에서
공통되는 부분이 적지 않다. 물론 식민지근대론에도 여러 갈래가 있으니
그 중 이른바 '구조로서의 근대'를 의식하는 흐름에 해당되는 이야기일
것이다. 한편 식민주의를 다양한 차별을 설명하는 개념으로서 범용하는
시도는 많은 것을 생각하게 해 주지만, 이 글에서 식민주의는 전통적인
의미에서의 식민지를 둘러싼 것으로 한정하겠다. 식민지 문제의 고유성을
중시하려는 뜻이다.

  1930년대 중국 혁명 과정에서 가다듬어진 (반)식민지반봉건론은 거의
동시적으로 식민지조선에서도 비슷한 논쟁을 불러일으켰고, 해방 후

趙景達, 『植民地期朝鮮の知識人と民衆－植民地近代性論批判－』, 有志舍, 2008, 2~5
    쪽.
  4) 拙著, 『戰時期朝鮮の轉向者たち－帝國/植民地の統合と龜裂－』, 有志舍, 2011, 20~22
    쪽.

북한에서는 근대사를 파악하는 정설로서 자리 잡게 된다. 남한에서는 오랫동안 마르크스주의 정치경제학이 성할 수 없었지만, 1980년대 사회과학의 시대에 접어들면서 역시 식민지반봉건론은 식민지기는 물론 해방 후의 남한 사회까지를 설명하는 일종의 포스트콜로니얼 이론으로서도 기능하였다. 요컨대 북한에서도 남한에서도 식민지반봉건론은 탈식민, 탈종속의 과제를 의식하면서 제기되었다고 할 수 있다. 그러나 어느덧 남북한 모두 정치의 영역이건 학문의 세계이건 종속의 문제를 진지하게 고려하지 않게 되었다. 북한에서는 민족해방운동에 대한 칭송이 피식민의 상흔을 가리고 있고, 남한에서도 식민지는 잊고 근대만을 기억하는 경향이 뚜렷하다.

글로벌 시대의 산적한 과제에 맞서기 위한 글로벌한 대응이 요구되고 있다. 다만 북한 문제를 접어놓고 남한의 글로벌화를 생각할 수는 없을 것이다. 나아가 'G2'의 하나로 부상한 중국과는 또 어떻게 마주해야 할 것인가의 문제도 남는다. '자본의 문명화 작용'을 중시한다고 하더라도, 역사적 현실로서 존재하는 중국이라는 거대한 산맥이나 북한이라는 깊은 주름이 언젠가는 모두 평평해질 것이라는 전망에 맞춰 오늘의 실천을 구상할 수는 없는 노릇이다.

일찍이 로자 룩셈부르크(Rosa Luxemburg)는 자본주의가 '비자본주의 환경'을 전제로 해서만 존립할 수 있음에 주목한 바 있다.5) 로자의 이론은 '민족자결'에 대한 그녀의 신중한 태도와도 맞물리면서 자본의 문명화 작용을 강조한 것으로 이해되는 경우가 많지만, 로자의『자본의 축적』이야 말로 '순수한 자본주의가 세계를 균질하게 덮어씌울 수는 없다는 것을 이론적으로 시사하고 있는 텍스트'6)라고 할 수 있다. 한편 방대한 중국

5) 로자 룩셈부르크 지음, 황선길 옮김,『자본의 축적』1·2, 지식을만드는지식, 2013 중 특히「제3부 축적의 역사적 조건들」을 참조.
6) (좌담)內田弘·米谷匡史·的場昭弘(司會),「オリエンタリズム批判の提起するもの―マルク

농촌 사회의 존재에 주목하는 온철군(溫鐵軍)의 논의는 비자본주의 영역의 문제가 글로벌화라는 첨단의 문제와 하나로 얽혀 있음을 잘 보여준다.[7] 온철군은 '三農(농촌, 농업, 농민)' 문제에 방점을 두고 중국 '자본주의'의 전개 과정을 개관한 뒤, 농촌 파괴가 불러올 재앙에 대해 경고하고 있다. 최근 한국어로 번역 소개된 로자 룩셈부르크와 온철군 두 사람의 논의는 각각 이론과 현실의 양 측면에서 근대화론 류의 일원적·평면적 역사상의 문제점을 지적하고 있는 셈이다.

본고에서는 이와 같은 문제의식 하에 제국주의 혹은 자본의 문명화 작용의 이중성에 유의하면서 식민지반봉건론을 재음미하고자 한다.

2. '반(半)식민지' 중국의 사회성격논쟁과 민족통일전선

식민지 혹은 반식민지의 사회운동에서는 '부르주아민족주의자'와의 동맹 여부가 늘 문제가 되었고, 따라서 그 계급적 기반이라고 여겨진 '민족부르주아지'의 양태를 살피려는 노력은 사회성격논쟁으로 이어졌다. 초기 코민테른의 논쟁에서는 식민지에서의 자본주의의 발전과 그에 따른 민족부르주아지의 반동화를 고발하는 로이(M. N. Roy)의 식민지탈화론에 맞서 레닌(V. I. Lenin)이 부르주아민족주의자와의 동맹을 주장한 것이 잘 알려져 있다.[8] 1924년 중국에서의 제1차 국공합작의 성립은

ス主義の普遍性をめぐって―」(『情況』, 2000. 12)에서 요네타니 마사후미(米谷匡史)의 발언.(45쪽) 『자본의 축적』의 역자인 황선길은 「해설」을 통해 룩셈부르크가 "'세계 체제론'의 구성에 정치경제적인 기초를 제공"했다고 분석했다.(위의 책, 988쪽)

7) 원테진 지음, 김진공 옮김, 『백년의 급진 : 중국의 현대를 성찰하다』, 돌베개, 2013.

8) 도진순, 「1920년대 코민테른에서 민족―식민지문제에 대한 논쟁」, 김대환·백영서 편, 『중국사회성격논쟁』, 창작과비평사, 1988 ; 松元幸子, 「初期コミンテルンにおける民族解放理論の形成―コミンテルン第二回大會におけるレーニン·ロイ論爭を中心に

이와 같은 레닌의 의견 즉 코민테른 주류의 입장과 궤를 같이 하는 것으로 이해할 수 있다.

그러나 1927년 4월 장개석(蔣介石)이 쿠데타를 일으킨 데 이어 같은 해 7월 이른바 국민당 좌파마저 등을 돌림으로써 국공합작은 붕괴되고 만다. 이로써 1928년 북벌의 성공에도 불구하고 국민혁명은 '굴절'된 셈이고, 공산당은 자유로운 활동마저 제한을 받는 상황에 처한다. 이 같은 국면에서 열린 1928년의 코민테른 6차 대회에서는 여전히 식민지탈화론을 비판하면서도 민족부르주아지와의 동맹을 부인하는 테제가 채택된다.9) 코민테른에 의해 '국제적으로 가장 중요한 의의를 갖는'10)다고 평가된 중국 정세의 변화를 반영한 결정이라고 할 수 있다. 이후 중국에서는 '사회성질문제논전', '사회사문제논전', '농촌사회성질논전'으로 이어지는 일련의 사회성격논쟁이 벌어졌다. 논쟁은 국민당 좌파 혹은 트로츠키파와 연결된 '자본파'에 맞서, 중국 공산당 당권파와 연결된 '봉건파'가 반식민지반봉건사회론을 옹호하는 형태로 진행되었다.11)

한편 일본에서는, 남경(南京) 국민정부의 일정한 안정화, 만주국 성립 이후 화북 분리 공작의 연장선상에서의 일본 침략의 가속화, 서안(西安)사건 이후 항일전선 형성의 움직임 등 급변하는 중국의 동향을 어떻게 볼 것인가를 둘러싸고 '중국통일화논쟁'이 벌어지게 된다. 논쟁은 야나이하라 다다오(矢內原忠雄)가 발표한 「지나(支那) 문제의 소재」(1937. 2)에 대해 오카미 스에히로(大上末廣)가 「지나 자본주의와 남경정부의 통일정책」(1937)으로 비판하고, 나카니시 쓰토무(中西功)가 「지나 사회의 기초적

　　　─」, 『歷史學硏究』 355, 1969. 12.

9) 「식민지·반식민지 국가의 혁명운동에 대하여(1928. 9. 1)」, 『코민테른 자료선집 3』, 동녘, 1989.

10) 위의 글, 275쪽.

11) 백영서, 「중국 민족운동의 과제와 사회성격논쟁」, 김대환·백영서 편, 『중국사회성격논쟁』.

범주와 '통일'화와의 교섭」(1937. 8)을 통해 다시 양자를 비판하는 형태로
전개되었는데,[12] 그 주요한 내용을 요네타니 마사후미(米谷匡史)는 다음과
같이 정리하고 있다.[13]

①우익과 좌익 양쪽에서 보이는 '아시아적 정체성'론을 비판하고 국민
정부 및 절강(浙江)재벌을 중심으로 한 자본주의적 발전에 의해 중국의
통일화가 진전될 것을 예견하면서, 국민정부를 통일정권으로서 승인하고
그와 제휴하는 방향으로 방침을 전환해야 함을 주장하는 야나이하라
다다오. ②중국사회에 광범위하게 잔존하는 반(半)봉건성 때문에 중국에
는 자주적인 발전의 계기가 없으며 오히려 영국 등에 종속되는 식민지화가
진행되고 있다고 야나이하라를 비판하는 오카미 스에히로. ③한편에서는
영국 금융자본으로의 종속이 진행되는 계기를 파악하지 않고 있다고
야나이하라를 비판하고, 다른 한편에서 노농대중에 의해 떠받쳐지는
통일화에의 동향을 파악하지 않고 있다고 오카미를 비판하면서, 통일화의
주체를 공산당에서 찾고 있는 나카니시 쓰토무, 오자키 쇼타로(尾崎庄太郎),
오자키 호쓰미(尾崎秀實).

문제는 식민성을 어떻게 볼 것인가에 있었다. 야나이하라는 '지나의
반식민지성은 최근에 비교적 급속하게 소멸되어가고'[14] 있다는 근대화론
혹은 식민지탈화론의 입장이었다. 반면 오카미는 중국의 자본주의화
가능성을 부정했다. 노자와 유타카(野澤豊)는 오카미가 '제국주의 지배가
중국의 내재적인 발전요인을 저해한다기보다는, 중국의 "아시아적 정체
성"이라는 고유의 요소가 도리어 중국의 식민지화를 심화시키는 유인이라
는 파악방식에 기울어 있다'[15]고 지적한 바 있다. 이에 반해 나카니시는

12) 세 글 모두 김대환·백영서 편, 『중국사회성격논쟁』에 수록.
13) 米谷匡史, 「解說」, 『尾崎秀實時評集—日中戰爭期の東アジア—』, 平凡社, 2004, 455쪽.
14) 矢內原忠雄, 「支那問題의 所在」, 336쪽.
15) 野澤豊, 「'중국통일화' 논쟁에 관하여」, 김대환·백영서 편, 『중국사회성격논쟁』,
    429쪽.

야나이하라와 오카미 두 사람 모두 '자본주의의 성숙=민족통일=해방'이라는 도식에 갇혀, 역으로 자본주의가 성숙하지 않으면 중국 통일은 가능하지 않다는 오류에 빠져 있다고 비판하였다.[16)

나카니시는 중국통일화논쟁에 앞서 벌어진 만주경제논쟁에서 오카미의 오류는 '식민지적 계기'에 대한 무이해에서 초래된 것이라고 단언한 바 있다.[17) 오카미는 일본자본주의논쟁에서의 강좌파의 입장을 계승한 것으로 평가되는데, 나카니시는 일찍이 일본 강좌파를 대표하는 야마다 모리타로(山田盛太郎)를 만났을 때도 '식민지에서의 자본주의 발달의 평가가 부족하고, 제국주의나 지주계급과 상극관계에 있는 식민지의 민족적 세력, 즉 민족해방투쟁의 원동력의 분석이 경시되어 있다'는 감상을 말한 바 있다고 한다.[18)

한편 나카니시는 야나이하라의 근대화론 역시 비판하고, 반(半)식민지의 자본주의 발전에 대한 제국주의의 양면성과 그에 따른 민족자본의 이중성에 주목하였다. 그리고 '단지 민족자본만이 문제인 것은 아니고 그 아래에 있는 노동자 및 변혁과정에 포섭되어 있는 광범한 농민층도 문제'라면서 노동자, 농민의 종합적 힘이야말로 중국 발전의 '생산력'이라고까지 평가했다.[19) 동시에 '지나의 민족부르조아지가 민족개량주의적·타협적·굴욕적 길을 취하고 있음에도 불구하고, 정세에 따라서는 대외항쟁의 통일전선에 참가할 가능성이 있다'면서 광범한 민족통일전선의 결성을 전망했다.[20) 특히 남경정부를 중심으로 한 국민전선 혹은 공산당을 중심으로 한 인민전선이 아닌 양측을 망라한 항일전선 결성의 가능성을

---

16) 中西功, 「支那社會의 기본적 범주와 '통일'화와의 관계」, 376쪽.
17) 淺田喬二, 「'만주경제논쟁'을 둘러싼 문제들」, 김대환·백영서 편, 『중국사회성격 논쟁』, 404쪽.
18) 中西功, 『中國革命の嵐の中で』, 靑木書店, 1974, 46~47쪽.
19) 中西功, 「支那社會의 기본적 범주와 '통일'화와의 관계」, 377쪽.
20) 위의 글, 381쪽.

점치고 있는 점은 주목된다.[21] 유럽과 다른 반식민지의 특수성에 입각한 분석이라고 평가할 수 있겠다.

나카니시의 식민지반봉건론은 일본자본주의논쟁의 강좌파와 노농파, 그리고 중국사회성격논쟁의 봉건파와 자본파의 대립을 넘어 새로운 인식의 지평을 열었다. 즉 자본주의화 여부를 다투는 것이 아니라, (반)식민지의 자본주의 발전에서 제국주의가 갖는 양면성에 주목함으로써, 토착자본의 이중성은 물론 일면 포섭되며 일면 저항하는 구체적 민중을 발견할 수 있었던 것이다. 그리고 이를 통해 (반)식민지를 둘러싼 정체성론과 타율성론을 물리고 외압에 맞서는 내재적 발전의 가능성을 전망할 수 있었다. 나카니시의 식민지반봉건론은 동아시아 비판적 역사학이 낳은 인식의 정점을 보여준다고 할 수 있다.

나카니시의 전망은 중국 혁명의 진행 과정과 궤를 같이하는 것이었다. 중국에서는 사회성격논쟁의 연장선상에서 봉건파의 주요 논자였던 전준서(錢俊瑞)에 의해 1937년에 '국방경제론'이 제기되었다. 전준서는 '일본의 침략의 확대로 민족자본가는 물론 일부의(일본 아닌 다른 제국주의의) 매판자본가의 지위가 변해 항일전에 참여할 가능성'이 나타났다고 보고, 국방경제의 주체를 '강력한 혁명적 민주국가'로 규정하면서 한가하게 사회주의를 거론할 때가 아니라고 주장했다.[22] 이와 같은 방향성은 중국 공산당의 실천을 통해 구체화되어 갔다. 모택동(毛澤東)은 1930년 5월의 「서책(書冊)주의를 반대하자」에서는 '민권주의혁명'에 뒤이어 '즉시' 사회주의혁명이 필요하다고 말했지만,[23] 1935년 12월의 「일본제국주의를 반대하는 전술에 대하여」에서는 '노농공화국'이 아닌 '인민공화국' 수립을 주장하면서, '민주주의혁명'에서 '사회주의혁명'으로 전환하기까지

---

21) 위의 글, 392쪽.

22) 백영서, 「중국 민족운동의 과제와 사회성격논쟁」, 39~40쪽.

23) 모택동, 「서책주의를 반대하자(1930. 5)」, 『모택동 선집 1』, 범우사, 2001, 153쪽.

'상당히 긴 시일'이 걸릴 것으로 전망했다.[24] 그리고 1939년 12월의 「중국
혁명과 중국공산당」에서는 계급연합독재로서 '신민주주의'를 제시했
다.[25]

　나카니시는 1939년 오자키 호쓰미 등과 함께 작업한 만철(滿鐵)의 '지나
항전력조사'를 통해 모택동의 동향에 주목한 바 있다. 그리고 무엇보다
나카니시 본인이 당시 중국공산당의 대일첩보활동에 가담하고 있었다.

3. '식민지' 조선의 사회성격논쟁과 전향

　1930년대 중반 식민지조선에서도 사회성격논쟁이 있었다. 1933년 박문
규(朴文圭)는 「농촌사회분화의 기점으로서의 토지조사사업에 대하여」를
통해, 토지조사사업에 의해 확립된 토지 영유의 자본주의적 성질과 여전히
지속되고 있는 봉건적 생산양식과의 모순을 조선 사회의 본질적 모순으로
간주했다.[26] 이에 대해 인정식(印貞植)은, 박문규의 주장을 자본주의적
생산관계=소유관계와 봉건적 수공업적 생산력=생산양식과의 대립으로
정리한 뒤, 그러한 모순이 성립할 수 있다면 생산력에 의한 생산관계의
극복이라는 역사적 발달의 전개는 어떻게 설명할 수 있겠느냐고 의문을
표했다. 이어 '설령 이러한 "본질적인 모순"을 내포하는 바의 사회가
실재한다고 하더라도, 그것이 보여주는 제 현상을 표현하기에 적당한
용어를 인류는 아직 갖고 있지 않은 게 아닐까'라고 묻고 있다.[27] 이

24) 모택동, 「일본제국주의를 반대하는 전술에 대하여(1935. 12. 27)」, 『모택동 선집
　　1』, 201~204쪽.
25) 모택동, 「중국혁명과 중국공산당(1939. 12)」, 『모택동 선집 2』, 범우사, 2002,
　　355쪽.
26) 朴文圭, 「農村社會分化の起点としての土地調査事業に就て」, 『朝鮮社會経済史研究－
　　京城帝國大學法文學會第一部論集第六冊－』, 刀江書院, 1933.
27) 印貞植, 「土地所有の歴史性－朴文圭氏に對する批判を主として－」, 『朝鮮の農業機構
　　分析』, 白揚社, 1937, 248쪽.

논쟁에 개입한 박문병(朴文秉)은 인정식의 물음에 답하기 위해서는 스스로
를 '잠정적으로 생산력-생산관계라는 사적유물론 공식의 부정자로서 표
현'28)할 수밖에 없음을 인정한다. 나아가 '조선은 무엇인가'라는 질문을
던진 뒤 '조선은 식민지다. 이것이 금일의 조선을 집중적이고 핵심적으로
표현하는 조선의 정의가 아니면 안 된다'고 답함으로써, 조선의 사회성격
을 해명하는 문제는 결국 식민성을 개념화하는 문제에 다름 아님을 명확히
하였다. 즉 인정식이 비꼰 바의 '인류는 아직 갖고 있지 않은' '적당한
용어'는 바로 '식민지'였던 셈이다.29)

　인정식은 조선을 '반(半)봉건제' 사회로 보면서 그 정체성을 강조했다는
점에서 중국통일화논쟁에서의 오카미와 비슷한 입장이었다. 이에 반해
박문규나 박문병은 식민지라는 규정성을 중시하면서, 제국주의에 의한
봉건제의 유지·강화와 아울러 농촌 사회 분화의 가능성도 배제하지 않았
다. 인정식은 이러한 박문규의 주장에 대해 '토지영유의 근대자본성'이라
는 환상을 설정함으로써 당면한 민주주의적 과제의 모든 의의를 말살하고
'소셜 데모크라시'라는 결론에 이르고 말았다고 비판했다.30) 그러나 인정
식의 현실 인식은 오카미가 그러했듯이 민족운동 혹은 사회운동의 주체를
찾아내기 어려운 구조를 지니고 있었다. 빈곤화 테제는 농민, 노동자가
변혁의 주체로서 시야에 들어오는 것을 방해했고, 민족통일전선의 한
축을 이뤄야할 민족부르주아지나 부농은 아예 존재하지 않는 것으로
여겨진 것이다.

　반식민지 중국과 달리 엄밀한 의미에서의 '민족자본'이 존재하기 어려
웠던 식민지 조선에서는 국제적인 반파시즘인민전선의 식민지 버전이라

28) 朴文秉,「朝鮮 農業의 構造的 特質－朝鮮 農村의 性格規定에 對한 基本的 考察－」,
　　『批判』4(9), 1936. 10(오미일 편,『식민지시대 사회성격과 농업문제』, 풀빛, 1991에
　　수록), 406쪽.
29) 拙著,『戰時期朝鮮の轉向者たち』, 148~150쪽, 참조.
30) 印貞植,「土地所有の歷史性」, 245쪽.

할 민족통일전선의 움직임이 활발하지 못했다. '원산민족해방전선사건'(1938)으로 체포되어 수감 중이던 최용달(崔容達)은 인민전선에 대해 '다만 국제적 경향이라는 이유로 그것이 바로 조선에 구체화될 것이라고 추측할 수는 없다'고 비판하고, 그 이유로서 민족부르주아지의 '타락'을 들었다.[31] 반식민지 중국과 비교할 때 완전 식민지인 조선 내부에서 '민족'을 내걸고 저항의 근거를 찾기란 어려운 일이었다. 거의 유일한 저항의 길은 제국의 외부 예컨대 연안(延安)으로 떠나는 것이었다.

조선에 남은 이들은 식민지 권력과의 타협을 택하게 된다. 중일전쟁 후 인정식은 전향을 선언하고 일본에 의한 '농업재편성'에 대한 기대를 숨기지 않는다. 변혁의 내재적 주체를 찾지 못한 채 결국 권력에 의한 '정책적 수술(手術)'[32]을 요청한 셈인데, 마르크스주의적 분석틀을 구사하면서도 결국은 일본의 만주 지배를 합리화하는 것으로 귀결된 오카미와 흡사한 궤적을 걸었다고 볼 수 있다. 전시기 조선의 담론 공간에는 '내선일체'가 갖고 있는 '차별로부터의 탈출'[33]이라는 측면에 주목하는 동시에 한 발 더 나아가 조선의 주체성을 옹호하고자 하는 '협화적 내선일체론'이라 부를 만한 경향이 존재하여, 일본과 조선의 '철저일체'를 주장하는 이들과의 사이에서 논쟁이 벌어지기도 했다. 해방 직후 임화(林和)는 전시기 조선의 문학을 두고 '조선어', '예술성', '합리정신'을 지키기 위한 '공동전선'이 존재했다고 회고한 바 있는데,[34] 여기서 '공동전선'이란 바로 '협화적 내선일체론'의 흐름을 가리키는 것으로 이해할 수 있다.[35]

그렇다면 국민전선도 인민전선도 아닌 굴절된 '공동전선'으로서의

---

31) 崔容達, 「感想錄」, 『思想彙報』 24, 1940, 303쪽.

32) 印貞植, 「朝鮮文化의 特殊相」, 『文章』 2(3), 1940. 3, 152쪽.

33) 宮田節子, 『朝鮮民衆と「皇民化」政策』, 未來社, 1982.

34) 林和, 「朝鮮 民族文學 建設의 基本課題」, 『民主朝鮮』, 1947. 12.

35) 졸고, 「해방을 전후한 주체 형성의 기도」, 윤해동 외 편, 『근대를 다시 읽는다 1』, 역사비평사, 2006, 257~261쪽 참조.

'협화적 내선일체론'은 어떻게 평가될 수 있을까. 요네타니 마사후미는
일본 사회주의자들의 전향을 설명하는 틀로서, 전쟁이라는 외부적 계기가
사회내부의 변혁을 추동하게 될 가능성에 대한 기투라 할 '전시변혁'이라
는 개념을 제시한 바 있다.36) '협화적 내선일체론'은 이와 같은 제국
중심부의 '전시변혁'론의 식민지 버전이라고 할 수 있을 것이다. '협화적
내선일체론'은 '동아협동체론'으로 상징되는 민족협화와 사회개혁의 의
지를 담고 있었음에도 불구하고, 제국 중심부의 '전시변혁'론과 마찬가지
로, 전향이라는 즉 저항을 포기한 전선이라는 의미에서 뚜렷한 한계
또한 지니는 것이었다.

4. 북한 : '주체'의 추구와 식민지반봉건론의 부침

건국 이래 북한 역사학의 목표는 타율성론·정체성론의 식민사관을
극복하고 일국사적 발전단계론을 확립하는 데 맞춰졌다. 종전 직후 일본의
비판적 역사학의 산실인 '역사학연구회'는 1949년도 대회 테마를 '각
사회구성에 있어서의 기본적 모순에 대해'로 설정하고, 그 내용을 『世界史
の基本法則』(岩波書店, 1949)으로 간행한 바 있다. 북한 역사학의 움직임도
이와 같은 동아시아의 '전후(戰後) 역사학'과 연동하면서 조선을 '세계사의
기본법칙'이 관철되는 보편적 주체로 세우기 위한 작업에 다름 아니었다.
하지만 그를 위해서는 역시 사적 유물론이라는 보편과 식민지라는 특수를
어떻게 결합시킬 것인가라는 문제를 풀어야 했고, 여기서 등장한 것이
바로 식민지반봉건론이었다.
1957년 5월부터 시작된 근대사 시대구분 논쟁에서 가장 큰 쟁점은

---

36) 米谷匡史, 「戰時期日本の社會思想－現代化と戰時変革－」, 『思想』 882, 1997. 12.

시대구분의 기준과 근대의 시점 문제였다.37) 크게 보아 김희일 등이 '사회구성설'의 입장에서 1876년설을, 그리고 리나영 등이 '계급투쟁설'의 입장에서 1866년설을 주장하였다. 생산력과 생산관계의 모순에 따른 세계사의 보편적 발전법칙을 중시하는 '사회구성설'이 우세했으나, 조선 사회의 특수성을 주장하는 '계급투쟁설'에 입각한 반론도 만만치 않았다. 논쟁은 김희일이 1876년의 강화도조약 체결과 1866년의 반침략투쟁을 분리할 수 없는 통일적 과정으로 보면서 1866년을 근대사의 시점으로 설정하는 데 동의함으로써 해결의 실마리가 잡히게 된다. 근대사의 종점에 대해서는 1919년설도 제기되었으나, 식민지로부터의 해방을 중시하는 1945년설이 대세였다.

'계급투쟁설'에 선 리나영은 '일반적으로 말해서 쏘련에서와 같이 근대사는 자본주의 사회사이고 현대사는 사회주의 사회사로 하고 있는 것을 그대로 오늘 현재의 조선에다가 교조주의적으로 적용하여 근대사와 현대사의 시기 구분의 표준으로 삼아야 한다는 견해에 반대한다'고 주장하였다.38) 그러나 1962년 과학원 력사연구소 근세 및 최근세사 연구실 이름으로 발표된 「조선 근세사 시기 구분 문제에 관한 학술 토론 총화」는 '조선 근세사 시기 구분은 자본주의적 생산 방식에 조응하는 력사가 구체적으로 우리 나라에서는 어떠한 특수성을 가지고 어떠한 력사적 기간에 존재하였는가를 구명하는데 귀착된다. (중략) 이로부터 해방 전 우리 나라에 존재한 식민지(반식민지) 반봉건사회 시대를 우리 나라 근세사가 포괄하는 력사적 내용으로 리해하여야 할 것'39)이라고 결론지었다. 기본적으로 '사회구성설'을 따르면서도 '식민지반봉건사회'라는 개념을 통해 조선의 특수성

---

37) 이병천, 「해설」, 이병천 編, 『북한학계의 한국근대사논쟁―사회성격과 시대구분 문제―』, 창작과비평사, 1989 참조.

38) 리나영, 「조선 근대사의 시기 구분에 대하여」, 『력사과학』 1957-4, 1957. 8, 48쪽.

39) 근세 및 최근세사 연구실, 「조선 근세사 시기 구분 문제에 관한 학술 토론 총화」, 『력사과학』 1962-6, 1962. 12, 87쪽.

을 놓치지 않으려고 했음을 확인할 수 있다.

근대사 시대구분 논쟁이 막 시작된 1957년 6월에 간행된 『력사과학』에 실린 「쏘련 학계에서의 쏘베트 시대사 시기 구분과 중국 학계에서의 근세사 시기 구분에 관한 토론 개관(초역)」에서는, 중국의 논쟁에 대해서 '시기 구분의 리론적 기초에 대하여는 여러 의견들이 있는데 계급투쟁의 발전을 표준으로 삼아야 한다는 견해가 지배적'이었다고 평가하고 있다. 그리고 '지금 중국 학교들에서의 교수(강의)에서는 근세사를 반식민지 반봉건 시대사로 보면서 거기에서 1840년~1949년까지의 력사를 취급하고 있으며, 현대사로서 1949년 이후의 중화 인민 공화국 시대사를 취급하고 있다'고 소개하고 있다.[40] '식민지(반식민지)반봉건사회'를 '근세사가 포괄하는 역사적 내용'으로 보는 북한의 입장에는 이와 같은 중국에서의 논쟁의 영향이 컸음을 알 수 있다.[41]

근대사 시대구분 논쟁과 거의 동시적으로 민족부르주아지를 둘러싼 논쟁도 전개되었다.[42] 먼저 이청원은 1955년 『조선에 있어서 프롤레타리아트의 헤게모니를 위한 투쟁』에서 '민족자본'을 '예속적이며 매판적인 자본'으로 규정하고,[43] 프롤레타리아트의 헤게모니에 대한 문제는 '예속적 민족 부르죠아지들을 인민 대중으로부터 고립시키는 문제에 귀착된다'[44]고 보았다. '중소 민족 부르죠아지'의 '이중성'은 지적했지만,[45]

---

40) 력사 연구소 근세 및 최근세사 연구실, 「쏘련 학계에서의 쏘베트 시대사 시기 구분과 중국 학계에서의 근세사 시기 구분에 관한 토론 개관(초역)」, 『력사과학』 1957-3, 1957. 6, 66~67쪽.

41) 이상은 졸고, 「反식민주의 역사학에서 反역사학으로 — 동아시아의 '戰後 역사학' 과 북한의 역사서술 — 」, 『역사문제연구』 31, 2014. 4에서 발췌.

42) 도진순, 「북한학계의 민족부르조아지와 민족개량주의 논쟁」, 『역사비평』 4, 1988. 9 참조.

43) 리청원, 「부록 : 조선 민족 부르죠아지의 특질」, 『조선에 있어서 프로레타리아트 의 헤게모니를 위한 투쟁』, 조선민주주의인민공화국과학원, 1955.

44) 위의 책, 289쪽.

'조선의 민족 부르죠아지는 산업 부르죠아지로서의 발전이 제약되여 반식민지 중국의 민족 부르죠아지에 비교하면 문제도 되지 않으리만큼 연약하다'고 보았다.[46]

김상룡은 1957년의 논문에서 민족부르주아지와 예속부르주아지는 '확연히 구별되는 것'이라고 비판하고 전자를 동맹의 대상으로 후자를 타도의 대상으로 규정했다.[47] 황장엽은 1957년의 논문에서 '민족 부르조아지와 예속 부르조아지의 혁명의 대상과 동력으로서의 엄격한 분리'라는 김상룡 주장에 동감을 표하면서도, 타도 및 동맹 대상에도 각각 '전술적'으로 고립화 정책을 펼 수 있다고 주장했다.[48] 『력사과학』 지상에서는 1957년 10월에 열린 '《반일 민족 해방 투쟁에 있어서 민족 부르죠아지》에 관한 과학 토론회'의 내용도 전하고 있는데, 주로 이청원의 견해를 비판한 리나영, 전석담 그리고 황장엽 등의 주장을 소개한 뒤, '민족 부르죠아지와 예속 부르죠아지는 엄격히 구별되는 별개의 과학적 개념'이라는 '일정한 결론에 도달'했다고 마무리 짓고 있다.[49] 전체적으로 보아 반식민지 중국 혁명의 논리를 답습하면서 이른바 '예속 부르주아지'에 대해서는 보다 경직된 태도를 드러내고 있음을 확인할 수 있다.

가지무라 히데키는 식민지·반식민지의 사회구성체론이 의의를 갖는 것은 '식민지 권력 붕괴 후의 민족사회 내에서의 운동의 전망'과 관련이 있기 때문이라고 논한 바 있다.[50] 근대사 시대구분 논쟁의 결론이 식민지

---

45) 위의 책, 319쪽.

46) 위의 책, 297쪽.

47) 김상룡, 「반일 민족 해방 투쟁에서의 프로레타리아트의 헤게모니를 위한 투쟁과 민족 부르죠아지에 대한 문제」, 『력사과학』 1957-2, 1957. 4 참조.

48) 황장엽, 「민족 부르죠아지의 개념에 관한 몇 가지 문제」, 『력사과학』 1957-4, 1957. 8 참조.

49) 「반일 민족 해방 투쟁에 있어서 민족 부르죠아지에 관한 과학 토론회」, 『력사과학』 1957-6, 1957. 12 참조.

50) 梶村秀樹, 『朝鮮における資本主義の形成と展開』, 龍溪書舍, 1977, 231쪽.

반봉건론이었던 것이 말해주듯이, 해방 이후 북한은 반제반봉건 과제를 수행하는 인민민주주의단계에 들어서게 된다. 인민민주주의단계는 민족 부르주아지와의 동맹을 바탕으로 하는 '통일전선'과 '혼합경제'를 두 축으로 삼는다.[51] 그러나 주지하다시피 북한 사회는 급속히 경직화되면서 서둘러 인민민주주의단계의 종결과 사회주의로의 이행이 선언되고 만다. 이는 어떻게 이해될 수 있을까. 민족부르주아지 논쟁의 결론은 중국의 경험을 답습한 것이었지만, 오히려 현실은 식민지기 조선인 사회주의자 주류의 입장을 계승하여 건전한 민족부르주아지의 존재에 회의적이었던 이청원의 주장을 따르는 형태로 진행되었다고 볼 수 있지 않을까.[52] 이는 반식민지와 식민지라는 역사적 경험의 차이와 더불어 그나마 존재하던 자산 계층마저 '월남'이라는 형태로 배제된 북한 사회의 특성이 반영된 결과라고 생각된다. 1958년 10월 조선노동당은 통일전선의 형성에 대하여 '오직 사회주의를 찬성하는 조건에서만 가능하다'는 입장을 채택하였다.[53]

1980년대 들어 역사학 분야에도 주체사상의 영향이 직접적으로 미치면서 시대구분 등 역사서술에서도 변화가 보이기 시작했다. 주체사관을 전면적으로 구현했다고 평가되는 『조선전사』(1979~1983)에서는 근대의 종점을 1919년 3·1운동으로 그리고 현대의 기점을 1926년의 타도제국주의동맹(일명 'ㅌㄷ')의 결성으로 잡았다. 일련의 논쟁이 총화된 다음해인 1963년에 리나영은 시대구분은 역시 '사회 경제 구성 발전의 직접적 표현인 계급 투쟁을 위주로 하여 고찰'하여야 한다면서, '3·1 인민 봉기'를 기준으로 그 이전을 '자본주의사회'를 지향하던 '근세사'(근대사)로 그

---

51) 김성보, 『북한의 역사 1 : 건국과 인민민주주의의 경험 1945~1960』, 역사비평사, 2011.
52) 梶村秀樹, 『朝鮮における資本主義の形成と展開』, 227쪽 참조.
53) 서동만, 『북조선사회주의체제성립사 1945~1961』, 선인, 2005, 782쪽.

이후를 '조국의 자주 독립과 사회주의'를 지향하는 '최근세사'(현대사)로 삼자고 다시 한 번 주장한 바 있다.[54] 『조선전사』의 시대구분은 이와 같은 '계급투쟁설'을 전면적으로 채택한 것으로 이해할 수 있다.

하지만 앞선 시기의 논쟁에서 '사회구성설'과 '계급투쟁설'을 통합하는 고리로서 기능한 '식민지반봉건'='근세사가 포괄하는 역사적 내용'이라는 커다란 원칙이 무너짐으로써, 역사 서술에 있어서 식민지 경험이 차지하는 무게가 가벼워져 버린 느낌을 지울 수 없다. 도진순은 주체사관에서도 근대 사회의 성격을 식민지반봉건사회라고 보는 데는 변화가 없지만, 이를 시기구분의 기준으로는 받아들이지 않는다는 점에서 1962년의 토론 총화와는 뚜렷한 차이가 있다고 분석했다.[55]

한편 이병천은 북한의 1960년 전후의 사회성격 및 시대구분 논쟁과 주체사관이 본격화한 이후의 추이를 개관한 뒤 '우리의 예상과는 매우 다르게(?) 한국 근대사회의 성격을 보는 북한의 견해는 국제운동사의 주류적 식민지사회론이 지니고 있는 "봉건파적 편향"에 매몰되어 있지 않았다'[56]고 분석한 바 있다. 식민성의 규명을 최우선 과제로 삼아 왔을 것이라는 선입견과 달리 말하자면 '세계사의 기본법칙'에 비교적 충실하다는 일종의 긍정적인 평가였던 셈이다. 하지만 식민지반봉건사회론의 퇴조로 귀결된 북한 역사학의 흐름은, 주체사관의 대두와도 맞물리면서 이른바 경제적 토대에 대한 분석이 경시되고 식민성에 대한 고민 또한 옅어진 결과라고 봐야 하지 않을까.

1986년 김정일이 '조선민족 제일주의'[57]를 제기함으로써 주체사관은

54) 「과학원 력사 연구소 근세 및 최근세사 연구실에서 학술 토론회 진행」, 『력사과학』 1963-4, 1963 .7, 90쪽.
55) 도진순, 「근현대사 시기구분 논의」, 정용욱 외, 『남북한 역사인식 비교강의(근현대 편)』, 일송정, 1989, 60~61쪽.
56) 이병천, 「해설」, 37쪽.
57) 「주체사상 교양에서 제기되는 몇 가지 문제에 대하여, 1986년 7월」, 『친애하는

또 하나의 선을 넘게 된다.[58] 이후 북한의 역사학계는 1993년 평양 근교에서 '단군릉'을 발굴한 뒤 고조선의 중심지를 요령성에서 평양으로 가져와 무려 기원전 3000년 이전에 한반도에 국가가 성립되었다는 설을 발표하였다. 나아가 1998년에는 세계 5대 문명의 하나로서 '대동강 문명'의 존재를 주장하였다. 보편적 주체를 향한 긴 여정은 식민지배에 대한 비판을 지나쳐 주변부성의 부정 혹은 부인으로 귀착되고 만 셈이다. 이는 어쩌면 반식민주의 역사학으로서 출발한 일국사적 발전단계론에 내재된 모순이라고 할 수 있을 것이다. 제 각각 발전해온 국가들로 구성된 세계라면 제국주의도 식민주의도 의미가 없고 오직 관념적으로 대등한 '보편적 주체'들 사이에 우승열패의 경쟁이 있을 뿐이다. 그리고 그 지점에서 반식민주의의 과제는 거처를 잃고 형해화될 운명에 처하는 것이다.

5. 남한 : '종속발전'과 주변부자본주의론

가지무라 히데키는 『조선에서의 자본주의의 형성과 전개』(1977)에 실은 「'민족자본'과 '예속자본'─식민지체제하의 조선 부르주아지의 정치경제적 성격 해명을 위한 범주의 재검토─」를 통해, '민족자본'과 '매판자본'을 구분하는 인식에 대해 '반식민지라는 특수 조건 아래 생겨난 논리를 완전 식민지에 그대로 적용할 수 있을 것인가'[59]라고 의문을 던졌다.

지도자 김정일 동지의 문헌집』, 조선로동당출판사, 1992.

58) 이하는 졸고, 「反식민주의 역사학에서 反역사학으로」에서 발췌.

59) 梶村秀樹, 「「民族資本」と「隷屬資本」─植民地体制下の朝鮮ブルジョアジーの政治経済的性格解明のためのカテゴリーの再檢討─」, 『朝鮮における資本主義の形成と展開』, 龍溪書舍, 1977, 223쪽. 이 글은, 藤瀬浩司외 지음, 장시원 편역, 『식민지반봉건사회론』, 한울, 1984에 번역·수록되어 있으나, 일부 축약하여 번역한 부분이 있으므로 직접 인용은 신중을 기할 필요가 있다.

그리고 식민지에서 '대다수의 토착자본은 꼭 자본 규모의 대소와는 관계없이 기본적으로 동일하게 예속적인 동시에 민족적'[60]이라는 점에서 '결국 "민족자본", "예속자본"이라는 범주는 정치사적으로만 성립하는 것이고 경제사적 의미는 가지지 않는다'고 보았다.[61] 또한 식민지에서도 '예속적 독점자본'이 형성될 가능성을 인정하면서, 이와 같은 '종속발전'은 제2차 대전 후 '신식민주의' 정책 하에서 본격화된다고 분석했다.[62]

같은 책에 실린 「1960년대 초두의 지배구조와 이른바 예속자본」은 원래 1963년에 열린 조선사연구회 제1회 대회에서의 발표한 논문인데, 이 글을 통해 가지무라는 당시 한국의 '이른바 예속자본'에 대해, 이를 '매판자본'과 같은 것으로 보아 '민족자본'에 대립되는 것으로 파악하는 경향에 반대했다. 즉 한국의 '독점재벌'의 경우, 제국주의 국가, 즉 미국의 자본과 기술에 의존할 수밖에 없지만 동시에 자본의 성장 요구, 예컨대 중공업화를 억제 당함으로 인해, '예속적'이면서 '민족적'이라는 양면성을 띠게 된다고 보았다.[63] 식민지는 물론 '신식민지'에 있어서도 토착자본이 타협과 저항이라는 이중성을 띤다고 본 것이다. 그리고 '대외예속하의 자본의 "발전", "독점"에의 도달'에 대해서는 1930년대 중국 사회를 분석한 허척신(許滌新)의 '관료자본론'에서 많은 시사를 받았다면서, '반식민지였던 구중국과 현대의 남조선에서는 조건의 차이가 크지만, 공통되는 면도 없지 않다'고 밝혔다.[64]

1960년대 중반 북한에서도 민족개량주의 논쟁이 재연되었다.[65] 허장만

---

60) 위의 글, 234쪽.
61) 위의 글, 232쪽.
62) 위의 글, 237쪽.
63) 梶村秀樹, 「1960年代初頭の支配構造といわゆる隷屬資本」, 『朝鮮における資本主義の形成と展開』, 265~266쪽.
64) 위의 글, 248쪽.
65) 도진순, 「북한학계의 민족부르조아지와 민족개량주의 논쟁」, 참조.

은 1966년의 논문에서 민족개량주의는 민족부르주아지 상층을 계급적 기초로 했으며 예속부르주아지의 대변자로 변절하는 것은 1930년대 이후라면서, 민족개량주의는 타도의 대상이 아니라 고립화의 대상이라고 주장했다.[66] 이에 대해 김희일은 같은 1966년의 논문에서 민족개량주의의 계급적 기초는 예속부르주아지이며, 따라서 전면적으로 반대하여 타도할 것을 주장하였다. 김희일의 논문에서 주목되는 것은, 민족개량주의가 '과거 역사의 문제'일 뿐만 아니라, 오늘날 현실의 문제라고 지적하면서 남한에서의 민족개량주의의 확대재생산에 눈을 돌리고 있는 점이다.[67] 이어 『조선전사』(1983)에서는 민족개량주의의 계급적 토대를 예속자본가로 규정하고 자본의 규모를 기준으로 예속자본과 민족자본을 나누는 틀을 제시하고 있다. 남한이 여전히 식민지라는 인식을 전제로 하는 이와 같은 분석은, 대자본을 '예속자본', 중소자본을 '민족자본'으로 파악하는 일반적인 경향을 비판하면서 둘 사이의 구별을 고도의 '정치적 범주'로서 이해하고, 나아가 '독점재벌'의 '민족적' 성격을 박정희(朴正熙) 정권의 '민족주의'와 연결지어 이해한 가지무라의 인식과 비교할 때, 사뭇 대조적인 관점이었다고 평가할 수 있겠다.

여기서 한국의 비판적 경제사 연구를 대표해 온 안병직(安秉直)과 박현채(朴玄埰)의 이론에 대해 살펴보자. 먼저 안병직은 이른 시기부터 자본주의 맹아론을 포함하여 한국 자본주의의 발전을 이야기하는 것에 대해 강한 거부감을 보였다. 안병직은 한우근(韓㳓劤)이 스스로의 연구를 '한국의 자본주의 성립과정에 관한 연구'로서 위치 지은 것에 대해, '資本主義萌芽問題는「韓國의 資本主義」와 關係가 있기 보다 李朝後期社會의 發展的 側面을

66) 허장만, 「1920년대 민족개량주의의 계급적 기초 해명에서 제기되는 몇 가지 문제」, 『력사과학』 1966-3, 1966. 5 참조.
67) 김희일, 「민족개량주의의 계급적 기초는 예속 부르죠아지이다」, 『력사과학』 1966-4, 1966. 7 참조.

鮮明하게 함으로써 日帝 官學派의 植民史觀을 克服하는 問題'라며 이를 '植民
地下의 日本資本主義體制나 解放後 韓國의 資本主義'와 연결 짓는 태도를
비판했다.[68] 조기준(趙璣濬)의 연구에도 언급하여 근대사 연구가 '지나치
게 經濟主義'에 빠져 있다면서, '「日帝統治下의 韓國經濟」 운운하는 것도
政治的 및 經濟的 主權이 없는 時期에는 客觀的 事實에 맞지 않는 表現'이라고
단언했다.[69] 김용섭(金容燮)의 연구에 대해서도 '독자들은 구체적인 사례
하나도 제시하지 못한 <경영형부농>에 대하여 신뢰하지 않을 것'이라면
서, '설령 <경영형부농> 같은 것이 있었다고 하더라도 그 사회는 지주제도
가 압도적으로 지배하고 있었을 것인데, 왜 지주제도와 경영형 부농과의
관련을 해명하지 않는가'라고 인색한 평가를 내리고 있다.[70] 특히 '종래
일부의 정체론이 이 구조적 파악을 시도한 데 대하여 자본주의 맹아론이
구조적 파악 방법을 방기하고 발전적 요소 분석에 시종하게 된 것은
역사 연구의 일보 후퇴를 의미'한다는 평가는,[71] 자본주의 맹아론의 '浮彫
的手法'을 비판하고 '全構造的把握'의 필요성을 주창한 재일 조선인 역사가
안병태(安秉珆)의 주장과 궤를 같이하는 것이었다.[72]

한국 자본주의의 발전에 대해 회의적이던 안병직은 식민지반봉건론을
이론화할 필요성을 느끼게 된다. 안병직은 1977년의 논문에서 '소위 「朝鮮

68) 安秉直, 「書評 : 韓㳓劤 著, 韓國開港期의 商業構造, 서울, 一潮閣, 1970, pp.373」,
　　『歷史學報』 48, 1970. 12, 137쪽.
69) 安秉直, 「回顧와 展望 : 國史(近代)」, 『歷史學報』 49, 1971. 3, 73쪽.
70) 安秉直, 「書評 : 農業史硏究의 問題點－金容燮, 『韓國近代農業史硏究』, 一潮閣, 1975,
　　(값 2,500원)－」, 『창작과 비평』 11(2), 1976. 6, 732쪽.
71) 安秉直, 「서평 : 金玉根 著, 朝鮮後期經濟史硏究, 411面, 瑞文堂, 1977」, 『經濟史學』
　　2, 1978, 211쪽.
72) 안병직은 『經濟論集』(서울대학교 한국경제연구소) 1977년 12월호에 安秉珆의
　　『朝鮮近代経済史研究』(日本評論社, 1975)에 대한 서평을 실은 바 있다. 안병태의
　　역사학에 대해서는 졸고, 「내재적 발전론의 임계－가지무라 히데키와 안병태의
　　역사학－」, 강원봉 외 지음, 『가지무라 히데키의 내재적 발전론을 다시 읽는다』,
　　아연출판부, 2014 참조.

의 工業化'에 대해 '근대화 혹은 공업화의 주체가 일본독점자본이기 때문에 「한국의 근대화」 또는 「한국의 공업화」는 있을 수 없는 일'이라면서, '1930년대 조선에서 진행된 공업화는 결론적으로 말하면 植民地的 및 半封建的 性格을 명백히 드러내고 있다'고 밝혔다.[73] 같은 글의 맺음말에서 안병직은 '半植民地 혹은 植民地社會의 性格을 어떻게 이해할 것인가'라는 질문을 던진 후 '우리는 아직도 이 문제에 접근할 수 있는 이론체계를 가지고 있지 못한 것처럼 생각된다'고 답하고 있다. 이어 '식민지지배하의 民族解放運動過程에서 생성된 식민지문제를 관찰하는 새로운 視角'으로서 '民族資本, 買辦資本, 半封建制 및 植民地半封建社會' 등을 열거한 뒤, 이러한 개념들은 '이론으로서의 발전수준은 아직도 낮은 단계에 있으며 그것이 古典的 理論들과 어떻게 연결되는가도 미해결의 문제로 남아 있지만, 우리 사회에서 갖는 現實的 意義는 매우 큰 것'이라고 말한다. 그리고 '近代化論'이나 '資本主義化論'에 대해 '민족독립운동의 과정에서 획득한 理論的 武器들을 先進國으로부터의 輸入理論으로 代替해 버린 결함'이 있다면서, '새로운 사태, 즉 식민지문제의 해명을 위해서는' '새로운 이론이 창조되어야' 한다고 밝혔다.[74] 근대화론이나 사적 유물론의 공식에서 벗어나 식민지 경험을 설명하고자 하는 고민이 엿보인다.

안병직은 1985년의 「조선에 있어서 (반)식민지·반봉건사회의 형성과 일본제국주의」라는 논문을 통해 식민지반봉건론의 이론화를 시도한다.[75] 하지만 이에 대해 이병천은 서로 다른 주장인 '小谷과 梶村의 두 이론을 "독자적으로" 결합시킨 것'[76]이라고 비판한 바 있다. '반식민성'을

73) 安秉直, 「日帝獨占資本 進出史」, 高麗大學校民族文化硏究所, 『韓國現代文化史大系Ⅳ 政治·經濟史』, 高麗大學校民族文化硏究所 出版部, 1977, 581~582쪽.
74) 위의 글, 617~619쪽.
75) 安秉直, 「朝鮮에 있어서 (半)植民地·半封建社會의 形成과 日本帝國主義」, 韓國史硏究會 編, 『韓國近代社會와 帝國主義』, 三知院, 1985.
76) 이병천, 「「식민지반봉건사회구성체론」의 이론적 제 문제-小谷汪之·梶村秀樹의

상부구조로 파악하는 고타니 히로유키(小谷汪之)의 이론과 식민지반봉건
사회를 국제분업의 농-공분업단계에 조응하는 것으로 보는 가지무라의
이론이 결합되어 있는 점을 가리키는 지적이라고 생각된다. 고타니는
중국통일화논쟁에서 반식민성을 생산관계의 일부로서 파악한 나카니시
를 비판하고 반봉건제를 지배적 생산관계로 파악한 오카미를 옹호한
바 있다.[77] 안병직의 식민지반봉건론은 이와 같은 고타니의 이론을 전제로
하면서도, 자본주의의 발달을 '촉진'하면서 그 독자적인 발전을 '억압'하
는 '제국주의의 이중성'에 주목하여 그로부터 '민족자본'의 '이중성과
동요성'을 이끌어낸 나카니시의 분석 또한 받아들이고 있다는 점에서
논지가 다소 혼란스러운 것은 사실이다.

　안병직과 달리 박현채는 한국의 자본주의화를 인정한 위에 그 문제점을
지적하는 입장이었다. 스스로 '그 뒤에 쓰는 모든 글의 싹이 다 들어'[78]
있다고 밝힌 1969년에 발표된 「계층조화의 조건」에서는, '國富의 괄목할만
한 성장'을 평가하면서, '국민경제의 지속적인 높은 성장률 유지와 그에
의한 규모 확대는 그것이 국민경제 발전의 양적 지표일 수 있다는 데서
좋은 일'이지만, '그의 불균형에 의해 상대적 빈곤을 더욱 격화시키고
있다는 데 고도성장이 갖는 문제가 있다'는 의견을 밝히고 있다.[79] 한국의
근대화는 참된 근대화가 아니라는 말은 더 이상 박정희 정권에 대한
비판이 될 수 없다면서, 경제성장이라는 현실을 직시하고 한국의 현상을
'근대화된 모순'[80]으로서 받아들일 것을 역설한 가지무라의 문제의식과

　　　이론을 중심으로-」,『산업사회연구』2, 1987, 24쪽.

77) 小谷汪之, 「[半]식민지·반봉건사회구성의 개념규정-中西功·大上末廣 所說의 검
　　토-」, 藤瀬浩司외 지음, 장시원 편역,『식민지반봉건사회론』, 한울, 1984, 초출
　　1977.
78) (대담)박현채·정민, 「민족경제론 : 민족민주운동의 경제적 기초를 해명한다」, 박
　　현채 저,『민족경제와 민중운동』, 창작과비평사, 1988, 초출 1987, 443쪽.
79) 박현채, 「계층조화의 조건」,『정경연구』1969. 11(고 박현채 10주기 추모집·전집
　　발간위원회 엮음,『박현채 전집 6 1974~1960』, 해밀, 2006), 748~749쪽.

통하는 점이 많다. 또한 박현채의 같은 글에는 '해방 이후의 한국자본주의
의 전개 과정은 전근대성과 매판성을 자기 속성으로 하는 관료독점자본의
급속한 형성과정으로 특징지어질 수 있다'는 분석이 보이는데, 이에 대해
후일 '관료자본주의'의 개념은 중국의 허척신에게서 빌린 것으로 '한국자
본주의의 성격'을 지칭하는 개념이라고 밝힌 바 있다.[81] 1930년대 중국과
1960년대 한국의 공통점에 주목한 가지무라의 분석을 떠올리게 하는
대목이다.

　1970~80년대를 거쳐 '민족경제'론을 가다듬어 가던 박현채는 1985년
10월 『창작과비평』 지상에, 주변부 인식의 고유성을 주장하면서 '주변부
자본주의론'을 옹호한 이대근의 논문[82]과 나란히 이를 사회구성체론으로
부터의 일탈로 비판하면서 '국가독점자본주의론'을 주장한 논문[83]을
발표함으로써 '한국사회구성체논쟁'의 불을 당기게 된다.[84] 제1단계 논쟁
에서는 일반적으로 국가독점자본주의론이 승리한 것으로 평가되는데,
그 이유로서는 그 어느 때보다도 정통 이론에 목말라 있던 한국 사회에서
주변부자본주의론에 가해진 사회구성체론에 대한 '부정'이라는 비판은
치명적이었다는 점과 더불어 사회 변혁에서 노동운동의 중심성을 강조하

---

80) 藤森一淸,「朴政權の価値体系と韓國の民衆」,『情況』 78, 1975, 10~13쪽. 藤森一淸은
　　가지무라의 필명.

81) (대담)박현채·정민,「민족경제론 : 민족민주운동의 경제적 기초를 해명한다」, 437
　　쪽. 허척신에 대해서는 許滌新,「구중국의 국가독점자본주의에 관하여」, 許滌新
　　외 지음, 김세은 외 편역,『중국 자본주의 논쟁사』, 고려원, 1993, 초출 1961,
　　참조.

82) 李大根,「한국 자본주의의 성격에 관하여 — 국가독점자본주의론에 붙여 —」,『창작
　　과 비평』 57, 1985. 10.

83) 朴玄埰,「현대 한국 사회의 성격과 발전 단계에 관한 연구(Ⅰ)」,『창작과 비평』
　　57, 1985. 10.

84) 이하는 졸고,「가지무라 히데키의 한국 자본주의론 — 내재적 발전론으로서의
　　'종속 발전'론 —」, 강원봉 외 지음,『가지무라 히데키의 내재적 발전론을 다시
　　읽는다』에서 발췌.

는 흐름이 대두하고 있었다는 점이 들어진다.[85]

　가지무라는 1970년대 이래 체제 측의 근대화론에 대항해 한국 자본주의의 예속적 측면을 고발해 온 박현채의 민족경제론을 높이 평가했지만, '국가독점자본주의'라는 개념에 대해서는 쉽게 납득하기 어렵다는 태도를 취했다. 조희연은 제1단계 논쟁의 문제점으로, 주변부자본주의론에서 강조한 종속성·예속성과, 국가독점자본주의론에서 강조한 한국 사회의 자본주의적 발전과 그로 인한 계급 모순이, 동일한 차원의 대립물이 아님에도 불구하고 마치 대립되는 것처럼 상정된 점을 들었다.[86] 실제로 이러한 자각 하에 국가독점자본주의론은 '종속'의 문제를 고민하는 쪽으로 전개되는데, 박현채 본인도 '종속적 국가독점자본주의'[87]라는 표현을 사용하고 있는 것이 확인된다. 가지무라 역시 제1단계 논쟁 이후 국가독점자본주의론이 그 '한국적 특질'을 규정하는 방향으로 전개되고 있다고 보고, '예속적 국가독점자본주의' 등의 개념이 제기되고 있는 것을 긍정적으로 평가했다.

　논쟁의 제2단계로 넘어가면서 식민지기는 물론 해방 이후까지도 종속성 및 봉건성이 변함없이 지속된다고 보는 '식민지반봉건사회론'이 맹위를 떨치기에 이른다. 그런데 이들 논의는 가지무라의 글을 이론적 근거로 삼는 경우가 많아, 가지무라는 식민지반봉건사회론 확산의 '원흉'[88]으로 지목되곤 했다. 이에 대해 가지무라는 '식민지반봉건'은 구식민지 체제를 설명하는 개념으로서 유효하다고 했을 뿐이며, 전후의 한국에 대해서는

---

85) 조희연, 「80년대 사회운동과 사회구성체논쟁」, 박현채·조희연 편, 『한국 사회구성체논쟁(Ⅰ)』, 한울, 1989.

86) 조희연, 「80년대 사회운동과 사회구성체논쟁」, 23쪽.

87) 박현채, 「정부 주도 경제개발과 민간 주도론」, 『박현채 전집 3 1986~1985』(초출 1985), 55쪽.

88) 梶村秀樹, 정재정 역, 「강연 유고 : 한국의 사회과학은 지금」, 『창작과 비평』 66, 1989, 297쪽.

'주변부자본주의'로서 파악해야 한다는 것이 자신의 입장이라고 해명했다. 실은 박현채 역시 식민지기를 '식민지반봉건사회'로 설명하고 있었다. 다만 식민지기라도 기본적으로는 자본주의 사회이며 '식민지반봉건'이란 '부차적 성격 내지는 특수한 성격'을 나타내는 것이므로,[89] 이를 '가지무라-안병직'처럼 사회구성체로 '승격'[90]시켜서는 안 된다는 입장일 뿐이었다.

'식민지반봉건 사회구성체'가 '주변자본주의 사회구성체'로 전화했다는 가지무라의 설명 틀과, 식민지기를 '식민지반봉건사회'(기본모순=사회구성체가 아닌 주요모순=사회성격의 면에서)로 파악하고 해방 후의 한국 사회를 '관료독점자본주의'(매판성과 경제 외적 성격의 표현으로서)로 보는 박현채의 설명 틀은 과연 얼마나 다른 것인가. '식민지반봉건'이 사회구성체인가 아닌가라는 문제는 남겠지만, '봉건파'라는 오해를 무릅쓰고 기본 모순과 주요 모순을 구분함으로써 한국 사회의 성격과 변혁의 전망을 규명하고자 한 박현채의 노력과, '스콜라적 불모성'을 피하기 위해 '정통파' 사회구성체론에 메스를 가한 가지무라의 '실용주의'[91] 사이의 거리는 그다지 멀지 않았다고 생각된다.

6. 식민지-주변부의 민중

안병직은   1989년   「중진자본주의로서의   한국경제」라는   제하에

---

89) 박현채, 「민족운동을 어떻게 볼 것인가」, 『박현채 전집 3 1986~1985』(초출 1986), 369쪽.

90) (대담)박현채·정민, 「민족경제론 : 민족민주운동의 경제적 기초를 해명한다」, 435쪽.

91) 梶村秀樹, 「旧植民地社會構成体論」, 富岡倍雄·梶村秀樹編, 『發展途上経濟の研究』, 世界書院, 1981, 86~91쪽. 이 글은 藤瀨浩司외 지음, 장시원 편역, 『식민지반봉건사회론』, 한울, 1984에 번역·수록되어 있다.

1970~80년대 한국의 NICs적 성장에 주목하여 탈종속의 전망 아래 한국
자본주의의 성공적 발전을 평가하는 글을 발표한다.92) 식민지반봉건론
및 주변부자본주의론에 친화적인 입장을 보이며 한국 자본주의의 발전에
회의적인 입장을 취해왔던 안병직의 입장 전환은 일종의 전향 선언으로
받아들여졌다. 이와 같은 방향 전환의 배경으로는 그가 줄곧 매달려
왔던 '식민성'의 해명이라는 과제를 결국은 포기하고 말았다는 사실이
존재했다. 그는 1989년의 좌담에서 '현재 한국에 있어서 계급모순이 기본
모순으로서 단일모순으로 발전하고 있다고 생각'한다고 밝혔고,93) 나아
가 1993년의 발표에서는 '중진자본주의론이 신식민지국가독점자본주의
론이나 주변부자본주의론과는 달리, 한국경제를 계급모순과 민족모순이
라는 서로 차원이 다른 두 가지의 시각을 가지고 인식하려는 것이 아니라,
계급모순이라는 단일한 시각을 가지고 인식하려고 하고 있음이 이해되었
으면' 한다고 발언하고 있다.94)

한국 자본주의의 발전에 대해 회의적이던 입장에서 돌연 한국의 자본주
의적 성장을 평가하는 입장으로의 전환은, 앞서 살핀 중국통일화논쟁에
비유하자면 오카미의 입장에서 야나이하라의 입장으로의 전환이라고
할 수 있을지 모르겠다. 이에 대해 나카니시는 제국주의 혹은 자본의
문명화 작용의 이중성을 강조하면서 양자를 비판한 바 있다. 또한 식민지조
선의 사회성격논쟁을 떠올린다면 안병직이 그린 궤적은, 낮은 생산력을
이유로 자본주의화에 부정적인 입장을 취함으로써 식민성에 대한 인식이
부족하다고 비판 받았던 인정식이, 전시기에 들어 자본주의적 발전을
인정해야 한다며 조선이 더 이상 식민지가 아니라고 선언했던 것과 유사하

92) 안병직, 「중진자본주의로서의 한국경제」, 『사상문예운동』 2, 1989. 11.
93) (좌담), 「민주주의 이념과 민족민주운동의 성격」, 『창작과 비평』 66, 1989. 12, 51쪽.
94) 안병직, 「한국경제 발전의 제조건」, 『창작과 비평』 21(4), 1993. 12, 61쪽.

다고 할 수 있겠다.

가지무라도 'NICs 쇼크'[95]라는 말로서 한국 자본주의의 고도성장이라는 현실을 직시하였다. 한국의 NICs적 발전의 역사적 배경을 찾기 위해 조직되어 안병직의 '전향'의 계기가 되었다고도 평가되는 한일 공동연구에도 가지무라는 주요한 멤버로서 참여하였다.[96] 하지만 가지무라는 '세계사적 규정 조건' 즉 선진국과 마찰을 피하면서 국제 분업을 수행한 점과 미국의 반공 군사 원조를 받은 점에 아울러 민중의 희생과 저항이라는 내재적 요인을 듦으로써, 'NICs형 종속발전'[97]이라는 개념이 보여주듯이 한국 자본주의의 전개를 자신의 이론 안에서 설명하고자 했다. 물론 탈종속의 가능성에 대해서는 회의적이었다. 다만 모순의 심화로서의 '종속발전'은 계속될 것이라고 전망했다. 탈종속과 관련해서는 박현채의 발언이 시사적이다. 박현채는 '개방'을 '종속'의 최종적 완성 단계로 보고,[98] '한·미 간 경제통합 과정으로서의 FTA'[99]를 실현하려는 움직임을 경계한 바 있다.

안병직의 NICs론 혹은 중진자본주의론은 외재적 요인으로서 가지무라가 지적한 '세계사적 규정 조건'에 더해 내재적 요인으로서 나카무라 사토루(中村哲)가 제기하고 미야지마 히로시(宮嶋博史)에 의해 그 조선적 양상이 구체화된 '소농경제'의 전통을 결합시킨 내용이었다.[100] 미야지마

95) 梶村秀樹, 「60~70年代NICs現象再檢討のために−おもに韓國の事例から−」, 『梶村秀樹著作集 第5卷 現代朝鮮への視座』, 明石書店, 1993(초출 1986), 230쪽.
96) 安秉直外編, 『近代朝鮮의 經濟構造』, 比峰, 1990 ; 安秉直·中村哲 共編著, 『近代 朝鮮 工業化의 硏究 : 1930~1945年』, 一潮閣, 1993 등 참조.
97) 梶村秀樹, 「朝鮮近代史硏究における內在的發展の視角」, 『梶村秀樹著作集 第2卷 朝鮮史の方法』, 明石書店, 1993(초출 1986), 175쪽.
98) (지상토론), 「오늘의 한국 경제 과연 위기인가」, 『박현채 전집 1 1993~1989』(초출 1990), 522쪽.
99) 박현채, 「분단의 고착화 과정」, 『박현채 전집 1 1993~1989』(초출 1989), 739쪽.
100) 안병직, 「한국경제 발전의 제조건」, 『창작과 비평』 21(4), 1993. 12.

는 가지무라의 NICs론에 대해 '개개의 사회가 갖고 있는 개성적인 관계'를 밝혀야 하며 금후 이러한 '문화'의 문제까지를 바탕으로 하여 '세계사 상(像)의 재검토'라는 주제를 보다 풍부하게 해갈 필요가 있다는 코멘트를 남긴 바 있다.[101] 안병직은 소농경제론을 받아들임으로써 가지무라의 NICs론을 보다 발전시킨 것으로도 평가할 수 있다. 그러나 안병직에게서는 NICs 현상을 낳은 세계 자본주의의 불균등성·비대칭성에 대한 인식은 찾아보기 어렵다. 즉 자본주의를 끊임없이 주변부를 만들어낼 수밖에 없는 거대한 모순의 구조로 보는 관점은 결여되어 있었던 것이다.

안병직과 가지무라 혹은 박현채의 차이는 식민주의 그리고 그것이 불러일으키는 민중의 저항을 인식했는가에 있었다. 가지무라와 박현채는 제국주의 혹은 자본의 문명화 작용의 이중성에서 기인하는 토착자본의 동요에 주목하는 동시에 내재적 발전의 동력을 식민지-주변부 민중의 삶에서 찾고자 했다. 그리고 그로부터, 중국통일화논쟁에서 나카니시가 그러했듯이, 광범위한 민족통일전선을 구상하였다. 박현채는 한국 사회에서 민중은 '일부 매판적인 거대독점자본과 일부 정권참여자를 제외한 전 민족적 구성'[102]이 된다면서, '민족민중세력의 역량에 따라서 거대매판 독점자본 또한 우리 쪽으로 올 수 있는 가능성'[103]이 있다고 보았다. 가지무라 역시 한국의 민주화 운동에 대해 '주변적인 영역에서의 민주주의 라는 것은 고전적인 민주주의와는 다른 의미를 갖'는다면서 '민주주의를 내건 정당의 이니셔티브가 상당히 지속될 가능성이 있다고' 보고 '"그래봤자 부르조아민주주의"라는 우리(일본의 좌파─인용자)에게 익숙한 감각 과는 다른 것이므로 제대로 된 평가의 대상으로 삼지 않으면 안 된다'고

---

101) (奧村哲), 「「梶村秀樹報告」討論要旨」, 『歷史評論』 432, 1986, 96쪽.

102) 박현채, 「민족경제론적 관점에서 본 민중론」, 『박현채 전집 1 1993~1989』(초출 1989), 670쪽.

103) 박현채, 「민족경제와 조국통일」, 『박현채 전집 2 1988~1987』(초출 1988), 263쪽.

분석했다.104)

한편 조경달은 민족주의와 제국주의의 '적대적 공범성'을 지적한 선구적인 연구로서 이타가키 유조(板垣雄三)의 'n지역론'에 대해 언급하면서,105) '가지무라 히데키의 식민지 민족자본론도 그러한 논의와 유사한 점이 있다'고 덧붙였다.106) 가지무라가 지적한 민족자본의 동요, 특히 '민족운동을 정치사적으로 이해하기 위해서 우리는 부르주아지의 민족주의와 식민지 민중의 민족주의를 준별(峻別)하는 시점을 확립할 필요가 있다'107)는 등의 언급에 주목한 분석이라고 생각된다. 다만 식민지의 토착자본이 '예속성'과 동시에 '민족성'을 갖는다는 가지무라의 인식은 '적대적 공범성'에 대한 강조와는 조금 결이 다르지 않은가 생각된다. 오히려 '적대적 공범성'이 지나치게 강조되다 보면 식민지-주변부의 사회운동이 갖는 고유성이 옅어지면서 또 하나의 평면적인 역사상으로 귀결될 우려가 있다.

제국주의와 민족주의의 '적대적 공범성'에 주목하는 연구로는 탈민족주의, 탈근대론적 경향의 연구도 들 수 있다. 이 경향을 대표하는 연구로서 2006년에 발간되어 화제가 되었던 『해방 전후사의 재인식』(이하 『재인식』)에 실린 편자들의 「대담」을 보면, '어쨌든 식민지 근대화라고 해서 우리가 상식적으로 알고 있는 근대화와 별다른 것이 아니지요'라는 이영훈(李榮薰)의 발언에 대해, 박지향(朴枝香)이 '그렇죠. 우리나라에서 근대화가 일어났는데 그것이 어쩌다보니 일제시대였다. 이렇게 이야기하는 게

---

104) 吉永長生, 「「日韓條約」二十年を考える」, 『季刊クライシス』 24, 1985. 10, 71쪽. 吉永長生는 가지무라의 필명.

105) 板垣雄三, 「〈全体會 歷史における民族と民族主義〉民族と民族主義」, 『歷史學研究 別冊 特集 歷史における民族と民族主義-1973年度歷史學研究會大會報告-』, 青木書店, 1973.

106) 趙景達, 「「韓國併合」の論理とその歸結-アジア主義と同化主義の行方-」, 『朝鮮史研究會論文集』 49, 2011. 10, 45쪽.

107) 梶村秀樹, 「「民族資本」と「隷屬資本」」, 240쪽.

아마 옳을 겁니다'라고 응수하고 있는 것이 확인된다.108) '식민지'가
사라지고 '근대'만이 남은 말 그대로의 일원적이고 평면적인 역사상을
엿볼 수 있다. 이를 놓고 배성준은 '『재인식』에 대한 근원적인 비판은
『재인식』이 지우고자 했던 식민지 개념을 다시 사고하는 것에서 시작해야
할 것'이라고 논한 바 있다.109) 보편으로서의 근대를 받아들이고 또 이를
비판하고자 하는 문제의식에는 공감한다. 다만 근대 자체가 애초부터
식민주의와 하나로 얽혀 있는 것이라면, 맹목적으로 근대를 지향하는
근대화론은 물론 탈식민에 대한 고려가 부족한 탈근대론에도 선뜻 동의하
기는 어려울 것이다.110)

　한국 사회에 필요한 것은 식민지성, 주변부성을 직시하는 용기이다.
가지무라는, 한국을 '세계의 하수구'에 비유하면서 그와 같은 '세계사적
사명'을 회피하지 말 것을 주장한 함석헌(咸錫憲)의 사상에서 충격을 받는
다. 그리고 바깥 문명을 따라잡으려 하지 않고 그렇다고 독립문명으로
향하는 몽상에도 젖지 않으면서, 주변성 가운데서 자세를 가다듬는 제3의
길을 제시하였다.111) 미야지마 역시 '문명주의'도 '민족주의'도 아닌 '주변
적 입장의 고지(固持)'라는 '제3의 입장'의 중요성을 최근 지적한 바 있
다.112)

　해방 이후 남북한의 역사학은 한국 그리고 조선을 보편적 주체로 세우기

108) 「대담」, 박지향·김철·김일영·이영훈 엮음, 『해방 전후사의 재인식 2』, 책세상, 2006, 649쪽.
109) 배성준, 「『해방전후사의 재인식』과 '역사수정주의' 비판」, 『사회운동』 63, 2006. 4.
110) 졸고, 「書評 : 朴枝香·金哲·金一榮·李榮薰 『解放前後史の再認識』」, 『言語文化』 11(3), 同志社大學, 2009. 1 참조.
111) 梶村秀樹, 「'やぶにらみ'の周辺文明論」, 『梶村秀樹著作集 第2卷 朝鮮史の方法』, 明石書店, 1993(초출 1985), 161~162쪽.
112) 宮嶋博史, 「「際」を自覺した者の苦惱－朝鮮思想史の再檢討－」, 『言語文化』 15(1), 同志社大學, 2012, 21쪽.

위해 노력해 왔다. 정체성론 혹은 타율성론의 형태로 식민지기 내내 굳어진 숙명론을 털어버리고 발전의 주체와 동력을 찾고자 하는 시도는 이른바 '내재적 발전론'의 대두로 이어졌다. 하지만 그 출발은 '자본주의 맹아론'으로 대표되는 일국사적 발전단계론이었고, 미야지마의 표현을 빌리자면 그것은 '민족주의'와 '문명주의'의 결합에 지나지 않았다. 그런 점에서 일국사적 발전단계론에 대해 남북한 모두에서 경제결정론 혹은 서구중심주의라는 비판이 인 것은 지극히 정당한 일이었다. 하지만 오늘날 남북한의 역사학이 놓인 현실은 어떠한가. 안타깝게도 대동강문명 운운하는 북한 사회의 동향이 '민족주의'의 극단을 보여준다면, 식민지를 잊고 근대만 기억하고자 하는 한국 사회의 경향은 바로 '문명주의'에 다름 아닐 것이다.

이 글에서는 남북한 역사학계 모두로부터 잊혀진 식민지반봉건론의 역사적 전개를 표면적이나마 훑어보았다. 나카니시 쓰토무, 가지무라 히데키, 박현채의 식민지반봉건론의 핵심은 식민지-주변부에서 내외의 권력에 맞서 때로는 포섭되고 때로는 저항하면서 자본주의 사회를 살아낸 구체적 민중을 포착한 점에 있다. 그들의 식민지반봉건론은 여러 시대적 한계에도 불구하고, 일국사적 발전단계론으로 출발한 내재적 발전론의 재구성 혹은 탈구축이라 부를 만한 내용을 담고 있었다. 지금의 한국 사회는 삐걱되는 남북관계, 날로 심화되는 양극화 등을 앞에 두고 어쩌면 그 어느 때보다 깊은 숙명론에 빠져 있는지도 모른다. 동아시아의 비판적 역사학이 구축해 온 식민지반봉건론, 내재적 발전론의 재음미가 구체적 민중의 삶에 대한 천착으로 이어져 다시 한 번 숙명론을 떨쳐버릴 계기가 될 수 있기를 기대할 따름이다.

참고문헌

1. 자료

「식민지·반식민지 국가의 혁명운동에 대하여(1928. 9. 1)」, 『코민테른 자료선집3』, 동녘, 1989.

矢內原忠雄, 「支那問題의 所在」, 김대환·백영서 편, 『중국사회성격논쟁』, 창작과비평사, 1988.

大上末廣, 「支那자본주의와 南京政府의 통일정책」, 김대환·백영서 편, 『중국사회성격논쟁』.

大村達夫(中西功), 「支那社會의 기본적 범주와 '통일'화와의 관계」, 김대환·백영서 편, 『중국사회성격논쟁』.

中西功, 『中國革命の嵐の中で』, 靑木書店, 1974.

모택동, 「서책주의를 반대하자(1930. 5)」, 『모택동 선집 1』, 범우사, 2001.

모택동, 「일본제국주의를 반대하는 전술에 대하여(1935. 12. 27)」, 『모택동 선집 1』.

모택동, 「중국혁명과 중국공산당(1939. 12)」, 『모택동 선집 2』, 범우사, 2002.

許滌新, 「구중국의 국가독점자본주의에 관하여」, 許滌新 외 지음, 김세은 외 편역, 『중국 자본주의 논쟁사』, 고려원, 1993(초출 1961).

朴文圭, 「農村社會分化의 起点としての土地調査事業に就て」, 『朝鮮社會經濟史研究－京城帝國大學法文學會第一部論集第六冊－』, 刀江書院, 1933.

印貞植, 「土地所有의 歷史性－朴文圭氏に對する批判을 主として－」, 『朝鮮의 農業機構分析』, 白揚社, 1937.

朴文秉, 「朝鮮 農業의 構造的 特質－朝鮮 農村의 性格規定에 對한 基本的 考察－」, 『批判』 4(9), 1936. 10(오미일 편, 『식민지시대 사회성격과 농업문제』, 풀빛, 1991).

崔容達, 「感想錄」, 『思想彙報』 24, 1940.

林和, 「朝鮮 民族文學 建設의 基本課題」, 『民主朝鮮』, 1947. 12.

리청원, 「부록 : 조선 민족 부르죠아지의 특질」, 『조선에 있어서 프로레타리아트의 헤게모니를 위한 투쟁』, 조선민주주의인민공화국과학원, 1955.

(력사 연구소 근세 및 최근세사 연구실), 「쏘련 학계에서의 쏘베트 시대사 시기 구분과 중국 학계에서의 근세사 시기 구분에 관한 토론 개관(초역)」,

『력사과학』 1957-3, 1957. 6.

황장엽, 「민족 부르죠아지의 개념에 관한 몇 가지 문제」, 『력사과학』 1957-4, 1957. 8.

김상룡, 「반일 민족 해방 투쟁에서의 프로레타리아트의 헤게모니를 위한 투쟁과 민족 부르죠아지에 대한 문제」, 『력사과학』 1957-2, 1957. 4.

리나영, 「조선 근대사의 시기 구분에 대하여」, 『력사과학』 1957-4, 1957. 8.

「반일 민족 해방 투쟁에 있어서 민족 부르죠아지에 관한 과학 토론회」, 『력사과학』 1957-6, 1957. 12.

근세 및 최근세사 연구실, 「조선 근세사 시기 구분 문제에 관한 학술 토론 총화」, 『력사과학』 1962-6, 1962. 12.

「과학원 력사 연구소 근세 및 최근세사 연구실에서 학술 토론회 진행」, 『력사과학』 1963-4, 1963. 7.

허장만, 「1920년대 민족개량주의의 계급적 기초 해명에서 제기되는 몇 가지 문제」, 『력사과학』 1966-3, 1966. 5.

김희일, 「민족개량주의의 계급적 기초는 예속 부르죠아지이다」, 『력사과학』 1966-4, 1966. 6.

김정일, 「주체사상 교양에서 제기되는 몇 가지 문제에 대하여, 1986년 7월」, 『친애하는 지도자 김정일 동지의 문헌집』, 조선로동당출판사, 1992.

박현채, 「계층조화의 조건」, 『정경연구』 1969. 11(고 박현채 10주기 추모집·전집 발간위원회 엮음, 『박현채 전집 6 1974~1960』, 해밀, 2006).

박현채, 「정부 주도 경제개발과 민간 주도론」, 『박현채 전집 3 1986~1985』(초출 1985).

朴玄埰, 「현대 한국 사회의 성격과 발전 단계에 관한 연구(Ⅰ)」, 『창작과 비평』 57, 1985. 10.

박현채, 「민족운동을 어떻게 볼 것인가」, 『박현채 전집 3 1986~1985』(초출 1986).

(대담)박현채·정민, 「민족경제론 : 민족민주운동의 경제적 기초를 해명한다」, 박현채 저, 『민족경제와 민중운동』, 창작과비평사, 1988(초출 1987).

박현채, 「민족경제와 조국통일」, 『박현채 전집 2 1988~1987』(초출 1988).

(지상토론), 「오늘의 한국 경제 과연 위기인가」, 『박현채 전집 1 1993~1989』(초출 1990).

박현채, 「분단의 고착화 과정」, 『박현채 전집 1 1993~1989』(초출 1989).

박현채, 「민족경제론적 관점에서 본 민중론」, 『박현채 전집 1 1993~1989』(초출

1989).

安秉直, 「書評 : 韓㳷劤 著, 韓國開港期의 商業構造, 서울, 一潮閣, 1970, pp.373」, 『歷史學報』 48, 1970. 12.

安秉直, 「回顧와 展望 : 國史(近代)」, 『歷史學報』 49, 1971. 3.

安秉直, 「書評 : 農業史硏究의 問題點-金容燮, 『韓國近代農業史硏究』, 一潮閣, 1975, (값 2,500원)-」, 『창작과 비평』 11(2), 1976. 6.

安秉直, 「서평 : 金玉根 著, 朝鮮後期經濟史硏究, 411面, 瑞文堂, 1977」, 『經濟史學』 2, 1978.

安秉直, 「日帝獨占資本 進出史」, 高麗大學校民族文化硏究所, 『韓國現代文化史大系Ⅳ 政治·經濟史』, 高麗大學校民族文化硏究所 出版部, 1977.

安秉直, 「朝鮮에 있어서 (半)植民地·半封建社會의 形成과 日本帝國主義」, 韓國史硏究會 編, 『韓國近代社會와 帝國主義』, 三知院, 1985.

안병직, 「중진자본주의로서의 한국경제」, 『사상문예운동』 2, 1989. 11.

(좌담), 「민주주의 이념과 민족민주운동의 성격」, 『창작과 비평』 66, 1989. 12.

안병직, 「한국경제 발전의 제조건」, 『창작과 비평』 21(4), 1993. 12.

李大根, 「한국 자본주의의 성격에 관하여-국가독점자본주의론에 붙여-」, 『창작과 비평』 57, 1985. 10.

藤森一淸(梶村秀樹), 「朴政權の価値体系と韓國の民衆」, 『情況』 78, 1975.

梶村秀樹, 『朝鮮における資本主義の形成と展開』, 龍溪書舍, 1977.

梶村秀樹, 「旧植民地社會構成体論」, 富岡倍雄·梶村秀樹編, 『發展途上經濟の硏究』, 世界書院, 1981.

吉永長生(梶村秀樹), 「「日韓條約」二十年を考える」, 『季刊クライシス』 24, 1985. 10.

梶村秀樹, 「'やぶにらみ'の周辺文明論」, 『梶村秀樹著作集 第2卷 朝鮮史の方法』, 明石書店, 1993(초출 1985).

梶村秀樹, 「60~70年代NICs現象再檢討のために-おもに韓國の事例から-」, 『梶村秀樹著作集 第5卷 現代朝鮮への視座』, 明石書店, 1993(초출 1986).

梶村秀樹, 「朝鮮近代史硏究における內在的發展の視角」, 『梶村秀樹著作集 第2卷 朝鮮史の方法』, 明石書店, 1993(초출 1986).

梶村秀樹(정재정 역), 「강연 유고 : 한국의 사회과학은 지금」, 『창작과 비평』 66, 1989.

2. 논문 및 단행본

松元幸子,「初期コミンテルンにおける民族解放理論の形成－コミンテルン第二回大會におけるレーニン·ロイ論爭を中心に－」,『歷史學硏究』355, 1969. 12.

板垣雄三,「<全体會 歷史における民族と民族主義> 民族と民族主義」,『歷史學硏究 別冊特集 歷史における民族と民族主義－1973年度歷史學硏究會大會報告－』, 靑木書店, 1973.

宮田節子,『朝鮮民衆と「皇民化」政策』, 未來社, 1982.

小谷汪之,「[半]식민지·반봉건사회구성의 개념규정－中西功·大上末廣 所說의 검토－」, 藤瀨浩司외 지음, 장시원 편역,『식민지반봉건사회론』, 한울, 1984(초출 1977).

(奧村哲),「「梶村秀樹報告」討論要旨」,『歷史評論』432, 1986.

이병천,「「식민지반봉건사회구성체론」의 이론적 제 문제－小谷汪之·梶村秀樹의 이론을 중심으로－」,『산업사회연구』2, 1987, 24쪽.

野澤豊,「'중국통일화' 논쟁에 관하여」, 김대환·백영서 편,『중국사회성격논쟁』, 창작과비평사, 1988.

淺田喬二,「'만주경제논쟁'을 둘러싼 문제들」, 김대환·백영서 편,『중국사회성격논쟁』.

백영서,「중국 민족운동의 과제와 사회성격논쟁」, 김대환·백영서 편,『중국사회성격논쟁』.

도진순,「1920년대 코민테른에서 민족－식민지문제에 대한 논쟁」, 김대환·백영서 편,『중국사회성격논쟁』.

도진순,「북한학계의 민족부르조아지와 민족개량주의 논쟁」,『역사비평』4, 1988. 9.

도진순,「근현대사 시기구분 논의」, 정용욱 외,『남북한 역사인식 비교강의(근현대편)』, 일송정, 1989.

이병천,「해설」, 이병천 編,『북한학계의 한국근대사논쟁－사회성격과 시대구분 문제－』, 창작과비평사, 1989.

조희연,「80년대 사회운동과 사회구성체논쟁」, 박현채·조희연 편,『한국 사회구성체논쟁(Ⅰ)』, 한울, 1989.

米谷匡史,「戰時期日本の社會思想－現代化と戰時変革－」,『思想』882, 1997. 12.(좌담)

內田弘·米谷匡史·的場昭弘(司會),「オリエンタリズム批判の提起するもの－マルクス主義の普遍性をめぐって一」, 『情況』, 2000. 12.

도면회, 「〈주제서평〉 식민주의가 누락된 '식민지근대성'」, 『역사문제연구』 7, 2001.12.

米谷匡史, 「解說」, 『尾崎秀實時評集一日中戰爭期の東アジアー』, 平凡社, 2004.

서동만, 『북조선사회주의체제성립사 1945~1961』, 선인, 2005.

高岡裕之·三ツ井崇, 「東アジア植民地の「近代」を問うことの意義」, 『歷史學硏究』 802, 2005. 6.

「대담」, 박지향·김철·김일영·이영훈 엮음, 『해방 전후사의 재인식 2』, 책세상, 2006, 649쪽.

홍종욱, 「해방을 전후한 주체 형성의 기도」, 윤해동 외 편, 『근대를 다시 읽는다 1』, 역사비평사, 2006.

배성준, 「『해방전후사의 재인식』과 '역사수정주의' 비판」, 『사회운동』 63, 2006. 4.

趙景達, 『植民地期朝鮮の知識人と民衆一植民地近代性論批判一』, 有志舍, 2008.

洪宗郁, 「書評 : 朴枝香·金哲·金一榮·李榮薰 『解放前後史の再認識』」, 『言語文化』 11(3), 同志社大學, 2009. 1.

洪宗郁, 『戰時期朝鮮の轉向者たち一帝國/植民地の統合と龜裂一』, 有志舍, 2011.

趙景達, 「「韓國倂合」の論理とその歸結一アジア主義と同化主義の行方一」, 『朝鮮史硏究會論文集』 49, 2011. 10.

김성보, 『북한의 역사 1 : 건국과 인민민주주의의 경험 1945~1960』, 역사비평사, 2011.

宮嶋博史, 「「際」を自覺した者の苦惱一朝鮮思想史の再檢討一」, 『言語文化』 15(1), 同志社大學, 2012.

로자 룩셈부르크 지음, 황선길 옮김, 『자본의 축적』 1·2, 지식을만드는지식, 2013.

원톄진 지음, 김진공 옮김, 『백년의 급진 : 중국의 현대를 성찰하다』, 돌베개, 2013.

홍종욱, 「反식민주의 역사학에서 反역사학으로一동아시아의 '戰後 역사학'과 북한의 역사서술一」, 『역사문제연구』 31, 2014. 4.

홍종욱, 「왜 지금 가지무라 히데키인가」, 「내재적 발전론의 임계一가지무라 히데키와 안병태의 역사학一」, 「가지무라 히데키의 한국 자본주의론一내재적 발전론으로서의 '종속 발전'론一」, 강원봉 외 지음, 『가지무라 히데키의 내재적 발전론을 다시 읽는다』, 아연출판부, 2014.

핵의 현전과 일본의 전후 민주주의
−'현실적 이상주의'의 계보와 정치적 심연−

김 항

1. 문제의 소재

2011년 3월 11일, 일본 동북부를 강타한 강진과 쓰나미는 엄청난 파괴력으로 해당 지역 주민들의 생활세계를 붕괴시켰고, 뒤이은 후쿠시마 원전 사고는 인간이 발전시켜온 기술문명의 존재의의 자체를 회의의 대상으로 만들었다. 자연재해가 이재민에게 커다란 상처와 좌절감을 준다는 것은 말할 필요도 없지만, 지진이 빈번한 일본에서 피해 복구의 과정은 국가의 통제 범위 안에서 안정적으로 진행된다는 신뢰와 경험치가 있었던 것이 사실이다. 하지만 후쿠시마 원전 사태로 인해 국가에 대한 그러한 신뢰는 철저히 무너져 내렸다. 재난재해 대처에 그토록 자신감을 보였던 국가는 사태의 심각성과 파장이 어디까지인지 가늠하지 못했고, 도쿄전력을 위시한 관련 민간기구들은 사태를 축소시키고 정보를 은폐하는데 급급했기 때문이다. 즉 후쿠시마 원전 사고는 기존의 매뉴얼로는 대처 불가능한 재난이었고, 국가와 과학기술을 포함한 인간 문명 전반에 대한 심각한 불신과 회의와 불안을 야기한 사태였던 셈이다.

이렇게 기존의 사유체계와 대처방식을 무용지물로 만든 후쿠시마 원전 사고는 인문사회과학자들에게도 커다란 충격을 주었다. 사고 이후 열거하기에도 벅찬 글과 말들이 쏟아졌는데, 그것은 인간 문명에 대한 근본적 재성찰을 촉구하는 철학적 제언으로부터,[1] 원자력 발전을 폐기해야 한다는 정치적이고 실천적인 주장[2]에 이르기까지 다양한 언설들로 구성되었다. 그러나 이러한 일련의 언설들이 집중적으로 다룬 것은 제2차 세계대전 이후의 국가 주도 원자력발전 계획이 전후 일본의 국가 재건 과정의 중추에 자리했다는 사실이다. 즉, 평화헌법, 비핵3원칙, 교육기본법 등 정치적으로 민주주의적 개혁을 통해 국가체제를 정비하는 이면에서, '원자력의 평화적 이용'이라는 미명 아래 선진국들의 핵무장 경쟁에 뒤쳐지지 않으려는 국가정책이 작동하고 있었고, 관료－재계－정계가 굳건한 동맹을 맺어 경제성장을 통제하는 일본식 계획경제 체제가 원자력 개발 모델을 범례로 하여 증식해 갔다는 것이다.

　그런 의미에서 전후 일본의 원자력 개발은 전후 민주주의가 허울 좋은 겉치레에 지나지 않았음을 드러내주었고, 메이지 유신 이래 일본을 지배해 온 세력이 패전을 겪었음에도 여전히 정치경제적 헤게모니를 유지하고 있음을 보여주는 역사적 사례라 할 수 있다. 일본의 인문사회과학자들은 후쿠시마 원전 사고를 계기로 전후 원자력 개발 과정에 응축되어 있는 역사의 지층을 이렇게 문제화했던 것이다.[3]

　그런데 이런 언설들의 분출은 새로운 연구대상을 발굴하고 문제화하여 기존의 관점이나 학설을 비판하고 전환시키는 '패러다임 변경'과는 다른

---

1) 대표적인 것으로, 李孝德編, 『高史明·高橋哲哉對談 いのちと責任』, 大月書店, 2012.
2) 수많은 문헌들 중에 가장 압축적으로 이런 주장을 담은 것으로, 廣瀬隆·明石昇二郎, 『原發の闇を暴く』, 集英社新書, 2012.
3) 대표적인 문헌으로는, 山本義隆, 『福島の原發事故をめぐって―いくつか學び考えたこと』, みすず書房, 2011 ; 開沼博, 『「フクシマ」論―原子力ムラはなぜ生まれたのか』, 靑土社, 2011 ; 山崎正勝, 『日本の核開發 : 1939~1955 原爆から原子力へ』, 積文堂, 2011, 참조.

것이었다. 이 일련의 언설들은 발화자들의 깊은 회한을 동반한 것이었기에
그렇다. 그것은 패전 후의 국가체제뿐만 아니라 메이지 유신 이래의
근대 일본 자체를 비판적으로 연구해온 많은 연구자들에게 "허를 찔렸다
는 느낌"⁴⁾을 갖게 했는데, "지진대국 일본의 사회과학이나 역사학"이
"원자폭탄=핵무기에 관해서는 방대한 연구를 축적해왔으나, '원자력의
평화이용'=원자력 발전과 그 안전성 및 방사능 피해 문제에 대해 정면에서
다루는 일이 거의 없었음"⁵⁾에 대한 회한이었다. 이는 단순히 그 주제를
다루지 않았다는 지적 태만에 대한 자기비판이지만, 패전 전의 '초국가주
의'⁶⁾를 비판함으로써 성립한 전후 민주주의와 그것을 지탱하는 앎의
총체가 원자력의 평화이용이라는 국가주도의 거대한 기만을 전혀 의식하
지 못했다는 회한이기도 하다.

　　어린 시절에 원자력의 평화이용이 시작되었다. 그것에 의문을 가지지
　　않았고, 평화이용은 훌륭한 것이라 믿어 의심치 않았으며, 원폭의 잔인한
　　기억을 깨끗이 씻어주는 것으로 생각했다. 사실은 달랐다.－일본 펜클럽
　　회장, 아사다 지로(淺田次郎)⁷⁾

---

4) 高橋哲哉, 『犧牲のシステム 福島・沖縄』, 集英社新書, 2012, 18쪽.
5) 加藤哲郎, 「日本における「原子力の平和利用」の出發－原發導入期における中曾根康弘
　　の政略と役割－」, 加藤哲郎・井川充雄, 『原子力と冷戰 日本とアジアの原發導入』, 花伝
　　社, 2013, 15쪽.
6) 이는 마루야마 마사오(丸山眞男)가 전쟁 시기 일본의 통치체제를 개념화한 용어이
　　다. 마루야마는 이 개념을 통해 천황으로부터 기층 민중에 이르기까지를 관통한
　　'억압의 이양'과 '무책임의 체제'가 일본을 전쟁이라는 파국으로 몰아넣었음을
　　비판했다. 즉 촘촘히 짜인 상하 위계 관계 속에서 억압은 아래로 무한히 이양되고
　　책임은 위로 무한히 전가됨으로써 정치적 억압과 책임을 묻지 못한 체제가
　　'초국가주의'인 것이다. 이는 결국 시민의 국가 정책 비판과 정치인/관료의 책임의
　　식 부재라는 비판으로 집약될 수 있으며, 전후 민주주의는 어떻게 이 비판과
　　책임을 일본 사회에 뿌리 내리게 할 것인가에 성패가 달려 있다는 것이 마루야마의
　　발상이었다고 할 수 있다. 이에 관해서는, 丸山眞男, 「超國家主義の論理と心理」,
　　『增補版 現代政治の思想と行動』, 未來社, 1964 참조.

국가를 의심하고 비판하는 데에서 출발한 일본의 전후 민주주의가 이렇게 또 다른 기만 속에서 성립했다는 사실, 이것이야말로 후쿠시마 원전 사고 이후 일본의 인문사회과학계가 공유한 "허를 찔린 느낌"이다. 사고 이후 이뤄진 일련의 원자력 발전 관련 연구들은 모두 이런 회한을 공유하고 있다 해도 과언이 아니다. 이들 연구는 패전 후 일본 인문사회과학의 비판적 영위에 커다란 공백이 있었음을 자인하는 것이었으며, 그것은 단순히 원자력 발전을 정면에서 다루지 않았다는 것이라기보다는, 국민의 삶을 볼모로 한 국가 정책의 계획과 집행이 아무런 비판 없이 이뤄졌다는데 대한 자괴감이었다. 그것은 일본 국가의 주도 하에 동아시아 전역에 걸쳐 인간의 생활세계를 볼모로 자행된 식민지 침탈 및 아시아-태평양전쟁의 구조적 반복에 다름 아니었기 때문이다. 패전 후의 비판적 언설들은 결국 패전 전의 초국가주의의 지속과 반복을 근원적으로 문제화하지 못했던 것이다.

그런 의미에서 후쿠시마 원전 사고가 촉발시킨 일본 인문사회과학계의 회한은 단순히 원자력 개발의 역사와 의미를 되짚는 작업을 촉구하는 것에 그치지 않는다. 보다 넓게는 패전 후의 언설들이 어떤 지점에서 초국가주의 비판이 멈추는가를 다양한 영역에서 추적할 것을 과제로 제기하기 때문이다. 즉 초국가주의 비판에 결정적 한계로 작용하여 국민을 볼모로 한 국가주도의 정책 계획 및 입안에 대한 비판을 불가능케 한 요인이 무엇인지를 살펴볼 필요가 있는 것이다. 아래에서의 과제는 이러한 문제의식 하에서 마루야마 마사오(丸山眞男)로부터 시작하여 사카모토 요시카즈(坂本義和)로 이어지는 '현실적 이상주의'의 계보를 비판적으로 검토하는 일이다. 구체적으로는 사카모토가 주도해온 국제정치학 분야에서의 초국가주의 비판이 '핵의 현전'이라는 절대적 전제로 인해 어떤

---

7) 加藤哲郎, 위의 글, 15쪽.

한계를 노정하는지를 적출하려 한다. 우선 사카모토의 '중립국 구상'이 어떤 맥락에서 제기되었는지를 살펴보기 위해 샌프란시스코 강화조약 체결을 전후한 시기의 언설적 상황에서 시작해보도록 하자.

2. 샌프란시스코 강화조약과 중립국 일본 구상[8]

　1952년, 미국이 주도하는 일부 연합국은 일본과 강화조약을 맺는다. 이른바 샌프란시스코 강화조약으로 알려져 있는 이 조약 체결에 의해 일본은 주권을 회복하고 국제사회에 복귀하게 된다. 미국이 강화조약을 서두른 것은 1948년의 중국혁명과 1950년의 한국전쟁 발발 때문임은 주지의 사실인데, 이런 맥락 하에서 일본의 공산화를 막고 오키나와를 동아시아의 냉전 전초기지로 삼기 위해 강화조약과 더불어 미일안보조약도 함께 체결된다. 미일안보조약은 일본이 독립한 후에도 일본 내 미군 주둔의 지속을 골자로 한 것으로, 오키나와의 미국 위임통치와 기지집중을 대가로 주권이 회복된 것이다.

　연합국 중 소련과 중국을 배제한 채 체결된 이 조약은 당시의 수상 요시다 시게루(吉田茂)에 의해 주도되었다. 패전 전 제국 일본의 외교관으로 활동한 그는 패전 직전 '종전 공작(終戰工作)'을 모의한 혐의로 체포된 데서도 알 수 있듯이, 1930년대 후반 이래 군부 과격파가 지배한 일본의 국책에 비판적이었고, 태평양전쟁을 조기에 끝내는 것만이 일본이 살아남을 수 있는 길이라 생각했던 인물이다.[9] 그는 만주사변, 리튼조사단,

---

8) 이 절의 내용과 관련한 보다 상세한 설명은, 김항, 「해적, 시민, 그리고 노예의 자기인식 : 한국전쟁과 전후일본의 사산된 유산」, 『SAI』, 10호, 2011, 2절 및 3절을 참조.
9) 井上壽一, 『吉田茂と昭和史』, 講談社現代新書, 91~135쪽 참조.

국제연맹 탈퇴로 이어지는 1930년대 초의 정세 속에서 일본이 국제사회에서 고립되어감에 큰 위기감을 느꼈는데, 고노에 후미마로(近衞文麿)로 상징되는 '신체제' 건설의 흐름을 끝내 저지할 수는 없었다. '신체제' 건설이란 국내적으로는 계획통제경제를 통해 대공황에 이은 불황을 타개하고 국가사회주의적 정치체제를 구축하려는 흐름이었고, 국외적으로는 국제연맹이 주도하는 제1차 대전 이후의 국제질서를 영/미/프 등 강대국의 이익 관철을 위한 겉치레에 지나지 않다고 간주하여 새로운 국제질서의 창출을 도모하는 움직임이었다. 이후 일본이 국가총동원 체제, 익찬정치, 대동아공영권을 골자로 하는 전쟁 체제를 형성했음은 주지의 사실인데, 요시다는 이러한 시대의 흐름이 메이지 이래 일본의 기본 방침과 전적으로 상치되는 것이라 인식했다. 이는 패전 후 요시다의 다음과 같은 발언에서 극명하게 드러난다.

> 만주사변으로부터 태평양전쟁에 이르는 일본의 대영미 관계의 어긋남은 역사의 큰 흐름에서 보자면 일본 본연의 모습이 아니라 한 순간의 변조(變調)였음을 알 수 있다. … 일본의 외교적 진로는 영미에 대한 친선을 중심으로 하는 메이지 이래의 큰 길에 따라야 하며, 이런 과거의 귀중한 경험은 일본국민으로서 특히 명심해야 하는 일이다. … 일본외교의 근본기초를 대미친선에 두어야 한다는 대원칙은 앞으로도 바뀌지 않을 것이며 바꾸어서도 안 된다. 그것은 단순히 종전 후의 일시적 상태의 타성이 아니라 메이지 이래 일본외교의 큰 흐름을 지키는 일인 것이다.[10]

이것이 샌프란시스코 강화조약과 미일안보조약 체결에 앞장섰던 요시다 시게루의 인식이었다. 원래 근대일본은 영미 친선이지 적대가 아니었다는 이야기다. 이런 인식 하에서 이뤄진 샌프란시스코 강화조약과 미일안보

---

10) 吉田茂, 「日本外交の歩んできた道」(1957), 北岡伸一編, 『戰後日本外交論集』, 中央公論社, 1995, 106~108쪽.

조약은 체결을 전후하여 강력한 비판에 직면한다. 그 비판의 선봉에는 당시의 도쿄대 총장이었던 난바라 시게루(南原繁)가 있었다. 난바라는 칸트철학을 전공한 정치사상 연구자로서 패전 후의 초국가주의 비판의 상징인 마루야마 마사오의 스승이며, 신헌법과 더불어 전후 민주주의 정신을 지탱한 '교육기본법' 제정을 주도한 인물이다. 그런 난바라와 요시다 사이에 벌어진 논쟁이 '곡학아세' 논쟁이다.

이 논쟁은 난바라가 샌프란시스코 강화조약 체결 직전에 미국 워싱턴에서 가진 연설을 통해 강화조약이 소련과 중국까지가 참여하는 전면강화여야 함을 강조한데서 촉발된다. 요시다 시게루는 난바라의 연설을 두고 학자의 탁상공론을 현실정치에 끌어들여 국가의 독립을 저해하는 전형적인 '곡학아세'라 맹비난했다. 난바라는 이 비난에 자신의 주장을 굽히지 않고 요시다가 주도하는 강화조약이 신헌법 및 그것이 체현하는 인류의 고귀한 이상을 저버린 것이라 응수했다. 난바라와 요시다가 이렇게 강화조약을 둘러싸고 대립한 배경에는 한국전쟁 발발이라는 정세가 있었는데, 요시다가 한국전쟁 발발을 조기 강화를 위한 절호의 기회로 삼았던 반면, 난바라는 다음과 같이 한국전쟁을 파악한다.

신헌법은 옹호되어야 한다. 점령치하 제정된 이 헌법의 성립 사정이 어떤 것이었다 하더라도 거기에 쓰인 민주자유와 평화의 정신은 어디까지나 사수되어야만 한다. 왜냐하면 그것은 세계 인류의 보편적 원리이며 조국을 파멸의 전쟁으로 이끈 국가주의와 군국주의를 청산하는 원칙이며, 새롭게 국제사회의 명예로운 일원으로 일본이 살아갈 길은 이것 외에는 없기 때문이다. … 어떤 논자는 조선사변에 즈음하여 우리나라의 재무장이 피할 수 없음을 주장할 것이다. … [그러나] 이번 조선사변에 직면하여 세계의 압도적 여론 하에 국제연합은 수많은 어려움과 희생을 감수하면서까지 불법 침략을 격퇴하고 평화 확립에 힘쓰고 있다. 이런 일은 제1차 대전 후의 국제연맹도 할 수 없었던 일로, 두 차례의 세계대전이 초래한

참화를 반성하여 이를 방지하기 위한 인류의 위대한 결의를 말해주는 것이다.[11]

요시다가 난바라의 주장을 '곡학아세'라 주장한 까닭이 여기에 있다. 외교관으로서 잔뼈가 굵은 요시다가 보기에 그런 이상주의는 실제 국제연합의 작동방식에 대한 무지에서 비롯된 것이었다. 냉혹한 국제정치의 현실 속에서 '인류의 위대한 결의' 따위는 언제든 짓밟힐 수 있는 공허하고 무력한 말에 지나지 않았다. 실제로 한국전쟁 참전 연합군이 미국주도로 작전을 수행하는 상황 속에서, 난바라의 인식은 현실과 동떨어진 이상세계의 미사여구였으며, 그런 인식에 바탕을 둔 전면강화와 중립국 구상은 탁상공론에서 비롯된 곡학아세에 다름 아니었던 셈이다.

그런데 많은 지식인들에게 요시다의 의도대로 소련과 중국을 배제한 채 강화조약을 맺으려는 시도는 다시금 전쟁의 위기 속으로 인도하는 것으로 간주되었다. 한국전쟁이 미소 대리전인 한에서 요시다의 노선은 냉전의 한 진영에 편입됨을 의미하는 것이었기 때문이다. 따라서 일군의 지식인들이 보기에 일본이 선택해야 하는 길은 전면강화와 중립국 지위 획득이었다. 그것이 난바라가 말하는 신헌법의 이상을 실현하는 길이었음과 동시에 일본이 다시금 전쟁에 휘말려 들어가는 일을 방지하는 일이었기 때문이다. 이러한 맥락 속에서 '평화문제담화회'의 성명으로 발표된 마루야마 마사오의 「다시 또 한 번 평화에 관하여」(1950)란 글이 발표된다. 이 글은 1947년 유네스코가 헝가리 등 6개국 지식인들에게 전쟁 발발원인에 대해 자문한 것을 참조하여 일본 자체 내에서 '평화문제간담회'라는 조직을 만들어 두 차례 성명을 발표한 것의 연속선상에 자리 매김되는 것이었다. 마루야마는 한국전쟁 발발을 염두에 두고 '평화문제담화회' 명의로 글을 발표하는데, 이 글에서 그는 난바라의 이상주의를 어디까지

11) 南原繁, 「民族の危機と將來」(1950. 11), 『南原繁著作集 7』, 岩波書店, 355~356쪽.

현실정치의 맥락 속에서 실현하는 논리를 개척하는데, 그 논리의 매개
고리로서 '원자력'이 소환된다.

> 전쟁은 원래 수단이었지만 더 이상 수단으로서의 의미를 잃었다. …
> 오늘날에 전쟁은 패전국은 물론 승전국이라 하더라도 일부의 특수한
> 인간을 제외하고는 거의 회복 불가능한 깊은 상처를 남긴다. 이제 전쟁은
> 완전히 시대에 뒤떨어진 방법이 되었다고 할 수밖에 없다. … 문제는
> 이 일이 자명한 이치가 되어 아주 간단하게 승인됨으로써 현실의 국제문제
> 를 판단할 때 기준으로 작동할 수 없다는 점이다. 그 결과 격동하는
> 세계정세에 직면하면 즉각 한 편에서 받아들였던 원칙을 다른 한 편에서
> 짓밟는 행동을 하게 된다. '전쟁을 없애기 위한 전쟁'이라는 낡은 슬로건이
> 오늘날에도 등장하는 까닭은 전쟁과 평화의 선택을 여전히 수단의 문제로
> 처리할 수 있다는 착각이 얼마나 사람을 사로잡기 쉬운지를 보여준다.[12]

> 이제 전쟁은 의심할 여지없이 지상에서 최대의 악이 되었다. … 이것이
> 우리가 직면한 가장 생생한 현실이다. 이 현실에 포함된 의미를 항상
> 염두에 두고 여러 구체적인 국제 국내 문제를 판단해 나가는 일이 가장
> 현실적인 태도라고 우리는 생각한다. 게다가 이것이야말로 동시에 우리
> 일본국민이 신헌법에서 엄숙하게 세계에 서약한 전쟁포기와 비무장의
> 원리로부터 필연적으로 도출된 태도가 아닌가. 교전권을 단순히 국책수행
> 의 수단으로서만이 아니라, 그 어떠한 목적의 수단으로도 삼지 않겠다는
> 이 헌법의 정신은 보기에 따라서는 변죽만을 울리는 관념론일지 모른다.
> 그러나 오히려 한 걸음 사태의 파악을 깊이 있게 해보면 진정 그것이
> 위에서 말한 현대 전쟁의 현실인식에 가장 적합한 태도이며, 자국이나
> 타국의 무장에 안전보장을 위탁하는 발상이야말로 오히려 안이한 낙관론
> 이라고 생각할 수밖에 없는 것이다. 따라서 일부러 역설적으로 말하자면,
> 전쟁을 최대의 악으로 하여 평화를 최대의 가치로 하는 이상주의적 입장
> 은, 전쟁이 원자력 전쟁의 단계에 도달함으로써, 거꾸로 동시에 고도의

---

12) 丸山眞男, 「三たび平和について」(1950), 『丸山眞男集 5』, 岩波書店, 2003, 7~8쪽.

현실주의적 의미를 띠게 되었다고 할 수 있을 것이다.[13]

여기서 마루야마는 핵전쟁이라는 인류 파멸의 길이 전쟁의 종국적
귀착점이라면, 전쟁은 더 이상 한 국가나 집단의 정책이나 이상 실현의
수단이 될 수 없음을 설파한다. 자신을 지키기 위한 전쟁이 자신을 파멸로
이끌 수 있는 가능성이 아니라 필연성이 '원자력 전쟁'의 단계라는 것이다.
이랬을 때 전쟁은 절대로 있을 수 없다는 이상주의는 고도의 현실주의로
탈바꿈한다. 자신을 지키기 위해서 타자와 무력충돌까지를 각오해야
한다는 고전적인 국제정치의 현실주의는 이제 자신을 지키기 위해서는
절대로 전쟁에 호소해서는 안된다는 이상주의로 뒤바뀐다. 이것이 마루야
마가 제시한 '현실적 이상주의'라 할 수 있다. 사카모토 요시카즈의 지적
영위는 20세기 중후반의 정세 속에서 이 '현실적 이상주의'를 전개한
것이라 할 수 있는데, 마루야마의 입론은 사카모토에 의해 깊이와 넓이를
획득하게 된다. 이제 사카모토의 작업을 일별할 차례이다.

3. 사카모토 요시카즈와 핵시대의 평화와 중립

사카모토 요시카즈는 1959년, 미일안보조약 개정을 목전에 두고 한
편의 논문을 발표한다. 「중립일본의 방위구상」이란 제목의 이 논문에서
사카모토는 1958년에 시작된 미일 정부 사이의 개정 협상에 대한 정치한
비판을 전개한다. 그의 비판은 미일안보조약 개정이 현실적으로는 일본
국민 방위에 아무런 실효적 대책이 되지 못한다는 것이었고, 정치적으로는
초국가주의의 반복에 다름 아니라는 것이었다. 즉 일본으로 하여금 자진해

---

13) 앞의 책, 9~10쪽.

서 냉전대립의 한 진영에 속하게끔 만든 미일안보조약을 개정하는 것은 일본 국민이 아니라 국가를 방위하는 하는 일이며, 이는 국민의 목숨보다 천황 통치를 골자로 하는 '국체'를 지키려 했던 초국가주의의 반복에 다름 아니라는 비판이었던 셈이다.

이 논문에서 우선 그는 '착오에 의한 파멸' 문제를 제기하면서 핵시대의 군비 및 전쟁이 내포하는 가능성을 가늠한다. '착오에 의한 파멸'이란 핵무기를 탑재한 전투기가 적국 및 동맹국 영공 위에서 착오나 사고로 인해 핵무기를 폭파시킬 가능성을 말한다. 문제는 핵무기가 폭파될 경우 그것이 착오에 의한 것인지 계획에 의한 것인지 식별할 길이 없기 때문에, 한 국가는 상대국의 정찰/초계비행에 맞서 똑같이 정찰/초계비행을 할 수밖에 없다는 것이며, 이때 상공을 비행하는 무수히 많은 전투기/정찰기 는 '착오에 의한 파멸'을 회피할 수 없는 '현실'적 조건으로 만들고 있다는 사실이다. 즉 핵전쟁을 궁극적 가능성으로 내장하는 냉전대립은 전 세계를 '착오에 의한 파멸'이란 현실 속으로 몰아넣고 있는 것이며, 이 현실적 조건으로부터 모든 사태는 조망되고 가늠되어야 한다는 것이 사카모토의 주장인 것이다.

> 착오에 의해 전쟁이 발발할 확률은 자신이 교통사고에 조우할 확률보다 반드시 작다고 누가 단언할 수 있을까? 게다가 핵전쟁은 교통사고와 달리 일거에 수백만 수천만의 인간을 희생하는 성질의 것이다. 그럼에도 과연 몇 명의 사람이 도로를 건널 때만큼의 주의를 '착오에 의한 파멸'에 기울이고 있는지 의심스럽다면, 그것은 매우 놀랄만한 일이라 하지 않을 수 없다. 왜냐하면 거기에 포함되어 있는 것은 우리 한 사람 한 사람이 무사히 살아남을 수 있을까 하는 단순 소박한 생존 문제에 다름 아니기 때문이다.[14]

---

14) 坂本義和, 「中立日本の防衛構想」, 『核時代の國際政治』, 岩波書店, 7쪽. 이하에서 이 책으로부터의 인용은 본문 안에 쪽수만을 표기한다.

그러므로 사카모토에게 1959년 당시의 '방위'란 하늘에서 핵무기가 언제 떨어질지 모른다는 현실적 가능성에 대처하는 문제였다. 압도적 다수의 생명을 앗아갈 뿐 아니라 인간의 문명 전체를 파멸로 내몰 수 있는 이 현실적 가능성이야말로 안보와 방위 문제의 근원이며, 그것을 전제로 하지 않고 어떤 명분이나 이념을 내세워 국제정치를 설명하거나 대안을 설파하는 일은 모두 헛된 일에 지나지 않았다. 그런 의미에서 사카모토는 철저하게 '현실주의자'였던 셈이다. 그러나 사카모토의 현실주의는 '힘(power)'을 국제질서의 근본으로 파악하는 고전적 의미의 국제정치적 '현실주의(realism)'과는 전혀 다르다. 그의 현실주의는 어디까지나 '일상'에서의 가능성을 기준으로 국제정치를 사유하려는 시도였기 때문이다. 그래서 그는 "대외정책의 문제가 우리 한 사람 한 사람의 가장 일상적 문제와 직결되어 있다는 점이야말로 현대정치의 하나의 특질"(8)이라고 주장한다. 즉 국가 간의 힘의 균형이나 알력이 아니라, 국가 간의 관계가 미시적인 일상과 불가분의 관계로 연동되어 있다는 인식이 그의 현실주의였던 것이다. 그런데 당대의 조건은 이러한 현실주의가 좀처럼 인식되기 어려운 조건 하에 있었다. 사카모토는 그 까닭을 다음과 같이 설명한다.

> 오늘날의 핵무기는 이중의 의미에서 우리의 일상감각 세계를 넘어서버렸다. 우선 한 발의 수소폭탄의 파괴력을 'TNT 20메가톤'이라 표현했을 때 우리의 감각은 과연 얼마나 구체적인 참상을 표상할 수 있을까? 또한 다음으로 놀라운 사실은 원수폭이 문자 그대로 상상을 초월한 파괴력을 가졌고 군사전문가를 포함한 많은 이들이 이에 대한 지식을 가지고 있음에도, 원수폭을 실제 본 사람은 세계에서 셀 수 있을 정도밖에 없다는 현실이다. ⋯ 하지만 문제는 ⋯ 물리적·정치적 이유로 그것을 본 적도 없고 볼 수도 없다는 사실에 있는 것이 아니다. 오히려 원수폭을 본 적도 없고 볼 수도 없다는 사실에 우리가 아무런 놀라움도 느낄 수 없게

되었다는 점이야말로 군사수단과 국민과의 괴리가 얼마나 뿌리 깊은지가
드러나 있는 것이다.(9)

따라서 언제 핵무기가 머리 위에서 떨어질지 모르는 현실적 가능성이
철저하게 일상의 의식과 생활에서 유리되어 있는 것이 당대의 또 다른
현실이었다. 엄연한 현실적 가능성과 그것을 인지하지 못하는 현실, 이
사이의 괴리를 메꾸는 것이야말로 사카모토가 말하는 '현실적 이상주의'
에 다름 아니다. "현대의 군사 메커니즘에 내재하는 위험을 정확하게
인식하기 위해서는 우리는 항상 최대한으로 상상력을 구사해야만 한다.
… 여기서는 상상하는 일이 가장 현실적이며, 풍부한 상상력을 지니고
있는 것이 건전함의 증거에 다름 아닌 것이다."(10)

이렇게 그는 현실에 다가가기 위해서는 상상력을 배제해야 한다는
'재래의 현실주의'를 비판하면서, 당대의 현실적 조건 속에서 현실주의에
충실하기 위해서는 상상력을 구사해야 함을 설파한 것이다. 이런 관점
하에서 그는 미일동맹이 일본의 안보를 튼튼히 하기는커녕 "우리의 생존
을 상시 위협"한다고 비판한다.(11) 그 이유는 간단하다. 일본이 미국의
동맹국인 한 우선 일본 상공을 마음대로 왕래하는 미국 정찰/초계기가
'착오에 의한 파멸'을 초래할 수 있고, 소련을 위시한 적국에 의한 파멸의
가능성도 열려 있기 때문이다. 이 모든 것이 전쟁을 전제로 한 동맹을
맺는 데에서 비롯되는 현실적 가능성이며, "전쟁수단 자체가 전쟁목적을
무의미화시키는"(12) 핵전쟁의 본질에서 비롯된다. 따라서 '착오에 의한
파멸'에서 '미소 전면전'에 이르기까지, "미일동맹체제가 지속되는 한
사태는 절망적"인데 반해 "중립정책을 취하면 희망이 남아" 있다.(14)
방사능 오염이나 핵무기로부터 가능한 한 거리를 두는 것이야말로 생존을
위한 지름길이며, 이를 위해서는 중립정책이 가장 이상적인 현실주의이기
때문이다. 이런 맥락 속에서 전면전쟁이 아니라 국지전쟁을 상정하고

체결된 미일안보조약과 방위계획을 입안한 정치가들이 비판된다.

> 우리 국민들에게는 전면전쟁과 다른 '국지전쟁'은 더 이상 존재하지
> 않는다. 그럼에도 '국지전쟁'이라는 관념은 널리 유통되고 있다. 그리고
> 미일안보체제도, 또한 그 일환으로서의 일본정부의 '방위계획'도 1차적으
> 로는 '국지전쟁'에 대비하는 것에 다름 아니다. 바꿔 말하자면 국민에게는
> '전면전쟁'에 다름 아닌 것이 미국은 물론 일본 정부 당국에게는 단순한
> '국지전쟁'으로 인식되는 것이다. 그러나 미군 도착까지 3개월을 버티기
> 위한 목적으로 '방위계획'을 만들고, 일본 전토를 방사능 무덤으로 만드는
> 전장까지를 '국지전쟁'의 범주 속에 묶어 버리는 정치가는 도대체 어느
> 국민에게 책임을 지고 있는 것일까? 또한 그들이 추진하는 '방위계획'이란
> 도대체 누구를 방위하기 위한 것일까? 일본국민에게 일본 본토는 절대로
> '국지'가 아니다. '국지'란 관념은 이 경우 미국 등 일본 이외의 정부에게만
> 의미를 갖는다(18)

일본에서 일어날 수 있는 전쟁을 '국지전'으로 상정한 미일안보조약과
일본 정부의 방위계획은 결코 일본 '국민'을 지키기 위한 것이 아니라는
사실, 이것이 사카모토의 비판이다. 그는 이런 측면에서 안보조약과 방위
계획을 비판하면서 패전 전 초국가주의의 반복을 본다. 안보와 방위가
국민을 지키기 위해 사념되지 않을 뿐 아니라, 국민이 거꾸로 국가 안보와
방위를 위해 동원되고 희생될 수 있는 가능성을 내포한 당대의 현실
속에서 사카모토는 변함없이 굳건한 근대 일본의 초국가주의를 감지한
것이다.

이렇게 결론지은 뒤 사카모토는 미군 대신 '국제연합경찰군'의 일본
주둔을 제언한다. 그가 모범으로 삼은 모델은 한국전쟁 당시의 UN군이
아니라 이집트 스웨즈 운하 분쟁 당시의 UN 주둔군이다. 이집트에 주둔한
UN군은 한국전쟁과 달리 미국이 주도하는 주둔군이 아니었고, 이집트가

주둔을 희망한 국가 중에서 스웨즈 운하와 이해관계가 없는 국가를 선별하여 구성된 것이었기 때문이다. 그렇게 구성된 국제연합경찰군이 일본에 주둔한다면 소련과 중국 등으로부터 미국의 위협이 사라졌다고 환영받아 일본에 대한 잠재적 위협이 감소됨과 동시에, 감소된 위협에 바탕하여 활발히 시장 교역을 이룰 수 있다는 점에서 미국의 이익에도 부합한다는 것이 사카모토의 현실적 판단이었다. 물론 이것이 동시에 매우 '이상적'인 주장임은 말할 필요도 없다. 그런 의미에서 이 제언에도 사카모토의 '현실적 이상주의'가 농후하게 드러나 있다고 할 수 있는데, 그는 다음과 같이 말하며 자신의 입론을 요약한다. "국제연합의 이상 상태는 별도로 하더라도 현실의 국제연합이 할 수 있는 일을 정당하게 평가하고 과연 그것이 평화유지 상 동맹보다 우월한지 열등한지의 형태로 문제를 제기해야만 한다."(24)

여기서 알 수 있듯이 그는 국제연합의 이상적 상태(가령 최근 가라타니 고진이 말하는 국제연합에게 군사력을 양도하자는 주장 등[15])를 상정하고 UN군의 주둔을 주장하는 것이 아니다. 난바라와 같이 인류 보편의 이념을 하나의 규제적 이념으로 상정함과 동시에 현실에 주어진 선택지를 냉정하게 선택해 나가는 일, 그것이 사카모토의 '현실적 이상주의'였던 셈이다. 그리고 그것은 선택 가능한 안보와 방위 전략이라는 측면과 함께 현실의 위협을 판단하고 상상하는 원칙이라는 성격을 아울러 내포하는 것이었다. 그것은 일상에서 항시 현전하는 핵의 위협과 그로 인한 생명 및 생활세계의 파국 가능성이었다. 사카모토가 말하는 안보와 방위는 언제나 이 생명과 생활세계를 위한 것이었고, 그런 한에서 그에게는, 극단적으로 말해, 국가주권조차도 상대화될 수 있는 것이었다. 그것이 그의 '현실적 이상주의'에 바탕을 둔 초국가주의 비판의 요지였다.

---

15) 가라타니 고진, 조영일 옮김, 『세계공화국으로』, 도서출판b, 2007 참조.

> 미일안보체제란 결코 조약이나 기지나 재군비만을 의미하는 것이
> 아니라, 그 근저에서 '국민을 망각한 위정자'와 '위기를 망각한 국민'의
> 정신구조에 깊숙이 뿌리 내리고 있음을 잊어서는 안된다.(29)

　주지하다시피 "'국민을 망각한 위정자'와 '위기를 망각한 국민'의 정신구조"란 마루야마 마사오가 파악한 초국가주의의 논리와 심리에 다름 아니다. 그는 패전 후 진행된 일본의 방위 구상이 결국에는 초국가주의의 논리와 심리에 뿌리를 내리고 있다는 사실, 그렇기에 그 논리와 심리를 재생산하는 기제가 되고 있다는 사실을 날카롭게 적출한 것이다. 미일안보 조약을 요시다 시게루가 처음 체결했고 기시 노부스케(岸信介)가 개정하여 존속시켰다는 사실이 상징하듯이, 초국가주의의 논리와 심리는 패전 전 제국일본의 상반된 정치적 스펙트럼을 아우르는 것이었다. 요시다와 기시는 영미 친화냐 대립이냐를 놓고 정치적 입장을 달리했던 정치가들인데, 국민 없는 국가의 안보와 방위를 생각했다는 점에서 두 인물은 초국가주의를 공유했던 셈이다.

　그런 의미에서 사카모토의 비판은 난바라의 이상주의와 마루야마의 현실적 이상주의를 계승하면서, 1950년대 후반 이후 일본의 국가체제 속에 초국가주의가 뿌리 깊게 존속하고 있음을 보다 핍진한 언어와 섬세한 분석으로 비판했던 것이라 할 수 있다. 이런 사카모토의 현실적 이상주의는 이른바 '현실주의'로부터의 비판에 직면하게 되는데, 그는 현실주의와의 논쟁을 통해 자신의 현실적 이상주의가 국익을 계산하고 냉엄한 국제사회의 현실에 추종하는 '정치공학'과 다름을 주장하며, 국가에 대한 시민의, 현실에 대한 정치의 우위라는 원리를 내세운다. 다음으로 이 논쟁과 사카모토의 평화운동론을 살펴볼 차례이다.

4. 시민의 운동, 정치의 결정 :
   현실추종과 기술합리성 비판

1963년, 미국 유학을 마치고 돌아온 29세의 교토(京都)대학 교수가 논단에서 전후 민주주의를 주도하던 가토 슈이치(加藤周一)와 사카모토를 실명으로 거론하며 비판의 화살을 날렸다. 저명한 교토학파의 철학자 고우사카 마사아키(高坂正顯)의 아들이자, 국제정치학에서의 고전적 현실주의자로 선명하게 자처한 고우사카 마사타카(高坂正堯)였다.

「현실주의자의 평화론」이란 제목의 이 논문에서 고우사카는 1952년 이래 제기된 중립국 구상이 이상주의라고 비판하면서, "힘으로 지탱되지 않는 이상은 환영에 지나지 않는다"고 주장하면서 위에서 살펴본 사카모토의 논문을 비판의 표적으로 삼았다. 그는 사카모토가 핵시대에 국지전이란 없기에 미일안보조약이 아무런 쓸모가 없음을 주장한 것을 두고, 각 나라가 핵의 파멸적 힘을 충분히 인지하기에 핵무기를 통한 전면전보다는 재래무기를 통한 국지전이 여전히 분쟁의 수단으로 현존하고 있으며, 미일안보조약이 동북아시아에서 미국, 소련, 중국 사이의 힘의 균형을 통해 평화를 유지하고 있기에 의미 있다고 논박한다.[16] 그리고 고우사카가 보기에 "사카모토씨로 대표되는 이상주의자의 논의"가 이런 현실을 포착하지 못한 것은 "현대의 악마인 핵무기 문제를 너무나 중요시한 나머지 현대 국제정치에서의 다양한 힘의 역할을 이해하지 못한 탓, 즉 권력정치를 충분히 이해하지 못한 탓"[17]이었다. 즉 핵의 현전이 전쟁을 무의미하게 만든다는 사카모토의 이상주의는 현실과 이상 사이에 엄연히 존재하는 세밀한 힘의 정치를 망각한 결과라는 비판이었던 셈이다.

물론 고우사카도 핵의 현전이 전쟁을 궁극적인 분쟁의 해결책으로

---

16) 高坂正堯, 「現實主義者の平和論」, 『戰後日本外交論集』, 208~209쪽.
17) 위의 글, 210쪽.

삼는 고전적 국제정치의 논리를 변경시켰다는 사실을 인정하며 사카모토의 현실적 이상주의를 높게 평가한다. "인류는 원수폭의 출현으로 파멸의 위기에 끊임없이 노출되게 되었다. 이상주의자들은 이 사실을 명확히 인식하고 그 위에서 그들의 논리를 세운다. 절대평화의 사상도 예전에는 매우 비현실적이었을지 몰라도 인류가 파멸의 위기에 직면한 지금 오히려 현실성을 가지게 되었다는 주장이 그 좋은 예이다. … 원수폭의 출현이 국제정치의 성격을 변화시켰다는 논의는 본질론적으로는 옳다."[18] 하지만 고우사카는 이러한 본질론으로부터 전쟁의 무의미화와 중립국 구상으로 한 걸음에 내닫는 사카모토의 논리를 문제 삼는다.

> 나는 사카모토씨가 말하듯 "이 지점에서 우리가 직면한 초미의 과제는 중립으로의 방향전환이다. 만약 중립으로 방향을 틀기만하면 나머지 문제는 고도로 기술적인 것이 된다"고는 생각하지 않는다. 사카모토씨가 말하는 "고도로 기술적인 문제"야말로 나에게 중요한 것이며, 이 "기술적인 문제"가 어떤 경우에는 목표 설정에 커다란 영향을 미치는 것이기 때문이다. … 그렇기에 나에게 추상적인 동맹 대 평화 같은 것은 아무래도 좋다. 문제는 어떤 수순을 밟은 중립이냐는 것, 또한 미일안보체제의 입장에서 보자면 어떻게 개량하냐는 것이다.[19]

고우사카의 현실주의란, 따라서, '이상=목표' 자체보다는 그것을 '어떻게' 실현시켜나가느냐에 방점을 찍는 사고형태이다. 핵의 현전이란 절대적 현실 규정과 직면해서 곧바로 전쟁의 무의미화와 중립국 일본이라는 구상으로 나아가는 것이 아니라, 어떤 전쟁과 어떤 중립이냐를 현실의 정세 속에서 따져 묻는 것, 이것이 고우사카의 현실주의였던 셈이다. 이를 그는 "수단과 목적 사이의 생생한 대화"[20]라고 말한다. 그가 보기에

---

18) 위의 글, 214쪽.
19) 위의 글, 216~217쪽.

사카모토의 이상주의는 수단과 목적 사이에 개입되어야 할 무수한 논리와
계산이 생략된 공허한 논리였던 셈이다.

　사카모토가 고우사카의 이러한 비판에 응수한 것은 1965년이었다.
「'힘의 균형'의 허구」라는 논문에서 사카모토는 고우사카의 현실주의가
1960년 안보투쟁 이후 새로이 등장한 보수주의의 발로라고 비판하면서
자신의 주장이 초국가주의 비판에 뿌리내림과 동시에 전후 민주주의의
심화를 지향하는 것임을 선명하게 내세운다. 사카모토는 우선 고우사카에
의한 현실주의가 1960년 안보투쟁 이후 더 이상 기존의 논법으로는 스스로
를 지탱할 수 없는 보수진영으로부터 나온 새로운 논리임을 지적한다.

　　　전후의 [보수]반동은 약간의 뉘앙스 차이는 있었지만 헌법의 실질적
　　또는 명문적 개정, 재군비, 치안대책의 강화 등을 자명한 전제로 하는
　　점에서 공통점이 있었다. 그러나 1960년을 기점으로 이러한 '역 코스'형
　　반동을 대신할 보수정책의 필요성이 자각되어 반동이나 보수의 새로운
　　방향이 요청되었다. … 전후의 미일관계 특히 안보체제를 기본적으로
　　승인한다는 의미에서의 보수적 '현실주의'가 이런 정치상황에서 유행할
　　수 있었다는 점은 간과되어서는 안된다. … 이는 자본주의적 경제적
　　합리성의 각도로부터 안보체제를 과거로 소급시켜 긍정한다는 점에서
　　치안주의적 반동과 다르다.(31~32)

　여기서 사카모토는 고우사카 등의 '현실주의'가 단순한 초국가주의로
의 회귀가 아님을 주장하고 있다. '치안주의적 반동'이 전후 민주주의
개혁을 전쟁 전의 전체주의로 되돌리려는 '역 코스'[21]적 발상이었다면,

---

20) 위의 글, 216쪽.
21) '역 코스(逆コース)'란 점령 해제 이후 일본의 정치경제적 국면에서 패전 전의
　　관행-관습을 부활시키고 전시 협력자들이 중앙 무대로 복귀하는 등의 반동적
　　흐름을 지칭한다. 전시 내각의 주요 각료로서 전쟁을 지휘했고, A급 전범으로
　　기소되었던 기시 노부스케가 정계에 복귀하여 수상의 자리까지 올라 미일안보조

안보투쟁을 거친 이후에는 그러한 '역 코스'가 더 이상 추동력을 얻을 수 없는 상황이 된다. 안보투쟁이 정부의 독단적 결정 과정에 대한 광범위한 시민의 저항이었고, 기시 노부스케가 안보조약 개정의 국회비준을 표결 시간 초과라는 편법으로 마무리한 뒤 사임한 것은 그 상징적 사건이었다. 기시는 미일안보조약 개정의 국회비준을 표결이 아니라 표결 시한을 초과하여 자동 비준되는 형태로 마무리했다. 이는 강렬한 시민의 저항에 직면한 기시 정권의 궁여지책에 다름 아니었고, 더 이상 정부의 독단적 통치 운영이 불가능하다는 사실의 증좌였다. 이후 정부는 국회와 시민사회에 대해 정책 결정의 합리적 설명을 요구받게 되며, 사카모토가 보기에 '현실주의'는 이러한 변화된 상황에 대처하는 보수반동 진영의 새로운 논리였던 셈이다.

이 새로운 논리를 사카모토는 '자본주의적 경제적 합리성'이라 명명한다. 이 입장은 안보체제 이후 등장한 이케다 내각 시기의 '고도경제성장'과 맞물린 것으로, 경제성장을 위해서는 엄혹한 국제정치의 현실 속에서 철저하고 냉정하게 국가의 이익을 계산하고 추구해야 한다는 논리를 내장했다. 그리고 더 나아가 이 현실주의의 논리는 근대 일본이 근면하고 성실한 노동윤리와 신속하고도 창의적인 과학기술의 수용/발전을 내장했다는 역사적 평가로 이어져, 메이지 유신 이래의 '산업국가'와 '평화국가' 일본이라는 자기 이미지를 창출한다. 사카모토는 이러한 경제 합리성과 자기 이미지가 초국가주의와 식민주의를 망각케 하고, 경제발전과 전통고수라는 미명 하에 미일안보체제라는 현실을 추종하게끔 한다고 비판의 각을 세웠던 것이다.(33~35)

이렇게 현실주의가 등장한 당대의 언설적 맥락을 날카롭게 정리한 뒤 사카모토는 이 입장이 배경으로 삼는 고전적인 '힘의 균형'을 이론적으

약을 정부주도로 강경하게 밀어붙인 것은 '역 코스'의 정점을 찍은 사태였다.

로 해부한다. '힘의 균형'이란 이른바 웨스트팔리아 체제라 불리는 유럽 근대의 주권국가 간 질서의 근간을 이루던 발상으로, 강대국과 약소국으로 이뤄진 국제체제에서 각 국가 사이의 합종연횡을 통해 어느 한 국가의 초강대화를 견제하면서 평형상태를 유지하는 질서체제이다.[22] 사카모토는 이 힘의 균형이 기능하기 위해서는 '가치의 공유'가 필수적이라는 사실을 지적함으로써 고우사카를 비판한다. 유럽이 힘의 균형을 토대로 18세기에 평화를 유지할 수 있었던 까닭은 종교내분을 종식시키고 군주통치의 전통과 관습을 공유했기 때문이었는데, 프랑스 혁명 이래 전지구화된 혁명과 반동의 대결은 상호 간에 공유된 가치란 없고 상대방을 절멸시켜야 될 '절대적 적'으로 인지하게끔 만들었기에 힘의 균형은 더 이상 기능할 수 없다는 것이 사카모토의 주장이었다.(35~42) 즉 냉전 체제 하에서 힘의 균형을 통한 국제평화란 궁극적으로는 상대방을 절멸시키기 위한 도정의 한 과정에 지나지 않는 의미 없는 논리이며, 이런 논리 하에서는 인류를 착오에 의한 파멸로 이끌 수 있는 핵 시대의 파국적 위협에 대처할 수 없다는 주장이었던 셈이다.

　현실주의가 이론적 배경으로 삼는 힘의 균형을 비판하면서 사카모토는 당대 현실에서 평화 혹은 균형을 가능케 하는 요인은 힘이 아니라 민주주의라는 가치체계라고 주장한다. 즉 핵무기의 위협이 상존하는 냉전 체제 하에서 전쟁을 억제하는 것은 힘의 균형이 아니라 각 국가의 민주주의에 달려 있다는 것이다. 전쟁을 결정하는 정치가들과 그들의 결정을 감시하는 민중의 눈이야말로 평화를 유지하는 본질적 힘이라는 주장이었던 셈이다. 그래서 사카모토는 전쟁을 억지하기 위해서는 "정상적 가치체계"가 필요하다고 하면서, "정상이기 위한 최소한의 요건은 정치지도자가 권력의 장기적 안정을 가치로 설정하고 있을 것과, 그 권력이 그 장기적 안정에

22) 일본 국제정치론의 맥락에서 이에 관한 가장 최근의 논의로는, 細谷雄一, 『國際秩序』, 中公新書, 2012, 제1장 및 2장 참조.

필요한 민중의 지지를 재생산하는 기능을 작동시키고 있을 것"이라 말한다.(48) 이 관점 하에서 고우사카의 현실주의는 다음과 같이 비판된다.

> 일본의 '현실주의'는 대부분 표면상의 '친미'에도 불구하고 민주주의를 만들어내기 위한 권력에 대한 컨트롤이라는 발상―본래의 리버럴 데모크라시의 발상―이 매우 빈곤하다는 특징을 갖는다. 게다가 현실적으로 보자면 일본의 권력 쪽이 미국의 그것보다 훨씬 자유주의로부터 거리가 멂에도 불구하고 그렇다. 그들에게 '민주주의'라든가 '자유'란 무엇보다도 체제의 현실을 긍정하기 위한 상징이지, 현상 타파의 상징으로서의 '자유'나 운동으로서의 '민주주의'라는 관점이 결여되어 있다.(54)

사카모토의 현실주의 비판은 이렇게 민주주의와 불가분의 관계가 있다. 이때 민주주의는 제도나 이념으로서가 아니라 어디까지나 '운동으로서의 민주주의'였다. 그의 현실적 이상주의는 칸트식의 규제적 이념(regulative ideal)을 지평으로 삼는 이상주의임과 동시에, 그것을 항시적 파국의 가능성이라는 현실 속에 사는 민중의 운동을 통해 성취하려는 현실주의이기도 했던 것이다. 이 현실적 이상주의는 그래서 고우사카 류의 현실주의와 대립한다. 왜냐하면 현실주의의 입장은 주어진 현실적 여건 속에서 '국가'가 살아남기 위한 정밀한 계산 합리성을 내세우기 때문이다. 마루야마를 계승한 사카모토의 현실적 이상주의는 그런 의미에서 국가에 대한 시민/민중의 우위와 계산합리성에 대한 아래로부터의 정치의 우위를 주장하는 입장이라 할 수 있다. 이는 핵의 현전이라는 절대적 조건 속에서 인간의 생명과 생활세계를 방어하기 위한 현실적이고도 이상적인 방도였으며, 이를 통해 패전 전의 초국가주의는 극복되고 민주주의는 보다 깊고 넓게 확장될 수 있었던 것이다. 이렇게 전후의 현실적 이상주의는 핵의 현전이라는 전제 위에서 국제질서와 일상생활을 관통하는 아래로부터의 민주주의 운동을 추동하는 강력한 논리를 제공했다. 이제 3·11이 초래한 충격을 염두에 두고 이 현실적 이상주의의 심연을 들여다보는 것으로 논의를 마무리하도록 한다.

5. 계몽의 한계, 정치의 임계 : 현실적 이상주의의 심연

이후 사카모토는 일생에 거쳐 군축 및 탈핵을 자신의 과업으로 삼았다. 이미 일본에서는 1950년대 초반에 전면강화를 주장하며 부분강화에 대한 대규모 반대운동이 벌어졌고, 1954년 원양어선 '다이고후쿠류마루(第五副龍丸)'가 미국의 비키니섬 수소폭탄 실험으로 인해 피폭한 사건을 계기로 도쿄 스기나미구의 주부들을 중심으로 반핵평화운동이 전개되고 있었다. 사카모토가 아래로부터의 운동과 민주주의를 토대로 국제정치학에서 현실적 이상주의를 주장할 수 있었던 것은 이런 시민운동에 힘입은 바가 크다. 이런 맥락에서 그는 군축과 탈핵이 좀처럼 이뤄지지 않는 것은 군비확충을 통해 이익을 얻는 세력이 존재하기 때문이라 비판하며, 군축은 단순한 군비축소의 문제라기보다는 국내/국제 정치를 강력하게 규정하는 정치구조의 문제라고 파악한다. 그래서 그에게 군축은 결국 정치개혁의 문제였고, 이는 위에서 살펴본 초국가주의 비판과 일맥상통하는 판단이라 할 수 있으며, 이 개혁을 위해 그는 '아래로부터의 운동'을 주장한 것이다.

> 그러한 정치구조를 바꾸는 것은 누구인가? 역사가 보여주듯이 정치구조의 변혁이 그 정치구조에 기득 권익을 가지지 않는 사람에 의한, 아래로부터의 운동 없이 이뤄진 적은 없다. 군축의 경우도 마찬가지이며, 여기에 시민운동의 중요성이 있다.[23]

---

23) 坂本義和, 『軍縮の政治學』, 岩波新書, 1982, ii쪽.

사카모토의 '현실적 이상주의'는 여기서 미래를 향한 실천 전략을 획득한다. 그가 국제연합에서 아시아의 지역연대를 거쳐 일본 내 평화/탈핵 운동에 이르기까지, 다층위의 현장을 오가며 시민들의 연대와 협력을 위해 힘쓴 까닭이 여기에 있다. 이러한 실천이 모두 생명을 위협하고 생활세계를 파국으로 이끌 가능성이 일상과 근거리에 잠재하는 '핵/원자력' 시대라는 판단에서 비롯된 것임은 말할 필요도 없다. 그는 핵/원자력 시대에는 '국가 안보'와 '국민 방위'가 상극할 수 있다는 현실적 가능성에 바탕을 두고 이론과 실천을 조직했던 것이며, 그런 맥락 위에서 국가를 넘어선 시민들의 연대를 주장했던 것이다.

사카모토가 '국제' 대신에 '민제(民際)'라고 부른 이 연대를 위해서는 폐쇄적 공동체를 끊임없이 열린 것으로 해체할 필요가 있다. 그런데 사카모토는 20세기 후반과 21세기의 현실에 직면해서 다음과 같은 우려를 표명한다.

> 가족을 포함한 모든 '공동체'를 상대화하는 일은 정보의 홍수에 휘말려 아이덴티티의 혼미를 야기할 수 있으며, 사회관계를 파편화된 개인으로 해체해버릴 수 있다. 부모-자식 및 부부관계에 이르기까지, 사람과 사람의 끈을 희박화하여 타자와의 공생 감각을 상실한 '무연사회', 즉 '사회관계의 공동화'를 낳는 위험이 있는 것이다. 그것은 타자에 대한 관심의 상실에 다름 아니다. 따라서 21세기의 시민이 저항하고 극복해야 하는 것은 부당한 권력이나 이윤의 추구, 격차나 차별의 구조만이 아니라 시민의 '타자에 대한 관심'이다. '무관심'이 왕왕 명시적인 '반대'보다 대응이 곤란한, 시민사회의 병폐임을 잊어서는 안될 것이다. '무관심'이나 '아파시(apathy)'를 극복하는, 인간적인 감성의 활성화를 통해 비로소 '연대'의 추구가 가능해진다.[24]

---

24) 坂本義和, 『人間と國家(下)』, 岩波新書, 2012, 230쪽.

사카모토는 국가와 가족에 이르기까지 폐쇄적인 공동체를 열어젖히는 것이야말로 연대의 기초라고 주장하면서도, 공동체의 해체가 파편화된 개인으로 귀결되어 사회적 무관심을 촉발하는 데로 나아가서는 안된다고 주장한다. 그는 국제정세, 자본주의, 과학기술 등으로 촉진된 21세기의 사회적 생태환경의 변화가 그러한 사회적 무관심을 이끌 수 있다고 경고하는 것이다. 그가 이렇게 말할 때 염두에 둔 것은 다름 아닌 3·11이라는 미증유의 파국이다. 그는 3·11과 뒤이은 후쿠시마 원전 사태를 보면서 여전히 필요한 것은 시민의 연대와 아래로부터의 운동임을 재확인한 것이다. 특히 3·11 이후 노정된 정부의 무능과 기업의 몰염치는 권력과 자본의 작동을 시민이 감시하고 통제하는 일의 필요성을 다시금 되새기는 계기였던 셈이다.

그러나 사카모토의 현실적 이상주의는 이 지점에서 한계를 맞이한다. 3·11과 후쿠시마 원전사태를 1950년대 이래의 핵의 현전이란 패러다임 하에서 파악하는 한계를 말한다. 그의 현실적 이상주의는 애초에 '착오에 의한 파멸'의 가능성을 현실의 한계영역으로 설정하여 출발했다. 그것은 언제 어디서 자신의 생명과 생활세계가 파멸로 이끌릴지 모른다는 임박한 파국을 전제로 하는 지극히 현실주의적 논리였다. 이는 마치 만인에 대한 만인의 투쟁 하에서 공포와 불안으로 삶을 영위하는 홉스의 자연세계와 필적하는 디스토피아적 상상력이라 할 수 있다. 홉스가 이 공포와 불안에서 벗어나기 위한 방편으로 무소불위의 '주권'의 설립과 그에 대한 복종을 통한 생명의 보호를 주장했다면, 사카모토는 핵의 현전을 파국으로 이끌지 않기 위한 시민의 국가/자본에 대한 감시와 통제를 주장했다. 홉스의 자연상태가 국가를 창설했다면, 사카모토의 핵의 현전은 아래로부터의 민주주의를 추동한 셈이다.

하지만 3·11을 맞이하여 사카모토의 이러한 입장은 회의에 부딪힐 수밖에 없다. 그 까닭은 사카모토가 일본 내 여타의 인문사회과학자처럼

핵무기와 국제정치에만 집중하여 원자력 발전의 진정한 의미를 등한시했기 때문이 아니다. 사카모토는 이미 1997년에 자신이 편찬한 『核と人間』이란 저서를 통해 핵무기뿐만 아니라 원자력 발전의 위험성에 대해서도 충분한 비판적 관심을 환기시킨 바 있기 때문이다.

그렇다면 3·11 이후 사카모토가 현실적 이상주의를 견지한 일의 한계란 무엇인가? 그것은 바로 민주주의가 핵/원자력을 통제 하에 둘 수 있다는 믿음이다. 3·11 이후에 벌어진 사태가 적나라하게 보여준 것은 핵/원자력을 위시한 과학기술이 국가는 물론이고 인간 이성의 통제 범위를 벗어났다는 엄혹하고 냉엄한 현실이다. 핵의 현전 앞에서 인간이 무력할 수밖에 없는 까닭은 사카모토가 말하듯 파편화된 개인으로 인해 시민의 연대가 불가능한 무연사회 탓이 아니다. 아무리 깨어있는 시민이 연대하여 국가와 자본을 감시해도 핵/원자력의 근원적 위험이 통제될 수 없다는 것, 이것이야말로 3·11 이후의 후쿠시마 원전사태가 드러낸 불편하고도 공포스러운 사실인 것이다.

이는 계몽과 정치에 대한 냉소주의가 아니다. 오히려 문제는 과학기술적 사고방식에 내재한 근원적 한계에 있다. 핵/원자력을 통제 하에 두는 것이 궁극적으로 핵/원자력에 대한 과학기술적 지식에 바탕을 둔다면, 사카모토가 말하는 아래로부터의 민주주의를 통한 핵/원자력의 통제는 결국 과학기술적 지식에 의존할 수밖에 없다. 따라서 아래로부터의 민주주의가 할 수 있는 일의 한계는 핵/원자력 개발의 폐지일 터이지만, 그렇다고 과학기술 전부를 인간의 삶으로부터 말소할 수는 없다. 즉 정치가 과학기술과 마주하는 방식은 어디까지나 과학기술적 지식의 테두리 안에서이거나, 그것을 정지시키는 일이 최대한의 가능성으로 주어져 있는 것이다. 그런 의미에서 인간의 계몽과 정치는 결코 과학기술을 궁극적으로 통제하거나 제어할 수 없다. 인간은 과학기술을 고안했고 발전시킬 수는 있었지만 그것을 지배하지는 못했던 셈이다.

　이것이 현실적 이상주의의 정치적 심연이다. 사카모토는 인간의 제어를 벗어난 '착오에 의한 파멸'의 가능성에서 출발하여 그것을 아래로부터의 민주주의를 통해 감시하고 통제할 수 있다는 믿음 속에서 지적 작업을 영위했다. 하지만 애초에 '착오에 의한 파멸'이 개시한 세계는 인간의 과학기술에 대한 궁극적 통제 불가능성이다. 3·11 이후의 원전사태는 이 사실을 엄청난 대가를 통해 눈앞에 현전시켰다. 과연 이 사태가 열어젖힌 심연 앞에서 인간은 무엇을 할 수 있을까? 아마도 그것은 시민의 연대가 과학기술, 국가권력, 자본증식 등을 포함한 인간의 기술합리적 실천을 민주화할 수 있다는 믿음이 아니라, 그것이 이 일련의 실천을 정지시킬 수 있다는 잠재성으로부터 다시 시작할 때 열릴 수 있는 물음이다. 현실적 이상주의와 전후 민주주의의 계보는 보다 나은 사회의 실현이 아니라 항시적 파국의 정지로 정치적 상상력을 변경했을 때 한 줌의 생명력을 다시금 얻을 수 있을 것이다.

참고문헌

김항, 「해적, 시민, 그리고 노예의 자기인식 : 한국전쟁과 전후일본의 사산된 유산」, 『SAI』, 10호, 2011.

井上壽一, 『吉田茂と昭和史』, 講談社現代新書, 2009.

開沼博, 『「フクシマ」論―原子力ムラはなぜ生まれたのか』, 靑土社, 2011.

加藤哲郎, 「日本における「原子力の平和利用」の出發―原發導入期における中曾根康弘の政略と役割―」, 加藤哲郎·井川充雄, 『原子力と冷戰 日本とアジアの原發導入』, 花伝社, 2013.

柄谷行人, 조영일 옮김, 『세계공화국으로』, 도서출판b, 2007.

高坂正堯, 「現實主義者の平和論」, 北岡伸一編, 『戰後日本外交論集』, 中央公論社, 1995.

坂本義和, 「中立日本の防衛構想」, 『核時代の國際政治』, 岩波書店, 1981.

坂本義和, 『軍縮の政治學』, 岩波新書, 1982.

坂本義和, 『人間と國家(下)』, 岩波新書, 2012.

高橋哲哉, 『犠牲のシステム 福島・沖縄』, 集英社新書, 2012.

南原繁, 「民族の危機と將來」(1950. 11), 『南原繁著作集 7』, 岩波書店, 1995.

丸山眞男, 「超國家主義の論理と心理」, 『增補版 現代政治の思想と行動』, 未來社, 1964.

丸山眞男, 「三たび平和について」(1950), 『丸山眞男集 5』, 岩波書店, 2003.

廣瀬隆・明石昇二郎, 『原發の闇を暴く』, 集英社新書, 2012.

細谷雄一, 『國際秩序』, 中公新書, 2012.

山崎正勝, 『日本の核開發:1939~1955 原爆から原子力へ』, 積文堂, 2011.

山本義隆, 『福島の原發事故をめぐって－いくつか學び考えたこと』, みすず書房, 2011.

吉田茂, 「日本外交の歩んできた道」(1957), 北岡伸一編, 『戰後日本外交論集』, 中央公論社, 1995.

李孝德編, 『高史明・高橋哲哉對談 いのちと責任』, 大月書店, 2012.

찾아보기

출전

이준식, 「지식인의 월북과 남북 국어학계의 재편 : 언어정책을 중심으로」, 『동방학지』 제168집, 2014.

장규식, 「1950~1970년대 '사상계' 지식인의 분단인식과 민족주의론의 궤적」, 『한국사연구』 제167호, 2014.

장세진, 「원한, 노스탤지어, 과학 – 월남 지식인들과 1960년대 북한학지(學知)의 성립 사정」, 『사이』 17권, 2014.

임종명, 「해방 공간과 인민, 그리고 민족주의와 민주주의」, 『한국사연구』 제167호, 2014.

정종현, 「'茶山'의 초상과 남·북한의 '實學' 전유」, 『서강인문논총』 제42집, 2015.

김예림, 「해방기 한치진의 빈곤론과 경제 민주주의론」, 『서강인문논총』 제42집, 2015.

강진웅, 「국가형성기 북한의 주체 노선과 노동통제 전략의 변화」, 『사이』 17권, 2014.

홍종욱, 「주변부의 근대 – 남북한의 식민지 반봉건론을 다시 생각한다 –」, 『사이』 17권, 2014.

김   항, 「핵의 현전과 일본의 전후 민주주의 – "현실적 이상주의"의 계보와 정치적 심연」, 『동방학지』 제166집, 2014.

연구 참여자

이준식 | 민족문제연구소 연구위원
장규식 | 중앙대학교 역사학과 교수
장세진 | 한림대학교 한림과학원 HK교수
임종명 | 전남대학교 사학과 교수
김성보 | 연세대학교 사학과 교수
정종현 | 인하대학교 한국학연구소 HK교수
김예림 | 연세대학교 학부대학 교수
김태호 | 한양대학교 비교역사문화연구소 HK교수
강진웅 | 고려대학교 민족문화연구원 HK교수
홍종욱 | 서울대학교 인문학연구원 HK교수
김　항 | 연세대학교 국학연구원 HK교수

연세국학총서 109

분단시대의 앎의 체제

김성보·김예림 편

초판 1쇄 발행　2016년　2월 20일

펴낸이　오일주
펴낸곳　도서출판 혜안

등록번호　제22-471호
등록일자　1993년 7월 30일

주소　ⓤ04052 서울시 마포구 와우산로 35길 3(서교동) 102호
전화　3141-3711~2
팩스　3141-3710
이메일　hyeanpub@hanmail.net

ISBN　978-89-8494-547-0　93910

값　30,000원